역사책 좀 다시 보고 싶은 이들을 위한
쓸모 있는 세계사

365

역사책 좀 다시 보고 싶은 이들을 위한

쓸모 있는 세계사

365

요나스 구세나에르츠, 벤저민 고이배르츠, 로랑 포쉐 지음 | 정신재 옮김

정민
미디어

만약 당신이 오늘을 이해하고 싶다면,
어제를 살펴보라.

_펄 벅

오늘 무슨 일이 있었을까요?

이 책을 직접 구매하셨거나 선물로 받으신 모든 분께 감사 드립니다. 독자 여러분을 위해 그날그날 있었던 역사적 사실 중 흥미롭거나 놀라워 보이는 사건들을 골라 오늘의 역사로 선정했습니다. 내용이 간결하면서도 범위가 넓은 역사(때로는 소소한 역사까지)에 대한 통찰력을 제공하는 데 주안점을 두었고, 각기 다른 대륙의 역사를 두루 다루려고 신경을 썼습니다. 유럽에 치우친 역사서가 되지 않도록 지구 방방곡곡을 여행하는 기분으로 여러 나라의 역사를 빠짐없이 담았고, 그리스도 탄생 몇 세기 전부터 2000년대 역사까지 광범위한 시간대를 다루었습니다.

왕실의 음모, 암살, 전쟁, 자연재해 등 인류의 역사를 깊이 파고들수록 한 가지 분명한 사실을 깨닫게 됩니다. 인류는 이미 예전부터 최악의 상황을 겪을 대로 겪었고, 과거라고 해서 지금보다 상황이 더 낫지만은 않았다는 것입니다.

아, 혹시 저희에 대해 소개했던가요? 저희는 역사를 사랑하는 사람들의 모임입니다. 2020년 코로나19 팬데믹으로 인류 최악의 사회적 거리 두기 사태가 벌어지면서 한동안 교육 분야에서 제대로 된 일자리를 구하기 어려웠던 시기가 있었습니다. 그리하여 저희는 〈다시 역사 공부를 시작하는 이들을 위한 역사 Geschiedenis voor herbeginners〉라는 제목으로 역사 관련 팟캐스트를 개설했습니다. 처음에는 제1차 세계대전의 발발 원인에 대한 역사 강의 시리즈를 학생들을 위해 간단히 엮어 올렸을 뿐이었습니다. 그런데 이 강의가 예상외로 큰 관심을 불러일으키면서 점차 더 많은 사람들의 주목을 받게 되었고, 일이 점점 커지기 시작했습니다. 플랑드르와 네덜란드 전 지역에서 청취자들이 꾸준히 증가하고 있습니다. 이 모든 것에 거듭 감사 드립니다! 라디오와 TV 등에서 여러 차례 인터뷰를 할 기회가 생겼으며, 그 와중에도 네덜란드어권 팟캐스트 분야에서 저희만의 입지를 다지기 위해 노력했습니다. 처음에는 두 명으로 시작했으나 갈수록 에피소드들이 복잡해지면서 네 명으로 늘어났습니다.

이 책을 여러분의 뜻대로 활용해 보세요. 매일 하나씩 읽어도 좋고, 성미가 급하다면 하루 만에 죽죽 진도를 내어 읽어도 좋습니다. 읽고 싶지 않은 날엔 걸러도 되고 몰랐던 내용은 두 번 읽어도 됩니다. 몹시 소소한 역사를 접하고 놀라워하거나 이미 잘 알려진 역사를 드디어 알게 되는 스릴도 즐길 수 있어요. 소중한 사람의 생일 같은 중요한 날이라면 사랑하는 사람의 이름을 달력에 적어 놓고 그날에 있었던 역사적 사실을 함께 나누어 보세요.

자, 이제 1년의 역사를 즐기러 떠나 볼까요?

CONTENTS

1월

JANUARY

역사는 과거와 현재의
끊임없는 대화다.

- E. H. 카

Jan. 01 | 유로화의 출범

유례없는 화폐 물갈이 사건

2002년 1월 1일, 유럽연합의 12개 회원국은 오랜 논의 끝에 유로화를 법정 화폐로 채택한다. 1992년 마스트리흐트에서 단일통화 도입을 결정하고, 1999년 1월 1일부터 유로화는 수표, 송금, 은행 카드 등 장부상의 형태로 시범 도입된다. 이후 2002년 1월 1일, 유로화는 지폐와 동전 형태로 유럽연합 12개국에서 정식으로 유통되기 시작하며, 역사적으로 유례를 찾기 힘든 대규모 화폐 전환이 이루어진다.

유로화는 유럽 내 자금 이동을 촉진했지만 세계를 강타한 금융 위기(2007~2011)와 그리스 국가 부채 위기(2010) 등 여러 차례 검증의 시험대에 오르기도 했다. 현재 유로화는 유럽연합 회원국 27개국 중 19개국과 더불어 안도라, 산마리노, 바티칸 시국과 모나코 같은 유럽 내 초소국가들의 공식 화폐다. 코소보와 몬테네그로에서도 2002년부터 비공식적으로 유로를 사용하고 있다. 유럽연합 집행위원회와 프랑크푸르트암마인에 위치한 유럽중앙은행은 유로화의 가치와 안정성을 점검하고, 유로존 가입을 원하는 유럽연합 국가들에 자격 기준을 제시하는 역할을 공동으로 맡고 있다.

네덜란드 마스트리흐트의 1992 광장 바닥에 깔린 청동 타일. 유로화 기호가 새겨져 있다.

HISTORY

유럽 단일통화의 이름은 처음에는 'ECU'였다. 독일어로는 '에퀴'에 가까운 발음이었는데 많은 사람이 이를 탐탁지 않아 했다. 그래서 마지막 순간에 '유로'가 되었다.

콩고에서 자이르로
국호 변경

모부투 대통령의 아프리카화

1972년 1월 2일, 모부투 대통령(1930~1997)은 콩고에서 '자이르'로 국명을 바꾼다. 이와 더불어 콩고의 통화와 콩고강도 이름을 '자이르'로 변경했다. '커다란 강'을 의미하는 자이르는 모부투가 부르짖던 '정통성'이 무엇인지 들여다볼 수 있는 한 예다. 모부투는 공무원과 여성에게는 서양식 의상 대신 아프리카 전통 의상 입기를 장려한다.

모부투는 중국의 마오쩌둥(1893~1976)처럼 군복을 입고 나타나 아프리카화 정책으로 나라를 꽉 움켜쥐었고 권력은 점점 커져만 간다. 그는 자이르의 정통성을 회복한다는 평계로 1973년 모든 회사를 국유화했고, 1974년에는 새로운 헌법을 제정한다. 그리하여 자이르는 일당독재 국가가 되었고 모부투는 무소불위의 지도자로 우뚝 섰다. 벨기에, 프랑스, 미국 등 서방 국가들은 처음에는 그가 공산주의에 맞설 보루가 되어 주리라 생각해서 지지했으나 모부투의 권력 집중적인 행보로 관계가 점차 소원해진다.

1991년 소련의 붕괴 이후 모부투를 지지하는 게 지정학적으로 더 이상 의미가 없어지자 서구권은 그를 버린다. 1997년 5월, 모부투는 차기 대통령이 된 로랑 카빌라(1939~2001)에 의해 축출당한 후 모로코로 망명한다. 모부투는 그해 9월 모로코에서 세상을 떠난다.

콩고민주공화국의 군인이자 정치인이었던 모부투는 쿠데타를 일으켜 자이르의 제2대 대통령이 된다.

Jan. 03
하늘을 날고 싶었던 레오나르도 다빈치

환상적인 아이디어를 남긴 천재 발명가

1496년 1월 3일, 레오나르도 다빈치는 하늘을 나는 헛된 시도를 한다. 르네상스 시대의 인물이자 인문주의자로서 다빈치(1452~1519)는 진정한 '만능 인간 Homo universale', 즉 여러 분야에 걸출한 두각을 드러내는 사람이었다. 수많은 이들이 그를 화가로만 기억하지만, 사실 그는 음악과 기술, 과학 분야에도 정통했다.

다빈치는 특히 생물학, 해부학, 천문학, 지질학 등에도 관심이 많았다. 그는 세상을 떠날 때 거울에 비춘 듯 좌우 반전된 스케치 수천 장과 노트들을 제자인 프란체스코 멜치(1491~1570)에게 유작으로 남긴다. 그가 남긴 아이디어는 대부분 헬리콥터 디자인이나 낙하산, 다이빙 슈트, 머신건이나 바퀴 달린 탱크 등 미래 지향적인 것들이었다. 그는 당시 인간도 하늘을 날 수 있다는 생각에 사로잡혀 있었고, 이를 위해 새나 박쥐의 날개를 자세히 연구한다. 그는 몇 개의 비행 기

계들을 고안해 냈다. 1496년 1월 3일, 르네상스 문화의 중심지인 이탈리아 피렌체 외곽의 들판에서 자신이 고안한 비행 기계 중 하나를 시험해 보기로 결심한다. 양 날개를 합친 길이가 10m가량 되었다.

그의 발명품이 당대의 시각으로는 별나 보였을지 몰라도 역사는 그가 옳았음을 증명한다. 그가 남긴 환상적인 아이디어 중 상당수가 훗날 실현되었으니까.

다빈치의 방대하고 매력적인 그림과 글을 정리한 컬렉션인 코덱스 아틀란티쿠스(1478~1519) 중 '비행 기계'를 스케치한 다빈치의 그림. 코덱스 아틀란티쿠스는 1637년 이래 암브로시아나 도서관에서 보관 중이다.

Jan. 04

몽골 제국을 가로지른 최초의 서양인

일생일대의 대장정을 이룬 선교사

1254년 1월 4일, 기욤 드 루브룩(1220~1293)은 플랑드르 출신의 선교사로 프랑스 국왕 루이 9세(1214~1270)의 신뢰를 한 몸에 받고 몽골의 통치자이자 전설적인 칭기즈 칸(1158~1227)의 손자인 몽케 칸(1209~1259)에게 왕의 서신을 전달하라는 명령을 받는다.

루이 9세는 서신에 위대한 몽골 지도자와 화해하고 싶다는 의사를 밝혔다. 드루브룩은 또한 몽골 사람들을 기독교인으로 개종하라는 임무도 받았다. 그 당시 거대했던 몽골 제국은 유럽 동쪽 국경부터 동해에 이르기까지 그 영토가 넓게 뻗어 있었다. 1253년, 드 루브룩은 몽골 제국의 수도인 카라코룸을 향해 거의 1만 km의 대장정을 떠난다. 1254년 4월 그는 마침내 카라코룸에 도착해 몽케 칸에게 왕의 서신을 전달한다. 하지만 몽케 칸은 프랑스와의 동맹을 원하지 않았다. 사실 대칸은 프랑스가 오히려 몽골에 복종해야 한다고 생각했고, 기독교로 개종할 의향도 없었다.

이 여정을 통해 드 루브룩은 몽골 제국을 가로질러 건너간 최초의 서양인 중

한 명이 되었다. 다만 그중 누구도 칸이 다스리는 몽골 제국에 대한 상세한 그림 자료를 남겨 놓지 않았다. 그 후 한 세대가 지나서야 베네치아 출신의 상인이자 여행자 마르코 폴로(1254~1324)가 베니스에서 거의 비슷한 여정의 여행을 떠난다.

드 루브룩의 여행을 담은 책의 14세기 사본에서 발췌한 첫 문구와 삽화. 드 루브룩과 그의 여행 동반자, 그리고 루이 9세의 모습이 보인다.

부당하게 유죄를 받은 드레퓌스

'반역'죄로 기소된 프랑스판 간첩 조작 사건

1895년 1월 5일, 유대인 혈통의 프랑스군 알프레드 드레퓌스 대위(1859~1935)의 군적이 박탈된다. 명세서 관련 조사를 하다가 명세서와 필체가 같다는 이유로 드레퓌스를 적국인 독일을 위해 간첩 행위를 했다고 혐의를 씌우고, 언론은 '반역죄를 저지른 유대인 장교'라며 재판을 하기도 전에 반역자로 규정한다. 1894년 12월 22일 군사법원은 신속히 비공개 재판을 진행해 종신형을 선고한다. 한편 그 자리에 모인 파리 군중들은 "mort aux juifs!유대인에게 죽음을!"을 외쳤다.

'드레퓌스 사건'은 프랑스 역사상 가장 반유대적인 장면이었다. 따지고 보면 유죄 판결의 근거는 매우 빈약하기 그지없었지만, 그는 결국 종신형 선고를 받고 악명 높던 악마의 섬에 갇혔다.

사회적으로 커다란 논란이 벌어진 가운데 저명한 작가 에밀 졸라(1840~1902)는 펜을 들어 억울한 누명을 쓴 드레퓌스의 석방을 촉구하는 글을 쓴다. 맹렬한 어투의 공개서한인 〈나는 고발한다J'accuse〉에서 그는 나라의 정치인과 군 지도자들을 비난했고 진짜 스파이들의 이름을 열거해 사건의 흐름을 바꿔 놓는다.

1895년 1월 5일 알프레드 드레퓌스의 해임식. 1895년 1월 13일자 《르 쁘띠 주흐날(Le Petit Journal)》지 첫 페이지에 '배신자'라는 제목으로 실린 화가 앙리 마이어의 삽화.

HISTORY

드레퓌스는 1899년에 좀 더 좌파적인 새 대통령이 나오고 나서야 석방될 수 있었다. 이 사건은 정치적 불확실성이 가득했던 시대에 과잉된 민족주의에 반유대주의가 결합한 결과를 뼈아프게 보여 주는 예다.

미 대륙 최초의 가톨릭 미사

대서양을 건넌 가톨릭

1494년 1월 6일, 이른바 신대륙의 첫 번째 유럽 도시인 라 이사벨라에서 미 대륙 최초의 가톨릭 미사가 열린다. 크리스토퍼 콜럼버스(1451~1506)가 두 번째 항해에서 발견한 카리브해의 이스파니올라섬(스페인어로 스페인의 섬이라는 뜻)에 세운 도시인 라 이사벨라는 오늘날의 도미니카 공화국의 도시인 푸에르토 플라타와 가까운 곳이다. 콜럼버스는 카스티야의 이사벨 1세(1451~1504)에게 위임을 받아 17척의 배와 1,200명을 이끌고 식민지에서 영구적으로 정착하기 위해 서쪽으로 항해를 떠났다.

신대륙의 식민지화가 이루어지는 동시에 가톨릭교가 지역 주민들에게 널리 퍼져 나갔다. 식민지 도시의 공식 설립을 기념하여 첫 번째 미사가 열렸다. 도시는 규모 면에서 2헥타르가 넘는 땅에 약 200채의 초가집, 광장, 교회, 무기고와 콜럼버스를 위한 화려한 석조주택 등으로 이루어져 있었다.

이 첫 번째 미사의 525주년을 기념하여 2019년 1월 6일, 프란치스코 교황은 산살바도르(엘살바도르의 수도) 대교구의 보좌 주교인 그레고리오 로사 차베스를 '스페인의 섬'으로 파견하여 축제에서 거룩한 미사를 거행하게 했다.

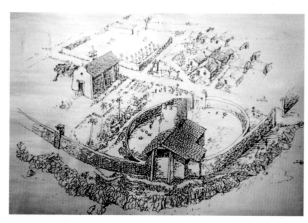

라 이사벨라를 그린 그림.
콜럼버스가 살던 집과 바로
옆의 교회가 보인다.

새로운 나라 라이베리아 건립

해방 노예가 아프리카에 세운 나라

1822년 1월 7일, 노예에서 해방된 사람들이 라이베리아를 건립한다. 미국 독립전쟁(1776~1783) 직후, 많은 흑인 노예들이 자유의 몸이 된다. 일부 미국 사람들은 자유를 얻은 해방 노예들이 여전히 노예 상태에 있는 이들을 부추겨 봉기를 일으킬까 두려워한다. 그리하여 미국식민협회American Colonization Society, ACS는 서아프리카 지역에 식민지를 세우기로 결심한다.

1820년, 88명의 해방 노예들을 실은 첫 번째 배가 뉴욕항을 떠나 기나긴 여정 끝에 서아프리카 해안가 어딘가에 도착한다. 자유를 뜻하는 라틴어 'Liber'를 따서 나라 이름을 라이베리아라고 짓는다. 그렇게 해방 노예들은 선조들의 고향 땅에 자기 손으로 식민지를 건설하는 운명에 놓인다. 이후 수십 년에 걸쳐 거의 2만 명의 흑인 남녀가 이 새로운 나라에 발을 들인다. 처음엔 식민지로 시작했지만 라이베리아는 점차 미국으로부터 독립하여 독자 정부를 수립하기에 이른다. 1847년 라이베리아는 미국으로부터 완전히 독립하였고, 초대 대통령인 조지프 J. 로버츠 대통령(1809~1876)이 선출된다.

수도 몬로비아는 미국의 제5대 먼로 대통령의 이름을 따서 지어졌다. 제임스 먼로(1758~1831) 대통령은 독립전쟁 세대의 마지막 대통령으로 꼽힌다. 미국과 긴밀한 관계였던 만큼 영어를 공용어로 사용하며, 본래 해방 흑인을 위해 설립된 만큼 흑인이 아닌 사람은 이 나라의 국민이 될 수 없는 인종국민주의를 채택한다.

라이베리아와 에티오피아는 베를린 회담(1884~1885) 이후 거세진 유럽 열강들의 식민화 야욕에서 살아남은 유일한 아프리카 국가들이다.

가장 강력한
새 교황의 즉위

중세 교회 최고 전성기의 교황, 인노켄티우스 3세

1198년 1월 8일, 로타리오 데이 콘티 디 세니(1161~1216)가 새로운 교황 인노켄티우스 3세Innocentius Ⅲ로 선출된다. 모든 왕족과 수장 위에 군림한 인노켄티우스 3세는 왕실의 모든 결혼에 간섭하고, 영국의 '무지왕(Lackland)' 존(1166~1216)을 파문하고, 신성 로마 제국의 오토 4세를 폐위시켰으며, 프랑스 왕으로 하여금 이혼한 아내와 다시 합치도록 강요했다. 그는 이베리아반도의 무슬림들이나 프랑스 남부 랑그도크 지방의 알비파 혹은 카타리파에 대항하기 위해 십자군을 이끌었다.

인노켄티우스 3세의 가장 큰 실책은 의심할 여지 없이 제4차 십자군(1204) 원정이다. 강력한 무역 라이벌이었던 콘스탄티노플을 공격의 대상으로 여겼던 베네치아에 완전히 이용당한 것이다.

인노켄티우스 3세는 프란치스코 수도회나 도미니코 수도회 같은 신흥 탁발 수도회들을 전폭적으로 지원한다. 1215년, 그는 중세 최대 규모의 공의회였던 제4차 라테란 공의회를 소집하였고, 이때 일곱 가지 성사聖事가 규정된다. 인노켄티우스 3세의 통치 아래 바티칸은 신자들 삶의 모든 면에 강력한 영향을 끼쳤다. 인노켄티우스 3세는 당대 최고의 법률가 중 한 명이었으며 역사상 최고로 강력한 힘을 가진 교황이었다.

로마의 성 요한 라테라노 대성당에 안장된 인노켄티우스 3세의 무덤.

Jan. 09

미국에서 이륙한
최초의 열기구

노르망디 출신의 열기구 비행사의 성공

1793년 1월 9일, 장 피에르 블랑샤르(1753~1809)가 미국 역사상 최초의 열기구 비행을 해낸다. 그날 아침 동이 틀 무렵, 미국 필라델피아의 월넛스트리트 교도소 바깥벽에 모인 수많은 인파가 군악대의 흥겨운 음악이 울려 퍼지는 가운데 교수형이 아니라 열기구 발사를 기다리고 있다. 만약 이번에 성공한다면 미국뿐 아니라 신대륙 역사상 최초의 비행이 될 것이다.

열기구 비행사 장 피에르 블랑샤르에게는 이번이 인생 첫 비행은 아니었다. 8년 전 이미 그는 열기구를 타고 영국 해협을 성공적으로 가로지른 바 있었다. 이번 비행은 블랑샤르의 45번째 열기구 비행이었다. 몇 주 전부터 그는 수소를 가득 채운 열기구 비행을 할 거라는 광고를 내건다. 표는 장당 5달러에 팔린다. 펜실베이니아 주도에 사는 거의 모든 사람이 이 신기한 광경을 두 눈으로 보기 위해 모여들었다. 9시 45분경, 마차 한 대가 도착하고 경례의 의미로 15개의 총포가 우렁차게 발사된다. 마차 속 인물은 미국 대통령 조지 워싱턴(1732~1799)이었고, 열기구 발사의 현장을 놓치지 않기 위해 온 것이었다.

열기구를 비행하는 동안 그는 여러 과학 실험을 한다. 약 15마일 정도 날아 그날 오전 10시 56분경, 열기구는 이제 뉴저지주에 착륙한다.

프랑스의 불로뉴비양쿠르에서 열기구를 타고 있는 장 피에르 블랑샤르(1784)의 모습.

Jan. 10 | 루비콘강을 건넌 카이사르

행운 없이는 누구도 성공할 수 없다

기원전 49년 1월 10일, 율리우스 카이사르(BC 100~BC 44)가 군단병들을 이끌고 루비콘강을 건넌다. "주사위는 던져졌다 Alea iacta est", 카이사르는 강을 건너기 직전 이 유명한 말을 남긴다. 바꿔 말하면 돌아올 수 없는 강을 건넜으니 '그렇다면 행운이 작용하기를' 정도의 의미다.

고대 로마는 원로원을 중심으로 한 공화정 체제였다. 카이사르가 갈리아 지방을 정복한 직후 원로원은 권력 남용과 부정부패 혐의로 그를 고소하고 국가의 적이라 선포하며 로마로 소환한다. 카이사르는 갈리아 지방 총독 자리에서 물러나야 했다. 루비콘강은 갈리아 키살피나 지역과 원로원의 직접 감시를 받는 비무장 지대 사이를 가르는 작은 강이었다. 원로원 허가 없이 군대를 이끌고 이 강을 건넌다면 반란으로 간주하고 응징했다. 그런데도 카이사르는 루비콘강을 건너며 반역의 도박을 감행하고, 폼페이우스 장군(BC 106~BC 48)이 이끄는 부대와

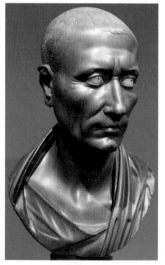

전투를 벌인다. 둘은 한때 로마 최고의 부자였던 크라수스(BC 114~BC 53)와 더불어 삼두정치의 형태로 권력을 삼등분해 나누어 가진 사이였다.

이 혼란스러운 내전은 로마 공화정의 종말을 의미했다. 과거 수 세기 동안 로마 시민들은 자신의 손으로 중요한 직책의 인물을 뽑았다. 하지만 카이사르가 마침내 자신을 '종신 독재관'이라 선언했을 때 공화정의 시대는 끝을 맺는다.

율리우스 카이사르의 흉상(베를린 구 박물관 소재).

독재자 이디 아민에 맞선
밀턴 오보테

잔혹하기 짝이 없었던 이디 아민의 8년 재임

1979년 1월 11일, 밀턴 오보테(1925~2005)는 이디 아민(1925~2003)에 대한 반란을 촉구한다. 이 일이 있기 17년 전, 아프리카의 나라 우간다는 영국으로부터 독립을 쟁취하고 오보테는 초대 수상의 자리에 오른다. 하지만 1966년 오보테는 우간다 왕을 타도하고 스스로 대통령이 되었노라 선포한다. 1971년 1월 25일, 식민지 시절 영국 라이플 부대의 군인 출신이자 우간다 부대 총사령관인 이디 아민이 쿠데타를 일으킨다. 당시 오보테는 싱가포르에서 열린 한 회의에 참석 중이었다. 아민이 이끄는 우간다 군대는 우간다의 핵심 정부 건물들을 장악하였고, 라디오를 통해 대통령 탄핵 소식을 전했다.

즉위 초 이디 아민은 자유로운 선거와 짧은 재임 기간을 약속했다. 하지만 아민은 무려 8년(1971~1979)간 재임했고 그 기간은 잔혹하기 짝이 없었다. 그는 수백 수천의 시민들을 죽이고, 우간다에 살던 수십만의 인도, 파키스탄 사람들을 추방한다. 아민은 군사 독재자가 되었고, 탄핵된 대통령 오보테는 탄자니아에서 망명 생활을 이어 간다.

1979년 1월, 오보테는 동포들에게 '종신 대통령' 아민의 잔인함에 맞서 일어설 것을 촉구한다. 그해 말, 이웃 국가 탄자니아와 힘을 합친 우간다 게릴라는 아민의 정권을 종식시키고, 오보테는 다시 우간다 대통령으로 복직하였으나 5년 후 그도 탄핵당한다. 2005년 오보테는 망명 중에 죽음을 맞는다.

Jan. 12

31년간 미얀마를 다스린 왕

미얀마의 역사를 영원히 바꾼 바인나웅

1554년 1월 12일, 바인나웅(1516~1581)이 미얀마의 왕이 되다. 바인나웅 왕은 31년간 나라를 다스렸으며 두 번째 미얀마 왕조의 시조로 여겨진다. 바인나웅은 툰구 왕조 시대에 수많은 정복 사업을 펼쳐 동남아시아 역사상 가장 큰 제국으로 확장했다. 그는 소수 민족인 샨족을 무찌르고 그들의 수도인 아바를 탈환한다. 샤암 왕조가 네 마리의 하얀 코끼리 중 한 마리를 포기하길 거절하자, 바인나웅 왕은 이웃 국가 샤암(오늘날 태국)을 상대로 전쟁을 선포하기로 결심한다. 왜냐하면 하얀 코끼리는 성스럽고 부처의 화신이 될 거라 여겨졌기 때문이다. 샤암의 수도 아유타야는 함락되고 미얀마 왕 바인나웅은 하얀 코끼리 네 마리와 왕족들을 전리품으로 미얀마에 가져간다.

바인나웅은 불교를 장려해 탑을 짓고 사원을 후원했으며 불교 왕국인 실론과 포괄적인 외교 관계를 유지한다. 1564년 반란이 일어나고 도시 페구가 불길에 휩싸인다. 왕은 도시 전체를 더 큰 규모로 재건하고, 페구는 동남아시아에서 부유한 도시 중 하나가 된다.

바인나웅 왕의 동상. 미얀마 국립박물관 앞에 서 있다.

HISTORY

바인나웅 왕이 죽은 후, 그의 봉건 왕조는 몰락의 길을 걷는다. 결국 18세기 중반에 몬족에 의해 왕국은 완전히 전복되었다.

Jan. 13 | 유스티니우스 황제에 대항한 니카의 반란

훌리건의 손아귀에 들어간 콘스탄티노플

532년 1월 13일, 비잔틴 제국 혹은 동로마 제국의 황제인 유스티니우스는 수도인 콘스탄티노플, 즉 오늘날의 이스탄불에서 열린 커다란 전차 경주 행사를 관람하고 있었다. 전차 경주는 그리스나 로마에서 엄청난 인기를 누리는 스포츠였지만, 전차가 부서지는 등 위험성이 높았다. 하지만 그날은 다른 이유로 매우 위험한 스포츠가 되고 말았다.

바로 1년 전인 531년, 당시 유스티니우스 황제(482?~565)는 치솟은 세금 때문에 인기가 바닥을 치고 있었다. 전차 경주가 끝날 무렵 폭동이 일어났고, 전차 기수들 중 폭동을 주동한 이들은 체포되어 사형을 선고받았다. 사면 요청이 들어와도 황제는 이들을 종신형으로 감형시킬 뿐이었다.

그로부터 1년이 지나 그때와 같은 경기장 안으로 전차 기수들이 들어오자 황제에게 온갖 저주의 말이 퍼져 나간 것이다. 반란의 지지자들은 그리스어로 '승리'를 뜻하는 "니카! 니카! 니카!"를 우렁차게 외치며 소위 '니카의 반란'이 시작되었다. 사람들은 황제에게 등을 돌렸고 일부는 폐위를 요구했다. 콘스탄티노플

은 5일 동안 큰 혼란에 빠진다. 유스티니우스 황제는 반란을 진압하기 위해 모든 수단을 동원해 경기장의 폭도들을 진압한다.

반란의 끝은 어떻게 되었을까? 3천 명의 사람들이 목숨을 잃었고 아름다웠던 아야 소피아 대성당이 완전히 파괴되었다. 유스티니우스는 그 사건 이후에도 32년간 집권했다.

유스티니우스 황제를 그린 6세기 모자이크. 이탈리아 라벤나의 산 비탈레 성당에 있다.

Jan. 14

고대 문명 마야의 대도시 티칼을 정복한 시야 칵

정복과 함께 찾아온 문화적 부흥기

378년 1월 14일, 마야의 도시 티칼Tikal이 시야 칵Siyaj K'ak'에게 정복된다. 티칼은 고대 마야 문명 시기 가장 강력한 도시 가운데 하나로 제례가 열리는 주요 거점이었다. 하지만 역사적으로 힘든 시기를 왕왕 겪은 도시이기도 했다.

테오티우아칸(오늘날 멕시코)에서부터 군대를 이끌고 쳐들어 온 장군이 티칼의 왕을 죽인 해는 기원후 378년이었다고 역사는 기록한다. 장군의 이름은 바로 시야 칵이었다. 티칼과 멕시코 등지에 남아 있는 마야 문명의 비석들에서 종종 접할 수 있는 시야 칵이라는 이름은 '불에서 태어난'이라는 뜻이다.

시야 칵이 통치하는 동안 멕시코 골짜기에 자리한 몇몇 마을은 문화적 부흥기를 맞는다. 하지만 오늘날까지도 그 시기에 융성했던 문화적 번성이 군사적 침략 때문인지 아니면 평화적 교류 덕분인지는 분명하지 않다. 하지만 어느 쪽이든 티칼의 전성기가 시야 칵 이후에 찾아온 건 분명하다. 600년에서 900년 사이, 티칼에는 많은 수의 큰 광장, 피라미드, 궁전 들이 건설된다. 오늘날에도 유명한 마야 유적지들이 과테말라에 많이 남아 있다. 재규어의 신전이나 귀족들의 궁전 등 많은 유적지가 이미 출토되었으나, 여전히 도시의 절반가량은 지하에 묻혀 있다.

티칼의 1번 신전 '재규어의 신전', 높이가 54m에 달한다.

026

메소포타미아의
침공을 받은 예루살렘

히브리 사람들의 바빌론 유수

기원전 586년 혹은 587년경, 느부갓네살 2세(BC 642~BC 562)가 예루살렘 성을 침공한다. 느부갓네살 2세는 메소포타미아 일대의 유명한 왕들 중 하나였으며 기원전 605년부터 기원전 562년까지 바빌론 왕국을 다스렸다. 바빌론 왕국은 페르시아만부터 바그다드까지 그 영토가 닿아 있었다. 고대 세계 7대 불가사의 중 하나인 바빌론의 공중정원은 느부갓네살 2세가 아내를 위해 지은 것이라 전해진다. 베를린에 가면 고대 바빌론의 옛 성문인 이슈타르의 문 일부를 볼 수 있다. 이슈타르 여신에게 바치는 이 성문 또한 느부갓네살 2세에 의해 세워졌다.

하지만 무엇보다도, 느부갓네살 2세를 영원히 기억될 인물로 만든 것은 바로 『성경』이다. 『구약성경』은 이 바빌론 왕이 어떻게 예루살렘을 정복했는지 자세히 묘사한다. 솔로몬의 성전마저 부서지고 느부갓네살 2세가 히브리 사람들을 붙잡아 바빌론으로 데려간다. 이 사건은 나중에 '바빌론 유수'라 불린다. 바빌론에 도착한 히브리 사람들은 벌거벗겨져 사슬에 묶인 채 강둑을 따라 걸어야 했고, 왕은 물에서 배를 타고 이를 지켜보았다.

일부 고고학적 증거를 제외하고는 예루살렘 함락에 관한 유일한 사료가 『성경』이다. 솔로몬 성전은 나중에 재건되었지만 기원후 70년경 로마가 이를 다시 파괴한다.

HISTORY

매년 티샤 베아브의 날(성전 파괴의 날)이라는 전통적인 애도의 날이 되면 전 세계 정통 유대인들은 파괴된 성전을 애도한다.

체코슬로바키아가 침략당하자
이에 저항한 학생

분신으로 끝맺은 시위

1969년 1월 16일, 체코슬로바키아의 학생 얀 팔라흐(1948~1969)가 바츨라프 광장에서 자신의 몸에 불을 붙인다. 소련의 침략에 대한 저항의 의미로 분신을 한 것이다. 1968년 1월부터 8월까지 나라를 이끈 슬로바키아 출신의 알렉산데르 둡체크(1921~1992)는 '인간의 얼굴을 한 사회주의'를 내세우며 보다 자유롭고 개혁적인 방향으로 이끌어 가기로 약속한다. 당시 동유럽의 공산주의 국가들은 소련의 주도하에 바르샤바 조약이라는 군사동맹을 맺고 있었는데, 그에 속한 다섯 나라들은 둡체크의 개혁 정책에 우호적이지 않았다. 그런 생각은 오로지 개혁의 불씨에 연료를 붓는 셈이었기 때문이다. 그리하여 8월 20일, 바르샤바 조약에 속한 나라들은 체코슬로바키아를 침공해 공산주의의 정통성을 회복하려 했다.

얀 팔라흐가 분신한 지 3일 만에 숨을 거두던 날, 20만 명의 체코 사람들은 그를 추모하고자 바츨라프 광장으로 행진한다. 체코슬로바키아 공산당은 팔라흐를 폄훼하고자 인신공격을 하는 등 온갖 수단과 방법을 가리지 않는 가운데 학생 10명이 그를 뒤따라 분신한다.

그렇게 얀 팔라흐는 사람들에게 순교자의 이미지로 남는다. 1989년 공산주의가 몰락해 갈 무렵, 팔라흐의 모습은 선동적인 전단지를 통해 다시 등장한다. 오늘날 바츨라프 광장 한쪽에 마련된 엄숙한 기념비가 그를 기리고 있다.

프라하의 바츨라프 광장에 마련된
얀 팔라흐와 한 달 뒤 그를 뒤따라 분신한
얀 자이츠의 기념비.

오로모족 일당을 물리친
에티오피아 황제

납치를 겪은 어린 시절을 딛고 왕좌에 오른 황제

1603년 1월 17일, 에티오피아의 수세뇨스 1세(?~1632) 황제는 오로모족 일당을 놀라게 한다. 에티오피아를 1606년부터 1632년까지 통치한 수세뇨스 1세는 로마 가톨릭교가 국교였던 매우 짧은 시기의 중심 인물로, 오늘날까지도 가장 널리 알려져 있다. 정통 가톨릭교는 이미 4세기 무렵부터 에티오피아에 퍼져 있었다.

에티오피아의 가장 큰 소수 민족인 오로모족의 약탈자 일당은 어린 수세뇨스 왕자와 그의 아버지를 1년 넘게 납치했다. 수세뇨스 1세는 좋은 대접을 받으며 자연스럽게 오로모 언어와 문화를 익혔다. 그래서 나중에 왕좌에 오른 뒤 몇몇 오로모인을 높은 지위에 앉히기도 했다. 하지만 에티오피아 제국은 오로모족 약탈자들과의 내전에 시달려야 했다. 오로모족 일당은 제국의 기독교인 군대를 공격하고, 지방 지도자들을 뿔뿔이 흩어 버린다. 첫 번째 대치는 그렇게 제국군의

패배로 끝이 났다. 마지막 전투는 북에티오피아 지역의 에베나트에서 벌어진다. 에티오피아 왕실 연대기에 따르면 수세뇨스 1세의 제국군은 총 2만 5천 명이었고, 400명의 사상자가 발생한 가운데 오로모 측 사상자는 1만 2천 명이었다고 한다.

성 조지처럼 악마를 창으로 물리치는 수세뇨스 1세를 묘사한 에티오피아 두루마리.

HISTORY

오로모 일당의 반란을 잠재운 후 수세뇨스 1세는 군대를 이끌고 도시 악숨으로 행진한다. 1608년 3월 18일, 수세뇨스 1세는 그곳에서 정식으로 황제의 자리에 오른다.

프랑스에서
독일 제국을 선포하다

전쟁에서 승리한 독일, 제2 제국의 꿈을 현실로

1871년 1월 18일, 프랑스 베르사유 궁전 거울의 방에서 독일 제국이 선포된다. 독일어를 사용하는 모든 나라를 하나의 독일로 묶는 일은 프로이센의 수상인 오토 폰 비스마르크(1815~1898)의 오랜 꿈이었다. 독일 통일은 숙적 프랑스와의 전쟁에서 프로이센이 승리하고 엘사스-로트링겐(프랑스어로 알자스-로렌) 지방을 병합하면서 이루어졌다.

유럽의 떠오르는 강대국인 독일 제국은 엄밀히 말하면 통일 국가가 아니라 연합 국가 형태를 띠었다. 프로이센과 수도 베를린에 좀 더 무게를 두었지만 제국 내에는 다양한 왕국들이 계속 존재했다. 프로이센의 국왕인 빌헬름 1세(1797~1888)가 독일 제국의 황제가 된 가운데, 프로이센의 수상인 오토 폰 비스마르크는 내부적으로 모든 권력을 행사한다.

독일의 통일은 세 번의 선생이 낳은 산물이었고, 처음부터 프랑스의 패배와 관련이 있었다. 베르사유 궁전의 거울의 방에서 독일 제국을 선포한 일은 프랑스에게는 엄청난 굴욕이었기에 두 나라는 그 즉시 철천지원수가 된다.

1918년 11월 9일, 제1차 세계대전이 끝나던 날 '제2 제국'은 그 막을 내린다. 황제

인 빌헬름 2세(1859~1941)는 11월 혁명으로 권좌에서 물러나고 독일은 공화국이 된다. 독일 역사에서 '제1 제국'은 신성 로마 제국을 일컫는 말이고, '제3 제국'은 나치 독일이다.

베르사유 궁전에서 열린 독일 제국 선포식(1871년 안톤 폰 베르너 작품).

Jan. 19 인도 최초의 여성 총리가 된 인디라 간디

자신의 입장을 끝까지 고수한 인도 철의 여인

1966년 1월 19일, 인디라 프리야다르시니 간디(1917~1984)가 인도의 세 번째 총리로 선출된다. 영국의 식민 지배를 받던 시절, 그녀는 한동안 옥스퍼드 대학교에서 공부했고 영국에서 독립투사 활동을 한 언론인 페로제 간디와 결혼한다. 1947년, 독립을 이루어 낸 인도 반도는 인도와 파키스탄으로 나뉜 가운데, 인디라의 아버지 자와할랄 네루가 인도 공화국의 첫 총리가 된다.

오늘날 인디라 간디는 직설적인 정치력, 권력의 집중, 부정부패와 족벌주의로 기억된다. 그녀는 파키스탄과의 국경 문제로 전쟁을 치렀고, 그 결과 동파키스탄이 '방글라데시'라는 이름으로 독립하며 인도에 유리한 상황을 만들었다. 그러나 1975년, 인디라 간디 정부는 점점 국민의 지지를 잃게 되었고, 결국 그녀는 국가 비상사태를 선포하여 정치적 반대파들을 자유로이 체포할 수 있는 권한을 손에 넣는다. 급진적인 시크교도들이 펀자브 지방을 중심으로 인도로부터 분립을 요구하고 나서자, 정부는 암리차르 사원을 포위하며 시크교도들을 탄압했고 사원을 피바다로 물들였다. 시크교도들에 대한 무자비한 조치는 그녀에게도 치명적인 결과를 가져온다. 같은 해인 1984년, 간디는 집무실에서 시크교도였던 경호원에게 무려 33발에 달하는 총을 맞고 숨진다.

숨질 당시 그녀의 나이는 66세였다. 1977년부터 1980년까지 총리직을 잠시 물러난 때를 제외하면 간디는 사실상 1966년부터 1984년까지 인도를 이끌었다. 인도에서 간디는 오늘날까지도 정권을 손에 쥔 유일한 여성이다.

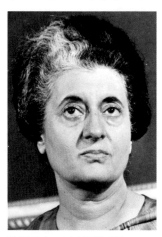

인디라 간디. 1977년에 찍은 사진.

나치의 유대인
말살 정책

1시간 반 회의가 끝난 후 600만 생명이 사라지다

1942년 1월 20일, 나치는 유대인 문제에 대한 최종 해결책을 매듭짓는다. 친위대 국가지도자 하인리히 힘러(1900~1945)의 의뢰를 받아 최고위급 장성인 라인하르트 하이드리히(1904~1942)는 베를린 근처 반제의 한 빌라에서 회의를 소집한다. 1,100만의 유대인 목숨을 다루기 위해 나치 지도자 15명이 그 자리에 모인다. 유대인이나 장애인, 집시, 그 외의 '운터멘셴Untermenschen, 열등분자들'을 도살하는 시스템은 이미 본격적으로 진행되고 있었지만 히틀러와 힘러는 좀 더 박차를 가하고 싶었다.

반제 회의는 1시간 반 동안 진행된다. 아돌프 아이히만(1906~1962)이 작성한 회의록 30부 가운데 제2차 세계대전 후까지 남은 건 오직 한 부였다. 이 소름 끼

치는 한 부의 회의록 「유대인 문제의 최종 해결책」은 역사상 유일하게 가장 잔혹한 범죄의 결정 과정을 명확하게 보여 준다. 회의가 끝나고 사망한 유대인 희생자는 600만 명으로 집계된다.

유럽에서 유대인들을 말살하기 위해 만든 아이히만의
학살 대상자 리스트.

HISTORY

아이히만은 1960년에 모사드 비밀 작전으로 이스라엘로 납치될 때까지 아르헨티나에서 가명을 써가며 숨어 살았다. 예루살렘에서 재판받는 동안, 그는 「유대인 문제의 최종 해결책」에서 자신이 했던 역할을 가능한 한 폄하하려 애쓴다.

단두대에서 처형당한
루이 16세

바닥에 나뒹군 '시민 루이 카페'의 머리

1793년 1월 21일, 혁명 광장에서 비운의 왕 루이 16세(1754~1793)의 사형이 집행된다. 루이 16세는 단두대로 향하는 마차 안에서 자신의 상황과 맞는 「시편」을 신부와 함께 낭독한다. 도로는 사람들로 가득 차 일행이 단두대에 도착하기까지 두 시간이나 걸린다. 오늘날 콩코드 광장으로 불리는 이곳에서 루이 16세는 '시민 루이 카페Louis Capet'로 소개되는데, 왕가의 혈통 중에 중세 카페 왕조가 있었기 때문이다.

1793년 1월, 국민의회는 국가 안보에 위협을 가하는 음모를 꾸민 혐의로 왕의 사형에 찬성표를 던진다. 루이 16세는 외국으로 탈출을 시도했다가 실패하면서 인기가 바닥을 친 상태였다. 그로부터 4일 후, 왕의 머리는 단두대 바닥으로 굴러떨어진다.

루이 16세의 처형은 지긋지긋한 신분제 사회와 더불어 절대 왕조의 종말을 알리는 상징이다. 그렇지만 사실 혁명의 시작은 꽤 온건한 편이었다. 루이의 '입헌 군주'로서의 권력은 새 헌법이 들어서면서 상당히 축소된다. 1792년 9월 21일 군주제가 폐지되면서 프랑스는 공화국이 된다. 그로부터 몇 달 뒤 1793년 6월,

루이 16세의 처형(익명 작품. 판화).

막시밀리앵 드 로베스피에르(1758~1794)의 지휘하에 급진적인 자코뱅파가 권력을 장악하며, 단두대가 끊임없이 가동되는 진정한 공포 정치가 시작된다. 같은 해 10월, 마리 앙투아네트 여왕(1755~1793)도 사형에 처해진다.

Jan. 22

교황이 최초로 고용한 스위스 근위대

바티칸을 지키는 스위스 근위대

1506년 1월 22일, 교황 율리우스 2세(1443~1513)는 사상 최초로 150명의 스위스 근위대를 모집한다. 오늘날에도 노랑-파랑-빨강의 줄무늬 유니폼을 입은 젊은 근위병들을 볼 수 있다. 교황과 바티칸시에 거주하는 수백 명의 거주자를 보호하고자 배치된 이들은 어쩌면 바티칸 건물보다 더 자주 관광객들의 사진에 담기고 있다.

현재 바티칸에 근무하는 스위스 근위대는 총 110명이다. 최소 2년간 복무해야 하는데 자격 조건이 엄격하기로 유명하다. 남성, 미혼, 나이 30세 이하, 키 175cm 이상, 그리고 스위스 국적이어야 한다.

1527년, 황제 카를 5세(1500~1558)의 군대가 로마를 약탈하고 주민들을 학살

미늘창을 든 스위스 근위병
(18세기 중반 장 바르보 작품).

하며 여성들을 강간할 때 스위스 근위대가 교황 클레멘스 7세(1478~1534)의 피신을 돕는다. 그 결과 1527년 5월 6일, 성 베드로 광장에서 근위병 약 150명이 참혹한 죽음을 맞는다. 이들을 기리기 위해 바티칸은 매년 5월 6일에 새 근위대를 뽑고 있다. 오늘날 스위스 근위대는 주로 의식적인 역할을 담당한다. 하지만 1971년에는 평상복을 입은 스위스 근위병이 당시 교황이었던 요한 바오로 2세(1920~2005)를 향한 암살 시도를 저지한 바 있다.

HISTORY

스위스 근위대의 갑옷 중 일부분은 여전히 16세기부터 사용했던 것들과 동일하다. 헬멧 차림에 2m에 달하는 미늘창을 들고 바티칸의 민속과 전통을 완벽하게 수행하고 있다.

3세기 동안 중국을 지배한 명 왕조

도자기와 자금성, 일곱 번의 장대한 항해

1368년 1월 23일, 명 왕조가 시작된다. 농민 반란 이후 몽골족이 세운 원 왕조(1271~1368)를 무너뜨리고 주원장(1328~1398)이 명 왕조(1368~1644)로 중국을 통일한다. 명 왕조는 청화백자 도자기 병과 그릇이 아름답기로 유명하다. 중국 인구는 세 배로 늘어났고, 세상 최고의 배들도 이 시기에 건조되었다. 정화 장군(1371~1433)은 중국 해군 함대를 이끌고 정찰 임무를 수행하기 위해 항해를 떠난다. 그는 일곱 번의 장대한 항해를 통해 황해에서 인도양을 가로질러 대만부터 페르시아만을 거쳐 아프리카 동부 해변까지 30개국을 방문한다.

명나라 때 북경(오늘날 베이징)에 세계 최대 목조궁전 자금성이 지어졌다. 그곳에는 황족과 지체 높은 인사들만 출입이 가능했으며 일반인이 허락 없이 들어가면 사형을 당할 수도 있었다. 999채의 건물과 9,999개의 방을 갖춘 자금성은 거

의 500년 동안 중국의 수도 역할을 했으며 이곳을 거쳐 간 황제만 무려 24명에 달한다. 1644년 농민 반란으로 명나라가 막을 내리고, 청 왕조(1644~1912)가 그 뒤를 이어 중국의 패권을 손에 쥔다.

유명한 청화백자 도자기. 접시에 용이 그려져 있다.

HISTORY

네덜란드 고유의 도자기인 델프트 블루(Delft blue)는 중국 명나라 시대의 도자기와 색깔이 완벽하게 일치한다. 사실, 네덜란드 도자기라는 말은 명나라 시대 도자기의 위조품을 뜻하기도 한다.

Jan. 24 | 브라질 살바도르 거리에서 일어난 반란

봉기를 일으킨 노예들

1835년 1월 24일, '신대륙' 역사상 가장 규모가 크고 의미 있는 반란이 브라질에서 일어난다. 말레 반란레볼타 도스 말레스, Revolta dos Males이라고 불리는데, 브라질 바이아에 사는 무슬림 노예를 일컫는 말레Male에서 따왔다. 그러나 이 반란은 무슬림과 비무슬림이 함께 참여했다. 30여 년 전 아이티는 아이티 혁명(1791~1804)을 통해 프랑스로부터 독립을 이루었다. 아이티 혁명에 자극을 받은 노예 신분의 아프리카 무슬림들은 일반인들과 더불어 살바도르 다 바이아 Salvador da Bahia시 정부에 반기를 들고 일어선다. 반란의 목적은 바이아의 모든 노예를 해방시키는 것이었다.

하지만 반란은 3시간 정도 지속되다가 하루 만에 진압된다. 반란 주동자들은 체포되어 처형당하거나 강제 추방당했다. 많은 노예들이 처벌을 받았고, 이 사건 이후로 무슬림 노예들에 대한 감시와 통제는 더욱 강화되었다.

말레 반란은 브라질에서 벌어진 크고 작은 반란 가운데 가장 마지막에 일어났다. 반란은 실패로 돌아갔으나 노예 주인들에게 두려움을 심어 주기에는 충분했다. 그런 맥락에서 1888년 브라질의 노예제도 철폐는 이 반란이 오랜 동안 영향을 끼친 결과라고 할 만하다.

공개 태형을 당하는 노예, 리우데자네이루, 1834~1839년경.

Jan. 25 | 헨리 8세의 재혼

왕실의 바람둥이가 아들을 얻기 위해 결혼을 다루는 법

1533년 1월 25일, 영국의 왕 헨리 8세(1491~1547)가 앤 불린(1501~1536)과 공식적으로 결혼식을 올린다. 앤은 헨리의 두 번째 부인이었고 1533년부터 1536년까지 잉글랜드의 왕비 자리를 차지한다. 결혼하기 전 앤은 프랑스 궁전에서 한동안 시녀로 일했고, 그 후 잉글랜드 궁전에서 아라곤의 캐서린 왕비(1485~1536)를 위해 일했다. 그러던 와중에 앤이 왕의 눈에 들게 된 것이다. 헨리 8세는 왕위를 계승할 아들을 간절히 바라왔지만 첫 번째 부인인 캐서린은 아들을 낳지 못했다. 앤 불린과 헨리 8세는 1532년에 비밀리에 약혼했으며, 1533년 1월 공식적으로 결혼식을 올렸다. 헨리 8세는 자신의 첫 번째 아내인 캐서린과의 결혼을 무효화하려 했으나, 교황청은 이를 허락하지 않았다. 앤이 임신한 것을 확인하자 헨리 8세는 교황과의 결별을 결심하고, 결국 1534년에 영국 국교회를 설립해 스스로 잉글랜드 교회의 수장이 되었다.

한편 앤은 딸을 출산하는데 이 딸이 바로 미래의 엘리자베스 1세(1533~1603)

다. 하지만 아들을 낳지 못한 앤은 헨리의 신뢰를 잃었고, 간음과 근친상간 혐의로 기소되어 결국 참수형에 처해진다. 당시 헨리의 눈은 이미 딴 곳을 향해 있었는데 앤이 세상을 떠난 지 불과 11일 남짓 후에 제인 시모어(1508?~1537)와 결혼식을 올린다. 제인은 헨리가 그토록 바라던 아들을 낳는다.

앤 불린(익명 작품, 1533~1536년경에 유실된 원본의 16세기 후반 사본).

기독교 세계에 영토를 양도한 오스만 제국

유럽의 병자가 되어 간 600년 초강대국

1699년 1월 26일, 오스만 제국이 사상 처음으로 기독교 세계에 영토를 양도한다. 이는 대튀르크 전쟁(1683~1699)에서 오스만 제국이 러시아 제국, 폴란드리투아니아 연방, 신성 로마 제국, 토스카나 대공국과 베네치아 공화국, 몰타로이루어진 신성동맹에 패한 후 맺은 카를로비츠 조약에 따른 것이다. 혈기 왕성한 튀르크의 대재상 카라 무스타파(1634~1683)가 빈을 공격했으나 허사로 끝나고 교황의 축복에 힘입은 동맹이 승리하며 전쟁은 끝을 맺는다. 승리에 물든 신성동맹은 오스만 제국에 효과적인 마지막 일격을 가하려 한다. 이전 수 세기 동안 오스만 제국이 동유럽 기독교 국가 위에 군림했으며 이리저리 갈라진 기독교세력들 사이에서 이득을 취해 왔기 때문이다.

이슬람 대강국이 기독교 세계에 영토를 양도한 사례는 이번이 처음이다. 헝가리와 트란실바니아 대부분은 합스부르크에, 포돌리아(오늘날 우크라이나)는 폴란드에, 달마시안 해변과 펠로폰네소스는 베네치아 공화국에 양도된다. 이후오스만 제국은 기나긴 쇠락의 시대로 접어든다. 제국은 '유럽의 병자'라는 별명을 얻으며 점점 그 기운을 다해 제1차 세계대전 이후 마침내 지구상에서 자취를감추었다.

1699년 이루어진
카를로비츠 평화회담(판화).

고향에서 영원히 추방된 이탈리아 작가

정치적 결말이 빚어낸 단테의 『신곡』

1302년 1월 27일, 단테 알리기에리(1265~1321)가 피렌체(또는 플로렌스)에서 추방된다. 중세 시대 가장 유명한 작가인 단테는 피렌체의 영향력 있는 가문에서 태어났다. 고향인 피렌체는 당시 유럽에서 가장 큰 도시 중 하나였고 문화 교류의 거점인 동시에 분쟁의 소용돌이에 휩싸여 있었다. 고위 성직자를 임명할 수 있는 권한인 서임권을 놓고 황제와 교황이 갈등을 일으킨 후, 피렌체는 크게 두 파로 나뉜다. 기벨린파는 교황을 반대하고 신성 로마 제국의 황제를 지지했다. 반면 구엘프파는 교황을 지지하는 입장이었는데 여기서도 두 개의 작은 분

파로 나뉘었다. 하나는 부르주아 계급인 구엘프 백파, 다른 하나는 귀족 계급인 구엘프 흑파였다. 단테는 구엘프 백파 소속이었다. 1302년, 구엘프 흑파가 권력을 잡으면서 모든 구엘프 백파를 도시에서 영원히 추방시킨 것이다.

단테는 망명 중에 일생일대의 명작『신곡』을 집필하는데, 이 책은 상상 속 사후 세계를 중심으로 한 단테의 여행담이다. 『신곡』지옥 편에 단테의 정적들인 기벨린파와 구엘프 흑파에 관한 이야기가 들어 있다.

단테 알리기에리의 초상화.
(1495년 산드로 보티첼리 작품)

HISTORY

단테는 사랑하는 고향 땅에 다시 발을 들이지 못했지만, 그의 작품은 수많은 작가나 시인, 철학자들에게 지금까지도 풍부한 영감의 원천이 된다.

발사된 지 73초 만에 폭발한 챌린저 우주왕복선

우주왕복선 참사로 드러난 나사의 불화와 모순

1986년 1월 28일, 챌린저 우주왕복선이 폭발한다. 미국은 1958년 나사(미국 항공우주국)를 설립한 이래 아폴로 11호를 이용해 인류 최초로 사람을 달에 착륙시킨 바 있다. 챌린저호는 이른바 미국의 5대 우주왕복선 중 하나였다. 이 우주왕복선은 재사용이 가능하도록 설계되었으나 챌린저호의 열 번째 비행 임무는 참사로 끝이 난다.

이륙 후 얼마 지나지 않아 추진체 하나가 결함을 일으켜 우주왕복선은 산산이 분해된다. 우주비행사 일곱 명이 목숨을 잃었는데 그중에는 교사인 크리스티나 매콜리프(1948~1986)도 있었다. 우주왕복선 프로그램에 대해 일반 대중의 관심을 다시 끌어올리는 역할을 맡아 비행에 오른 크리스티나는 최초의 우주비행사 선생님이 되기 일보 직전이었다. 그러나 발사 73초 만에 큰 폭발음과 함께 1만 4,020m 상공에서 폭발했다.

챌린저호 폭발 사고기 발생한 시기는 로널드 레이건(1911~2004) 대통령의 재임 기간이었다. 당시 소련을 '악의 제국'이라 규정한 레이건 대통령은 우주여행과 미사일 기술 개발에 많은 지원을 한다. 챌린저호 사건을 조사한 당국은 나사

의 엔지니어와 관리자들 사이의 의사소통과 안전 우려에 대한 무시 등 편향된 관계를 밝혀낸다. 2003년 컬럼비아 우주왕복선 폭발 사고가 발생했을 때, 역사는 또 반복되는 것처럼 보였다.

발사 직후 산산이 부서진 우주왕복선.

영국령 인도에서
최초의 영자 신문 발행

남아시아에서 가장 오래된 신문

1780년 1월 29일, 제임스 아우구스투스 히키(1740~1802)가 콜카타(당시의 캘커타)에서 《히키의 벵골 가제트》라는 영자 신문을 인도 최초로 발행한다. 아일랜드 출신의 히키는 1772년 동인도 회사의 배를 타고 콜카타로 항해를 떠난다. 얼마 지나지 않아 히키가 운영하던 해운 회사가 파산하자 그는 채권자들에게 돈을 지불할 수 없어 감옥을 가게 된다. 히키는 감옥에 있는 동안 인쇄사업을 시작하고, 자신을 풀어 줄 만한 변호사를 고용한다.

히키는 자신이 발행한 신문을 통해 식민지 총독 워런 헤이스팅스(1732~1818)를 신랄하게 비판한다. 그는 헤이스팅스의 부정부패, 족벌주의뿐만 아니라 개인적인 문제인 발기부전까지 조롱하며 공격한다. 그 결과 명예훼손 혐의로 헤이스팅스에게 고소당해 다시 옥살이를 하게 되고, 그 와중에도 인쇄사업을 꾸리며 헤이스팅스를 향한 비난을 멈추지 않는다. 참을 만큼 참은 헤이스팅스는 결국 히키를 대법원에 기소했고, 그 결과 히키의 인쇄사업은 전부 중단된다.

히키의 헤이스팅스를 향한 비판은 영국에까지 알려져 영국 수상은 인도 법에 따라 동인도 회사의 경영 실패와 부정부패를 규제하기로 결심한다. 결국 헤이스팅스는 본국인 영국으로 돌아간다.

《히키의 벵골 가제트》 앞면, 1781년
3월 10일자.

HISTORY

《히키의 벵골 가제트》는 2년 남짓 발행되었으나 인도의 식민지 정권에 지대한 영향을 미친다. 헤이스팅스는 영국에서 부정부패 혐의로 재판을 받지만 최종 무죄 판결을 받는다.

단두대의 이슬로 사라진
영국 왕

찰스 1세와 의회의 파국을 초래한 충돌

1649년 1월 30일, 영국의 왕 찰스 1세(1600~1649)가 단두대의 이슬로 사라진다. 근대 초기의 유럽 군주들은 절대권력을 지향한다. 영국에서 스코틀랜드 출신의 스튜어트 왕조 또한 왕권신수설에 도취해 오랜 전통의 영국 의회와 충돌한다.

영국 의회의 역사는 매우 오래되었는데, 11세기경으로 거슬러 올라간다. 정복왕 윌리엄 1세(1028~1087)가 영국에 봉건제도를 도입하면서 중요한 결정을 내리기 전에 중앙정부가 고위 성직자와 귀족 계층의 조언을 구하는 관습이 시작되었다. 1215년 선포된 마그나 카르타(대헌장)는 의회 탄생의 초석이 되었다. 귀족과 성직자로 구성된 의회의 승인 없이는 왕이 독자적으로 세금을 징수할 수 없도록 했다. 그렇게 왕권은 심하게 축소된다.

초기 근대 시절 튜더 왕가에서 스튜어트 왕가에 이르기까지 왕실은 절대권력을 놓고 몸부림친다. 종교 문제, 새로 징수하는 세금, 입법 문제까지…. 왕이 의회의 승인을 받아야 하는 범위는 어디까지일까? 충돌과 갈등은 결국 종교적인 성격을 띤 내전으로 이어지고, 왕당파(성공회와 가톨릭)는 의회파(프로테스탄트 혹은 퓨리탄들)와 맞붙는다. 찰스 1세는 의회의 승인 없이 독단적으로 일을 처리하다가 폭군, 살인범, 조국의 원수라는 죄명으로 기소되어 짧은 재판 끝에 사형을 선고받고 참수형으로 생을 마감한다. 역사상 전무후무한 일이 벌어진 것이다. 사형장에는 최소한의 의원만 참석했고, 참수는 조용히 이루어졌다.

찰스 1세의 초상화(1635년경 안소니 반다이크 작품).

러시아에 최초로 문을 연 햄버거 가게

러시아에 발을 들인 미국식 햄버거

1990년 1월 31일, 맥도날드가 러시아에 첫 번째 점포를 낸다. 모스크바 주민 수천 명이 생애 첫 빅맥을 맛보기 위해 몇 시간이나 줄 서서 기다리며 며칠 치 급여에 맞먹는 돈을 기꺼이 지불한다.

당시 러시아는 여전히 공산주의 소비에트 연방의 공화국이었다. 공산주의 국가의 심장부인 수도에 자본주의의 상징이라 할 수 있는 햄버거 가게가 문을 열었다는 건 시대가 변하고 있다는 뚜렷한 증거였다. 한 미국 기자는 상업적 문화와 거리가 먼 나라에 사는 사람들이 난생처음으로 친절한 미소의 가게 직원을 보고 놀라는 모습을 묘사한다. 반대로, 소련 기자는 미국인들의 실용적이고 합리적인 식문화를 전한다.

정치와 경제의 소용돌이 속에서 발버둥 치는 국가에 사는 평범한 러시아 사람들에게 이 '길티 플레저'는 정치적 성명서와 맞먹는 정도였다. 당시 소련의 대통령이었던 미하일 고르바초프(1931~2022)는 글라스노스트(개방)와 페레스트로이카(개혁)라는 두 정책을 내세워 자본주의 기업들에 시장을 개방한다. 고르바초프의 목표는 공산주의에 좀 더 인간적인 면모를 주려는 것이었지만, 그의 개혁 정책은 결국 공산주의 시스템의 붕괴를 가속화할 뿐이었다. 그로부터 2년 후인 1991년 12월, 소련 연방은 완전히 무너지고, 고르바초프는 자리에서 물러났으며, 연방의 공화국들은 전부 독립한다.

HISTORY

고르바초프는 소련의 붕괴를 회고할 때마다 늘 아쉬움을 드러냈지만, 1997년에는 피자헛 광고에 직접 출연하며 화제를 모았다.

2월

FEBRUARY

역사는
승리한 자에 의해 쓰인다.

- 윈스턴 처칠

Feb. 01 이란의 최고 자리에 오른 종교지도자 호메이니

"샤(왕)에게 죽음을!"

1979년 2월 1일, 십수 년 망명 생활을 마치고 호메이니가 이란으로 돌아온다. 루홀라 무사비 호메이니(1901~1989)는 열 살 무렵부터 시아파 도시인 쿰에서 이슬람 교육을 받기 시작한다. 샤 모하마드 레자 팔라비(1919~1980)는 1941년 이후로 왕권을 장악하고 있었다. 샤 모하마드는 서방 세계와 좋은 관계를 유지했지만, 세속적인 정책을 추구했고 그로 인해 빈부 격차가 커져만 갔다. 이슬람교 시아파 성직자인 호메이니는 샤의 비이슬람적인 정책을 비판하다 쿰 대학교에서 일자리를 잃는다. 그런 고충 속에서도 호메이니는 최고의 종교지도자로 성장하고 '아야톨라'라는 칭호를 얻는다. 그는 "우리가 겪는 모든 문제의 근원은 독재자 모하마드 레자 팔라비입니다"라고 진단한다. 1963년 호메이니는 10개월간 교도소에 수감된다. 그는 외국으로 탈출하고, 망명 생활 중에도 계속해서 샤를 비판한다.

이란의 상황은 갈수록 악화되어 학생들과 지식인들이 시위에 나서고, 테헤란 도로 일대에는 "샤에게 죽음을!"이라는 구호가 울려 퍼진다. 2월 1일 파리에서의 망명 생활을 청산하고 테헤란으로 돌아온 호메이니가 샤를 추방하고 권력을 잡은 뒤 이란 이슬람 공화국이 건국된다.

오랜 망명 생활을 마치고 에어 프랑스 비행기에서 내려 이란 땅에 다시 발을 내딛는 호메이니.

무인도에서 구출된 '진짜' 로빈슨 크루소

무인도에서 4년을 보낸 선원 셀커크

1709년 2월 2일, 알렉산더 셀커크(1676~1721)가 무인도에서 구출된다. 스코틀랜드 신발장이의 아들로 태어난 셀커크는 범죄를 저지르고 1695년 바다로 도망친다. 프랑스 또는 스페인 상선을 털어 물건을 훔치는 배인 사략선私掠船에 올라탄다. 사략은 정부의 승인을 받고 다른 배를 납치하거나 물건을 빼앗는 등 '허가받은 해적'을 뜻한다. 셀커크는 영국 정부 밑에서 일하며 스페인 배들을 공격하는 걸 돕는다.

1704년 사략선 친퀘포트호를 타고 있던 셀커크가 괴혈병과 이질, 부족한 식수 등으로 하나둘씩 목숨을 잃자 불만을 품고 선장과 논쟁을 벌이다 총 한 자루, 도끼, 칼, 냄비, 『성경』과 옷가지 몇 개만 집어 들고 셀커크는 칠레에서 서쪽으로 약 60km 떨어진 마스아티에라섬(오늘날 로빈슨 크루소 섬)에 내려 버린다. 그 후 오래지 않아 친퀘포트호는 바다에 가라앉고 선원 대부분은 수장된다. 셀커크는 무인도에서 4년 4개월간 생존한다. 그는 집을 짓고 새 칼을 만들고 사냥을 하고 옷을 짓는 등 무인도 생활을 충실하게 해나간다.

1709년 영국 사략선 두 대가 섬 근처를 항해하다 셀커크를 발견해 집으로 돌아올 수 있었다. 셀커크는 생애 말기에 해군에 지원하여 해군 대위가 된다. 셀커크는 열대병에 걸려 숨진 걸로 추정된다.

스코틀랜드 고향에 있는 셀커크의 동상.

유럽인 최초로
희망봉을 발견한 항해사

인도로 가는 길에 찾은 아프리카 최남단

1488년 2월 3일, 포르투갈 항해사 바르톨로메우 디아스(1450~1500)와 선원들은 남아프리카의 모셀 베이에 상륙한다. 1년 전 그는 세 척의 배를 이끌고 세 가지 임무를 수행하라는 왕의 명령을 받았다. 디아스에게 주어진 첫 번째 임무는, 그가 1481년에 다녀온 아프리카 서부의 '골드 코스트'에 대한 상세한 지도를 작성하는 것이었다. 두 번째는, 유럽 너머 어딘가에 기독교 왕국을 세웠다는 전설 속의 사제왕 요한의 왕국을 발견하는 것이었고, 마지막이자 가장 중요한 임무는 인도로 가는 동쪽 해상 경로를 찾는 일이었다. 당시 스페인과 포르투갈은 모두 오스만 제국을 우회할 수 있는 대체 경로를 찾기 위해 노력하고 있었다.

1488년 2월 3일, 디아스 본인은 인지하지 못했지만 유럽인 최초로 남아프리카의 희망봉을 돌아 모셀 베이에 도달한다. 자신의 경험을 토대로 디아스는 그곳에 '폭풍의 곳'이라는 이름을 붙이고, 나중에 포르투갈 왕 요한의 의견에 따라 좀 더 긍정적인 느낌의 '희망봉'으로 이름을 바꾼다. 디아스와 선원들은 충분한 물을 얻기 위해 찾아 다녔지만, 현지 원주민들은 그들에게 전혀 관심을 보이지 않았다. 음식도 부족하고 사기도 떨어지자 디아스와 선원들은 결국 포르투

갈로 돌아간다. 이들은 아프리카 최남단까지 항해한 최초의 유럽인들이었다(고대 그리스의 헤로도토스에 따르면 페니키아인들이 훨씬 전에 성공했다고는 하지만).

희망봉 전경.

Feb. 04

죽음을 택한 전직 사무라이들

주군을 위해 죽음을 불사하는 로닌

1703년 2월 4일, 한 무리의 사무라이가 자살 의식을 거행한다. 도쿠가와 시대(1603~1867) 일본은 에도(오늘날 도쿄)에서 쇼군이 나라를 다스렸다. 쇼군은 군 최고사령관이었고, 일왕을 대신해서 나라 전체를 지휘하고 다스렸다. 각 지방의 영주인 다이묘는 쇼군에게 충성을 다했다. 일왕이 있었지만 19세기 말 이전까지 일왕에게는 이렇다 할 실권이 없었다.

다이묘들은 각자 사무라이 전사들을 거느렸다. 1701년 아코번의 영주인 아사노 나가노리는 에도에 있는 쇼군의 궁정에서 임무를 맡게 되는데, 그곳에서 궁정 관리 키라 요시나가(1641~1703)와의 사이에 긴장감이 흐르기 시작했다. 아사노는 끝내 분노를 이기지 못하고 키라를 공격하였으나, 키라는 가까스로 목숨을 건졌다. 그러나 아사노는 그 일로 인해 자결 명령을 받고, 결국 그 명령을 따르게 된다.

아사노를 경호하던 사무라이 46명은 주군을 잃은 무사인 로닌Ronin이 되고, 맹세에 따라 복수를 결심한다. 그리하여 1월 말 추운 겨울 아침, 로닌들은 키라의 집에 난입하여 그와 사무라이들을 살해한 뒤 키라의 목을 아사노의 무덤에 바친다. 결국 막부는 로닌들에게 할복을 명령한다. 대략 15세에서 77세 사이의

로닌들은 모두 명령에 따르고, 이들은 자신의 주군이 안장된 사원에 묻힌다. 이들의 무덤이 자리한 도쿄 센가쿠지 사원은 오늘날 관광객의 명소로 자리 잡았다.

에도 성에서 키라 요시나가를 공격하는 아사노 나가노리를 묘사한 우키요에(목판화의 일종).

세계 유일무이
개인 식민지가 된 콩고

벨기에 국왕 레오폴드 2세의 과대망상증

1885년 2월 5일, 콩고 독립국은 레오폴드 2세(1835~1909)의 개인 식민지가 된다. 의회의 압박으로 자국에서 권력이 축소되자 벨기에 국왕 레오폴드 2세는 1885년부터 1908년까지 현재의 콩고민주공화국 지역을 자신의 사유지로 삼아 지배했다.

레오폴드 2세는 자신을 박애주의자로 포장하며, 벨기에가 중앙아프리카를 노예무역에서 해방시켜 문명화해야 한다고 주장한다. 또한 이미 아프리카 전역을 탐험한 헨리 모턴 스탠리 경(1841~1904)을 보내 콩고 지역을 새로 탐사하여 콩고 지도를 만들게 한다.

식민주의가 한창이던 당시 베를린 회담(1885)에 모인 유럽 열강들이 아프리카 대륙을 입맛에 맞게 이리저리 분할할 때, 레오폴드 2세는 이때 만든 지도를 근거로 자신의 야욕을 드러낸다. 레오폴드 2세는 벨기에 면적의 70배가 넘는 콩고를 장악하고, 스스로를 콩고 독립국의 수장이라 선포한다. 토착민들을 고무농장으로 내몰아 착취하고 광물과 상아를 약탈하는 등 온갖 악행을 저지른다. 하지만 다른 정치인들의 후원과 지지를 얻지 못하여 결국 파산 상태에 이르고 만다. 1900년대 초에 레오폴드 2세의 악행이 유럽에 폭로된다.

IN THE RUBBER COILS.

영국 풍자 잡지 《펀치》에 실린 콩고 독립국의 고무 착취를 풍자한 그림의 인쇄본, 1906년.

Feb. 06 | 아프리카계 브라질 여왕 단다라의 선택

"노예가 되느니 죽음을 선택하리라"

1694년 2월 6일, 아프리카계 브라질인 단다라 여왕이 노예 상태에서 벗어나기 위해 자살을 택한다. 단다라가 태어난 곳이 아프리카인지 브라질인지는 불분명하지만 브라질의 팔마레스에서 살았던 건 분명하다. 팔마레스에는 아프리카계 브라질 노예와 백인 난민, 아메리카 원주민 도망자들이 세운 정착촌인 퀼롬보가 있었다.

팔마레스는 빽빽한 산림 덕택에 점령하기가 무척 까다로운 곳이다. 포르투갈과 네덜란드의 노예무역이 득세하며 종교적·민족적·문화적 관용이란 눈 씻고 찾아보기 어려웠던 시대에 한 줄기 오아시스 같은 곳이었다. 팔마레스는 네덜란드의 공격에 맞서 싸우며 50년 이상은 거뜬히 버텼으며, 네덜란드가 브라질 북동부에서 떠난 후에는 포르투갈에 맞서 싸웠다고 한다.

오늘날까지 줌비는 인종적 불평등에 맞서 싸운 노예전사라는 평가를 받지만 이제는 줌비의 전설적인 아내 단다라가 더 큰 관심을 받아야 한다는 목소리가 커지고 있다.

단다라는 브라질의 무예 춤인 카포에라를 비롯해 사냥, 심지어 농사까지 다방면에 뛰어난 기량을 갖춘 인물로 알려져 있다. 단다라의 남편은 콩고 출신인 줌비(1655~1695)로 팔마레스의 마지막 왕이자 브라질의 노예제도에 맞서 싸운 장군으로 유명하다. 단다라와 줌비는 힘을 합쳐 인근 농장을 급습하여 음식과 무기, 탄약을 손에 넣고 노예들을 풀어 준다.

1694년 2월 6일, 결국 포르투갈에 붙잡힌 단다라는 다른 퀼롬보 정착민들과 함께 채석장에서 뛰어내려 사망한다. 그들의 노예로 사는 것보다 더 비참한 일은 없었던 것이다.

Feb. 07
피렌체에 타오른 '허영을 소각하라' 운동

허영심을 죄로 간주한 수도사 사모나롤라

15세기부터 강력한 메디치 가문이 피렌체를 다스린다. 이들은 은행가로서 부를 쌓았으며, 메디치 은행은 유럽 전역에 연결망을 가지고 있었다. 또한 메디치 가문은 미켈란젤로, 산드로 보티첼리, 레오나르도 다빈치 등 수많은 예술가를 후원하며 피렌체에서 르네상스의 꽃을 피우게 한다. 하지만 도미니코회 수도사인 사모나롤라(1452~1498)는 피렌체에 만연한 부정부패와 부도덕을 경고하는 설교를 한다.

"오 이탈리아, 오 피렌체여, 그대의 약점, 그대의 타락, 그대의 부도덕, 그대의 폭리, 그대의 잔악함, 이 모든 것들로 인해 그대가 고통을 받고 있구나. 그 이유는 자명하다! 문제의 원인이 있다면 해결책도 있는 법. 이 모든 고통의 근원인 죄를 멀리하면 구원을 받으리라."

수도사 사모나롤라는 가톨릭의 가치를 옹호하는 인물이었다. 그는 예술을 죄로 이끄는 위험이라고 여겼다. 화장품, 가발, 사치스러운 옷, 예술작품, 책 등 싹다 모아서 불에 태우라고 말한다. **1497년 2월 7일**, 시뇨리아 광장에서 '허영심의 화형식'이 열린다. 높이가 약 20m에 달하는 임시 구조물을 쌓은 뒤 '허영심' 넘치는 물건을 모아 함께 불태운 이 의식은 경건하지 않은 자들에게 내리는 경고였다. 1498년 5월 23일 사보나롤라는 교황의 권위를 훼손하고 이단을 행한 혐의로 화형당한다.

사형에 처해지는 사모나롤라와 두 명의 동료 수도사들(작가 미상, 1498년).

반역죄로 사형을 선고받은 메리 여왕

엘리자베스 여왕의 경쟁자, 스코틀랜드의 메리 여왕

1587년 2월 8일, 스코틀랜드의 메리 여왕(1542~1587)이 사형을 당한다. 스코틀랜드의 제임스 5세가 메리가 태어난 지 일주일도 되지 않아 세상을 떠나는 바람에 아직 첫돌도 되지 않은 딸 메리는 왕위를 이을 유일한 적자로 스코틀랜드 여왕의 자리에 오른다. 신교 국가인 잉글랜드와 맞서고, 가톨릭 국가인 프랑스와 굳건한 유대관계를 맺기 위해 메리 여왕은 생후 다섯 살이 되던 해에 프랑스의 왕세자 프랑수아 2세와 약혼한 뒤 16세가 된 해에 결혼한다. 하지만 프랑수아 2세는 결혼한 지 불과 2년 만에 죽고, 메리는 본국인 스코틀랜드로 돌아온다. 메리가 본국이 아닌 프랑스에서 유년 시절을 보내는 동안 스코틀랜드에서는 구교인 가톨릭과 신교인 프로테스탄트끼리 갈등을 빚고 있었다. 그런 상황에서 스코틀랜드의 신교도 귀족들이 가톨릭교도인 여왕을 곱게 환영할 리 없었다.

메리는 그 후로도 두 번 더 결혼하고, 두 번째 남편인 단리 경과의 사이에서 아들 제임스를 얻는다. 메리에게 반기를 들고 일어선 귀족들이 왕위를 아들에게 넘기라고 요구하는 바람에 메리는 잉글랜드로 도피한다. 당시 잉글랜드의 국왕은 엘리자베스 1세였다. 엘리자베스는 자신의 왕권에 위협이 되는 존재라 생각해 메리를 19년간 감금시킨다. 1586년에야 메리의 처형에 동의한다.

프랑수아 2세와 메리 여왕(작가 미상, 약 1573년경).

참정권을 요구하는
영국 여성들의 투쟁

비를 맞으며, 바람을 헤치며

1907년 2월 9일, 런던에서 머드 행진이 열린다. 20세기 초 영국에서 여성에게 참정권을 달라는 요구가 거세지는 가운데 전국여성참정권연맹NUWSS이 대규모 집회를 계획한다. 행진은 하이드파크에서 시작해 엑시터홀에서 끝맺을 계획이었다. 폭우가 쏟아지고 런던 도로가 진흙처럼 잔뜩 질퍽거리는 등 악천후 속에서도 행진은 큰 성공을 거둔다.

다양한 계층과 직업을 가진 여성 3천여 명이 모여 용감하게 비를 뚫고 나서서 행진하는 모습을 수천 명이 목격했다. 행진하는 여성들은 유럽과 미국 언론의 주목을 받았으며, 많은 이들이 앞으로 나와 연설함으로써 구경꾼들과 시위대에게 여성의 참정권에 대한 확신을 심어 주었다.

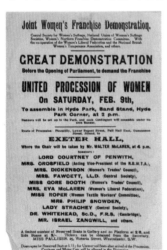

머드 행진은 여성의 참정권을 지지하는 집회 중 가장 대규모로 열렸다. 비록 의회를 변화시키는 데는 실패했으나 집회 자체가 가진 의의는 매우 컸다. 이러한 대규모 행진은 영국에서 여성의 참정권을 요구하는 데 중요한 수단이 되었다.

머드 행진을 알리는 포스터.

HISTORY

집회에 참여한 사람들은 온갖 잡동사니를 가져와 포스터, 엽서, 수를 놓은 현수막 등을 손수 만들었고, 전부 여성으로 구성된 오케스트라가 드럼을 치며 행진했다.

Feb. 10

아름다운 도시
바그다드에 닥친 불운

몽골족에게 까불지 마라

1258년 2월 10일, 몽골족들이 바그다드를 공격한다. 오늘날 이라크에 위치한 바그다드는 수 세기 동안 아바스 왕조Abbasids의 수도였다. 750년부터 1258년까지 존재한 이슬람 왕조였고, 아바스 왕조 치하의 이슬람 문화는 특히 8~9세기 무렵에 융성한 꽃을 피운다.

1257년 11월 칭기즈 칸의 손자이자 몽골의 왕 훌라구 칸(1217~1265)은 대규모 군대를 이끌고 아바스 칼리파국의 수도 바그다드를 향해 진군한다. 하지만 바그다드의 칼리프(왕조의 군주) 또한 순순히 도시를 내줄 생각이 없었다. 칸은 이에 대응하여 즉시 공성탑과 투석기를 배치하고, 바그다드 성벽 일부를 점령한다. 2월 10일, 한때 웅장함을 자랑했던 바그다드는 결국 백기를 들고 만다. 몽골 군대는 바그다드 도로를 행진하며 성안의 사람들을 하나씩 죽인다. 몽골 기병들은 칼리프를 양탄자로 둘둘 말아 짓밟는다. 학문의 중심지였던 '지혜의 집' 또한 불길에 휩싸인다. 수많은 건물과 문서가 유실되고, 많은 사람이 목숨을 잃는다.

그로부터 몇 해 후, 이집트의 맘루크 왕조가 아바스 왕조의 뒤를 이어 의례적인 역할만 남아 껍데기에 불과한 칼리프 자리에 오른다. 하지만 그 후 불과 1세기

반 만에 바그다드에는 또다시 불운이 닥친다. 몽골의 정복자 티무르(1336~1405)가 쳐들어와 바그다드를 함락하자 맘루크 왕조는 칼리프 자리에서 물러난다.

바그다드를 포위한 몽골 군대(1430~1434년경).

아파르트헤이트 저항운동의 세계적 아이콘

수십 년 수감 생활을 마친 넬슨 만델라

1990년 2월 11일, 넬슨 만델라(1918~2013)가 27년간의 수감 생활을 끝내고 석방된다. 1948년 남아프리카는 아파르트헤이트를 도입한다. 백인과 흑인 사이를 인종적으로 분리하는 시스템인 아파르트헤이트는 남아프리카의 유럽계 백인들에게 권리와 특권을 더욱더 부여한다. 아파르트헤이트를 시행한 지 얼마 지나지 않아 남아프리카의 흑인들 사이에서 저항운동이 펼쳐진다. 넬슨 만델라는 이러한 저항운동을 이끄는 인물로, 아파르트헤이트에 대항하여 평화적인 저항 활동을 하는 아프리카민족회의ANC의 일원이었다. 하지만 만델라는 이런 평화적인 방식만으로는 흑인들의 인권이 전혀 개선되지 않으리라 생각해 1961년 '민족의 창'이라는 별도의 조직을 이끌며 사보타주 활동과 무장저항 활동을 적극적으로 벌인다.

1년 후 만델라는 반역죄로 체포되어 종신형을 선고받고 남아프리카 해변에서 멀리 떨어진 외딴 교도소 섬인 로벤섬에 갇힌다. 수감 생활 동안 만델라는 아파르트헤이트에 대항하는 저항운동의 세계적 아이콘이 된다. 전 세계적으로 비판의 목소리가 커지고 만델라를 풀어 주라는 요구가 거세진다. 마침내 1990년 2월 11일, 만델라는 27년의 수감 생활을 마치고 석방된다. 그로부터 4년 후, 만델라는 남아공 최초의 흑인 대통령으로 선출된다. 만델라는 노벨 평화상을 받고, 2013년에 세상을 떠난다.

HISTORY

남아프리카에서는 약 16퍼센트의 백인이 나머지 다른 인종을 정치적·경제적·사회적으로 차별해 왔다. 1948년부터 1990년대까지 인종분리 정책인 아파르트헤이트가 자행되었다.

중국 마지막 황제의 퇴위

여섯 살에 전직 황제가 된 사나이

1912년 2월 12일, 중국의 마지막 황제인 선통제 푸이가 퇴위한다. 선통제 (1906~1967)가 황제에 올랐을 때의 나이는 고작 두 살이었다. 푸이의 삼촌이자 선황인 광서제가 세상을 떠나고, 뒤를 이어 광서제의 부인 또한 사망하자 '헨리' 푸이(선통제)가 청나라의 12번째 황제의 자리에 오른다. 청나라는 1644년 이후로 중국을 다스리고 있었다.

아버지가 섭정하는 가운데 푸이는 베이징의 자금성에서 어린 시절을 보낸다. 당시 중국의 상황은 매우 좋지 않았다. 쌓여만 가는 국가 채무, 자연재해, 식량 부족 등 거듭되는 악재에 사람들은 불안에 휩싸였다. 내전이 일어나 푸이는 여섯 살의 나이에 강제 폐위되었으며 1912년 1월 1일 중화민국 임시정부가 수립된다.

푸이의 폐위와 함께 2000년 이상 이어지던 중국의 황국은 막을 내리고, 그 후로도 한동안 정치적으로 분열된 시기가 이어진다. 1917년 장쉰은 푸이를 도와 쿠데타를 일으켜 그를 황제로 다시 옹립하지만, 몇 년 후 푸이는 베이징의 자금성에서 또다시 쫓겨난다. 1932년에서 1945년 사이 일본은 푸이를 만주국의 황제로 세우지만, 일본의 꼭두각시에 불과했다.

중국의 마지막 황제.

HISTORY

푸이의 인생은 파란만장했다. 소련이 그를 마오쩌둥(1893~1976)에게 인계하는 바람에 그는 결국 전범 수용소에 들어가게 된다. 그 후 사면을 받아 베이징 식물원에서 일하며 여생을 보냈다.

Feb. 13 | 이스라엘로 돌아온 네 개의 사해사본

현존하는 가장 오래된 『구약성경』 필사본

1955년 2월 13일, 이스라엘이 사해사본死海寫本, Dead Sea Scrolls 네 개를 찾았다고 발표한다. 사해사본은 1947년부터 1954년까지 사해 북서쪽 해안의 동굴에서 한 베드윈 소년이 발견한 약 900부의 문서를 통칭한다. 기원전 3세기부터 기원후 1세기 무렵까지 히브리어, 아람어, 그리스어로 작성된 사해사본은 히브리어로 쓰인 『성경』 중에서는 가장 오래된 사본이다.

그중 가장 가치가 있는 것은 첫 번째 동굴에서 나온 일곱 개의 사해사본이다. 새로 건국된 이스라엘이 인접한 아랍 국가들과 전쟁 위기에 휘말릴 무렵인 1947년, 예루살렘의 히브리 대학교 수석 고고학 교수인 엘리에제르 리파 수케닉(1889~1953)은 사해사본 세 개를 베들레헴의 한 상인에게서 사들인다. 같은 해, 나머지 네 개는 팔레스타인과 트란스요르단 토후국의 시리아 정교회 주교 마르 사무엘의 손에 들어간다. 1949년, 시리아 정교회 대주교로 임명받아 미국에 온 마르 사무엘은 사해사본도 함께 가져온다. 1954년, 그는 《월스트리트 저널》에 사본 판매 광고를 게재한다.

"최소한 기원전 200년에 작성된 걸로 추정되는 사해 『성경』 사본 네 개를 팝니다."

1951년 사해사본을 보고 있는 수케닉.

공교롭게도 그 당시 미국에는 엘리에제르의 아들인 리파 수케닉이 머물고 있었다. 아버지처럼 그도 고고학자였다. 그는 1954년 7월 1일 사해사본을 25만 달러에 사들인 후 이를 각각 별도의 비행기에 실어 이스라엘로 보냈다.

14세에 무굴 제국의 황제가 된 악바르

인도의 황제로 군림한 무굴 왕조의 강력한 통치자

1556년 2월 14일, 악바르(1542~1605)가 무굴 제국의 황제로 즉위한다. 16세기 초, 페르시아와 이슬람, 인도 등 여러 문화 요소를 두루두루 지닌 무굴족이 북인도 지방에 정착한다. 악바르가 무굴 제국의 황제의 자리에 오른 건 그의 나이 14세 때였다.

악바르는 나이를 먹으면서 장군으로서도 유능한 자질이 있음을 증명한다. 악바르의 통치하에 무굴 제국은 인도 대륙의 대부분을 차지할 정도로 영토를 확장한다. 중앙 집중적인 정치 체계를 구축한 악바르는 유연한 외교와 힌두 공주들과의 정략적인 혼인을 통해 패배한 국가의 지도자들과도 우호적인 관계를 유지한다.

악바르는 충성심 높고 지적이며 재능이 넘치는 걸로도 유명했다. 또한 다른

종교에도 관대한 모습을 보여 준다. 인도의 주요 종교였던 힌두교를 탄압하거나 억지로 이슬람으로 개종시키는 대신, 오히려 힌두교 축제에 직접 참가하기까지 한다. 그는 페르시아 스타일로 도시를 건설하여 기독교, 힌두교부터 조로아스터교와 무슬림까지 모든 종교를 아울러 어느 분야의 석학이든 전부 그곳에 받아들인다. 1605년 악바르가 세상을 떠나며 아들인 자한기르가 그의 뒤를 잇는다.

인도 화가 고바단이 그린 악바르 대제 (1630년경).

HISTORY

악바르는 문화와 예술을 지극히 아낀 애호가였다. 페르시아, 힌두, 이슬람 요소를 결합한 건축 양식인 무굴 양식을 도입하고, 시인이나 음악가, 철학자와 예술가 들에게도 경제적인 지원을 아끼지 않았다.

마지막 소련 군대의
아프가니스탄 철수

냉전의 대리전을 겪게 된 아프가니스탄

1989년 2월 15일, 마지막 소련 군대가 9년간의 점령을 마치고 아프가니스탄에서 철수한다. 1979년 12월, 무슬림이 우세한 나라에서 권력을 쥔 마르크스주의 정권을 지원하기 위해 소련이 아프가니스탄을 침공한다. 소련은 마르크스주의 정권을 지지한 반면, 미국 CIA는 아프가니스탄의 반공 세력을 무장시킨다. 이들 무슬림 전사들은 스스로를 무자헤딘이라 부른다.

소련이 겪은 베트남전과 유사한 상황이었다. 무자헤딘은 9만 명이, 소련군은 1만 5천 명이 목숨을 잃는다. 아프가니스탄의 인명 피해는 50만에서 200만 명에 달한다. 수백만 명이 난민이 되었으며 무엇보다 소련은 전쟁에서 거의 아무런 이득을 얻지 못한다.

미하일 고르바초프(1931~2022)는 소련의 서기장이 된 후, 아프가니스탄에서의 갈등을 해결하고자 정치국의 도움을 받는다. 1988년 5월, 유엔이 주재한 제네바 회의에서 소련은 군대를 즉시 철수하기로 합의한다.

그 후 소련은 계속해서 소멸해가는 아프가니스탄의 공산 정부를 돕는다. 1992년 무자헤딘이 정권을 잡은 이후로도 내전은 계속 발발한다. 그리고 4년후, 근본주의 분파인 탈레반이 정권을 잡는다. 역사의 아이러니는 미국이 한때 소련에 대항하기 위해 강력히 지원했던 이슬람 무장단체에 대해 2001년 9월 11일 테러 이후 선전포고를 했다는 점이다.

소련의 헬리콥터를 향해 미국에게서 지원받은 스팅어 미사일을 쏘는 무자헤딘(스튜어트 브라운, 2008).

파라오의 저주

일생일대의 발견을 한 고고학자 하워드 카터

1923년 2월 16일, 하워드 카터(1874~1939)는 투탕카멘의 왕릉을 발굴한다. 지난 10년간 영국의 고고학자 카터는 유명한 파라오의 왕릉을 찾기 위해 이집트 룩소르 근처에 위치한 왕들의 골짜기Valley of the Kings를 이리저리 수색해 왔다. 고대 이집트의 매력에 심취한 카나본 백작(1866~1923)은 카터의 발굴 작업을 경제적으로 후원한다. 오랜 시간 인내심 있게 해온 작업은 결국 1922년 11월 어느 날 아침에 보상받는다. 람세스 6세의 무덤 잔해 밑에 온전하게 남은 다른 무덤의 흔적을 처음으로 발견한 것이다. 카터는 자신의 후원자인 카나본 백작에게 이 사실을 알린 후 몇 주가 지나 함께 무덤 아래로 내려간다.

무덤 안에는 네 개의 매장실이 있었다. 사후세계에서 사용하라고 파라오와 함께 매장한 왕의 석상, 보석, 꽃병, 마차, 악기, 가구와 그 밖에 권력을 상징하는 5천 점이 넘는 물건으로 가득했다. 그리고 2월 16일, 드디어 투탕카멘의 황금석관을 연다.

몇 주 후, 카나본 백작과 백작의 개가 예기치 못한 죽음을 맞이한다. 이들의 죽음으로 누구든 파라오의 무덤에 들어가는 자는 머지않아 벌을 받는다는 믿음이 생긴다. 이제는 고리타분한 옛이야기가 된 '투탕카멘의 저주'는 이렇게 탄생했

다. 카터가 투탕카멘의 무덤을 발굴하는 데는 10년이 걸렸고, 그 후 6년이 지나 그는 '정상적인' 죽음을 맞이했다. 매장실에 묻혀 있던 유물들은 현재 대부분 이집트 카이로 박물관에 보관되어 있다.

1922년 투탕카멘의 미라를 살펴보는 카터.

막을 내린 안사의 난

역사상 가장 많은 목숨을 앗아간 반란

763년 2월 17일, 사조의(?~763, 안사의 난으로 선국된 연나라의 마지막 황제)가 스스로 목숨을 끊으며 안사의 난(755~763)은 마무리된다. 당 왕조(618~907) 시대 사람이었던 안록산(703~757)은 처음에는 중국 북서부 지역과 돌궐국 사이에서 무역을 하던 사람이었는데 선박 도난 사건을 겪은 후 중국으로 도망쳤다. 군대에서 경력을 쌓아 가며 중국 황제의 신임을 얻는다. 그러다가 15만 명이 넘는 군대를 이끌고 반란을 일으킨다. 당시 황실에 대한 신임은 바닥난 상태였으며, 사람들은 전쟁에 패해 불만이 가득했다.

안록산은 연나라를 세우고 황제가 되었지만 오래 통치하지는 못한다. 757년, 점점 시력이 나빠져 실명에 이른 안록산은 편집증에 가까운 증상에 시달리다 아들에게 살해당한다. 안록산의 뒤를 이어 사사명이 왕위에 오르지만, 그 역시 아들 사조의에게 목숨을 잃는다. 당나라 군대에 붙잡힌 자칭 황제 사조의가 목숨을 끊음으로써 반란 세력은 완전히 진압된다. 이는 당나라가 쇠퇴하는 시작이었다. 토번은 본래 영토를 되찾고, 지방 군벌들이 권력을 장악한다.

안사의 난은 중국 역사상 가장 많은 수의 목숨을 앗아간 반란 중 하나다. 역사가들은 안사의 난 동안에 발생한 사망자가 2,600만 명이라 추정하는데, 이는 그 당시 중국 인구의 3분의 2에 해당한다. 어떤 역사가들은 반란 직후 혼란기에 정확한 인구 조사가 어려웠을 거란 점을 들어 사망자 수가 추정치의 절반 정도였을 거라 주장하기도 한다.

HISTORY

당 왕조가 막을 내리고, 오대십국시대(907~960)가 시작된다. 적어도 50년 이상 정치적인 혼란과 분열이 일어났다는 뜻이다.

교수형에 처해진
케냐의 독립 영웅 데단 키마티

누군가에게는 영웅, 다른 이에게는 반란자

1957년 2월 18일, 데단 키마티(1920~1957)가 교수형에 처해진다. 당시 영국은 다른 유럽 열강과 함께 베를린 회담(1884~1885)을 통해 아프리카 대륙을 분할 점령한다. 제2차 세계대전 중에 영국은 식민지 군대를 끌어모았고 전쟁이 끝나자 케냐를 포함한 여러 식민지 국가들의 독립 요구가 거세진다. 마우마우 조직이 바로 이때 설립된다.

'마우마우'는 '백인들은 본토로 돌아가고 아프리카에 독립을 주라'는 문장의 약어이다. 데단 키마티는 케냐의 소수 민족 중 하나인 키쿠유족과 함께 영국에 대항하기로 결심한다. 키마티는 무자비한 반란 지도자로 명성을 얻었고, 키마티의 추종자들 역시 잔인함으로 악명을 떨친다. 영국 정부는 케냐에 비상사태를 선포한다. 키쿠유족은 붙잡혀 강제수용소에 감금되거나 사형에 처해진다. 영국은 무자비하게 마우마우 봉기를 진압한다. 키마티 또한 10월에 붙잡힌다.

영국은 흑인 배심원들과 함께 즉석재판을 열어 키마티에게 사형을 선고한다. 1957년, 그는 나이로비의 교도소에서 교수형에 처해진다. 영국은 키마티를 연고 없는 무덤에 묻어 버린다. 그가 죽은 지 6년이 지나서야 케냐는 독립을 이루어 낸다.

나이로비에 있는 키마티의 동상.

HISTORY

2012년, 영국 대법원은 마우마우 봉기의 결과로 자유를 빼앗긴 케냐인들이 경제적 보상을 청구할 수 있다는 판결을 내린다.

일본 이오지마를
침공한 미국

일본의 바로 문앞에서 벌어진 전투

1945년 2월 19일, 미군이 이오지마에 상륙하며 '분리작전Operation Detachment' 이라는 공식 작전명을 띤 전투를 시작한다. 이 전투는 태평양 전쟁의 중요한 전환점 중 하나로, 미군이 이오지마섬을 점령하기 위해 일본군과 36일간 치열하게 맞붙었다. 미군은 이 섬을 확보하여 본토 폭격의 전초기지를 마련하고자 했다.

이오지마는 도쿄에서 약 1,200km 떨어져 있으며, 미군 폭격기가 일본 본토를 겨냥할 수 있을 정도로 충분히 가까운 전략적 요충지다. 미국 함대가 이오지마에 며칠 동안 폭격을 퍼부은 후, 미군 수뇌부는 침공이 순조롭게 이루어질 거로 예상한다. 미국이 그런 망상에 빠진 사이 약 2만 1천 명의 일본군은 결사항전의 자세로 전투에 임한다. 미리 파놓은 참호, 벙커, 동굴 등 예상하지 못한 방법으로 미군을 체계적으로 방어한다. 다수의 일본인은 굴욕스럽게 항복하느니 죽음을 택하는 게 낫다고 생각했다. 일본군 사령관은 미군을 완전히 물리치는 것보다는 적에게 가능한 한 많은 피해를 입히는 데 초점을 맞춘다.

이오지마 전투는 제2차 세계대전에서 일어난 가장 격렬한 전투 중 하나다. 11만 명의 미국 육해공군 중 약 2만 6천 명이 부상을 입거나 죽임을 당한다. 일본군은 거의 모두가 목숨을 잃는다.

전투가 시작되고 5일 후 해발 165m의 스리바치 화산 정상에 게양된 미국 국기. 조로젠탈이 남긴 이 사진은 제2차 세계대전을 통틀어 가장 유명하다.

Feb. 20 | 남극에 도착한 최초의 여성 캐롤라인 미켈슨

남극에 노르웨이 깃발을 꽂다

1935년 2월 20일, 노르웨이인 캐롤라인 미켈슨(1906~1998)은 남극에 도달한 첫 여성이 된다. 고래잡이를 하던 남편 클라리우스 미켈슨과 함께, 캐롤라인은 남극을 향하는 유조선인 MS토르스하븐호에 몸을 싣는다. 이 배는 남극에 지대한 관심이 있던 노르웨이 출신의 포경왕 라르스 크리스텐슨의 소유였다. 2월 20일, 캐롤라인과 클라리우스는 승무원 일곱 명과 함께 작은 구명보트로 옮겨 타고 남극 해안으로 가는 좁은 만을 발견한다.

그들은 자신들이 왔다는 증거로 노르웨이 깃발을 꽂고 돌무더기를 쌓는다. 그 지역은 펭귄의 군락지였고, 바닥은 새의 배설물이 두껍게 쌓여 있었다. MS토르

1935년, 남극 트리네 제도에서 돌무더기를 쌓고 노르웨이 국기를 꽂은 캐롤라인 미켈슨.

스하븐호로 돌아가기 전, 일행은 커피와 샌드위치를 나눠 먹으며 남극 대륙에 도착한 것을 축하한다. 이들이 노르웨이 깃발을 꽂은 지역은 사실 2년 전에 영국이 호주에게 양도한 지역이어서 이들은 '호주령' 영토 한가운데 있었던 셈이다. 하지만 당시에는 남극 해안선이 모두 자세히 지도화되기 전이었고, 노르웨이 탐험가들을 기리기 위해 노르웨이식 지명이 지도에 등재된다. 그중 남극 해안의 캐롤라인 미켈슨 산은 남극에 발을 디딘 첫 여성인 캐롤라인 미켈슨을 기념해 붙여진 이름이다.

HISTORY

1995년에 1935년 노르웨이 탐험가들이 깃발을 꽂았던 곳에서 돌무더기가 발견된다. 그때까지도 생존해 있던 미켈슨은 그 소식을 전해 듣는다.

러시아 로마노프 왕가의
첫 차르 즉위

몇 년간의 전쟁 끝에 탄생한 첫 번째 차르

1613년 2월 21일, 로마노프 왕조가 시작된다. 열여섯 살밖에 안 된 미하일 표도로비치 로마노프가 로마노프 왕조의 첫 차르가 된 것이다. 러시아는 그 직전까지 소위 고난의 시기(1604~1613)를 겪었다. 기근, 암살, 반란 등으로 사회는 흉흉했고, 가짜 드미트리들(1세와 2세)처럼 왕좌를 노리는 자들이 들끓었으며, 불안정한 정국과 전쟁은 이 시대에 지극히 당연한 일이었다.

차르 미하일 로마노프 1세
(1728년 J.베데키트 작품).

1613년, 평민, 교회, 귀족의 대표들이 모인 전국회의가 열리고, 만장일치로 미하일이 새 차르로 선출된다. 미하일은 1598년 자식 없이 세상을 떠난 류리크 왕조 마지막 차르의 먼 친척이었다. 아직 미성년이었던 미하일 대신 어머니가 정치를 주도한다. 아버지는 고난의 시기에 수도원으로 추방되어 여전히 그곳에 있었다.

러시아는 갈등의 시기를 딛고 봉합이 필요했다. 미하일은 1617년 스웨덴과 평화협정을 맺고, 스웨덴에 영토 일부와 많은 루블을 준다. 그로부터 1년 후, 미하일은 폴란드와도 평화협정을 맺는다. 마침내 미하일의 아버지는 풀려나 모스크바 총대주교가 된다.

HISTORY

미하일은 1645년 물 중독 증상으로 세상을 떠날 때까지 32년간 왕위에 머물렀다. 로마노프 왕조는 1917년 러시아 혁명 때까지 304년간 러시아를 통치했다.

Feb. 22
사형을 선고받은 '마녀' 카트린 몽부아쟁

자신의 악행을 쉽게 시인하지 않았던 주술사

1680년 2월 22일, 독약 제조사이자 주술사 '라 부아쟁'이 사형 선고를 받는다. 이 사건은 태양왕 루이 14세(1638~1715)의 궁전에서 1677년부터 1682년까지 번졌던 일련의 독극물 스캔들과 관련이 있다. 사건에 연루된 자들은 마녀나 독약 제조 등에 심취해 있던 프랑스 고위직들이다.

스캔들이 벌어지기 1년 전, 프랑스의 어떤 후작 부인이 사형 선고를 받는다. 유산을 가로채기 위해 아버지와 형제들을 독살한 혐의였다. 루이 14세도 독약으로부터 안전하지 못했다. 자신을 겨냥한 독살 시도는 결국 루이 14세의 심기를 건드렸고, 이에 왕은 독약 제조자와 판매자를 추적하기 위한 조직을 결성한다. 그 결과 이면에 숨어 있던 소위 '마녀'와 '주술사'들의 비밀 연결망이 드러난다.

마담 '라 부아쟁'
(1680~1682년 앙투앙 코이펠 작품).

왕은 범죄를 뚜렷이 밝히려고 일종의 임시 재판소인 이단자 재판소Chambre ardente, 다른 말로 '불타는 방'을 설치하여 수많은 용의자를 고문한다. '라 부아쟁'이라는 이름으로 더 잘 알려진 '독약 제조자' 카트린 몽부아쟁(1640~1680) 또한 체포된다. 라 부아쟁은 2천여 건의 낙태를 행했고, 살아 있는 아이들을 악마에게 제물로 바쳤다고 시인한다. 관련된 수많은 귀족의 이름을 실토한 뒤 그녀는 결국 사형에 처해진다.

HISTORY

이 사건은 그 당시 유럽에서 벌어졌던 '마녀사냥'과 관련이 있다. 관련된 인물이 너무 많아서 프랑스 전체 인구수에 영향을 끼칠 정도였다.

쿠바의 관타나모를
임대한 미국

미국의 고문 기지라고 의심받는 수용소

1903년 2월 23일, 쿠바가 관타나모만灣을 미국에 '영구 임대'한다. 쿠바 남동부에 위치한 관타나모만은 미국과 쿠바의 지배를 받고 있다. 미국은 스페인-미국 전쟁이 끝날 무렵부터 관타나모만을 통제하기 시작해서 전쟁이 끝난 이후에도 관리하고 있다. 미국은 관타나모만을 침공해서 스페인으로부터 쿠바를 구해냈고, 그렇게 스페인으로부터 쿠바를 독립시킨 공로를 인정받았다. 1903년 미국 정부는 플랫 수정안Platt Amendment을 통해 쿠바로부터 관타나모만을 임대한다. 이 수정안은 미국이 쿠바에서 철수하기 위한 일곱 가지 조건을 공식화한 것인데, 쿠바의 주권은 인정하지만 그 대신 미국의 개입을 허락하고, 미국이 해군기지를 건설하기 위해 부지를 임대하거나 살 수 있다는 조건을 포함한다. 그렇게 미국의 손에 들어간 곳이 관타나모만이다. 하지만 1934년 플랫 수정안이 폐지된 이후 쿠바는 현재까지 미국의 관타나모만 점유를 불법으로 간주하고 있다.

관타나모만 해군기지는 1898년에 지어졌으나 2002년에 이르러 조지 W. 부시 미 대통령에 의해 관타나모 수용소로 다시 문을 연다.

이 수용소는 유럽연합과 미주기구OAS등 국제 인권 및 인도주의 단체들로부터 계속해서 지탄을 받아 왔다. 미국은 수용자들을 심문하는 과정에서 다양한 형태의 고문을 가해 인권침해 혐의를 받고 있다.

HISTORY

2001년 9·11 테러 발생 후 부시 대통령은 테러와의 전쟁에서 생포한 테러리스트를 수용하기 위해 해군기지를 관타나모만 수용소로 재설립했다.

미국에서 일어난 최초의 탄핵 재판

탄핵을 가까스로 면한 미국 대통령

1868년 2월 24일, 하원에서 앤드루 존슨(1808~1875) 미국 대통령 탄핵이 이루어진다. 역사상 최초의 대통령 탄핵이라는 불명예를 안게 된 것이다. 에이브러햄 링컨(1809~1865)이 대통령이던 시절 존슨은 부통령이었는데, 1865년 링컨이 총에 맞아 세상을 떠나자 존슨이 대통령 자리를 이어받는다. 하지만 그는 국방장관을 상원의 동의 없이 해임하는 무리수를 두었고, 이는 2월 24일 하원이 그의 탄핵을 결의하는 결정적 계기가 된다.

탄핵Impeachment은 불어로 방지하다를 뜻하는 'empecher'에서 유래했다. 대통령이나 고위 공직자가 권력을 남용하는 걸 방지하고자 탄핵 절차는 헌법에 명

미국 대통령 앤드루 존슨(재임 1865~1869).

시되어 있다. 탄핵은 하원이 탄핵소추안을 가결한 후 상원에서 전체 3분의 2가 찬성해야 성립된다. 즉 대통령을 반대하는 수가 의회의 과반 이상을 차지해야 실질적인 탄핵이 이루어진다.

존슨은 그런 점에서 운이 좋았다. 딱 한 표 차이로 탄핵이 현실이 아닌 단순한 악몽에 그친 것이다. 존슨은 자신의 임기를 끝내고 1869년 3월에 대통령 자리에서 물러난다.

HISTORY

오늘날까지 실질적으로 탄핵된 미국 대통령은 없다. 하지만 탄핵소추 절차를 겪었던 대통령에는 리처드 닉슨(재임 1969~1974), 빌 클린턴(재임 1993~2001), 그리고 도널드 트럼프(재임 2017~2021)가 있다.

죽음으로 자신을 방어한
리투아니아 군사들

독일에 굴복하느니 자살을 택하리라

1336년 2월 25일, 독일 튜턴 기사단에게 패배한 리투아니아 군사 4천 명이 집단 자살을 감행한다. 역사상 최대 규모의 집단 자살 참극이 벌어진 건 존스타운(1978년 가이아나 존스타운에서 벌어진 집단 자살 사건)이 아닌 리투아니아 대공국의 필레나이 언덕 요새에서다. 아직 정확한 위치가 밝혀지지 않은 필레나이에서 리투아니아 군사들은 역사상 가장 영웅적으로 튜턴 기사단의 공격을 방어한다.

더는 전투를 이어 갈 여력이 사라지자, 요새를 지키던 약 4천 명의 군인들은 적에게 포로가 되어 노예로 팔려가는 치욕을 당하지 않으려고 자신들이 지키던 요새에 불을 붙이고 집단 자살을 감행하기로 결심한다.

이 전투는 독일의 튜턴 기사단이 주로 경제적인 이유로 이교도인 리투아니아 대공국을 정벌하여 기독교로 개종시키기 위해 벌인 리투아니아 십자군 전쟁(1283~1422)의 일부였다. 이 전쟁은 유럽 역사상 엄청나게 긴 전쟁 중 하나로 기록된다. 결국 리투아니아 대공국은 1386년 기독교로 개종하고 나중에 이웃 가톨릭 국가인 폴란드와 전략적으로 협력하여 튜턴 공화국을 물리친다.

HISTORY

이 사건은 극소수의 역사서에서만 기록되어 있기에 사실 여부를 의심받는다. 하지만 리투아니아 문학에서는 매우 인기 있는 주제이고, 나치와 소련에 대항한 리투아니아 후세들에게는 국가주의의 상징이 되었다.

지중해의 작은 섬에서 탈출한 나폴레옹

돌아온 프랑스 황제

　나폴레옹 보나파르트(1769~1821)는 1806년부터 유럽 본토 대부분을 정복해 왔다. 하지만 1813년, 나폴레옹은 라이프치히 전투에서 패배하고 심한 타격을 입는다. 1814년, 프랑스 황제 나폴레옹은 프랑스 남부에서 200km 떨어진, 이탈리아와 코르시카 사이의 외딴섬인 엘바섬으로 유배된다. 나폴레옹의 유배를 결정한 조약에 따르면 '황제'라는 명칭을 그대로 사용하는 것 정도는 허용되었다. 나폴레옹이 엘바섬에 갇혀 있는 동안, 유럽 열강은 빈에 모여 대륙의 미래를 논하고 있었다.

　나폴레옹이 엘바섬에 유배된 기간은 1년도 채 되지 않는다. **1815년 2월 26일,** 나폴레옹은 프랑스와 영국 경비대를 따돌리고 탈출에 성공한다. 해안을 지키던 프랑스 수비대는 어떤 작은 배가 '프랑스 황제'를 태우고 멀리서 다가오는 것을 보고 어안이 벙벙해진다. 나폴레옹은 프랑스를 재차 정복하려고 길을 떠난다. 알프스산맥을 따라 이동한 나폴레옹은 작은 부대를 이끌고 파리에 입성한다. 나폴레옹의 부대는 그 과정에서 점점 세력이 커진다. 마침내 나폴레옹은 단두대의 이슬로 떠난 루이 16세의 동생인 루이 18세로부터 권력을 장악하는 데 성공한다. 많은 프랑스 군인뿐만 아니라 일반 시민들에게 나폴레옹은 인기가 여전했다. 그러나 1815년 6월 18일, 워털루에서 대전투가 벌어졌고, 나폴레옹의 군대는 영국, 네덜란드, 프러시아 연합군에게 완전히 대패를 당하며 그의 통치는 끝나고 말았다.

엘바섬에서 탈출하는 나폴레옹(1836년 요세프 보움 작품).

세계 최초의 '대학교'
콘스탄티노폴리스 설립

콘스탄티노폴리스에서 지식을 장려한 에우도키아 황후

425년 2월 27일, 콘스탄티노폴리스 '대학교'가 설립된다. 콘스탄티노폴리스는 비잔틴 제국(동로마 제국이라고도 함)의 수도였다. 비잔틴 사회는 교육 수준이 높았다. 아이들을 위한 기초 교육이 어디서나 이루어졌고 마을 차원에서도 교육을 장려했다.

비잔틴 제국은 문화와 과학에 강한 자부심이 있었다. 당시 비잔틴 제국의 황제는 테오도시우스 2세(재위 408~450)였고, 그의 부인이자 황후 아일리아 에우도키아(401~460)는 황후라는 지위를 이용해 선생들을 지원하고 교육을 촉진한다. 황후의 주장에 따라, 황제는 425년 판디다크테리온Pandidakterion이라는 학교를 설립한다. 법학, 철학, 의학, 수학, 기하학, 천문학, 음악 등 31개 학과가 있었고, 그리스어와 라틴어로 수업을 진행했다.

849년, 황제 미하일 3세의 섭정인 바르다스(?~866)가 학교를 재편성한다. 학교에 정식으로 '대학교'라는 명칭을 사용한 건 바로 이때부터였다. 1088년 설립된 볼로냐 대학교가 아닌 콘스탄티노폴리스 대학교가 세계 최초의 대학교로 꼽히는 이유가 바로 이것이다.

5.11m 높이의 '바를레타 동상'. 일부 역사가는 대학의 설립자인 테오도시우스 2세의 동상이라고 주장한다.

HISTORY

콘스탄티노폴리스 대학교는 1453년까지 유지된다. 그해 기독교 도시 콘스탄티노폴리스는 오스만 제국의 손에 넘어간다.

Feb. 28 | 최고 시청률을 기록한 TV 시리즈 〈M.A.S.H〉

한국전쟁 당시 야전병원의 일상

1983년 2월 28일, 〈M.A.S.H〉의 최종화가 픽션물로는 최초로 최고 시청률을 기록한다. 1960~70년대에 태어나지 않은 독자를 위해 설명하자면, 〈M.A.S.H〉는 1970년대 동명의 영화를 기반으로 만들어진 TV 코미디물로, 배경 설정은 영화와 동일하지만 제작비는 좀 더 줄여 제작된 것이다. CBS에서 1972년부터 1983년까지 방영되었다. 〈M.A.S.H〉는 '육군 이동 야전병원Mobile Army Surgical Hospital'의 약자로, 한국전쟁(1950~1953) 당시 야전병원에서 일하는 사람들의 고통스러운 일상을 코믹하게 표현했다.

비록 짧게 스쳐 가긴 하지만 부분적으로 벗은 몸을 웃음기 없이 방송한 첫 시리즈물이기도 하다. 당시로서는 꽤 이례적인 일이었다. 〈M.A.S.H〉는 14개의 에미상을 비롯해 많은 상을 받았으며, 마지막 에피소드인 251화 〈안녕, 작별 그리고 아멘Goodbye, Farewell and Amen〉은 최고 시청률을 달성했고, 시청자 수가 1억 5,900만 명에 달해 1983년부터 2010년까지 역사상 가장 많이 본 에피소드로 기록된다. 2010년 이후로는 슈퍼볼 결승전에 그 자리를 내주고, 그 후로는 또 다른 슈퍼볼 결승전이 엎치락뒤치락하며 1위 자리를 다툰다. 그런데도 픽션물 최종화로는 〈M.A.S.H〉가 여전히 가장 많이 본 에피소드로 남아 있다. 리처드 닉슨 대통령(1913~1994)의 백악관 고별 방송은 1억 1천만 명이 시청했고, 역사상 가장 많은 시청자를 기록한 1969년 7월 20일의 아폴로 11호 달 착륙 방송은 대략 1억 2,500에서 1억 5천만 명이 시청했다.

1974년 〈M.A.S.H〉 첫 방송.

월식으로 속임수를 쓴 콜럼버스

교활하게 자연현상을 이용한 정복자

1504년 2월 29일, 크리스토퍼 콜럼버스(1450~1506)는 월식을 예측해 자메이카 사람들을 놀라게 한다. 1503년 6월 30일, 콜럼버스는 두 척의 범선을 끌고 자메이카에 상륙한다. 원주민들은 스페인에서 온 콜럼버스와 백인 일행을 반갑게 맞이하고 머무는 동안 먹을 음식을 제공한다. 하지만 그로부터 약 6개월이 지나자 원주민들은 더 이상 음식을 나눠 주지 않는다.

콜럼버스는 랍비이자 천문학자 아브라함 자쿠토가 제작한 1475~1605년의 천측력을 챙겨 왔다. 그 달력에는 개기월식 날짜가 적혀 있었다. 콜럼버스는 자메이카 사람들을 놀라게 할 용도로 이 천문 현상을 이용한다. 2월 29일, 콜럼버스는 카시케(스페인 사람들이 자메이카 원주민 지도자를 부르는 이름)와의 면담을 요청하고, 원주민들이 스페인 사람들을 대하는 처우를 보고 신이 노여워한다고 주장하며 징조를 보여 줄 거라 말한다.

예상한 대로 월식이 시작되고 붉은 달이 떠오른다. 콜럼버스의 아들이 남긴 기록에 따르면, 원주민들은 콜럼버스가 예고한 개기월식에 깜짝 놀라 온갖 식량을 스페인 범선으로 급히 실어 날랐다. 그러고는 노한 신을 대신 달래 달라고 콜럼버스에게 간절히 부탁한다. 콜럼버스는 모래시계를 챙겨 들고는 '기도'를 하려고 집 안으로 들어가고, 월식이 끝나기 바로 직전(대략 48분 정도 지속됨)에 다시 나와 신이 자메이카 사람들을 용서했다고 선언한다. 바로 그때 달이 지구 그림자 밖으로 나와 원래의 익숙한 모습을 드러낸다. 이 일을 계기로 콜럼버스는 지략가인 동시에 교활한 사나이라는 이미지를 동시에 얻는다.

HISTORY

콜럼버스는 아버지를 따라 어릴 때부터 직물과 포도주를 팔러 다니며 해상무역을 하던 무역상이었다. 아브라함 자쿠토가 태양 고도를 측정하여 위도를 구할 수 있게 만든 천측력은 콜럼버스의 대항해에 큰 도움이 되었다.

3월

MARCH

과거를 기억하지 못하는 자들은
그것을 반복할 수밖에 없다.

- 조지 산타야나

사상 최대의 세일럼
마녀재판

매사추세츠에서 발생한 광기에 가까운 마녀사냥

1692년 겨울, 매사추세츠주의 세일럼에서 당시 아홉 살이던 엘리자베스 패리스와 열한 살의 에비게일 홉스가 갑자기 횡설수설하며 물건을 집어던지고 경련을 일으키는 등 이상 증상을 보인다. 진찰하러 온 의사는 둘 다 마녀에 홀렸다고 말한다. 마을의 다른 소녀들도 비슷하게 기괴한 행동을 하기 시작한다. 엘리자베스와 에비게일은 세 명의 마을 여성을 지목하며 그들이 자신들을 조종했다고 주장한다. 이들은 바로 엘리자베스의 아버지이자 에비게일의 삼촌인 청교도 목사 사무엘 패리스의 노예인 카리브해 출신의 티튜바(?~1693)라는 여성과, 세일럼의 청교도 지역 사회에서 겉돌며 빈곤하게 지내는 세러 오스본(1643?~1692), 그리고 세러 굿(1653~1692)이었다. 이 셋은 **1692년 3월 1일**에 체포된다.

고문에 못 이겨 자백을 한 티튜바를 필두로 그렇게 마녀사냥이 시작된다. 서로가 서로를 밀고하고 지목한다. 딸이 엄마와 할머니를, 남편이 자신의 아내를, 지성인이 어린아이를 마녀로 지목한다. 그렇게 전체 140명에서 180명이 마녀로 지목당하고 감옥에 갇힌다. 그렇게 잡힌 사람들은 남녀노소를 불문했다. 마녀 혐의로 기소된 사람들은 화형 대신 교수형에 처해졌다. 1692년 세일럼 마녀재판에서 20명이 죽고 그중 몇몇은 옥사했다. 마녀사냥은 저명한 성직자와 지식인들이 반대 의견을 제기하면서 종식되었고, 마침내 많은 용의자가 풀려났다.

1692년 세일럼 마녀사냥을 그린 석판화.

8번째 암살 시도에서 살아남은 영국 빅토리아 여왕

짧은 답장에 분노한 남자, 여왕의 목숨을 노리다

빅토리아 여왕(1819~1901)의 통치로 대영 제국은 전성기를 누린다. 빅토리아 여왕은 1837년부터 1901년까지 영국을 다스렸고, 1877년부터 공식적으로 인도 제국의 황제 자리에 오른다. 빅토리아 여왕은 그렇게 63년간 나라를 다스린다. 이처럼 기나긴 통치 기간도 여왕이 몇 차례의 암살 시도를 무사히 넘기지 못했더라면 더 짧아졌을 수도 있었다.

1882년 3월 2일, 빅토리아 여왕은 여덟 차례의 암살 시도 중 마지막 위기에서 살아남는다. 그중 여섯 번은 마차를 타고 가는 도중에 권총에 맞을 뻔한 사건이었다. 여왕은 별로 개의치 않았고, 이를 지켜본 사람들의 여왕에 대한 지지도는 한껏 높아졌다.

3월 2일의 암살 시도도 비슷하다. 여왕은 오전 4시에 버킹엄 궁전을 떠나 패딩턴 역으로 향하는 마차에 났고, 여왕을 환송하러 나온 사람들로 붐비는 역에 도착했다. 여왕이 마차에서 내릴 때, 한 남자가 총을 겨눴으나 몇몇 학생들이 말리며 몸싸움을 벌였고, 가해자는 즉시 경찰에 체포되었다.

가해자 로드릭 맥클린은 반역죄로 기소되었으나, 법원은 그가 정신병자라는 증거를 받아들여 무죄 판결을 했다. 이후 그는 남은 생을 정신병원에서 보냈다. 범행 동기는 불분명하지만, 빅토리아 여왕에게 보낸 시詩에 대한 궁전의 답변이 너무 짧아서라는 전언이 있다.

암살 시도를 당했던 1882년 빅토리아 여왕의 초상화.

Mar. 03 농노제를 폐지한 차르 알렉산드르 2세

자유의 신분을 얻은 수백만의 러시아 사람들

1861년 3월 3일, 러시아의 차르 알렉산드르 2세(1818~1881)가 농노 해방령을 내린다. 러시아에서 수 세기 동안 지속되어 온 농노제는 땅 주인에게 자신의 땅을 일구는 농노들의 목숨을 완전히 좌지우지할 수 있는 권한을 부여하는 악습이었다.

선왕 때부터 계속되어 온 크림전쟁(1853~1856)을 치르면서 알렉산드르 2세는 카자크와 농노 부대만으로는 프랑스나 영국 심지어는 튀르키예 같은 적국의 근대화된 군대에 결코 맞설 수 없다는 사실을 깨닫는다. 결국 패배한 러시아는 알렉산드르 2세가 왕위에 오른 지 1년이 지난 후 프랑스와 평화협정을 맺어야만 했다. 그 와중에 농노들 사이에서 폭력적인 봉기가 여러 차례 일어난다.

농노 해방령을 통해 농노제를 폐지하면서, 알렉산드르 2세는 러시아 제국이 서구 강대국들과 맞먹는 반열에 오르기를 꿈꾼다. 해방령에 따라 농노들은 이제 땅을 소유할 수 있는 권한을 얻게 되었고, 개인적인 자유가 주어졌으며, 사유재산을 가지거나 원하는 사람과 결혼할 수 있는 권리도 갖게 되었다. 하루아침에 2,300만이 넘는 사람들이 자유의 신분이 된 것이다.

농노 해방령의 공포를 듣고 있는 농노들(1907년 보리스 쿠스토디예프 작품).

그러나 법으로도 해결할 수 없었던 문제는 이미 소수의 땅 주인들이 대부분의 땅을 차지했다는 것이다. 이로 인해 농부들은 빌린 땅에 대한 돈을 갚기 위해 정부에서 대출을 받아야 했고, 이를 상환하는 데 반세기나 걸리기도 했다.

Mar. 04 | 세상을 강타한 스페인 독감의 공포

세계대전보다 더 치사율이 높았던 팬데믹

1918년 3월 4일, 스페인 독감의 첫 번째 감염 사례가 보고된다. 불운의 주인공은 바로 미국 캔자스주의 펀스톤 기지에서 부대 요리사로 근무하던 앨버트 기첼이었다. 며칠 지나지 않아 부대 내에 있던 522명도 따라서 앓기 시작한다. 스페인 독감의 증상은 고열, 근육통, 인후통, 심한 기침 등이었다. 그러다 보면 심한 피로가 몰려오고 이윽고 죽음에 이르렀다. 너무나도 피로해진 나머지 먹고, 마시고, 심지어는 숨 쉬는 것조차 힘들었기 때문이다.

제1차 세계대전에 미국이 참전하면서 스페인 독감은 다른 미군 부대뿐 아니라 유럽 전역으로 퍼져 나간다. 전쟁 당시 중립국이던 스페인에서 이 유행병에 대한 기사가 처음으로 났는데 그로 인해 '스페인 독감'이라는 이름이 붙게 된다.

스페인 독감은 14세기 중반의 흑사병 이후 인구학적으로 역사상 최대 규모의 재앙이었다. 네덜란드에서는 약 3만 8천 명의 감염자가, 벨기에에서는 3만에서 8만 명 정도의 감염자가 나타났으며 전 세계 인구 3명 중 1명꼴로 감염자가 발생했다. 스페인 독감으로 희생된 사람의 수는 약 5천만에서 1억 명(당시 세계 인구의 2.5~5퍼센트 차지)이었는데, 이는 전쟁으로 목숨을 잃은 수보다 몇 배는 더 많았다. 1차 세계대전 중에는 사망한 전체 군인 중 70퍼센트가 스페인 독감으로 목숨을 잃었다. 스페인 독감은 1990년대에 들어서야 학계의 주목을 받았다.

스페인 독감에 대비해 마스크를 쓴 시애틀 경찰, 1918년 12월.

독일의 운명을 바꾼 선거 결과

거대 정당이 된 나치

제1차 세계대전 이후부터 아돌프 히틀러가 권력을 장악하기 전까지 존재했던 바이마르 공화국은 정치적으로 갈기갈기 분열된 상태였다. 당시 보수 성향의 가톨릭 총리 프란츠 폰 파펜(1879~1969)을 중심으로 한 보수 계층은 세력을 결집하고 국민을 장악할 적임자로 히틀러를 지목한다. 그리하여 히틀러에 호의적이지 않던 대통령 파울 폰 힌덴부르크를 설득하여 히틀러를 총리에 임명하게 한다.

1930년대 초, 독일 역사상 가장 큰 경제 위기와 베르사유 조약에 대한 국민적 좌절과 분노가 극에 달하면서 이를 계기로 국가사회주의 독일 노동자당NSDAP, 즉 '나치당'의 위상이 상승하기 시작한다.

1933년 1월 30일, 히틀러는 보수 세력의 지지를 받아 총리에 임명된다. 이후 **1933년 3월 5일**, 선거에서 나치당은 288석을 차지하며 거대 정당으로 부상한다. 나치 돌격대Sturmabteilung가 정적들을 상대로 폭력을 행사하며 독일 국회 의

사당에 불을 지른 지 6일 만의 일이다. 나치당은 이 화재의 책임을 자신들의 주된 정적인 공산주의자들에게 돌리고, 이를 구실로 긴급사태를 선포해, 정치적 반대 세력을 억압한다. 한편 히틀러는 폰 파펜의 말을 고분고분 따르는 편도 아니었다. 히틀러를 얕본 결과는, 결국 독일뿐 아니라 전 세계에 대재앙이라는 부메랑으로 돌아온다.

선거일에 정적을 잡기 위해 배치된 나치 보안경찰과 나치 돌격대.

Mar. 06

오마르 하이얌이 완성한 달력

태양 활동 주기를 기반으로 월을 계산한 잘릴리력

오마르 하이얌(1048~1131)은 페르시아의 수학자이자 시인이다. 셀주크 제국 (아바스 칼리파 시대에 셀주크 튀르크족이 세운 제국) 시대 사람으로 대수학과 음악에 관한 책을 여러 권 쓰기도 했다. 수학자로서 가장 유명한 업적은 3차 방정식에 대한 정리다.

1073년 술탄 말리크 샤와 대재상 니잠 알 물크는 오마르에게 셀주크 제국(오늘날 이란)의 수도인 이스파한에 천문대를 하나 세워 달라고 요청한다. 술탄 말리크 샤와 대재상은 고등 교육과 초등 교육을 장려했으며 학교 등 여러 국가 기반 시설을 확장하는 데 힘쓴다. 또한 이스파한 천문대 같은 과학 연구 분야에도 지원을 아끼지 않았다.

오마르 하이얌은 천문대에서 18년간 일하며 일련의 천문학자들을 이끌어 달력을 만드는 임무를 수행한다. 그렇게 해서 당시 서유럽의 율리우스력보다 훨씬 정확한 잘릴리력이 1079년 3월 6일 완성된다. 태양 활동 주기를 기반으로 월을 계산한 잘릴리력은 그 후로 8세기 동안 사용되었다. 이란과 아프가니스탄에서는 아직도 변형된 잘릴리력을 사용하고 있다.

술탄과 대재상이 사망한 뒤에도 하이얌은 셀주크 왕정을 위해 계속해서 일한다.

HISTORY

오마르 하이얌은 그의 시집 『루바이야트Rubaiyat』로도 유명하다. 그의 시는 인생, 사랑, 죽음, 존재의 의미 등 심오한 내용을 다루며 후대 많은 시인에게 영감을 주고 있다.

부당하게 전화기 발명가로
역사에 남은 벨

안토니오 무치의 혁신, 텔레트로포노의 탄생

1876년 3월 7일, 전화기 발명 특허에 대한 승인을 받긴 했지만, 알렉산더 그레이엄 벨(1847~1922)이 전화기를 발명한 건 아니다. 사실, 전화기 발명가를 단 한 사람으로 특정하기는 어렵다. 왜냐하면 엘리샤 그레이(1835~1901)부터 안토니오 무치(1808~1889), 토머스 에디슨(1847~1931)까지 서로 자신이 전화기를 발명했다고 주장했기 때문이다. 어찌 되었든, 알렉산더 그레이엄 벨이 특허를 신청할 때 제출한 기술 도안은 벨이 아닌 안토니오 무치가 작성한 것이다.

이탈리아 이민자 무치는 10년 동안 전선을 통해 음성을 전달하는 장치 개발에 매진했다. 1860년, 무치는 자신이 발명한 '텔레트로포노Teletrofono'(처음 발명되었을 때 전화기를 부르던 말)를 통해 처음으로 송신에 성공한다. 무치는 1871년에 특허권 보호 신청을 제출하며 정식 특허를 위한 첫걸음을 뗀다. 보호 신청 후 90일 이내에 정식 특허를 제출해야 하는 절차였다. 하지만 애석하게도 무치는 병에 걸리고, 영어를 못하는 데다, 경제적으로 어려워 국가 보조금에 의존해 생활해야 했다. 결국 10달러를 내고 특허권 보호 기간을 연장하는 것조차 잊고 만다.

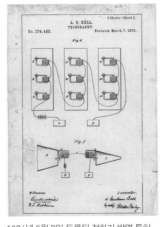

1876년 3월 7일 등록된 전화기 발명 특허.

벨이 1876년 특허를 등록하자, 안토니오 무치는 소송을 제기한다. 무치는 기술 도안과 원본 스케치를 웨스턴 유니온 연구소에 제출하는데, 이것이 갑자기 사라진다. 웨스턴 유니온 측에서 수익을 나누는 조건으로 벨에게 팔아넘겼으리라 추정한다. 무치는 벨과의 소송을 진행하던 와중에 숨을 거두었고, 그렇게 벨은 역사에 '전화기의 아버지'로 남았다. 이후 2002년 미국 하원은 안토니오 무치의 권리를 인정하는 법안을 통과시킨다.

300년의 통치
로마노프 왕조의 몰락

3월에 시작된 2월 혁명

1917년 3월 8일, 이때 어리둥절하게도 '2월 혁명'이 시작된다. 그 당시 러시아 제국은 그레고리안력 대신 율리우스력을 연호로 사용하고 있었다. 율리우스력에 따르면 혁명이 2월 23일에 시작되었으므로 '2월 혁명'이라 부르는 것이다.

17세기부터 시작된 로마노프 왕조의 차르 니콜라이 2세(1868~1918)가 당시 러시아를 다스리고 있었다. 니콜라이 2세는 대중들의 정치 참여를 꺼렸고, 정적들을 거리낌 없이 감옥에 가두거나 추방시키곤 했다. 도시의 프롤레타리아 계급부터 시골에서 농사짓는 농부들까지 전체적으로 엄청난 빈곤에 시달렸다. 거기에 더해 러시아는 제1차 세계대전에 참전한 이유로 여기저기서 비판을 받았다. 희망을 품고 야심차게 참전했으나 수백만의 러시아인들이 희생되는 결과를 낳았기 때문이다. 도시는 점점 식량과 물자 부족에 시달렸다.

1917년 드디어 꾹꾹 억눌려 있던 폭탄이 터지고야 만다. 처음에는 연쇄적인 시민 봉기로 시작되어 결국 2월 혁명으로 이어진다. 차르는 왕위에서 물러나 가족과 함께 시베리아로 유배된다. 임시정부가 수립되고 러시아를 의회공화국으로 바꾸려 애쓰지만 당시 세계대전에 참전한 군대를 철수시키는 데는 실패한다. 이로 인해 예전부터 안고 있던 문제는 지속되고, 이에 급진적인 공산주의 세력이 등장한다. 10월 혁명(그레고리력 11월 6~7일) 동안 볼셰비키가 득세하여 겨울궁전을 습격하고 임시정부를 몰아낸다.

1917년 혁명 초기, 시위하는 푸틸로프 공장의 노동자들.

직접 조선 기술을 배운 러시아의 표트르 대제

첫 번째 해외여행으로 유럽을 방문한 차르

1697년 3월 9일, 250명이 넘는 러시아인들이 대사절단을 꾸려 유럽으로 떠난다. 그중에는 표트르 대제(1672~1725)도 있었다. 이는 차르 신분으로 가는 첫 번째 해외여행이었다. 여행의 외교적인 임무는 러시아와 유럽 국가 사이의 관계를 돈독하게 다져 반反오스만 동맹을 세우려는 것이었다. 또한, 유럽의 선진 해양 조선 기술을 배워 러시아 함대를 구축하려는 목표도 있었다.

대제는 표트르 미하일로프라는 가명으로 위장한 채 떠난다. 네덜란드에 도착한 표트르 대제는 조선 기술에 매우 큰 관심을 보인다. 대제는 당장 그곳에 집을 얻고 다음 날부터 목수로 나서 배를 직접 만들어 보기도 했으나 며칠 지나지 않아 잔담(네덜란드 지방 이름)에서 그 신분이 드러나고 만다. 표트르 대제는 그 후로도 암스테르담에서 계속 활동을 이어 간다. 오늘날 사용되는 갤리선, 갑판, 선원, 항해사를 뜻하는 러시아 해양 용어들을 보면 표트르 대제가 네덜란드에 와서 조선 연구를 하던 흔적이 남아 있다.

영국에 가서도 마찬가지였다. 표트르 대제는 계속해서 조선 기술에 대해 지대한 관심을 보이며 영국 해군 항구를 방문한다. 그러나 네덜란드, 영국, 오스트리아와 신성 로마 제국 등을 방문하여 반오스만 동맹을 세운다는 여행 목표는 흐지부지 끝나고 만다. 모스크바에서 일어난 폭동 소식을 들은 대제가 급하게 러시아로 귀국해야 했기 때문이다.

잔담에 있는 차르 표트르 하우스의 사진(1850~1900년 사이에 찍은 사진).

Mar. 10

중국 공산주의 정권에 대항하는 티베트

평화로운 나라에서 일어난 반란

20세기가 막 시작되던 1912년, 중국의 마지막 황제가 폐위되면서 티베트는 독립국가가 된다. 하지만 그 기간은 그리 오래가지 않는다. 중화인민공화국이 세워지고 1년이 지난 1950년에 티베트를 다시 침공한 중국이 티베트를 중국에 복속시켰기 때문이다. 티베트와 협정을 체결한 중국은 티베트에 대한 영유권을 주장하며 이후 티베트 문화와 전통에 대한 탄압을 본격화한다.

마오쩌둥 정권에서 시행된 공산주의 개혁은 티베트 사람들에게는 썩 달갑지 않은 일이었다. **1959년 3월 10일**, 티베트의 수도 라사에서 평화 시위가 벌어지는데, 이는 급속도로 엄청난 규모의 대중 봉기로 발전하게 된다. 서방 세계가 관망하는 가운데 중국군은 티베트 봉기를 무자비하게 진압한다. 수천 명의 티베트 사람들이 잡히거나 죽임을 당한다. 23세의 영적 지도자 달라이 라마 텐진가쵸(1935~)는 인도로 망명하여 티베트 망명 정부를 이끌었으나 중국 정부는 이를 공식적으로 승인하지 않는다. 이 과정에서 티베트 사원들은 심각한 타격을 입고 문을 닫았으며, 전통 의상 착용과 종교 집회도 금지되었다.

오늘날의 티베트는 중화인민공화국 자치구의 지위를 지니고 있다. 매년 3월 10일이 되면 전 세계의 티베트 망명자들은 과거의 실패한 대중 봉기를 기념하며, 그들의 희생과 투쟁을 잊지 않으려 한다.

14대 달라이 라마 텐진가쵸, 1956년에 찍은 사진.

Mar. 11

핵 재앙에 빠질 뻔한 사우스캐롤라이나

실수로 낙하된 핵탄두

1958년 3월 11일, 미국 공군 폭격기 B-47 한 대가 군사작전을 위해 미국 조지아주에서 출발해 영국으로 향하고 있었다. 사우스캐롤라이나주 상공을 날아가는 도중 조종사들은 비행기 조종석에 갑자기 오작동 표시등이 뜬 걸 발견한다. 냉전 시대에는 비행기에 핵탄두를 탑재한 경우가 왕왕 있었다. 비행기는 사우스캐롤라이나주 플로렌스 카운티의 마르스 블러프 외곽에 위치한 한 농장에 떨어진다. 내부의 핵 탑재체가 반응하지는 않아서 핵폭발로 이어지지는 않았지만, 농장 마당에 크레이터를 만들 정도로 강력한 TNT 폭발이 일어났고 주변 100m 인근이 완전히 초토화되면서 농부 가족은 심한 부상을 입는다. 해당 핵탄두는 TNT 30킬로톤의 위력을 가지고 있었는데 이는 히로시마에 투하된 원자폭탄 '리틀 보이'의 두 배에 달하는 규모였다. 만약에 완전한 핵폭발로 이어졌다면 플로렌스 카운티에 사는 주민 8만 명이 전부 사라지거나 방사능 피해를 입었을 것이다.

1958년 대재앙의 참극이 벌어질 뻔했던 사우스캐롤라이나주의 마르스 블러프.

HISTORY

1961년에는 노스캐롤라이나주의 골드보로에서도 비슷한 일이 벌어졌다. 폭격기가 두 개의 수소폭탄을 분실하는데, 리틀 보이의 250배에 달하는 위력을 가진 것들이었다. 다행히도 스위치 덕분에 폭발로 이어지지는 않았다.

트루먼 독트린의 탄생

공산주의에 맞선 십자군

　제2차 세계대전 동안 미국과 소련은 공동의 적인 독일과 일본에 맞서 힘을 합쳐 싸운다. 그러나 전쟁이 끝난 후 공산주의 정권의 동유럽 국가들은 스탈린의 지배 아래에 들어간다.

　1945년, 해리 트루먼(1884~1972)은 프랭클린 루스벨트(1882~1945)의 뒤를 이어 미국 대통령이 된다. 트루먼은 소련의 영향권이 커져 가는 것을 두고 볼 수만 없었다. 냉전 시대가 시작되자 미국은 '트루먼 독트린'을 따라서 외교 전략을 세운다.

1945년부터 1953년간 미국 대통령을 지낸 해리 트루먼의 초상화.

　1947년 3월 12일, 의회 연설에서 트루먼 대통령은 그리스와 튀르키예가 공산주의의 먹잇감으로 전락하기 전에 미국이 개입해야 한다고 주장한다. 트루먼은 '삶의 방식'을 크게 두 가지로 나눈다. 하나는 자유로운 선거가 보장되고 정치적인 압박 없이 종교의 자유가 있는 삶이고, 두 번째는 폭력과 테러, 언론 통제, 부정선거나 압제에 시달리는 삶이다. 후자는 공산주의 정권 치하의 삶을 의미했다. 트루먼 독트린이 발표되고 얼마 안 되어 그리스와 튀르키예는 경제적·군사적 지원을 받는다.

HISTORY

일부 역사가들은 이 연설이 소위 냉전의 시작이었다고 생각한다. 어찌 되었든 간에, 트루먼 독트린과 공산주의 봉쇄 정책은 수십 년 동안 미국 정부의 핵심 정책이 된다.

식민 지배자들을
물리친 베트남

비에 씻긴 듯 쫓겨난 프랑스

제2차 세계대전이 끝난 지 얼마 지나지 않아 캄보디아, 라오스, 오늘날의 베트남으로 구성된 프랑스령 인도차이나는 금이 가기 시작한다. 많은 사람이 독립을 요구하는 가운데 제1차 인도차이나 전쟁(1946~1954)이 발발한다.

냉전 시대에도 계속된 탈식민지 운동의 흐름은 공산주의자 호찌민(1890~1969)의 주도 아래 중국의 지원을 받은 독립 투쟁으로 이어진다. 호찌민이 이끄는 베트민이 라오스를 침공하겠다고 위협하자 프랑스는 이에 맞서 베트남 북서부의 디엔비엔푸 주변을 요새화하고, **1954년 3월 13일** 피비린내 나는 전투를 시작한다.

프랑스 비행기와 헬리콥터가 공중전을 펼치는 가운데, 베트민은 참호 속에서 프랑스군을 방어한다. 적들의 폭격을 뚫고 프랑스 낙하산병들이 적들의 기지로 상륙한다. 지하에 위치한 야전병원의 상황은 매우 처참했다. 4월 말부터 시작된 우기 때문에 베트민의 참호와 프랑스의 벙커에는 산사태가 벌어지지만, 프랑스는 이 혼란을 스스로 극복해 나갈 능력이 없었다. 결국, 5월 7일 베트민은 프랑스군에 마지막 일격을 날리고 디엔비엔푸 전투는 그렇게 베트민의 승리로 끝이 난다.

제네바에서 열린 평화회담으로 공산주의자들이 베트남 전체를 장악하는 대신에 2년 뒤에 있을 전국 선거를 치를 때까지 임시로 나라를 둘로 나누는 데 합의한다. 호찌민의 공산주의 정권이 베트남 북쪽을 다스리고, 남베트남은 자본주의 정권으로 전향한다. 하지만 미국의 지원을 받기 시작하면서 예정되었던 전국 선거는 흐지부지된다. 그렇게 베트남 전쟁으로 더 잘 알려진 2차 인도차이나 전쟁(1955~1975)의 씨앗이 자라난다.

기압 연구의 신기원을 이룬 오토 폰 게리케

16마리 말의 힘을 이긴 기압

1663년 3월 14일, 오토 폰 게리케(1602~1686)가 저서 『진공에 대해서Experimenta nova Magdeburgica』의 서문을 작성하며 기압 연구의 새 장을 연다. 하지만 그의 연구가 1672년에 정식으로 출간되기까지는 그 후로도 7년의 시간이 더 걸린다.

오토 폰 게리케는 독일의 물리학자이자 1646년부터 1678년까지 마그데부르크의 시장이었다. 게리케가 이루어 낸 가장 유명한 과학적 업적은 1657년의 마그데부르크 반구 실험이다. 가운데에는 빈 공간을 남긴 채 두 개의 구리반구를 서로 맞대고 게리케가 고안해 낸 공기 펌프로 속에 남은 공기를 빼낸다. 속이 진공상태가 된 두 개의 반구는 16마리 말의 힘으로도 분리가 되지 않았다. 이를 통해 게리케는 기압의 힘을 성공적으로 증명했다.

1650년, 게리케는 마찰력으로 정전기가 발생하는 전기 장치를 고안한다. 기계 속에는 죽을 중심으로 빙글빙글 돌아가는 유황공이 들어 있고 사람이 거기에 손을 대어 마찰을 일으키는 방식이었다. 오토 폰 게리케는 전기 연구의 선구자가 된다.

마그데부르크의 유명한 반구 실험을
새긴 판화(가스파르 스코트 작품).

Mar. 15

서로마 제국을 멸망시킨 오도아케르의 비참한 죽음

서로의 목을 겨누는 게르만 수장들

3세기 이후로 서로마 제국은 잦은 내전, 불황, 전염병, 게르만족 이주민 등 수많은 크고 작은 위기의 희생양이 된다. 훈족의 공격과 추운 기후에 떠밀린 게르만족은 라인강과 다뉴브강을 지나 로마 제국의 국경 안으로 물밀듯 밀려 들어온다.

로마 제국은 용병으로 지원한 게르만족을 제국 내로 편입시켜 많은 게르만족이 로마 문명과 융합된다. 훈족의 왕 아틸라(406?~453)의 궁정에서 성장한 오도아케르(435~493) 역시 그렇게 로마화된 게르만족이었다. 오도아케르는 로마 군대의 게르만족 용병을 이끄는 장군이 되고, 476년에는 10대의 어린 나이였던 서로마 제국의 마지막 허수아비 황제 로물루스 아우구스투스(460?~?)를 폐위시킨다. 오도아케르는 이탈리아의 왕위를 잇고, 황제권은 동로마 제국의 황제에게 공식적으로 이양된다.

오도아케르는 다른 게르만족들과의 전쟁에서 이기며 승승장구하지만, 콘스탄티노폴리스(동로마 제국 수도)의 눈 밖에 나게 된다. 동로마 제국 황제의 지시를 받은 테오도리크(454~526)는 동고트족을 이끌고 이탈리아반도를 침공하여 오

도아케르를 쫓아낸다. 493년 3월 15일 라벤나에서 화해를 위한 연회가 열렸다. 그 자리에서 테오도리크는 오도아케르를 쇄골에서 허벅지까지 단칼에 베어 버린다. 오도아케르와 마찬가지로 로마화된 게르만족 출신이었던 테오도리크는 이 사건 이후 이탈리아의 왕위에 오른다.

로물루스 아우구스투스가 절을 하며 오도아케르에게 왕위를 양도하다(19세기 판화).

베트남 미라이 마을에서 일어난 잔혹한 학살

미군이 저지른 끔찍한 전쟁범죄

1968년 3월 16일, 한 미군 부대가 남베트남의 북부 해안가 마을인 미라이에서 학살을 벌인다. 미군에 따르면 마을에는 공산주의 게릴라들인 베트콩들이 숨어 있었다고 한다. 호찌민이 이끄는 북베트남 베트민의 지원을 받은 공산주의 게릴라들은 당시 남베트남을 미국으로부터 해방시키고자 남베트남에서 활동하고 있었다.

3월 16일 아침, 100여 명의 미군이 수색 및 파괴 작전을 벌이며 마을에 들어온다. 베트콩을 추적하여 제거하라는 임무를 받은 미군들이 찾아낸 것은 노인, 여성, 어린아이 같은 무고한 주민들뿐이었다. 그런데도 미군은 마을 주민들을 향해 총을 겨누었고, 그 결과 300명에서 500명 사이의 주민이 목숨을 잃는다. 헬리콥터를 타고 현장에 출동한 미군 부사관이 군인들과 살아남은 주민들 사이에 착륙한 후, 군인들이 공격을 계속하면 발포하겠다고 경고한 뒤에야 이 끔찍한 학살이 멈춘다.

미군 고위층은 거의 1년 동안 미라이 학살 사건을 은폐하다가 결국 군인 14명이 기소되었다. 하지만 육군 부대장인 윌리엄 켈리 중위를 제외한 누구도 형을 선고받지 않았다.

HISTORY

미군에 의한 미라이 학살로 유일하게 유죄 판결을 받은 윌리엄 켈리는 종신형을 선고받았으나 두 차례 감형을 받았다. 이후 가택연금 3년 반 만에 결국 사면받았다.

성 패트릭의 죽음을 기린 아일랜드의 축일

가장 유명한 아일랜드인, 패트릭

461년 3월 17일, 성 패트릭이 죽음을 맞이한다. 아일랜드에서 가장 중요한 수호성인 성 패트릭(?~461)의 개인사에 대해서는 알려진 게 많지는 않다. 로마 제국의 속주인 브리타니아에서 태어난 패트릭은 아일랜드 이교도에게 붙잡혀 아일랜드(당시의 히베르니아)에서 노예 생활을 하게 된다. 그는 나중에 갈리아에 가서 사제교육을 받았던 것으로 보인다. 교황 첼레스티노 1세(376?~432)가 아일랜드에 가서 켈트족 이교도를 개종시키는 임무를 패트릭에게 부여했다고 전해진다. 패트릭은 아일랜드의 첫 번째 주교로 성임되었으며(아마그 교구), 교회 수백 개를 건립한다.

아일랜드 골린에 있는 성모와 바다의 별, 성 패트릭 교회(Church of Our Lady, Star of the Sea and Saint Patrick)의 스테인드글라스 창. 세잎클로버를 들고 있는 전형적인 성 패트릭의 모습이다.

패트릭이 죽은 후 아일랜드에서는 그를 숭배하는 문화가 자리 잡는다. 중세 전설에서는 수도사들이 온갖 기적을 행한 것으로 묘사된다. 예를 들어, 패트릭이 아일랜드에서 모든 뱀을 쫓아냈다는 이야기가 있으며, 이는 이교도에 대한 승리를 상징한다.

성 패트릭은 종종 손에 세잎클로버(토끼풀)를 든 모습으로 묘사되는데, 삼위일체 개념을 설명하기 위해 세잎클로버를 사용했다는 이야기가 패트릭이 죽은 후 수 세기가 지나서야 전해졌다.

HISTORY

3월 17일은 성 패트릭의 날이며 아일랜드의 국경 축일이다. 클로버는 기독교 국가인 아일랜드의 상징이다.

화형에 처해진
성전기사단

악마를 숭배했다는 누명을 쓴 십자군

14세기 무렵, 무슬림으로부터 예루살렘을 '해방'시키고자 십자군의 일원으로 활동했던 기독교 십자군 기사단인 성전기사단에 문제가 생긴다. 한 은퇴한 기사가 신성모독, 악마 숭배, 성범죄 등 기사단 내에 만연했던 부패에 대해 '내부고발'을 한 것이다. 결국 프랑스의 미남왕 필리프 4세가 나라 안의 모든 기사를 잡아들이기에 이른다. 필리프 4세로서는 지나치게 강력해지고 부유해진 기사단을 억제할 빌미가 생긴 셈이다. 더욱이 교황도 필리프 4세를 돕고 나선다. 당시 교황의 재산은 교회의 관할권 아래에 있었다.

유럽 전역의 성전기사단들은 모두 체포되고, 성전기사단의 총장이었던 자크 드 몰레 역시 1307년 감옥에 갇힌다. 심한 고문을 받은 총장과 기사들은 자백하기 시작한다. 몰레는 두 명의 추기경에게 했던 자백을 번복했지만, 수사가 진행되고 교황이 직접 심문에 나서자 결국 유죄를 인정했다. 1312년 3월, 미남왕 필리프의 압력에 의해 교황은 성전기사단을 해체한다. **1314년 3월 18일**, 자크 드 몰레는 다른 40명의 기사들과 함께 화형에 처해진다.

성전기사단의 총장 자크 드 몰레
(1806년 프랑수아 플뢰리 리차드 작품).

HISTORY

2007년, 바티칸은 성전기사단을 더는 이단으로 규정하지 않는다고 선언한다. 이는 비밀 기록보관소에서 우연히 발견된 한 양피지 덕인데, 문서에는 1314년 교황은 기사들이 무죄임을 인식하고 있었다는 내용이 담겨 있었다.

방데 반란을 유혈 진압한
프랑스 혁명정권

"자유, 평등, 박애가 아니면 죽음을 달라!"

프랑스 혁명군이 1793년 방데에서 벌어진 반란을 진압할 때, 프랑스 혁명사에는 추악한 페이지가 추가된다. 1793년 3월, 프랑스 서부의 방데 지역에서 농민, 장인, 성직자, 하층 귀족들이 프랑스 혁명을 반대하며 반란을 일으킨다. 절대왕정이 폐지되고 지역유지들이 등장하면서 프랑스의 시골 지방들은 별다른 일 없이 평화롭게 지내는 듯 보였다. 하지만 혁명정권이 성직자들을 거칠게 다루는 모습은 거부감을 불러일으켰고 수도에서 멀리 떨어진 교외지역에서는 상당한 잡음과 갈등이 발생한다. 게다가 수공업 길드가 폐지되고 도시의 부르주아나 자영업자, 하급 귀족들이 특권을 누리는 모습을 보면서 시골 사람들은 상대적 박탈감을 느낀다. 상급 귀족들은 진작 외국으로 도망친 가운데, 남아 있는 자신들이 혁명의 피해자가 되어 간다고 느낀 것이다. 그 와중에 병역 의무제가 도입되자 남아 있던 인내의 끈이 끊어지면서 결국 본격적인 반란이 터져 나온다.

1793년 3월 19일, 라로셀에서 낭트로 진군하던 2천여 명의 공화정 군인이 반

란군에게 패배한다. 결국 이 사태는 집단 유혈사태로 변질되었고, 오늘날의 관점에서 보면 양측 모두 전쟁범죄를 저질렀다. 역사학자들의 표현을 빌리면 '대량학살'을 저지르며 혁명 정권이 그 과정에서 승리를 거두게 된다.

방데의 왕당파 반란군이 달고 있던 패치. '우리의 왕 하나님'이라는 문구가 적혀 있다.

페르시아인들이 강탈한 무굴 황제의 공작 옥좌

수많은 다이아몬드로 뒤덮인 왕좌의 게임

1739년 3월 20일, 나디르 샤(1688~1747)가 공작 옥좌를 강탈한다. 공작 옥좌는 무굴 제국의 황제 샤 자한(1592~1666)의 명령으로 17세기에 제작된 것이다. 무굴 제국은 16세기에서 19세기 사이에 인도 반도를 중심으로 광활한 남아시아 지역을 다스리던 제국이다.

공작 옥좌는 금으로 된 평상에 비단으로 덮이고 각종 고귀한 보석이나 진주로 장식되어 있다. 옥좌를 제작하는 데 샤 자한의 다른 프로젝트인 타지마할 건설 비용의 무려 두 배가량이 들었다고 한다. 그렇지만 자신을 신에 버금간다고 여겼던 샤의 왕좌치고는 '싼 편'이었다. 공작 옥좌 옆에는 두 마리 공작이 장식되어 있었다. 공작 옥좌를 꾸민 수많은 보석 중에는 코이누르 다이아몬드도 있었는데, 이 다이아몬드는 나중에 영국인들이 가져가서 현재는 영국 왕관에 붙어 있다.

샤 자한이 세상을 떠난 후에도 수많은 무굴 제국의 황제들이 공작 옥좌에서 나라를 다스린다. 1739년, 페르시아의 황제 나디르 샤가 무굴 제국을 쳐들어와 델리를 점령한다. 페르시아군은 주민 수만 명을 도륙하고, 공작 옥좌를 포함한 수많은 전리품을 획득한다.

무굴 제국 침략에 성공한 후, 공작 옥좌에 앉아 있는 페르시아의 왕 나디르 샤.

그로부터 8년 후, 나디르 샤는 경호병들에게 목숨을 잃고 페르시아는 혼란에 빠진다. 공작 옥좌는 금과 보석 장식 때문에 여러 조각으로 부서졌을 가능성이 크다. 오늘날 이란의 수도 테헤란의 골레스탄 궁전에 가면 공작 옥좌의 모조품을 볼 수 있다.

민법전을 제정하여 입법 체계를 정비한 나폴레옹

모든 사람은 법 앞에 (거의) 평등하다

1804년 3월 21일, 나폴레옹법전이라는 이름으로 더 잘 알려진 프랑스 민법전이 제정된다. 프랑스 혁명(1789~1799)의 슬로건은 '자유, 평등, 박애Liberte, Egalite, Fraternite'였다. 당시 평등의 정의는 무엇보다도 모든 사람이 법 앞에 평등하다는 것을 의미했지만, 오늘날에 비해서 현실적으로 썩 와 닿지는 않았다. 앙시앵 레짐(프랑스 혁명 이전의 정치 체계)은 전형적인 계급사회였다. 귀족과 성직자는 제3 신분(잔여계급)이 가지지 못한 수많은 특권을 누렸다. 18세기 말까지도 절대왕정은 신으로부터 부여받은 권력에 따라 나라를 다스렸다. 프랑스에는 헌법도, 권력 분립도 없었다. 지방 군소도시들은 각자 자기만의 법이나 전통, 관습을 따랐으며 심지어 제대로 문서화되지도 않았다.

프랑스 혁명이 일어나면서 기존 법 체계를 개정하고 정리하는 작업이 시작되었으며, 나폴레옹 치하에서도 그 작업은 계속되었다. 민법전의 큰 목표는 모든 사람이 자신의 권리를 분명히 인지할 수 있도록 법률 체계를 통일하고 확실하게 문서화하는 것이었다. 하지만 여성들은 여전히 남편이나 아버지에게 종속적인 존재로 남아 있었다. 민법전의 골자는 고대 로마법과 17~18세기 프랑스 법률가들이 남긴 유산에서 영감을 받은 것이다.

1807년 판화, 나폴레옹이 황후 마리 루이즈에게 민법전을 보여 주고 있다.

민법전은 나폴레옹 전쟁 덕분에 유럽 전역으로 퍼져 나갔고, 나폴레옹법전이라는 이름으로 더 잘 알려진다. 하지만 나폴레옹이 단독으로 이 새 법전을 집필하고 반포했다는 건 역사적 사실과 다르다.

Mar. 22

뤼미에르 형제가 만든 세계 최초의 영화

최초의 영화가 상영된 그랑 카페

앙투완 뤼미에르는 전문 사진작가로 리옹에 사진건판을 만드는 작은 회사를 설립해 운영하고 있었다. 앙투완의 두 아들 오귀스트와 루이 뤼미에르는 아버지 일을 도우며 여러 장비들을 실험하기도 했다. 그 당시 사진 기술은 매우 미숙한 단계였지만, 에디슨이 발명한 키네토스코프Kinetoscope가 이미 등장한 시기이기도 했다. 키네토스코프는 일종의 영사 장치로 거기에 동전을 넣으면 작은 구멍을 통해 아주 짧게 움직이는 상像을 볼 수 있었다.

아버지 뤼미에르는 두 아들에게 한 번에 한 명만 들여다보는 키네토스코프 대신 커다란 스크린에 영화를 투사해 여러 사람이 동시에 볼 수 있으면 어떨까 제안한다. 기술적인 여러 연구를 통해서 뤼미에르 형제는 영화를 만들기도 하고 동시에 영사도 할 수 있는 일종의 영화 장치인 시네마토그래프를 발명하는 데 성공한다.

1895년 3월 22일, 파리에서 첫 영사물이 선을 보인다. 뤼미에르 형제는 일을 마치고 아버지 뤼미에르의 작업장을 떠나는 인부들의 모습을 발명한 장치로 촬영했다. 당시 영사물을 구경하러 온 사람은 약 10명 남짓이었다. 같은 해 12월 28일, 파리의 그랑 카페 지하실에서 돈을 받고 시네마토그래프를 감상하는 대중 시사회가 처음으로 열린다. 그렇게 영화가 탄생한다.

처음 영사된 영사물의 한 장면. 리옹의 뤼미에르 작업장을 떠나는 사람들.

Mar. 23

이슬람 공화국의 탄생

종교와 정치가 손을 잡은 나라

1947년에 영국으로부터 독립한 후에도 파키스탄은 마치 호주나 캐나다처럼 부분적 혹은 완전 자치국가이긴 하나 여전히 대영 제국의 일부로 남아 있었다. 초기의 파키스탄은 정치와 종교가 완전히 분리된 일반적인 세속국가였다. 하지만 **1956년 3월 23일**, 파키스탄의 이슬람 공화정은 헌법을 새로이 선포한다.

파키스탄은 공화국 정치 형태에 '이슬람'을 더한 최초의 국가가 된다. 다시 말하면 이슬람 공화국이다. 정부 수장은 세습이 아닌 선거로(또는 혁명으로) 선출하고, 이슬람 법 체계인 샤리아에 법치의 기반을 둔 형태다.

파키스탄은 신분증, 비자, 국가 통화에만 파키스탄이슬람 공화국이라는 공식 명칭을 사용한다. 전 세계적으로 파키스탄 외에도 3개의 이슬람 공화국이 있다. 그중 가장 유명한 나라는 1979년 혁명 이후 이슬람 공화국이 된 이란이다. 1960년부터 이슬람 공화국이 된 모리타니와 2004년부터 2021년까지 이슬람 공화국이었던 아프가니스탄도 있다. 아프가니스탄은 현재 탈레반이 재집권한 후 성직자가 국가원수인 이슬람 토후국이 되었다.

HISTORY

3월 23일 오늘은 파키스탄의 국경일이다. 수도인 이슬라마바드에서는 군 퍼레이드를 동반한 여러 가지 축제가 열린다. 군 퍼레이드는 파키스탄 최대의 적이자 이웃인 (힌두교 국가) 인도에 국가의 군사력을 드러내며 근육을 좀 뽐내는 행사다.

Mar. 24

통일 일본의 초석을 다진 도쿠가와 이에야스

하나로 합쳐진 떠오르는 태양의 나라

1603년 3월 24일, 도쿠가와 이에야스가 쇼군의 칭호를 얻는다. 도쿠가와 이에야스(1543~1616)는 일본의 지방 영주인 다이묘의 아들로 태어났다. 도쿠가와는 오다 노부나가(1534~1582)와 도요토미 히데요시(1537~1598)를 도와 일본 영토를 동쪽으로 확장해 나가는 데 성공한다. 히데요시가 죽고 난 후 권력 투쟁이 일어나고, 세키가하라 전투(1600년)에서 승리한 이에야스가 최강자로 급부상한다. 1603년 3월 24일, 이에야스는 일본의 최고사령관이자, 문자 그대로 '오랑캐를 물리치는 군 지도자'를 뜻하는 쇼군의 자리에 오른다.

도쿠가와 이에야스는 집정 기간 도쿠가와 막부의 초석을 닦고, 도쿠가와 막부는 그 후로도 거의 3세기 동안 유지된다. 군사정권을 통해 하나로 통일된 일본에 사상 처음으로 한 집안이 세습 권력을 쥐게 된 것이다. 일본은 이른바 '에도 시대'(에

도는 도쿄의 옛 이름)에 외부 세계와 교류를 끊고 고립의 길을 걷는다. 거의 100년 동안 내전을 겪은 터라 나라에 안정이 필요했던 일본은 스스로 문을 닫고 외부 세력을 차단시킨 것이다. 나가사키에서는 기독교 박해가 일어났고, 예수회는 일본을 떠나야만 했으며, 외국과의 무역은 아주 최소한으로 이루어진다.

도쿠가와 막부는 1603년부터 1868년까지 일본을 다스린다. 그 후 메이지 유신으로 군사 정권은 막을 내리고 일본은 급격한 근대화의 길을 걷기 시작한다. 이로써 일본은 다시 한번 세계를 향해 문을 활짝 연다.

도쿠가와 이에야스의 초상화
(17세기 카노 타뉴 작품).

베네치아 공화국의 서막

라 세레니시마 베네치아의 탄생

421년 3월 25일, 베네치아의 역사적인 건국이 이루어진다. 역사는 산 지아코모 디 리알토 성당의 주춧돌을 놓던 날에 베네치아가 탄생했다고 전한다. 서로마 제국의 쇠망 이후 베네치아가 급격하게 성장해 9세기에 이르러서는 그 존재감이 더욱 커진다. 베네치아는 공화국이 되고 초기에는 비잔틴 제국의 황제가 베네치아의 도제(최고 지도자)를 (적어도 이론상으로는) 임명한다.

베네치아의 지리 조건은 아주 매력적이었다. 전략적으로 섬에 기반을 둔 도시는 적군을 방어하기에도 수월했다. 베네치아는 그 지역의 초강대국으로 성장한다. 공화국은 베네치아 석호를 넘어 먼 곳까지 세력을 떨쳤고 이스트리아반도와 달마티아 해변(오늘날 크로아티아)에 식민지를 두었다. 심지어는 13세기 초 4차 십자군 전쟁 동안, 베네치아 도제는 무역의 라이벌이자 명목상 아직 수도였던 콘스탄티노폴리스를 정복한다. 그 결과, 많은 예술품과 귀중품이 베네치아 석호로 흘러들어 온다.

하지만 17세기부터 막강했던 베네치아 해군의 힘이 점차 쇠락하기 시작하고, 1797년에 나폴레옹(1769~1821)이 베네치아 공화국을 멸망시킨다. 오늘날의 베네치아는 주로 어마어마한 규모의 관광객 문제로 뉴스에 오르내리곤 한다.

16세기 후반 플랑드르의 화가 루카스 더 히어러가 그린 베네치아의 도제(오른쪽).

Mar. 26

러시아 대통령이 된 전직 KGB 요원

스탈린 이후 가장 강력한 힘을 가진 푸틴

1989년 베를린 장벽이 무너질 무렵 30대 후반 KGB 스파이였던 블라디미르 푸틴(1952~)은 여전히 동독의 드레스덴에 주둔하고 있었다. 1991년에 소련이 붕괴된 후, 젊은 푸틴은 상트페테르부르크의 지역 정치계에 발을 들이며 정치가로 급부상한다. 보리스 옐친(1931~2007)의 대통령 재임 기간 동안 푸틴은 상트페테르부르크의 부시장을 지낸다. 이 시기에 소련의 국영 기업들이 대거 매각되었는데, 푸틴은 신흥 올리가르히(자본주의화 과정에서 탄생한 재벌 집단), KGB 출신 동료들, 그리고 범죄 조직들과 흥미로운 관계를 맺게 된다.

푸틴이 총리직을 맡은 짧은 기간, 체첸반도 전쟁(1999~2000)이 일어났는데 그는 특유의 강력한 리더십으로 당시 사회에 만연했던 불안한 분위기를 이용하여 자신의 존재감을 부각시킨다. 그리하여 **2000년 3월 26일**, 그간의 강인한 이미지로 쌓은 인기를 바탕으로 푸틴은 러시아 연방의 대통령으로 선출된다.

푸틴은 대통령직을 한 번의 임기로 끝내지 않았다. 두 번의 임기를 마친 후 2008년 대통령직에서 물러났으며, 그 후 드미트리 메드베데프(1965~) 대통령 아래에서 총리직을 맡게 된다. 그 기간 대통령의 권한은 총리직에 비해 상대적으로 엄청나게 축소된다. 하지만 2012년에 푸틴이 다시 대통령직에 오르자 상황은 뒤바뀐다. 2021년, 푸틴은 대통령의 임기 제한을 조정하기 위해 헌법을 개정한다. 이로 인해 자신의 기존 연임 기록을 초기화시켜 푸틴은 이론상으로는 2036년까지 대통령직을 유지할 수 있게 된다. 만약 그 시나리오대로 흘러간다면, 푸틴은 역사상 그 어떤 러시아 차르나 소련의 지도자보다 더 장기간 집권하는 지도자가 될 것이다.

목숨 걸고 기록으로 남긴 세인트헬렌스 화산 폭발

화산 폭발의 징조

1980년 3월 27일, 미국 워싱턴주 세인트헬렌스 화산이 수증기 분화를 일으킨다. 이는 거대한 폭발의 전조였다. 주변 주민들은 서둘러 대피하고, 지진학자들이 현장에 급파되어 24시간 감시체제에 들어간다. 그러다 5월 18일 아침, 드디어 첫 폭발이 일어난다. 분화구 아래에서 거대한 지진이 일어나고, 히로시마에 떨어졌던 원자폭탄보다 150배나 강한 폭발이 뒤따른다. 산사태가 일어나고, 용암이 분출하며, 어마어마한 화산재 구름이 20km 높이까지 치솟는다.

"밴쿠버! 밴쿠버! 폭발이다!Vancouver! Vancouver! This Is It!"

지진학자 데이비드 존스턴은 화산으로부터 약 10km 떨어진 관측소에서 이 말만 남긴 채 쏟아지는 화산 쇄설물에 목숨을 잃는다. 세인트헬렌스 화산은 인구밀도가 낮은 산악지대였기 때문에 희생자는 대략 60명에 그쳤다. 하지만 산 둘레 13km에 달하는 부분이 잘려 나가는 등 폭발로 인해 지형이 급격하게 바뀐다. 폭발은 산 정상의 북쪽 측면에서 처음 발생했는데 그로 인해 거대한 산사태가 발생하고 골짜기는 화산 분출물이 가득 메워 버린다. 희생자 중에는 사진작가 로버트 랜스버그도 있었다. 그는 5월 18일 다가오는 화산재 구름을 사진으로 남기고, 밀려오는 화산재 속에서 온몸으로 필름을 지키다 세상을 떠난다.

1980년 5월 31일 화산 분화 지점에서 약 15km 떨어진 곳에서 발견된 자동차. 차주는 《내셔널지오그래픽》의 사진작가였는데 역시 화산 폭발로 목숨을 잃었다.

브라질 군사정권에
죽음으로 대항한 학생

18세 학생, 가슴에 총을 맞고 숨지다

1964년 4월에 일어난 쿠데타 이후 반공 군사독재정권이 미국을 등에 업고 브라질을 지배하기 시작한다. 1968년 3월 28일, 저소득층 학생들에게 적당한 가격의 식사를 제공하기 위해 설립된 칼라부소 학생 식당에서 학생들이 점심 가격 인하를 요구하며 시위를 벌인다.

오후 6시경, 헌병대가 시위대를 해산하기 위해 현장에 도착한다. 시위 도중 헌병들이 돌에 맞으면서 상황이 점점 심각해진다. 결국 헌병대가 실탄을 발포하자 겁에 질린 학생들은 급히 뿔뿔이 흩어진다. 경찰과 학생 시위대의 긴박한 대치가 계속되는 가운데, 18세의 학생 에드슨 루이스 지 리마 수토(1950~1968)가 가슴에 총을 맞고 숨진다.

에드슨은 군사정권에 대항한 시위로 희생된 열사가 되었고, 그의 장례식에 참석한 사람들은 브라질 국가를 부르며 추모했다. 브라질 군사정권에세는 혼란스러운 한 해의 시작이었지만, 그해 12월 독재자 아르투르 다 코스타 이 시우바(1899~1969)는 표현의 자유를 억압하고 정치적 집회를 금지하며 반대자들에 대한 고문을 제도화하는 악법을 통과시킨다. 이후 브라질은 1985년까지 17년간 군사독재정권 아래 머무른다.

에드슨 루이스 지 리마 수토의
피 묻은 셔츠를 높이 치켜든
시위 참가자.

Mar. 29 로젠버그 부부 간첩 사건

소련에 핵 개발 기밀을 넘기다

1951년 3월 29일, 에델과 줄리우스 로젠버그 부부가 간첩 혐의로 유죄 판결을 받는다. 1950년 2월, 독일과 영국 국적을 가진 물리학자 클라우스 푹스(1911~1988)가 체포되면서 대대적인 공산주의자 스파이에 대한 재판이 시작된다. 클라우스 푹스는 제2차 세계대전 동안 미국과 영국의 원자폭탄 개발에 참여했지만, 그 과정에서 소련에 기밀 정보를 넘겼다. 푹스는 즉시 자백하고 비밀을 누설하기 시작한다. 푹스가 지목한 사람은 첫 번째 원자폭탄 개발 프로젝트인 맨해튼 프로젝트의 실험실에서 비밀리에 일했던 데이비드 그린글래스였다. 그린글래스 역시 빠르게 자백하고 자신의 누이와 매형인 에델(1915~1953)과 줄리우스 로젠버그(1918~1953) 부부를 지목한다. 그린글래스에 따르면, 로젠버그 부부가 전체적인 스파이 작전을 통제했다. 부부는 즉시 체포된다.

로젠버그 부부는 모든 혐의를 부인했지만 1951년 3월 29일, 결국 유죄 판결을 받는다. 제2차 세계대전 동안 소련에 핵 기밀을 넘긴 혐의는 '살인보다 더한 중죄'라는 판결을 받은 것이다. 로젠버그 부부는 1953년 뉴욕의 싱싱교도소에서 사형당한다. 수십 년 후, 줄리우스 로젠버그가 제2차 세계대전 동안 실제로 소련에 기밀을 넘긴 증거가 발견되었지만, 에델 로젠버그가 연루되었다는 뚜렷한 증거는 없었다. 이 부부는 슬하에 두 아들을 남겼다.

1951년 유죄 판결이 나온 후 끌려가는 에델과 줄리우스 로젠버그 부부.

Mar. 30 | 암살 시도에서 목숨을 건진 로널드 레이건

영화배우였던 미국 대통령

1981년 3월 30일, 존 힝클리 주니어(1955~)라는 이름의 정신이상자가 힐튼 호텔에서 연설을 마치고 문을 막 나서던 로널드 레이건 대통령(1911~2004)을 향해 2초 만에 여섯 발의 총알을 쏜다. 경호원 두 명이 총에 맞았으나 경미한 부상에 그친 반면 레이건 대통령의 공보비서는 머리에 총알을 맞고 그 자리에서 숨진다. 경호원들은 레이건 대통령을 리무진에 밀어 넣은 뒤, 자신들은 살아 있는 방패 역할을 한다. 하지만 대통령 본인도 가슴에 총상을 입는다. 탄환이 대통령의 팔을 지나쳐 폐를 관통한다. 병원에 있는 동안 레이건 대통령의 병세는 심각해져서 생명이 위험할 정도였지만 젊은 시절 서부극 영화배우였던 레이건 대통령은 위기를 딛고 빠르게 회복한다.

피의자는 즉시 체포된다. 힝클리는 영화 〈택시 드라이버〉에 나온 여배우 조디 포스터에게 엄청난 집착을 하고 있었다. 〈택시 드라이버〉는 베트남전에 참전했던 택시 운전사가 미국 상원의원을 암살하기로 결심한 내용을 담고 있는데 로버트 드니로가 택시 운전사 역할을 맡았다. 예전부터 몇 차례 편지를 보내고 심지어는 직접 전화를 하며 조디 포스터에게 집착했던 힝클리는 이렇게 해서라도 자신의 인상을 그녀에게 남기고 싶었던 것이다.

암살 시도 사건을 겪은 레이건 대통령은 재선에 성공하며 두 번째 임기를 무사히 마친다. 2004년 6월 레이건 대통령은 93세에 폐렴으로 숨진다.

공보실장 제임스 브레디와 경찰관 토머스 델라한티 위로 몸을 날리는 미국 비밀 경호국 요원들.

스페인에서 쫓겨나는 유대인들

기독교로 개종하느냐, 스페인을 떠나느냐

"이 칙령을 바탕으로 우리가 다스리는 지역에 사는 모든 유대인은 남녀노소를 불문하고 올해 7월 말까지 이곳을 떠나 다시는 스페인으로 돌아오지 않을 것을 명한다."

1492년 3월 31일 내려진 칙령에 따라 스페인계 유대인들은 선택의 기로에 놓인다. 기독교로 개종하느냐 아니면 스페인을 떠나느냐. 만일 칙령을 거스르면 강제로 퇴거당할 뿐 아니라 사형에 처해졌다. 유대인들을 도운 기독교인들 역시 벌을 받았다. 그리고 개종한 유대인이라 할지라도 오랜 유대 관습이나 예배 규범을 몰래 고수하고 있다면 종교재판소에 기소당했다.

칙령이 나온 계기는 우연이 아니다. 스페인 왕실 부부인 아라곤의 페르난도 2세와 카스티야의 이사벨 1세는 스페인의 마지막 이슬람 거점인 도시국가 그라나다를 이제 막 정복한 참이었다. 가톨릭 군주(Los Reyes Catolicos, 페르난도 2세와 이사벨 1세 부부를 일컫는 스페인어) 시대의 스페인은 하나의 왕실 아래에서 하나의 종교로 국가 통합을 목전에 둔 상태였던 것이다.

이베리아반도를 떠나는 유대인들은 금이나 은은 물론이고 동전 하나 소지할 수 없었고 모든 재산은 국가에 귀속되었다. 이러한 추방 칙령은 스페인 왕실에 상당한 수익을 가져다주었다. 당시 왕실은 이슬람으로부터 스페인을 되찾기 위한 재정복 전쟁에 많은 자금이 필요했다.

1492년 스페인에서 추방당하는 유대인들
(1889년 에밀리오 살라 프란세스 작품).

4월

APRIL

역사는 우리가 누구인지,
우리가 왜 존재하는지,
그리고 우리가 어떤 사람인지에
관한 것이다.

- 제임스 볼드윈

BBC의 첫 만우절
농담

나무에서 스파게티가 열린다고?

오늘날 TV에서 만우절 농담이나 장난을 치는 건 매우 흔한 일이다. 역사상 최고의 만우절 농담 중 하나는 1957년 BBC에서 방송된 사건이다. **1957년 4월 1일,** '빕 아줌마Auntie Beeb, BBC의 애칭'는 시청자들이 진짜 스파게티가 나무에서 자란다고 믿게 만들었다.

BBC TV 프로그램 〈파노라마〉는 그날 스파게티 수확에 대한 짧은 뉴스를 보도한다. 시청자들에게 익숙한 방송 진행자가 올봄은 유난히 날씨가 좋아 스파게티 작황이 훌륭하다는 음성 해설을 하는 동안 목가적인 스위스 시골 어딘가에서 쾌활한 분위기의 한 가족이 수년간 쌓아 온 노련한 솜씨로 나무에서 스파게티를 정확히 똑같은 길이로 수확하는 모습이 나온다. 스파게티 농부들이 가장 싫어하는 바구미는 그해 자취를 감추었고, 3월의 고약한 늦서리도 없었다고 덧붙인다. 끝으로 "스파게티 요리를 좋아하는 사람들에게는 집에서 직접 기른 스파게티만한 게 없다"는 뉴스 멘트로 아름답게 보도를 마친다. 지금도 인터넷에 해당 영상을 검색하면 찾아볼 수 있다.

방송 이후 시청자 수백 명이 BBC에 전화를 걸어 스파게티 나무를 재배하고 수확하는 법을 알려 달라는 요청이 빗발친다. BBC의 답변은 이런 식이었다.

"스파게티 한 가닥을 토마토소스 캔에 담가 놓고 내버려 두세요."

HISTORY

만우절이 처음으로 대중에게 알려진 건 16세기 초 프랑스였다. 놀림감이 된 사람들을 4월의 물고기를 뜻하는 '푸아송 다브릴Poisson d'avril'이라 불렀다고 한다.

베토벤 1번 교향곡의 첫 공연

아홉 개 불멸의 작품 중 첫 번째

1800년 4월 2일, 오스트리아 빈의 궁정극장에서 베토벤(1770~1827)의 1번 교향곡이 수많은 관객의 뜨거운 관심 속에 초연된다. 당시 오케스트라는 목관악기 2대씩, 호른과 트럼펫 2대, 팀파니, 현악기로 구성되었다. 베토벤의 교향곡 1번은 모차르트와 그의 스승 하이든의 영향을 받았으며, 이 셋은 고전주의 시대의 대표적 인물이다. 하지만 베토벤은 음악에 대비, 역동성, 감정적 긴장감을 더해 전통을 깨고 낭만주의의 길을 열었다. 나폴레옹에게 헌정하려던 교향곡 3번 〈에로이카〉는 그의 독창성과 개성을 극명하게 드러낸다.

베토벤이 정확히 언제 1번 교향곡을 작곡했는지는 정확하게 알려진 바가 없지만, 피날레 부분의 가장 초기 스케치는 1795년으로 추정된다. 19세기 음악의 가장 큰 특징은 교회나 귀족의 살롱을 벗어나 콘서트홀과 극장 같은 대중의 공간으로 확장된 것이다. 작곡가들은 너 넓은 무대에서 오케스트라와 함께 연주하며 명예와 인지도를 쌓아 간다. 베토벤의 작품은 당시에는 상당히 모던한 축에 속했고 따라서 반응이 제각각이었으나, 19세기를 통틀어 절대적인 영감의 원천

이 된다. 멘델스존이나 슈만, 브람스, 바그너 등은 베토벤의 아홉 개 교향곡에서 엄청난 영향을 받는다. 베토벤의 교향곡들은 그 당시에도 불멸의 반열에 올랐다.

베토벤의 초상화(1820년 요제프 칼 슈틸러 작품).

Apr. 03 재건을 위한 미국 국무장관의 마셜 플랜

유럽을 위한 지원 계획

제2차 세계대전이 끝난 직후 유럽은 폐허 상태였을 뿐만 아니라 일부 국가의 정치, 경제 상황은 매우 불안정했다. 바로 그때 미국 국무장관 조지 마셜(1880~1959)이 대규모 지원 계획을 발표한다. 유럽 국가들은 이를 바탕으로 전쟁 피해를 입은 국토를 복구하고 경제를 소생시킬 수 있었다. 원조 계획에 담긴 미국의 의도는 크게 두 가지였다. 첫째, 유럽 경제가 회복되면 미국의 수출 증대로 이어질 것이다. 둘째, 경제가 탄탄한 국가들은 공산주의의 손아귀에 빠질 확률이 적다.

미국은 유럽 지원에 앞서, 각국이 필요한 지원 규모와 자력으로 해결할 수 있는 부분을 먼저 합의할 것을 요구한다. 1948년, 마셜 플랜 지원을 받는 16개국은 이 합의에 도달하기 위해 유럽경제협력기구OEES를 창설한다. 유럽경제협력기구의 회원국들은 기구를 통해 거의 130억 달러를 지원받는다. 지원은 보조금과 저금리 대출의 두 가지 형태로 이루어졌다.

1948년 4월 3일부터 효력을 발휘한 마셜 플랜은 초기에는 동유럽의 공산국가도 포함하려 했다. 그러나 미국이 유엔을 통한 원조 방안을 거부하자 소련은 협상에서 철수했다. 스탈린은 다른 동유럽 국가들도 마셜 플랜에 참여하지 못하도록 했다. 이로 인해 마셜 플랜은 냉전을 더욱 심화시키고 서유럽에서 미국의 영향력을 강화하는 결과를 낳는다.

마셜 플랜 홍보 포스터 중 하나. "어떠한 난항을 겪더라도 우리는 함께 잘 사는 길을 추구한다"라고 적혀 있다.

마틴 루서 킹 주니어를 암살하다

"나에게는 꿈이 있습니다"

1968년 4월 4일, 흑인 목사이자 인권운동가인 마틴 루서 킹 주니어(1929~1968)가 총에 맞아 암살당한다. 1955년에 로자 파크스가 버스 내 '유색인종' 칸에 앉길 거부한 사건이 발생하는데, 이는 킹 목사가 세상에 이름을 알리는 계기가 된다. 당시 앨라배마주에서는 대중교통에서 흑백 인종 간 서로 칸을 나눠 앉는 것이 의무였다. 킹 목사는 대중교통에 대한 보이콧 운동을 조직하고, 결국 차별법은 철폐된다. 킹 목사는 인권운동 조직을 이끌고 계속해서 흑백차별과 흑인에게 불평등한 권리에 맞서 싸운다.

1963년, 킹 목사가 주관한 워싱턴 행진에 20만 명의 사람들이 참여한다. 행진이 끝날 무렵, 킹 목사는 "나에게는 꿈이 있습니다I have a dream"로 시작하는 유명한 연설을 한다. 이를 계기로 킹 목사는 노벨 평화상을 받는다.

1968년, 킹 목사는 테네시주 멤피스에서 파업 중인 청소부들을 지지하러 와서 로레인 모텔에 머물렀다. 모텔 방에 딸린 발코니에서 담배를 피워 물던 킹은 암살자가 쏜 총에 오른쪽 뺨을 맞는다. 탄환은 척수와 목에 흐르는 동맥을 관통한다. 급히 킹 목사를 인근 병원으로 옮겼으나, 총에 맞은 지 한 시간 만에 사망 판정을 받는다.

킹 목사의 죽음으로 미국 여러 도시에서 폭동이 벌어진다. 용의자 제임스 얼 레이(1928~1998)는 킹 목사가 죽은 지 두 달이 지나서야 붙잡힌다. 용의자는 처음에는 범행을 순순히 자백했지만 나중에는 이를 번복한다. 어찌 되었든 그는 평생 교도소에 갇히는 신세가 된다.

1963년 마틴 루서 킹 주니어의 유명한 연설이 이루어진 워싱턴 D.C.의 내셔널 몰 공원.

독일의 동쪽 팽창을 저지한 빙판 위의 결전

알렉산드르 네프스키가 독일 튜턴 기사단을 물리치다

1242년 4월 5일, 알렉산드르 네프스키가 빙판 위에서 벌어진 전투에서 튜턴 기사단의 군대를 물리친다. 알렉산드르 네프스키(1220~1263)가 이끄는 노브고로드 공국의 군대와 블라디미르 대공국의 군대는 에스토니아와 러시아 사이에 위치한 얼어붙은 페이푸스호수의 빙판 위에서 튜턴 기사단과 맞서 싸워 전투를 벌인다. 그렇게 해서 네프스키는 동쪽으로 진출하려던 독일을 성공적으로 막아낸다. 약 2,600명의 튜턴 기사단 기사들이 알렉산드르 네프스키가 이끄는 5천 명의 군인들과 싸웠을 것으로 추정된다.

노브고로드는 독일 한자동맹의 영향을 받아 러시아의 주요 무역 거점 도시 중 하나로 성장한다. 1240년에 네바강에서 스웨덴 군대를 물리친 알렉산드르 대공은 네바강의 이름을 따서 '네프스키'라는 별명을 얻는다. 하지만 그가 죽은 후에도 이름이 알려진 계기는 바로 튜턴 기사단을 물리친 사건 때문이었다. 북부(혹은 발트해)에서 벌어진 십자군 전쟁은 가톨릭을 믿는 독일 기사단의 참혹한 패배로 돌아갔다. 만약 이들이 승리해서 동유럽을 개종시킬 수 있었다면 튜턴 기사단과 독일 상인들 모두 엄청난 이득을 얻었을 것이다.

제2차 세계대전 때 바르바로사 작전(독일이 소련을 침공하기 위해 세운 작전) 당시 소련이 러시아 국민에게 알렉산드르 네프스키를 본받을 인물로 내세운 것은 그다지 놀라운 일이 아니다. '빙판 위의 전투'는 1938년 세르게이 예이젠시테인이 각색하고 세르게이 프로코피예프가 음악감독을 맡아 영화로도 제작되는 등 러시아 역사에서 가장 영웅적인 사건 중 하나가 되었다. 오늘날까지도 알렉산드르 네프스키는 러시아 건국의 아버지로 추앙받는다.

올림픽을 부활시킨
프랑스 남작

승자에게 은메달을!

1896년 4월 6일, 마지막 올림픽이 열린 지 약 1500년 만에 근대 올림픽이 열린다. 최초의 올림픽은 기원전 776년경에 열렸다. 고대 그리스인들은 4년에 한 번씩 펠로폰네소스반도의 올림피아에 모여 주요 운동 경기를 개최했다. 올림픽은 393년 테오도시우스 황제(345~395)가 이를 '이교도'들의 행사로 규정하고 폐지할 때까지 지속된다.

그로부터 약 15세기가 흘러, 프랑스 파리의 피에르 드 쿠베르탱(1863~1937) 남작이 최초의 근대식 올림픽 경기를 조직하고 추진할 것을 논의하기 시작한다. 올림픽의 부활을 꿈꾸는 자들은 쿠베르탱 이전에도 여럿 있었지만 올림픽을 완벽하게 국제경기로 추진하여 부활시킨 이는 쿠베르탱이었다. 쿠베르탱 남작은 국제 올림픽 위원회의 초대 위원장이 된다.

최초의 근대식 올림픽은 1896년에 아테네에서 개최된다. 참가국은 13개 나라에 불과했고 선수들은 전부 남성이었다. 종목은 펜싱, 육상, 요트, 수영, 승마, 체

조, 조정, 사이클과 테니스 등으로 구성되었다. 올림픽 위원회가 수여한 첫 번째 메달과 올리브화환의 영광은 13.71m를 뛴 미국의 세단뛰기 선수 제임스 코널리에게 돌아간다. 첫 번째 올림픽에서는 승자에게 은메달만 수여되었다고 전해진다.

1896년 하계 올림픽 포스터.

Apr. 07
르완다 집단학살 기간 중 희생된 유엔 평화유지군

벨기에 출신 블루헬멧의 죽음

1994년 4월 7일, 르완다 투치족과 후투족 중도파를 상대로 벌어진 집단학살 과정에서 10명의 벨기에 블루헬멧들이 죽임을 당한다. 르완다에서 가장 많은 인구를 자랑하는 두 종족인 후투족과 투치족은 오랜 기간 서로 대치하고 있었다. 루안다-우룬디(식민지 시절 르완다와 부룬디를 합쳐 부르던 명칭)가 벨기에의 식민지이던 시절, 벨기에 정부는 신분증에 출신 종족 표시를 의무화했다. 이는 종족 간 갈등 요소로 작용했다. 1994년 집단학살이 일어나기 몇 달 전부터 이미 두 종족 간의 긴장감 고조가 보였지만, 국제사회는 별다른 조치를 취하지 않고 방관만 한다. 그러던 중 르완다의 하브야리마나 대통령과 부룬디의 대통령이 함께 타고 가던 비행기가 격추당해 사망하는 사건이 발생하자 드디어 화약통에 불꽃이 붙는다. 4월 7일 르완다의 총리 아가테 우윌링기이마나를 경호하던 10명의 벨기에 출신 블루헬멧(파란색 방탄모를 착용한 유엔 평화유지군의 별칭)들이 죽임을 당하자, 벨기에는 유엔 평화유지군을 철수하기 위해 외교 공세를 펼친다.

2천 명 이상의 블루헬멧들이 철군하고 나서, 고삐가 풀려 버린 후투족 극단주의자 민병대와 정부군은 투치족과 후투족 중도파들을 상대로 집단학살을 자행한다. 불과 100일 만에 50만에서 100만 명에 달하는 르완다 사람들이 목숨을 잃는 등 단기간에 벌어진 것치고는 극단적으로 많은 사람이 희생된다. 후투족은 수많은 투치족을 잔혹하게 학살하여 200만 명이 피난길에 오르게 한다. 투치족 반정부세력인 르완다 애국전선RPF이 기세를 잡고 학살을 종식시키려 했으나, 해외의 난민캠프를 건드리는 바람에 수백만의 이재민이 발생한다. 르완다 애국전선을 이끈 폴 카가메가 현재 르완다의 대통령이다.

Apr. 08 | 합스부르크 제국을 도운 러시아

트란실바니아 공국을 침공한 러시아 군대

1849년 4월 8일, 러시아 군대가 합스부르크 왕가의 지배를 받던 트란실바니아 공국을 침공한다. 나폴레옹이 1815년 패배한 이후 러시아, 프로이센, 오스트리아는 신성동맹을 맺어 동맹국 중에서 민족주의자나 자유주의자의 반란으로 어려움을 겪으면 나머지 국가들이 도움을 주기로 한다.

1848년은 19세기에서 가장 혁명적인 한 해였다. 매번 새로운 사회주의운동이 우후죽순처럼 일어나는 통에 혼란이 잦아들 틈이 없었고, 가뜩이나 다민족으로 구성된 합스부르크 제국은 사회적으로 불안감에 시달려야 했다. 1848년 3월부터 1849년 7월 사이에는 제국 내 다양한 민족이 독립이나 자치를 요구하며 일어섰고, 심지어는 패권을 장악하려는 움직임도 일어났다. 설상가상으로 1849년 4월에는 독립을 요구하며 헝가리 혁명이 터진다. 이로 인해 부다페스트와 빈 사이의 결속이 끊어졌을 뿐 아니라, 이를 본 크로아티아와 루마니아도 독립에 대한 열망이 들끓는다. 바로 그 시점에 합스부르크 제국이 러시아에 도움을 요청했고 그렇게 러시아 군대가 개입하게 되었다.

러시아의 개입과 무관하게 합스부르크 제국 내에서 벌어진 대부분의 혁명은 성공하기 어려웠을 것이다. 사회주의자, 자유주의자, 국가주의자 들은 서로 동상이몽을 꾸고 있었기 때문이다. 헝가리 독립운동은 그 당시엔 실패로 돌아가지만, 1867년 오스트리아가 헝가리와 대타협아우스글라이히, Ausgleich을 거쳐 오스트리아-헝가리 2중 군주국이 되면서 헝가리는 광범위한 지역에서 자치권을 갖는다.

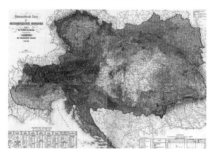

합스부르크 제국 내 다양한 민족들을 표시한 지도
(1855년 칼 프라이헤흐 폰 초니히 작품).

Apr. 09

사담 후세인의 동상 철거와 함께 끝난 이라크 전쟁

사담 후세인을 타도하라

2003년 4월 9일, 이라크의 사담 후세인 동상이 쓰러진다. 이라크 전쟁의 종결에 합의하는 상징적인 신호탄이었다. 이제 남은 건 진짜 사담을 찾는 일.

2003년 3월 초, 미 대통령 조지 W. 부시(1946~)는 이라크의 대량살상 무기를 해체하고, 사담 후세인(1937~2006)의 테러 지원을 끊고, 이라크인을 해방시키기 위한 군사작전을 개시한다. 이라크 전쟁은 대테러 전쟁의 일환이었다.

그로부터 한 달 후, 사담 후세인 정권은 패배를 맛보고 후세인 대통령은 도망간다. 미군이 장갑차와 탱크를 몰고 수도 바그다드 시내로 들어오고, 수많은 이라크인이 거리로 나와 파르두스 광장(파르두스는 낙원을 의미함)에 모인다. 인파는 "사담을 타도하라, 부시 대통령 감사합니다!"와 같은 슬로건을 외친다. 광장 중앙에는 6m 높이의 사담 후세인 동상이 세워져 있었다. 동상은 1년 전인 2002년 4월 28일 후세인의 65번째 생일을 기려 대중에 공개된 것이었다.

미군은 이라크 대통령 동상 머리에 케이블 선을 묶는다. 그러고는 두 명의 미군이 동상 위로 올라가 성조기를 꽂는다. 잠시 후, 머리 위의 성조기는 이라크 국기로 바뀌고, 몇몇 이라크인이 동상의 발 부분에 케이블 선을 묶는다. 그 뒤

장갑차가 동상을 받침대에서 끌어내린다. 몇몇 구경꾼은 받침대를 덮고 있던 대리석 마감재 조각을 훔친다. 그해 12월 13일, 사담 후세인은 미군에게 붙잡힌다.

철거되는 사담 후세인의 동상.

Apr. 10

명나라 영락제가 추앙한 티베트 불교 수장 카르마파

티베트의 위임 통치

1407년 4월 10일, 티베트 5대 카르마파인 데신 쉐그파(1384~1415)가 명나라의 영락제를 방문한다. '부처님의 활동을 수행하는 자'를 뜻하는 카르마파는 티베트 불교의 수장이며 전통적으로 명나라 황제의 종교적 스승 역할을 했다. 영락제는 죽은 부모님을 위한 종교제례를 수행하기 위해 쉐그파를 수도인 난징으로 초대한다.

쉐그파가 코끼리를 타고 긴 여정 끝에 수도에 도착하자, 승려 수천 명이 나와 그를 맞이한다. 영락제는 쉐그파에게 '고귀한 종교의 왕, 서방의 위대한 연인, 평화의 대불'처럼 (매우 길고도) 중요한 칭호를 내리고 바즈라 왕관(또는 검은 왕관)을 실물 형태로 만든 모조품을 선물한다. 티베트 불교에 따르면 오직 순수한 마음을 가진 자만이 바즈라 왕관이 눈에 보인다고 한다. (카르마파의 눈에만 자기 머리 위의 '진짜' 바즈라 왕관이 보이고 나머지 평범한 사람들은 벌거벗은 임금님의 옷처럼 볼 수 없다는 것인데, 그걸 실물로 구현해서 선물했다는 뜻이다.)

중국 황실을 방문한 쉐그파는 영락제와 티베트의 정치적 전략에 대해 심도 있는 토론을 나눈다. 영락제는 명나라의 군사적 지원을 통해 쉐그파가 티베트를 위임 통치하길 원했지만, 쉐그파는 군대를 보내면 오히려 문제를 일으킬 것이라 믿었다. 또한 그는 불교 내의 다양한 종파가 있지만, 어느 종파도 다른 종파보다 우월하지 않다고 강조한다.

바즈라 왕관(검은 왕관)을 쓴 데신 쉐그파를 그린 그림.

한정판으로 출시된
애플의 첫 제품

염가판매와 박리다매

1976년 4월 11일, 애플의 첫 제품인 Apple I이 출시된다. 처음엔 스티브 워즈니악(1950~)이 개인용으로 고안했는데, 친구이자 애플의 공동 창업자인 스티브 잡스(1955~2011)가 제품을 대량생산해 팔면 어떨까 하는 제안을 한다. 잡스는 제작에 드는 비용을 감당하기 위해 자신의 폭스바겐 마이크로버스를 몇백 달러에 팔아넘긴다.

1976년 4월, 대당 666.66달러 가격으로 시장에 나온 Apple I은 총 200대가 팔린다. 판매가를 그렇게 정한 건 워즈니악이 반복되는 숫자를 선호하기 때문이었다. Apple I은 키보드와 모니터, 마이크로프로세서를 결합한 최초의 퍼스널 컴퓨터였다. 앨테어 8800 같은 Apple I의 경쟁작은 전면에 토글 스위치가 부착되어 있었고, 빨간 LED 표시등을 사용했으며, 추가로 하드웨어를 설치해야 모니터나 키보드를 연결할 수 있었다.

Apple I은 1977년 3월까지 생산되고, 그 뒤를 이어 Apple II가 출시된다. 2000년대에 들어서 Apple I은 수집가들이 탐내는 품목이 되었다. 2013년, 남아 있는 Apple I의 수량은 약 63대로 확인된다고 한다. 2021년 1월에는 이베이에서 Apple I 한 대가 150만 달러에 매우 '민주적인 방식'으로 낙찰되었다.

시애틀의 살아 있는 컴퓨터 박물관＋실험실
(Living Computers: Museum + Labs)에 전시된
Apple I.

인류 최초의 우주비행사

소련의 유리 가가린이 사상 처음 우주를 여행하다

1961년 4월 12일, 소련의 유리 가가린(1934~1968)이 인류 최초로 우주여행을 한다. 냉전 속 미국과 소련의 대결 분위기는 우주로까지 이어지고, 두 나라는 누가 먼저 우주를 정복할 것이냐를 두고 치열한 경쟁을 벌인다. 초기에는 먼저 치고 나간 소련이 세계 최초의 인공위성인 스푸트니크 1호를 발사하고, 미국은 이에 대응하여 1958년 나사를 설립한다. 그로부터 11년 후, 소련은 세계 최초로 인류를 우주에 보내고 미국은 세계 최초로 인류를 달에 보낸다.

수많은 지원자 가운데, 소련은 금속 노동자에서 공군 조종사로 전직한 27세의 유리 가가린을 선발한다. 우주비행사는 우주여행을 위해서 엄격한 비밀 훈련을 거쳐야 했다. 가가린은 어머니에게 '먼 곳'에 좀 갔다 와야 한다는 정도로만 알린다. 여기서 '먼 곳'이란 카자흐스탄을 뜻했는데 그곳에서 우주비행사로서 가가린의 임무가 시작된다. 가가린은 우주 공간에서 108분 동안 머물렀는데, 이는 지구 둘레를 한 바퀴 돌기에 충분한 시간이었다. 임무를 무사히 마친 가가린은 러시아의 품으로 돌아온다. 가가린이 발사 직전에 남긴 "Poyekhali(가자!)"라는 말은 명언처럼 남아 있다. 가가린이 타고 있던 우주선은 기술 결함이 발생하여 예정지에서 몇 킬로미터 떨어진 곳에 비상 착륙한다.

가가린은 '소련의 영웅'이 된다. 마을이고 도시고 여기저기서 온갖 축제가 펼쳐진다. 하지만 가가린은 그 기쁨을 오래 누릴 수 없었다. 1968년에 비행 훈련을 받던 도중 사고가 나서 불과 34세의 나이에 유명을 달리했기 때문이다. 매해 우주비행사의 날이 오면 많은 이들이 가가린을 추모한다.

1984년 유리 가가린의 모습이 담긴 소련의 공식 우표.

Apr. 13 위그노에게 종교의 자유를 허락한 앙리 4세

"파리는 미사를 드릴 가치가 있다"

1598년 4월 13일, 프랑스의 앙리 4세(1553~1610)가 낭트 칙령을 반포하여 프랑스의 위그노들에게 종교의 자유를 허용한다. 당시 분위기에서 이는 매우 이례적인 결정으로 근대 초기 유럽은 첨예한 종교 갈등으로 사분오열된 상황이었기 때문이다. 종교 갈등은 정치적 모순과 대립으로 비화하기도 했다.

칼뱅주의자들은 프랑스에서 점차 세력이 커지기 시작한다. 16세기 중반 프랑스에는 약 50만 명의 칼뱅파 신자들(프랑스어로 위그노)이 있었는데, 이들은 도시에 사는 일반 시민부터 왕족에 이르기까지 신분이 다양했다. 당시 프랑스의 사회적 모순과 정치적 갈등은 결국 위그노 전쟁으로 번지는데, 일종의 내전이기는 해도 따지고 보면 스페인이 연루되어 있었다. 유럽의 다른 나라에서 벌어진 종교전쟁과는 달리 프랑스에서의 종교 갈등은 엄청난 대숙청으로 이어진다.

1572년 8월 23일 밤, 성 바르톨로메오 축일에 가장 피비린내 나는 학살이 발생한다. 이날 앙리 드 나바르(후에 앙리 4세)가 프랑스 국왕인 샤를 9세의 누이이며 카트린 드 메디시스의 딸 마르그리트 드 발루아와 결혼식으로 두 가문의 평화를 도모하려 했으나, 샤를 9세는 위그노파 지도자 가스파르 드 콜리니를 포함한 모든 위그노 귀족을 죽이라는 명령을 내린다. 결국 일반 시민들도 가세해 위그노들을 집단학살하였고, 그날 파리에서만 2천 명이 넘는 사람들이 목숨을 잃었다.

앙리 4세는 원래 개신교였으나 프랑스 왕위를 계승하기 위해 가톨릭으로 개종한다. 이런 점에서 "파리는 미사를 드릴 가치가 있다"는 그의 발언은 기회주의적으로 여겨진다. 그러나 앙리 4세는 개신교를 완전히 포기하지 않았으며, 낭트 칙령을 반포하여 일부 도시에서 위그노들에게 시민권과 종교의 자유를 허용했다. 하지만 1685년 태양왕 루이 14세가 퐁텐블로 칙령을 반포하여 위그노들의 자유를 박탈했다.

타이태닉호의 침몰

깊은 바닷속에 가라앉은 여객선

1912년 4월 14일, 왕립우편선RMS 타이태닉호가 처녀항해 도중 빙하와 충돌한다. 영국 사우샘프턴에서 뉴욕으로 가던 호화 여객선은 불행히도 밤중에 거대한 빙하에 선체를 긁히고 만다. 10분도 채 지나지 않아 배 앞쪽부터 4m 높이의 물이 차오르기 시작한다. 그리고 불과 3시간 만에 여객선은 완전히 물속으로 가라앉는다. 이 사고로 2,228명의 승객 중 1,523명이 목숨을 잃는다.

화이트스타라인 등 거대 해운 회사들이 번성했던 황금기에는 수천만 명의 사람이 구식 범선에 비해 여섯 배는 더 빠른 증기선을 타고 미국, 캐나다 등지로 이민을 떠났다. 타이태닉호는 당시의 최신 기술이 집약된 여객선이었다. 벨파스트의 조선소에서 무려 1만 5천 명이 3년간 건조한 이 거대한 선박은 길이가 269m, 높이가 53m에 달하며, 불침선The Unsinkable이라는 별칭을 얻는다.

하지만 여러 복합적인 상황과 누적된 실수는 타이태닉호의 재앙을 불러왔다. 에드워드 스미스 선장의 경험 부족, 반복적인 오판, 유빙이 가득한 바다에서 시속 22노트로 항해, 선체 구조적 결함 등이 문제였다. 또한 3,300명까지 수용 가능했지만, 겨우 1,200명을 태울 수 있는 20개의 구명정만 구비되어 있었고, 혼란 속에서 제대로 사용되지도 않았다. 결국 타이태닉호는 두 동강 나서 대서양 바닥으로 가라앉았고, 발견되지 않은 희생자는 1,200여 명에 달했다.

출항하기 전 사우샘프턴 부두에서 정박 중인 타이태닉호.

'A'로 시작해서 'Zootomy'로 끝나는 최초의 영어사전

새뮤얼 존슨이 발간한 단어의 보고

1755년 4월 15일, 새뮤얼 손슨 박사(1709~1784)가 최초의 영어사전인 『존슨의 영어사전Johnson's Dictionary』을 발간한다. 이 사전은 영어의 표준화에 중요한 역할을 한다. 18세기는 인쇄업의 발달로 팸플릿, 과학 소책자, 신문 등 다양한 인쇄물이 대중에게 제공되던 시기로, 단어의 정확한 의미와 문법, 철자법에 대한 정리의 필요성이 대두된다. 시인, 사전 편집자이자 런던의 저명한 지성인인 존슨은 사명감을 가지고 영국 최초의 종합 사전 편찬을 맡는다. 그는 종종 자신의 게으름을 탓하곤 했으나 사실 강박장애를 앓고 있었고 사교활동을 좋아했다.

이전에도 수많은 사전이 있었지만, 단일 언어사전이 아니거나, 어려운 단어 용례집 정도에 불과했다. 반면에 존슨의 영어사전은 백과사전에 가까워 표준화된 권위 있는 사전을 지향했다. 크고 두꺼운 두 권으로 구성되었으며, 각 페이지는 45cm 높이와 50cm 너비였다. 이 사전은 영어의 역사와 문법으로 시작해 4만 2,773개 단어 용례를 알파벳순으로 정리했다. 각각의 표제어 예시는 주로 윌리엄 셰익스피어, 존 드라이든, 조나단 스위프트와 같은 유명 작가의 글에서 인용했다.

존슨의 영어사전은 한 부에 1,600파운드였는데, 이는 존슨의 수입보다도 높은 가격이었다. 존슨은 가족을 부양하기 위해 열심히 일했다. 원래는 3년 안에 사전을 완성할 계획이었으나, 이는 비현실적이었고 실제로는 7년이 걸렸다.

1772년 새뮤얼 존슨의 초상화(조슈아 레이놀즈 경 작품).

Apr. 16 | 페트로그라드에 도착한 레닌

10월 혁명이 현실로 다가오던 순간

1917년 4월 16일, 블라디미르 레닌(1870~1924)이 1924년에 자신의 이름을 따 레닌그라드로 명명될 도시의 기차역에 도착한다. 원래 상트페테르부르크였던 이 도시는 제1차 세계대전 동안 페트로그라드라는 이름으로 바뀐다. 2월 혁명이 터지면서 러시아의 차르는 물러났고, 마르크스주의 사상을 따르는 유토피아 국가는 지금이라도 당장 실현될 것만 같았다.

레닌은 마르크스주의 사상을 신봉한다는 이유로 여러 해 동안 망명 생활을 한다. 영국 런던, 스위스, 핀란드 등지에서 지내며 레닌은 혁명을 진두지휘하고 국제사회주의 조직망을 구축한다. 적국인 러시아가 내부적으로 분열되고 약해지길 바라는 독일은 레닌을 지원하고, 레닌에게는 혁명을 이룰 일생일대의 기회가

10월 혁명이 일어나고 몇 년이 지난 1920년 7월에 제작된 레닌의 초상화.

찾아온 것만 같았다. 하지만 볼셰비키 혁명은 생각만큼 순조롭게 진행되지 않았고, 레닌은 다시 핀란드로 망명을 떠나야만 했다.

그로부터 6개월이 지난 1917년 10월 25일, 10월 혁명이 시작되던 그날 레닌은 드디어 정권을 뒤집는 데 성공한다. 레닌은 트로츠키의 지지를 얻었고 레닌의 볼셰비키 세력도 이전보다 훨씬 성장해 있었다. 레닌이 쿠데타에 성공한 날, 공산주의 러시아, 즉 소련이 탄생한다. 레닌은 마르크스주의를 실천에 옮긴다.

HISTORY

레닌의 시신은 오늘날 누구나 볼 수 있다. 모스크바의 붉은 광장에 가면 거의 100년 된 레닌의 영묘가 있다.

Apr. 17 | 인간 백정 폴 포트의 무자비한 학살

캄보디아를 테러한 크메르 루주

1975년 4월 17일, 공산주의 무장단체 크메르 루주가 캄보디아에서 정권을 잡는다. 베트남 전쟁 중 미국은 일부 캄보디아 지역을 폭격했는데, 이 때문에 캄보디아의 민심은 크메르 루주의 손을 들어 준다. 크메르 루주의 이념은 원칙적으로 공산주의를 바탕으로 캄보디아의 주요 민족인 크메르족의 우월성을 강조했다. 그렇게 4년 동안 잔혹한 통치와 학살을 이어 갈 정권이 탄생한다. 크메르 루주는 자신들이 세운 공산주의 농민 국가를 '민주 캄푸치아'라고 명명한다.

크메르 루주는 1979년까지 권력을 유지하며 캄보디아를 통치한다. 언론, 종교, 표현의 자유는 철폐되고, 학교와 공장, 사원은 문을 닫는다. 도시민들은 농장으로 쫓겨나고, 임금은 사라지고 사유재산도 금지된다. 전례 없는 기근과 질병으로 중국인이나 베트남인 같은 소수 민족은 큰 희생을 치렀고, 캄보디아 전체 인구의 4분의 1에 달하는 120만에서 200만 명이 목숨을 잃는다. 킬링필드와 뚜얼슬랭 감옥은 크메르 루주 정권의 무자비함을 잘 보여 주는 슬픈 증거들이다.

크메르 루주는 정권을 잃은 후에도 한동안 정글에서 게릴라 공격을 하며 나라를 뒤흔든다. 1998년에 폴 포트(1925~1998)가 의심스러운 죽음을 맞이한 후, 크메르 루주는 결국 손에서 무기를 내려놓는다.

수도 프놈펜의 뚜얼슬랭 감옥에서 고문을 겪다가 숨진 수감자들의 두개골.

성 베드로 대성당의 장기 프로젝트

하루아침에 지어지지 않았다

로마바티칸교회의 주 성당이자 오랫동안 세계에서 제일 거대한 성당이었던 성 베드로 대성당의 건설은 엄청난 장기 프로젝트였다. 성 베드로 대성당은 원래 로마의 콘스탄티누스 황제(273~337) 시절인 326년에서 333년 사이에 지어지기 시작한다. 몇 세기가 지나서 대성당의 상태가 날이 갈수록 나빠지자 교황 니콜라오 5세(1397~1455)는 성당의 재건축을 제안한다. 그로부터 여덟 명의 교황을 거친 **1506년 4월 18일**, 교황 율리오 2세(1443~1513)는 성 베드로 대성당의 재건축을 시작한다.

최초의 설계는 도나토 브라만테(1444~1514)가 맡았고, 라파엘로와 미켈란젤로도 건축에 참여한다. 초기에 브라만테는 교회를 그리스 십자가 형태로 짓는 것을 구상했는데, 그 후에 참여한 라파엘로가 로마 십자가 형태로 계획을 바꾼다. 나중에 미켈란젤로가 다시 원안을 유지하여 그리스 십자가 모양으로 건축한다.

성 베드로 대성당의 재건축은 1615년 교황 바오로 5세 때 완성된다. 당시 로마 가톨릭교회는 면죄부를 팔아서 성 베드로 대성당 재건축에 필요한 자금을 조달했는데, 이런 요소들이 쌓여 마르틴 루터(1483~1546)의 종교개혁 운동으로 이어진다.

성 베드로 대성당은 1989년까지 세상에서 제일 큰 교회 건물이었다. 오늘날 제일 큰 교회 건물은 코트디부아르의 수도 야무수크로에 있는 평화의 노트르담 대성당이다.

테베레강에서 바라본 성 베드로 대성당의 돔과 천사의 다리 전경.

오스트레일리아 동부 해안에
도달한 첫 유럽인

미지의 세계였던 남쪽 나라에 첫발을 내디딘 제임스 쿡

1770년 4월 19일, 영국 탐험가 제임스 쿡(1728~1779)이 뉴사우스웨일스(현재의 호주)에 도착한다. 가난한 집안 출신의 쿡은 선원이 된 후 1755년 영국 해군에 자원입대하고, 7년 전쟁에 참가하여 캐나다와 노바스코샤 등지의 지도를 제작한다. 1768년에는 지휘관이 되어 태평양으로 과학 탐험을 떠난다.

쿡은 금성의 일면통과Transits of Mercury를 관측하기 위해 군함 인데버호를 이끌고 타히티로 처녀출항에 나선다. 그러나 그의 임무는 천체 관측뿐만 아니라 전설의 대륙인 테라 아우스트랄리스 이그니지토(미지의 남쪽 대륙)를 찾는 것이기도 했다. 이를 위해 그는 인도네시아, 호주, 뉴질랜드 해안을 따라 항해하다 뉴질랜드가 두 개의 섬으로 이루어져 있음을 발견한다.

하지만 테라 아우스트랄리스는 어디에도 없었다. 심지어 두 번째 항해에서 남극 가까이 갔을 때조차 찾을 수 없었다. 그리하여 오랜 전설로 전해 온 상상 속의 대륙은 세계지도에서 빠지게 된다. 하지만 쿡이 살던 시대에 뉴 홀란트로 불리던 호주 대륙은 나중에 아우스트랄리스, 즉 오스트레일리아라는 새로운 이름을 가지게 된다.

쿡의 항해는 상상력을 자극하는 모험들로 가득했지만 그만큼 값비싼 대가도 치른다. 1771년에 첫 항해를 시작할 때 94명이었던 선원이 돌아올 때는 67명으로 줄어들었고, 쿡 자신도 항해 도중 죽음을 맞이한다. 태평양을 가로지르는 세 번째 항해를 마치고 돌아오는 길에 하와이 근처에서 원주민에게 살해당한다.

제임스 쿡의 초상화(1775년 나다니엘 댄스 홀랜드 경 작품).

Apr. 20

튀르키예 공화국의 아버지 아타튀르크

서양 문명의 도입

1924년 4월 20일, 튀르키예 공화국의 초대 대통령인 무스타파 케말 아타튀르크(1881~1938)가 새로운 튀르키예 헌법을 반포한다. 오스만 제국의 뒤를 이은 세속국가 튀르키예 공화국을 수립한 아타튀르크는 개혁 정책을 단행하여 튀르키예가 20세기 근대화 국가로 성장하는 데 일조한다.

아타튀르크는 오스만 제국군으로 복무하며 이탈리아에 맞선 전투에 참여했다. 제1차 세계대전 이후 연합국이 오스만 제국에 불리한 조약을 체결하자 이에 반발해 아나톨리아에서 혁명을 일으켰다. 그레코-튀르키예 전쟁 후, 아타튀르크가 이끄는 튀르키예 임시정부를 인정하는 우호적인 평화조약이 체결되었다.

1921년 오스만술탄 제국은 앙카라에서 역사의 뒤안길로 사라지고, 1923년 튀르키예 입헌공화국이 수립되면서 아타튀르크가 초대 대통령이 되었다. 1924년 헌법이 제정된 튀르키예는 단일 정당 체제였으며, 공화인민당이 1945년까지 통치했다. 비록 완전한 민주주의 국가는 아니었지만, 튀르키예는 오스만 제국의 낡은 제도를 폐지하고 서구식 개혁을 도입했다. 이슬람 제도를 없애고 로마자를 채택했으며, 여성의 권리도 크게 신장됐다. 아타튀르크는 현대 튀르키예의 국부로 존경받는다.

아타튀르크의 초상을 담은 200리라 지폐.

HISTORY

무스타파 케말은 나중에 터키 국회로부터 아타튀르크라는 이름을 수여받는데 이는 '튀르키예의 아버지'라는 뜻이다.

Apr. 21 | 도시 로마의 시초

로마 건국의 원년

전설에 따르면, 기원전 753년 4월 21일 로물루스가 로마를 건국한다. 트로이 전쟁 영웅 아이네아이스의 후손인 알바롱가의 왕 누미토르는 동생에게 왕위를 빼앗긴다. 동생은 형의 대를 끊기 위해 딸 레아 실비아를 베스타 신전의 여사제로 만들어 평생을 처녀로 살게 한다. 그러나 전쟁의 신 마르스가 레아 실비아를 겁탈해 로물루스와 레무스를 낳았다는 이야기가 전해진다. (역사가 리비우스에 따르면 로마의 기원에 관한 여러 신화가 존재한다.)

레아 실비아가 낳은 쌍둥이 로물루스와 레무스는 테베레강에 버려졌다가 늑대에게 길러진다. 성인이 된 둘은 새로운 도시를 세우려다 의견 차이로 싸우게 되고, 형제는 이를 신의 판단에 맡기기로 한다. 레무스는 아벤티누스 쪽으로 날아가는 여섯 마리의 수리를 보았고, 이를 상서로운 징조로 받아들인다. 잠시 후, 로물루스는 팔라티노 언덕으로 날아가는 열두 마리의 수리를 본다. 결국 둘 사이의 분쟁은 전투로 이어지고, 로물루스가 승리해 로마를 건국한다.

로물루스와 레무스(1615~1616년 페이테르 파울 루벤스 작품).

133

Apr. 22

우연히 브라질을 발견한 포르투갈 탐험대

브라질에 도착한 카브랄

1500년 4월 22일, 페드루 알바르스 카브랄(1468?~1520)이 브라질 해안에 도착한다. 카브랄은 그해 3월 9일 13척의 배를 이끌고 인도와의 무역을 위해 리스본을 떠난다. 카브랄과 선원들이 어떻게 인도로 가던 행로를 이탈하여 브라질로 왔는지는 여전히 논쟁거리다. 어찌 되었든 한 달이 넘는 항해 끝에, 이들은 테하지 베라크루스(진정한 십자가의 땅)에 도착한다. 산림이 울창한 이 지역은 나중에 '브라질'이라는 이름이 붙는다. 포르투갈어로 브라질은 '빛나는 것 같은'이라는 뜻을 담고 있다. 유럽 섬유염색업자들이 아끼는 염료인 브라질나무의 붉은 염료를 일컫는 이름에서 따온 것이다.

포르투갈 귀족들이 상륙하자마자 현지 투피남바족과 물물교환을 하고, 성체성사를 통해 신께 감사를 드린 후 십자가를 세워 이 땅이 포르투갈 왕실의 영토임을 선언한다. 이 기쁜 소식을 본국에 전하기 위해 한 척의 배를 포르투갈로 돌려보낸다.

투피남바족이 들으면 이게 뭐 그리 대수로운 일인가 싶겠지만, 카브랄이 브라

질을 '발견'한 사건은 포르투갈에게 뜻밖의 경이로운 소식이었다. 1494년 교황은 토르데시야스 조약을 통해 신대륙에서 스페인과 포르투갈의 영토 분할선을 정해 주었다. 포르투갈과 스페인은 미국이 분계선의 서쪽에 있다고 보고 스페인령으로 정한다. 하지만 카브랄이 발견한 브라질은 분계선 동쪽에 있었기에 포르투갈의 땅이 된다.

카브랄의 함대를 그린 그림. 전복되는 모습을 보여 준다.
『함대에 관한 책(Livro das Armadas)』에서 발췌, 1568년 작.

134

Apr. 23 | 법률로 정한 독일의 맥주 순수령

순수한 맥주가 최고야

1516년 4월 23일, 바이에른의 공작 빌헬름 4세(1493~1550)가 맥주 순수령을 내린다. 맥주를 만들 때 어떤 재료가 필요한지 구체적으로 규정한 것이다. 순수령에 따르면 맥주를 만들 때 필수 재료는 물, 맥아, 홉이고, 그 외에 다른 허브와 과일, 향신료를 써서는 안 된다.

맥주 순수령은 효모에 대한 언급이 없다. 효모는 맥주 발효 과정에서 필수불가결한 요소지만 당시 사람들은 효모가 무엇인지 잘 몰랐다. 양조업자들은 맥아를 맥주로 발효시킬 때 지난번 발효 과정에서 나왔던 침전물을 넣고 섞어 줘야 한다는 걸 알고 있었으나, 정확히 어떤 화학적 원리와 과정을 거치는지는 몰랐다. (19세기 중반에 가서야 파스퇴르가 효모의 원리를 밝혀낸다.)

순수령은 맥주 가격을 고정시켜서 맥주를 파는 술집 주인들의 수익을 제한시킨다. 거기다 불순한 맥주를 만들면 벌로 맥주를 몰수한다. 순수령에는 이런 문구가 담겨 있다.

"누구든 고의로 이 법률을 위반하거나 무시하는 자는 예외 없이 법원의 처벌을 받을 것이며, 맥주통은 압수될 것이다."

바이에른 당국이 순수령으로 맥주에 보리만 사용하도록 한 것은 사실 빵값 폭등을 막기 위한 조치였다. 밀이나 호밀을 제빵에만 사용하게 한 것이다.

독일의 여러 주들도 맥주 순수령을 채택한다. 19세기 독일 통일 후 바이에른은 이를 전국적으로 확산하려 노력했다. 결국 1906년 이후 맥주 순수령은 독일 전역에 도입된다.

맥주 순수령 450주년 기념우표.

Apr. 24 | 아시리아, 아르메니아, 그리스 대학살의 시작

술탄의 기독교인 대학살

1915년 4월 24일, 오스만 제국에서 기독교를 믿는 아시리아인, 아르메니아인, 그리스인에 대한 대학살이 시작된다. 술탄 압둘하미드 2세(1842~1918) 치하의 오스만 제국은 이미 오래전부터 이들을 이슬람에 위협적인 존재로 보았다. 이 와중에 러시아나 영국, 프랑스의 지원을 받은 기독교계 소수 민족들은 아나톨리아 지방을 중심으로 우후죽순처럼 들고 일어서 독립을 요구한다.

1908년부터 정권을 잡은 청년 튀르크당은 오스만 제국의 몰락을 막고 싶었다. 이들은 오늘날의 튀르키예 지역을 중심으로 튀르키예어를 사용하는 모든 다른 국가를 하나의 정권 아래 하나의 나라로 묶고 싶어 했는데, 이런 사상을 범튀르크주의라 한다. 그 중간에 끼어 있는 아르메니아인들은 이들이 보기에 범튀르크주의를 실현하는 데 걸림돌이었다.

제1차 세계대전이 발발하자, 오스만 제국은 독일의 편에 선다. 혹시나 기독교도들이 연합군에 가담할 것을 우려한 청년 튀르크당은 그들을 강제노동부대로 보낸다.

1915년 4월 24일, 오스만 제국은 이스탄불에 있는 아르메니아인 지식인, 공동체 지도자 등을 체포한 뒤 재판도 없이 처형하기 시작한다. 아르메니아 여성, 아이, 노인 들은 아나톨리아 동부에서 시리아 사막 등으로 추방되고 그들의 재산은 몰수된다. 이러한 '죽음의 행진' 중에 수많은 사람이 굶거나 질병에 걸려 사망한다.

1909년 아다나 학살 이후 파괴된 기독교계 아르메니아인 거주 지구의 모습.

Apr.
25 유엔의 탄생

세계는 하나

제2차 세계대전 후 선 세계의 많은 지역이 한동안 아물지 않은 전쟁의 상처로 고통받았다. 미국과 소련이 새로운 절대강자로 우뚝 선 가운데 세계는 평화를 갈구하기 시작한다. 이런 분위기 속에서 효율성이 떨어지던 국제연맹League of Nations을 승계하여 새로운 국제조직인 유엔United Nations, UN이 탄생한다. **1945년 4월 25일**, 유엔 회원국들이 처음으로 한자리에 모여 회의를 개최한다.

처음 열린 회의에서 유엔 회원국들은 평화에 대한 결의를 다지고 더 이상의 세계대전을 막자는 데 의견을 모은다. 또 회원국 간의 우호적인 관계를 증진하고 국제적인 현안을 함께 극복하기 위해 협력을 도모한다.

샌프란시스코에서 열린 최초의 유엔 회의에는 850명의 대표들이 참석한 가운데 고문과 직원 등 총 3,500명이 한자리에 모인다. 캘리포니아 주지사 얼 워런(1891~1974)은 환영사를 통해 유엔 창설의 의의를 아래와 같이 정의한다.

"전 세계적으로 '좋은 이웃'이라는 용어가 보편화된 사회가 우리가 지향해야 할 미래입니다. 서로의 문제를 인식하고 이해하는 것이 평화로운 사회를 만드는 첫걸음입니다. 그리고 진정한 이해는 자유로운 회의와 토론 속에서 싹틉니다."

같은 해 6월 26일, 50개 회원국이 유엔 헌장에 서명한다. 유엔 조직의 가장 중요한 핵심은 유엔 총회이다. 유엔 본부는 1951년 이후로 뉴욕에 있다.

1943년 제2차 세계대전 중에 제작된 포스터. 이 포스터는 (비록 실제적으로 조직이 설립된 시점은 전쟁이 끝난 후지만) 유엔의 모태가 전쟁 중 나라 간의 연합이었음을 보여 주는 중요한 의의가 있다.

Apr.
26

소련의 종말을 예고하듯 폭발한 원자력 발전소

은폐된 진실

1986년 4월 26일 이른 시각, 야간 안전 점검을 하던 체르노빌 레닌 원자력 발전소(오늘날 우크라이나에 위치)에서 4기의 원자로들이 폭발한다. 발전소 일부가 불에 타고 32명이 즉사한다. 폭발로 인해 50톤이 넘는 방사성 물질이 뿜어 나온다.

하지만 모스크바에서는 아무런 경고나 후속 조치를 내리지 않는다. 소련 당국은 발전소에 문제가 생긴 사실을 서방에 알리고 싶지 않았던 것이다. 당시 대부분 발전소 직원들은 도시 프리피야트에 거주했는데, 당국은 원자력 폭발이 일어난 지 무려 36시간이 지난 후에야 프리피야트의 시민들을 대피시킨다. 프리피야트는 오늘날까지도 여전히 방사능 수치가 높은 유령 도시로 남아 있다.

체르노빌에서 발생한 방사성 낙진은 대부분 벨라루스에 떨어진다. 하지만 4월 28일 월요일 아침, 스웨덴에 있던 과학자들은 비정상적으로 높게 치솟은 방

사능 수치에 깜짝 놀란다. 눈에는 보이지 않지만 상당량의 방사성 물질이 바람에 휩쓸려 서유럽까지 퍼졌던 것이다. 결국 소련 정부는 마지못해 발전소 폭발 사고를 인정해야만 했다.

체르노빌 발전소 폭발 사고는 역사상 가장 큰 방사능 참사 중 하나다. 수많은 사람이 방사선 노출 여파로 고생해야 했다. 세계보건기구가 추산한 바에 따르면 최소 5천 명이 방사능 부작용으로 암이나 기타 질병에 걸려 목숨을 잃었다.

폭발이 일어났던 체르노빌 발전소 원자로의 모습. 폭발 참사가 나고 몇 달 후 헬리콥터를 타고 지나가면서 찍은 사진이다.

138

이베리아반도를 점령한 무슬림 군대

이슬람 국가가 된 스페인

711년 4월 27일, 베르베르족 출신이자 우마이야 왕조의 무장 타리크 이븐 지야드(670~720)가 수천 명의 군대를 이끌고 이베리아반도로 넘어와 오늘날의 지브롤터를 침공한다. 아프리카와 유럽이 맞닿을 듯 가깝고 지중해가 가장 좁게 흐르는 지브롤터 해협에는 오늘날까지도 타리크 장군의 이름을 딴 바위산이 있다. 이 산의 이름인 자발 타리크Jabal Tariq는 아랍어로 '타리크의 산'을 뜻한다.

머나먼 곳에서 로마 제국을 지나온 서고트족은 이베리아반도에 왕국을 세우고, 711년까지 몇 세기 동안 정착해 살고 있었다. 하지만 왕 위티자가 사망하면서 왕국은 흔들리기 시작한다. 위티자의 아들들은 왕위를 찬탈한 로데리크에 맞서기 위해 이웃 무슬림 나라에 도움을 요청한다.

타리크는 신속히 스페인 본토로 이동하고, 박해받던 스페인계 유대인과 위티자의 아들들에게 지원을 받아 소수의 무슬림 군대로 로데리크 왕의 대군을 격퇴한다. 서고트 군대는 완패하고, 이슬람 군대는 이베리아반도를 점령해 나간다.

712년 무슬림 무장 타리크는 서고트 왕국의 수도 톨레도를 점령하고 코르도바 지역까지 정복해 코르도바 토후국을 세운다. 3년 후 그는 수도 다마스쿠스로 돌아오라는 칼리프의 부름을 받고 본국으로 돌아간다. 이후에도 무어인들은 스페인을 점령하고 피레네산맥을 넘어 프랑스 남부까지 확장한다. 그러나 732년, 프랑크 왕국의 카롤루스 마르텔루스가 푸아티에서 이들을 격퇴한다.

무어인들이 세운 성채의 탑. 무슬림이 지브롤터 지역을 점령했던 시절의 상징이다.

Apr. 28 | 거꾸로 매달린 베니토 무솔리니의 시체

집단 린치를 당한 파시즘

1945년 4월 28일, 시민들이 베니토 무솔리니(1883~1945)와 그의 정부情婦 클라라 페타치의 시체에 집단 린치를 가한다. 물론 보기 좋은 광경은 아니었다. 죽은 무솔리니의 시체는 자신을 지지하던 측근들의 시체와 함께 밀라노의 피아잘레 로레토 광장에 전시된다. 1년 전 로레토 광장에서는 15명의 반파시즘주의자들이 총에 맞아 죽었는데, 1년 만에 상황이 역전된 것이다.

성난 시민들은 무솔리니의 시체를 가만두지 않았다. 시체에 침을 뱉고, 오줌을 누었으며, 오물을 바르기도 했다.《타임》에 이들에 대한 기사가 실린다. 어떤 여성은 총을 꺼내 무솔리니의 시체에 다섯 발을 쏘았는데, 총알 하나당 억울하게 죽임을 당한 그녀의 자식을 기린 것이었다. 그 후 무솔리니와 정부 페타치, 측근들의 시체는 광장 주유소에 거꾸로 내걸린다.

무솔리니는 바로 전날인 4월 27일에 체포되었다. 반군과의 협상이 실패로 끝나자 무솔리니는 독일군으로 변장해 스위스로 도망치려 했지만, 코모호수 근처에서 이탈리아 게릴라군에게 자신의 정체를 들키고 만다. 4월 28일, 게릴라군은 무솔리니를 재판 없이 즉결 처분하고 그 후 밀라노 광장에 시체를 전시한 것이다.

무솔리니의 시체는 처음에는 외딴곳에 묻혔으나, 몸값을 노린 자들이 1946년 무덤을 파헤쳐 시체를 훔친다. 오늘날 무솔리니는 고향인 프레다피오의 가족 묘지에 묻혀 있으며 그곳은 네오파시즘주의자들의 순례지가 되고 있다.

1937년 히틀러를 만난 무솔리니.

증기기관의 특허를 신청한 제임스 와트

복사기까지 발명했다고?

1769년 4월 29일, 제임스 와트(1736~1819)가 특허를 신청한다. 엄밀히 말하자면, 와트가 증기기관 자체를 발명한 건 아니다. 증기기관은 이미 이전부터 존재했기 때문이다. 와트가 발명해서 특허를 신청한 건 증기기관에 들어가는 콘덴서다. 와트는 이를 발명하여 증기기관의 효율성을 높였다.

와트는 잉글랜드 출신도, 미국 출신도 아닌 스코틀랜드 출신이다. 글래스고의 대학교에 입학한 와트는 망원경이나 기압계 같은 과학 도구들을 수리하는 일을 맡는다. 1763년, 와트는 1712년에 뉴커먼이 개발해 낸 뉴커먼 방식의 증기기관을 다룰 기회를 얻는다. 수많은 연구와 실험을 거쳐 1765년 드디어 와트는 증기기관을 개량하는 방법을 터득한다. 사실 발명 자체만큼이나 와트가 애를 먹은 것은 발명한 기관을 활용하기 위해 특허 신청을 하는 데 필요한 돈을 모으는 일이었다.

1770년대 후반, 와트는 와트식 증기엔진을 만드는 회사를 차린다. 이는 말 그대로 산업혁명의 시발점이 된다. 공장을 돌리는 데 사용하는 에너지는 오늘날까지도 그의 이름을 딴 와트watt라는 단위를 사용한다. 마르코니나 에디슨 같은 다른 발명가들과 비교하면, 와트는 사업보다는 순수하게 과학 그 자체에 전념했다.

발명가 제임스 와트의 초상화, 1792년 작품.

HISTORY

오늘날까지도 와트는 증기기관의 대명사이다. 하지만 1781년 와트가 복사기를 발명해서 특허를 받았다는 사실은 덜 알려져 있다.

Apr. 30 | 아일랜드 민족주의자들의 독립운동

점령당한 우체국

1916년 4월 30일, 일주일간 아일랜드 더블린에서 벌어진 부활절 봉기가 끝이 난다. 1800년 이후 아일랜드는 영국에 합병되었고, 더블린에 있는 아일랜드 의회는 권한을 잃고 런던 웨스트민스터 의회의 지배를 받았다. 19세기부터 아일랜드 민족주의자들은 영국 합병을 반대하며 독립을 요구하고 나선다. 온건한 이들은 아일랜드의 자치를 외치고, 급진적인 이들은 영국으로부터 아일랜드의 완전독립을 부르짖는다. 제1차 세계대전이 한창이었던 1916년 4월 24일, 후자인 급진주의자들이 영국 정부에 아일랜드의 독립을 요구하며 반기를 든다.

민족주의자들은 당시 영국과 전쟁 중인 독일의 군사 지원을 원했다. 이런 가운데 아일랜드 민족주의자이자 콩고 자유국의 참상을 알린 로저 케이스먼트(1864~1916)가 독일과의 합의를 이끌어 내는 데 성공한다. 무기와 탄약을 실은 배가 독일에서 아일랜드 반군을 향해 출발하지만, 이를 미리 감지한 영국이 배를 격침시킨다. 케이스먼트는 반역죄로 기소되고 1916년 교수형에 처해진다.

주로 더블린을 중심으로 벌어진 부활절 봉기에서 주동자들을 따르는 이들이 더블린의 행정시설과 우체국을 점령한다. 하지만 영국군과 맞붙은 봉기 세력은 일주일도 지나지 않아 완전히 진압당한다. 2천 명이 넘는 사람들이 죽거나 부상을 당한다. 봉기를 주동한 자들은 총살형에 처해지고, 봉기 지지자들은 영국에 끌려가 재판 없이 수감된다.

더블린의 리버티 홀 앞에 서 있는 아일랜드 의용군들. '우리는 왕도 황제도 아닌 아일랜드를 섬긴다'는 문구가 걸려 있다.

5월

MAY

역사는 항상
새로운 질문을 던진다.

- 리처드 J. 에번스

소련에 격추된 미국 U-2 정찰기

제임스 본드 영화와 같은 스파이 작전

1960년 5월 1일, 미국의 U-2 정찰기가 소련 상공에서 격추된다. 미국은 처음에는 이를 은폐하려 했지만, 며칠 지나지 않아 미국의 비행기가 첩보 활동 도중 격추되었다는 사실이 세상에 알려진다.

이 사건으로 당시 미국 대통령 드와이트 아이젠하워(1890~1969)와 소련의 서기장 니키타 흐루쇼프(1894~1971)의 관계는 악화일로를 걷는다. 두 나라는 원래 같은 해 5월 16일 파리에서 정상회담을 열어 얼어붙은 관계를 녹이려 했지만 미국 정찰기 격추 사건이 터지면서 회담은 전격 취소된다. 타국의 상공을 허가 없이 비행하는 것은 원칙적으로 전쟁을 선언하는 것이나 다름없다. 하지만 흐루쇼프는 이 상황을 이용해 상대측을 심하게 몰아붙이지는 않았다. 사실, 냉전 시대에는 두 나라 모두 서로에 대한 스파이 행위가 빈번했기 때문이다.

1950년대 후반에 가동된 첩보작전 프로그램으로 정찰기는 마치 제임스 본드 영화 같은 활약을 펼친다. 파키스탄에서 이륙한 U-2 정찰기들은 소련의 레이더망에 걸리지 않기 위해 고고도로 날아오른다. 당시 미국은 소련의 기술력을 얕잡아 보고 안일하게 대응했지만, 소련의 방공 기술도 하루가 다르게 급성장하고 있었다. 심지어는 소련이 U-2 납치를 시도하기도 했다. 5월 1일, 소련은 새로 개발한 지대공 미사일을 발사해 목표물인 U-2 정찰기를 완벽히 격추하는 데 성공한다.

사건이 터지고 몇 년이 지난 1966년, 조종사 게리 파워스(오른쪽)와
U-2 정찰기 개발자 켈리 존슨(왼쪽).

May. 02 | 전 세계에 울려 퍼진 파리 학생 시위

봉기한 68운동 시위자들

1968년 5월 2일, 파리 거리에서 68운동이 일어난다. 사회가 격변하던 당시, 경찰의 과도한 진압 방식 등 누적된 불만이 폭발하며 크고 작은 시위가 빈발했다. 1961년, 경찰은 알제리인 수만 명에게 발포하고, 독립운동에 참여해 부상을 입거나 목숨을 잃은 알제리인들을 센강에 던져 버린다.

그 후 몇 해가 지난 1968년, 베트남 전쟁과 권위주의에 물든 교수들의 구닥다리 교육에 신물이 난 학생들이 반기를 들고 시위에 나선다. 체포된 주동자 중 한 학생이 낭테르 대학교의 징계위원회에 회부되자, 파리 소르본의 학생 지구인 카르티에라탱에서 격렬한 거리 시위가 벌어진다.

학생들이 파리 소르본 대학교를 점거하고, 자동차를 부수거나 불을 지르는 시위를 벌인다. 점차 노동자들도 참여하면서 시트로앵, 르노 같은 대기업 공장은 파업으로 문을 닫고, 수백만 명의 프랑스 시민이 시위에 동참한다. 시위는 프랑스 전역으로 확산되었고, 경찰은 시위대를 탄압하며 폭력을 행사한다. 5월 24일에는 처음으로 시위 중 희생자가 발생하고, 100만 명 이상의 학생과 노동자들이 거리로 쏟아져 나오자, 대통령 샤를 드골은 엄청난 압박에 시달린다.

1968년 학생들이 점거한 소르본 대학교.

5월 30일, 드골 대통령의 대국민 연설로 평화가 다시 찾아온다. 1960년대 후반은 전 세계적으로 기성세대의 권위주의에 반발하는 시위가 일어난 시기로, 새로운 세대가 개방성의 가치를 깨닫기 시작한 때이다.

포르투갈과의 협력을 위해
세례받은 콩고의 국왕

세례단에 오른 콩고

1491년 5월 3일, 콩고의 은징가 은쿠와 왕이 세례를 받는다. 1482년, 포르투갈 탐험가 디오구 캉이 이끄는 포르투갈 탐험대가 서아프리카에 도착한다. 포르투갈의 왕 주앙 2세의 명령을 받들어 디오구 캉은 아프리카 서쪽 해변을 탐험하며 에티오피아나 인도에 있을지도 모를 전설의 기독교 국가를 찾아 나선다. 콩고 왕국으로부터 우호적인 대접을 받자 캉은 네 명의 선교사들을 콩고에 남겨놓고 대신에 네 명의 콩고 주민들을 유럽으로 데려간다. 이들은 포르투갈에 도착해서 세례를 받는다.

은징가 은쿠우 왕(?~1506)은 콩고에서 세례를 받은 뒤, 포르투갈 왕 주앙 2세의 이름을 따서 '주앙 1세'로 이름을 바꾼다. 세례식 당일 아침, 왕은 대규모 군무로 축하를 펼치고, 수도 음반자콩구의 이름도 거룩한 구세주 예수 그리스도를 기리기 위해 '상사우바도르'로 변경하며, 성당도 설립한다. 오늘날 역사가들은 콩고의 가톨릭 개종이 외부의 강요가 아닌, 포르투갈과의 긴밀한 협력을 위해 자발적으로 이루어진 것이라고 추정한다.

콩고는 포르투갈 덕분에 중앙아프리카에 사는 이웃 민족인 바테케족으로부터 자신의 영토를 방어할 수 있었다. 포르투갈 또한 콩고에서 얻은 노예와 코끼리 상아를 두둑이 배에 싣고 돌아갈 수 있었다. 그렇지만 은징가 은쿠우 왕의 개종은 그리 오래가지 못했다.

콩고의 왕 주앙 1세를 그린 그림. 18세기에서 19세기 초에 그린 것으로 추정.

인종차별의 정점을 찍은 기차 정책

흑인 여성이 기차 밖으로 쫓겨나다

1884년 5월 4일, 아이다 벨 웰스(1862~1931)가 기차에서 내리기를 거부하며 소란이 벌어진다. 탐사보도 취재 기자이자 여성운동가이기도 한 웰스는 미국 남부에 사는 아프리카계 미국인의 실태에 대해 취재한 바 있다.

웰스는 내슈빌행 기차의 1등석 표를 구매하고 기차에 올랐지만, 백인 승무원은 그녀가 흑인이라는 이유로 다른 칸으로 옮길 것을 요구한다. 이를 거부하던 웰스는 승무원이 팔을 잡자 그의 손등을 문다. 화가 난 승무원은 다른 승객들의 도움을 받아 웰스를 기차 밖으로 끌어낸다. 웰스는 체서피크 오하이오 철도 회사를 상대로 고소해 1심에서 500달러의 배상 판결을 받지만, 테네시 대법원은 이를 뒤집고 웰스에게 소송비용을 회사에 보상하라고 판결한다.

수년의 세월이 흐르고, 기자인 웰스는 흑인을 상대로 한 백인들의 집단 린치에 관한 기사를 작성한다. 흑인이 죄를 짓거나 연루되면 재판 결과와는 상관없이 백인 폭도들에게 맞아 죽는 일이 흔했다. 이런 현상은 미국 남북전쟁 이후로 급증했으며 주로 미국의 남부 지방에서 많이 일어났다. 웰스 또한 이를 몸소 겪었다. 자신의 남자친구와 직장 동료들이 백인의 집단 린치에 희생된 것이다. 웰스가 작성한 기사를 읽은 백인들은 폭동을 일으키고, 이로 인해 흑인 수백 명이 멤피스를 떠나야 할 처지가 된다. 웰스가 몸담았던 멤피스의 신문사는 백인 무리의 집단 공격을 받았으며 그녀 또한 협박을 받아 결국 다른 도시로 떠나야 했다.

1893년경 아이다 벨 웰스.

기적의 승리를 거둔
멕시코 푸에블라 전투

싱코 데 마요(Cinco de Mayo, 멕시코 기념일)

1862년 5월 5일, 멕시코가 프랑스 군대를 물리친다. 당시 멕시코 대통령은 베니토 후아레스(1806~1872)였다. 사포텍 출신의 후아레스는 미국 대륙에서 최초로 원주민 출신 대통령으로 취임한다. 하지만 당시 전임 대통령이 남긴 무거운 빚에 허덕이던 멕시코는 경제 위기에 직면한 데다 몇몇 유럽 국가로부터 빚을 상환하라는 압박을 받고 있었다. 인내심이 바닥난 영국과 프랑스, 스페인은 상환을 요구하기 위해 멕시코의 항구 도시 베라크루즈에 상륙한다. 영국과 스페인은 멕시코와 협상을 잘 마무리한 뒤 금방 철수한다.

하지만 당시 황제 나폴레옹 3세(1808~1873)가 다스리던 프랑스는 멕시코를 손에 넣고 싶었기에 군대를 동원해 베라크루즈를 공격하고 후아레스 대통령을 궁지로 몰아넣는다. 그 기세를 몰아 중부 멕시코 동쪽에 위치한 도시 푸에블라 데 로스 앙헬레스(오늘날 푸에블라 데 사라고사, 푸에블라주의 주도)까지 진격한다. 후아레스 대통령도 순순히 물러나지 않는다. 멕시코 군대를 총동원하여 푸에블라의 병력을 강화한다. 멕시코 군대는 수적인 열세였고 물자 공급도 부족한 데다 훈련조차 제대로 받지 못한 미숙한 군이었으나 푸에블라 근처 산자락에서 황제 나폴레옹 3세가 이끄는 기세등등한 프랑스 군대를 물리치는 데 성공한다. '푸에블라 전투'는 단 하루의 전투에 불과했지만, 멕시코의 사기와 저항정신을 한껏 고취시키기에 충분했다. 결국 미합중국의 군사적 지원을 받은 멕시코를 꺾지 못한 데다가 정치적 압력에 시달린 프랑스는 마침내 멕시코에서 철군한다. 현재까지도 멕시코는 5월 5일을 기념하며 이를 축하한다.

May.
06 | 로마 약탈 사건

교황은 패배하고 로마는 무너지다

1527년 5월 6일, 카를 5세(1500~1558)의 합스부르크 군대 일부가 며칠 동안 로마를 약탈한다. 합스부르크가의 황제 카를 5세는 동시에 수많은 나라를 다스렸다. 스페인의 왕(당시 식민지 초강대국가), 신성 로마 제국의 황제(중세 시대 독일 제국), 홀란트의 군주, 나폴리의 왕… 다시 말해서 카를 5세는 말 그대로 '해가 지지 않는 나라'의 왕이었다.

가톨릭교도인 카를 5세는 이탈리아를 신성 로마 제국의 중심으로 삼기 위해 프랑스 왕 프란시스 1세와 전쟁을 벌인다. 카를 5세의 권력에 저항하기 위해 교황은 군대를 일으킨다. 그런데 카를 5세가 파견한 합스부르크 군대(2만 5천 명의 스페인군과 독일 용병으로 구성됨)는 밀린 봉급에 불만이 잔뜩 쌓인 상태였다. 이들은 로마로 진격하고, 로마의 성문은 이렇게 무너진다. 로마를 지키던 교황 클레멘스 7세(1478~1534)는 산탄젤로 성으로 피신한다. 이후 로마는 끔찍한 약탈에 시달리고, 수천 명의 시민이 목숨을 잃는다. 로마 약탈 사건은 카를 5세의 이미지에 큰 타격을 입히지만 교회와 교황을 통제할 권한을 얻는 계기가 된다. 1530년, 카를 5세는 공식적으로 신성 로마 제국의 황제로 즉위하고, 교황은 직접 카를 5세의 머리에 제관을 씌워 준다.

로마 약탈
(1884년 프란시스코 하비에르
아메리고 작품).

150

May. 07 | 아무런 예고 없이 침몰당한 여객선

미국이 제1차 세계대전에 참전한 계기

1915년 5월 7일, 여객선 루시타니아호가 독일의 어뢰 공격을 받고 침몰한다. 영국 해운 회사 큐나드 라인 소속의 루시타니아호는 리버풀에서 출항하여 뉴욕으로 가는 경로를 왕복 운행하고 있었다. 배 속에는 무기를 싣는 비밀 공간이 있었고 전쟁 중에는 보조 순양함(전투함)으로 용도를 변경할 수 있도록 설계되어 있었다. 또한 제1차 세계대전(1914~1918) 동안에는 비상시 군인이나 부상병을 실어 나를 수도 있었다. 하지만 평상시에는 여객선으로 사용되었다.

1915년 초, 독일 잠수함이 여객선들을 공격하기 시작한다. 전쟁법에 따르면, 공격하기 전 승객이나 선원에게 경고를 보내 하선할 시간을 주는 것이 원칙이었다. 하지만 영국 상선들은 전쟁 지역을 지나갈 때 중립국 깃발을 달고 항해하며 해양법을 위반했다. 이에 자극받은 독일은 경고 없이 연합국 선박을 공격했다. 5월 1일 뉴욕을 출항한 루시타니아호는 202번째이자 마지막 항해를 하고 있었다. 아일랜드 남쪽 지역에서 이미 많은 배를 침몰시킨 독일 잠수함 U-20의 눈에 루시타니아호가 포착된다. U-20은 루시타니아호에 어뢰를 발사해 엔진을 멈추게 하고, 선장은 승객들에게 배를 버릴 것을 명령한다. 이 사고로 1,198명이 목숨을 잃고, 대부분의 시체는 수장되었다. 루시타니아호에는 많은 미국인도 탑승해 있어, 미국 정부는 자국민의 죽음에 분노했다. 1917년, 독일은 무제한 잠수함 공격을 개시하고, 중립을 지키던 미국은 독일에 선전포고를 한다.

루시타니아호 격침 사건을 대서특필한 《뉴욕타임스》.

최초의 코카콜라를
판매한 의사

강장제로 판매된 탄산음료

1886년 5월 8일, 의사이자 약사인 존 펨버턴(1831~1888)이 코카 잎과 콜라나무 열매 추출물을 주원료로 한 청량음료를 시판한다. 두통이나 구토, 스트레스, 히스테리, 우울감 등 여러 증상을 개선하는 데 도움을 주는 강장제 역할을 기대하고 만든 것이다. 사실 기존에 있던 프랑스 와인 '코카'의 판매가 애틀랜타에서 금지되자, 펨버턴이 '코카'의 무알코올 버전으로 콜라를 발명한 것이다.

최초의 콜라는 커다란 병에 담겨 판매되었으며, 콜라의 상징이라 할 수 있는 요즘 콜라병 모양은 1915년이 되어서야 개발되었다. 초기에는 소비자가 걸쭉한 콜라 시럽을 물에 희석해 먹어야 했다. 펨버턴의 비즈니스 파트너인 프랑크 로빈슨은 코카콜라라는 이름을 고안해 내고 자신만의 독특하고 유쾌한 필체로 흘림체 스타일의 로고를 개발한다. 몇 년 후, 펨버턴은 음료 회사를 매각하기로 결정한다. 1888년 약제사이자 사업가인 아사 캔들러(1851~1929)가 회사와 음료 제조 비법을 2,300달러에 인수하고, 그 후 얼마 지나지 않아 코카콜라의 창시자 존 펨버턴은 세상을 떠난다.

코카콜라 유리병에 대한 특허 출원(뉴질랜드, 1938년).

캔들러는 코카콜라 컴퍼니를 설립한다. 그는 시럽 형태로 지역 유통업체에 제공하여 거기서 직접 병에 담아 판매하도록 한다. 코카콜라의 탄생은 미국 자본주의가 꽃을 피웠던 도금시대 Gilded Age(1870?~1900)와도 궤를 같이한다.

종교가 된 책
『다이어네틱스』

론 허버드의 사이언톨로지

1950년 5월 9일, 론 허버드가 『다이어네틱스: 정신건강에 관한 현대 과학』을 출간한다. SF 장르 소설이나 펄프 픽션을 주로 쓰는 가난한 작가의 이 책은 대히트를 친다. 아니 정확히 말하면 이 책을 추종하는 집단이 탄생한다. 『다이어네틱스』는 단순한 책을 넘어서, 읽는 이가 정신 수양으로 더 높은 단계의 의식 수준에 도달할 수 있게 돕는 자기 치유 도우미 같은 역할을 한다. 수많은 사람이 허버드와 그를 따르는 사제들에게 감사(auditing, 사이언톨로지교 용어)를 받았고, 『다이어네틱스』를 신봉하는 사람이 급격히 증가하기 시작한다.

사이언톨로지의 신자냐 아니냐에 따라 허버드를 바라보는 평가와 시선은 판이하게 갈린다. 객관적 시각에서는 허버드가 심령술과 SF를 적절히 섞은 이 책으로 돈 버는 법을 제대로 터득한 것으로 보인다. 허버드는 『다이어네틱스』를 아예 종교화해서 1953년 12월 18일 사이언톨로지 교회를 세운다. 메시아 콤플렉스, 복잡한 사생활, 여러 소송에 시달리던 허버드에게 교회는 큰 수익을 가져다주는 사업이었다. 그를 옹호하는 입장에서는 허버드야말로 지지자들을 고차원적인 정신세계로 안내해 주는 진정한 인물이라고 본다. 지지자들은 영적 수련을 하거나 강의를 듣고, 계속 발간되는 신간을 읽으며 높은 차원의 정신을 계속 유지해 나갈 수 있다고 믿는다. 허버드는 사이언톨로지교 관련 책뿐 아니라 '일반' SF 장르 소설 등 천 권 이상의 책을 썼다고 알려져 있다. 허버드가 1982년 출간한 소설 『배틀필드』는 600만 부 이상 팔린다.

1950년 『다이어네틱스』 출간 당시의 론 허버드.

제국에 맞선
세포이 용병들의 항쟁

위기에 처한 동인도 회사

1875년 5월 10일, 영국의 통치에 대항하여 인도에서 항쟁이 일어난다. 그날은 일요일이었다. 인도 북부 메루트 사단의 영국 장교들은 교회에 갈 준비를 하고 있었다. 그런데 갑자기 세포이, 즉 동인도 회사에 고용되어 영국군에 복무 중이던 인도인 용병들이 들이닥쳤고, 그들에 의해 군인을 포함한 50여 명의 성인 남녀와 아이들이 목숨을 잃었다.

항쟁은 갑작스럽게 일어난 것이 아니었다. 영국에 대한 불만이 최고조에 달했는데, 인도인들은 영국이 자국 왕실을 대하는 방식에 크게 반발했다. 특히 영국군이 지급한 엔필드 소총의 탄약주머니를 입으로 물어뜯어야 했는데, 그 종이에 소기름이나 돼지기름이 발라졌다는 소문이 돌았다. 이로 인해 힌두교도와 무슬림 출신의 세포이 용병들이 동시에 분노했고, 이는 항쟁으로 이어졌다.

다음 날 처음 항쟁을 일으켰던 세포이 반군이 먼저 델리에 도착하고, 지방의 세포이 용병들도 속속 합류한다. 영국은 이 사건을 가리켜 '대반란Great Mutiny'이라 불렀으나, 민심을 악화시키는 결과를 낳는다.

인도 왕실은 세포이 항쟁이 터진 이후에도 여전히 영국의 지배에 충성하며 순

응한다. 시크교도 출신 용병이나 구르카(네팔 출신 용병) 용병들은 세포이 용병들이 일으킨 항쟁에 동참하지 않는다. 영국은 반란 진압에 나서고, 세포이 항쟁은 1년 후 완전히 막을 내린다.

인도 러크나우에서 제31 원주민 보병대 출신의 세포이 용병 두 명을 교수형에 처하는 모습. 펠리토 베아토가 1857년에 찍은 사진.

인간 체스 챔피언을 이긴
IBM의 딥블루

결국 컴퓨터에게 지다

1997년 5월 11일, 세계 체스 챔피언인 러시아의 가리 카스파로프(1963~)가 컴퓨터를 상대로 한 체스 시합에서 패배한다. 1년 전인 1996년 2월, 카스파로프는 필라델피아에서 동일한 컴퓨터인 딥블루를 상대로 대결을 펼쳐 승리를 거둔 전적이 있었다. 딥블루는 IBM에서 개발한 체스 인공지능 컴퓨터로, 초당 1억 개의 서로 다른 체스 위치를 연산할 수 있는 능력을 갖추고 있었다. 1996년 딥블루와의 1차 대결에서 카스파로프는 1라운드를 지고 2라운드에서 승리한다. 3라운드와 4라운드에서는 무승부로 끝난다. 카스파로프는 5라운드와 마지막 6라운드를 연속해서 이기며 최종 스코어 4 대 2로 승리를 거둔다.

하지만 1년이 지난 1997년, 둘의 2차 대결이 펼쳐진다. IBM은 1차 대결에서 딥블루의 패배를 맛본 후 초당 2억 개 경우의 수를 연산할 수 있도록 딥블루를 업그레이드하는 데 성공한다. 2차 대결에서 카스파로프가 1라운드를 가져가고, 딥블루는 2라운드와 3라운드를 가져간다. 4라운드와 5라운드는 무승부, 마지막

6라운드는 딥블루의 승리로 끝난다. 카스파로프는 재대결을 요구했고, 딥블루가 사람의 도움을 얻은 게 아닌지 의심하기도 했다. IBM은 이를 즉각 부인하며 딥블루의 전원을 꺼버린다.

딥블루는 초당 2억 개의 체스 위치를 연산할 수 있는 능력이 있었다. 카스파로프는 결국 대결에서 지고 만다.

HISTORY

가리 카스파로프는 2000년까지 세계 체스 챔피언 자리를 차지했다.

두 손을 든 소련의
서베를린 봉쇄 해제

하루 927대의 비행기를 동원한 베를린 공수작전

1949년 5월 12일, 소련은 베를린 봉쇄를 해제한다. 제2차 세계대전 이후 독일은 프랑스, 영국, 미국, 소련에 의해 네 개로 분할 점령되었고, 수도 베를린 역시 그 운명을 함께했다. 베를린은 지리상 소련의 점령지에 속했다. 미국과 영국, 프랑스는 서독에 새로운 통화인 독일 마르크화를 도입하기로 결정한다. 소련은 이에 대응하여 동독 마르크화(오스트마르크화)가 베를린의 유일한 법정 통화라고 선언한다. 1948년 6월 24일부터 소련은 서베를린과 독일의 서방 세력 점령지를 연결하는 모든 도로, 철도, 수로를 폐쇄한다. 또 동베를린과 서베를린 사이에 음식을 포함한 어떠한 물자도 서로 이동할 수 없게 조치한다. 소련은 베를린을 철저히 봉쇄해서 서방 세력이 서베를린을 포기하게 만들고 싶었던 것이다.

서베를린은 소련 점령지 속의 외딴섬처럼 되어 버렸다. 하지만 서방 세력은 200만 톤의 물품을 실은 비행기를 총 277,264회 출격하며 베를린 공수작전을 펼친다. 봉쇄 조치가 내려진 지 300일이 되던 날은 1~2분에 한 대꼴로 출항해 하루 동안 총 927대의 비행기가 서베를린을 오가며 항공수송의 정점을 찍는다.

결국 두 손을 든 소련은 봉쇄 조치를 해제한다. 이로 인해 베를린은 완전히 둘로 갈라져, 각기 다른 정부가 수립되는 결과를 낳는다.

베를린 봉쇄 기간 중에 물자를 실은 비행기가 착륙하는 모습을 바라보는 민간인들.

May. 13 | 철거 위기에서 벗어난 로마 신전 판테온

성당이 된 로마 신전

기원전 27년에 처음 지어진 판테온은 모든 신을 섬기는 로마 시대의 신전이었다. 이후 여러 차례 불타고 재건되기를 반복한다. 2세기 때 하드리아누스 황제 (76~138) 시절 재건하면서 거대한 돔에 둥근 건물 형태의 오늘날 판테온이 탄생한다. 하드리아누스 황제는 재건 과정에서 건물 정면에 최초로 판테온을 건립하고 건축 자금을 조달한 아그리파(BC 63~BC 12)의 이름을 새긴다. 강력한 권세를 가진 원로원의 심기를 건드리지 않기 위해, 자신의 공을 너무 드러내기보다는 최초 설립자이자 공화정 시대 인물인 아그리파의 공을 앞세운 것이다. 아그리파는 초대 황제 아우구스투스(BC 63~AD 14)의 오른팔이었을 뿐 아니라 한때는 후계자로 내정되기도 했던 중요한 인물이었기에, 하드리아누스는 아그리파를 내세워 자신의 정당성을 강조하고 싶었다.

4세기 테오도시우스 1세(347~395)가 개신교를 국교로 지정하면서 로마 시대의 다신교는 박해받고, 신전과 축제가 폐지되었다. 서로마 제국의 쇠락 후 비잔틴 제국의 황제가 판테온을 소유하게 되었고, 609년 포카스 황제(?~610)가 이를 로마 교황에게 기부한 뒤 판테온은 성당으로 개축되었다. 덕분에 이 위대한 건축

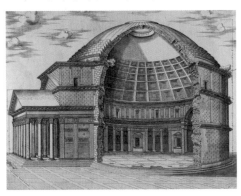

물이 오늘날까지 보존될 수 있었다. 판테온의 거대한 기둥들은 이집트에서 운반된 대리석 덩어리로, 이는 강력한 로마 제국의 황제에게 진상하기 위해서라면 이러한 엄청난 물류 작업도 가능했음을 시사한다.

판테온의 측면과 내부 모습, 1553년 판화.

May. 14 이스라엘 개국과 알 나크바

분쟁에 휩싸인 팔레스타인

1948년 5월 14일, 팔레스타인에서 마지막 영국군이 철수하자, 이스라엘의 초대 총리 다비드 벤구리온(1886~1973)은 텔아비브 박물관에 모인 인파 앞에서 이스라엘의 개국을 선언한다. 참석한 사람들은 그 자리에서 이스라엘의 국가인 〈하티크바〉를 합창한다.

영국은 국제연맹의 위임통치령에 따라 팔레스타인 지역을 28년간 위임 통치한다. 1917년 벨푸어 선언 이후, 유대인들은 팔레스타인에 '유대인들의 민족적 고향'을 세우기 위해 노력한다. 많은 유대인은 조국을 가지고 싶은 열망이 간절해졌다. 이를 시오니즘이라 한다. 한편, 홀로코스트 혹은 쇼아의 공포를 경험한 국제사회에서는 유대국가의 건립을 지지하는 여론이 점점 커진다. 유엔은 팔레스타인을 아랍국가와 유대국가로 나눌 것을 제안했지만, 아랍인들은 이 말에 사기당한 기분을 느낀다.

유엔이 1947년에 제안한 팔레스타인 지역 분할 계획(1956년에 작성한 지도). 노란색 부분이 팔레스타인 구역.

이스라엘이 개국 선언을 하며 축포를 쏜 지 하루 만에 총성이 울리기 시작한다. 이집트, 요르단, 시리아로 구성된 아랍 연합군이 이스라엘을 침공한 것이다. 그로부터 10개월 후, 아랍 연합군은 가자 지구와 요르단강 서안 지구를 차지하고, 이스라엘은 아랍인들이 살던 곳의 60퍼센트 이상을 차지한다. 이스라엘의 개국 선언으로 70만 명에 달하는 팔레스타인 난민이 발생한 것을 애도하며 5월 14일을 대재앙을 뜻하는 '알 나크바'의 날이라 한다. 분쟁은 오늘날까지도 계속되고 있다.

May. 15 | 기나긴 전쟁을 끝낸 뮌스터 조약

네덜란드의 분단을 공식화하다

1648년 5월 15일, 독일의 뮌스터에서 역사적인 조약이 체결된다. 기나긴 전쟁을 종식시킨 뮌스터 조약의 의의와 영향력은 가히 빈 회의(1815)나 베르사유 조약(1919)에 비견될 만하다. 세 조약 모두 유럽 국가들이 기나긴 전쟁 끝에 평화를 되찾고 외교 관계를 회복하는 바탕이 되었다.

뮌스터 조약은 베스트팔렌 평화조약의 일부로, 유럽에서 벌어지던 대부분의 전쟁을 종식시켰다. 이 조약으로 스페인과 네덜란드 공화국, 신성 로마 제국과 프랑스, 스웨덴과 신성 로마 제국 간의 전쟁, 그리고 30년 전쟁의 교전국들 사이의 갈등이 모두 끝났다. 다만, 스페인과 프랑스 간의 전쟁은 1659년까지 계속되었다. 프랑스와 스웨덴은 합스부르크 제국의 영토를 나눠 가지고, 공국들에 대한 황제의 권력은 축소되었으며, 반대로 공국들은 개신교와 가톨릭 중에 종교를 선택할 수 있는 자유를 얻는다. 16세기에 시작된 종교전쟁 또한 당분간 끝이 난다.

1566년 성상 파괴 사건으로 시작되었던 스페인과 네덜란드 공화국 사이의 전쟁도 뮌스터 조약으로 끝을 맺는다. 이 조약에 따라 전쟁은 무승부로 끝났고, 스페인은 네덜란드 공화국의 독립을 공식적으로 인정한다. 그러나 네덜란드 남부 지방(오늘날 벨기에)은 여전히 스페인의 속국임을 주장한다. 뮌스터 조약은 네덜란드의 분단을 공식화했으며, 그 결과 네덜란드 북부는 독립된 네덜란드로, 남부는 이후 벨기에로 발전한다.

1648년 그림.
암스테르담 총포협회
연회에서 뮌스터 조약
체결을 축하하고 있다.

159

오스만 제국을 분할한 사이크스-피코 협정

아랍을 배신한 서방 세계

1916년 5월 16일, 프랑스와 영국은 사이크스-피코 협정을 맺는다. 제1차 세계대전 당시 동맹국의 편을 들어 영국과 프랑스, 러시아를 상대로 싸운 오스만 제국은 '유럽의 환자'라는 별명을 얻는다. 1915년 11월에서 1916년 3월까지 프랑스 외교관인 프랑수아 조르주 피코(1870~1951)와 영국의 외교관 마크 사이크스(1879~1919)는 죽어가는 오스만 제국과 중동의 미래를 놓고 비밀리에 회담을 진행한다.

회담 결과, 프랑스는 레바논과 시리아 북부 해안 지역을 차지하고, 영국은 페르시아만 북부 지역을 손에 넣는다. 두 강대국은 이들 지역 사이의 광활한 사막을 두 영역으로 나누어, 그 안에 묻힌 천연자원을 자유롭게 이용할 수 있도록 한다. 팔레스타인은 국제적인 감시 아래 두기로 결정한다.

1918년 10월, 오스만 제국이 패배하면서 사이크스-피코 협정이 즉시 효력을 발휘하자 수많은 아랍인이 반발한다. 서구 제국주의 시대가 또다시 도래한 것처럼 느꼈던 것이다. 아랍인들은 오스만 제국에 맞서 영국을 도운 대가로 아랍 국가를 세울 수 있다는 약속을 받았기 때문에, 사이크스-피코 협정에 대해 더욱 큰 배신감을 느꼈다. 이 조약은 서방 세계와 아랍 세계 간의 관계에서 중요한 전환점이 되었다.

조약을 체결할 때 작성한 지도, 오른쪽 귀퉁이에 사이크스와 피코의 서명이 보인다.

미국 최초로 동성 결혼한 두 여성

"게이와 레즈비언에 대한 차별을 종언합니다"

2004년 5월 16일 일요일 저녁부터 미국의 대학 도시 케임브리지의 시청 앞에는 사랑에 빠진 커플들이 줄지어 있었다. 다음 날 **5월 17일** 아침 오전 9시, 그날 있었던 80여 건의 동성 결혼 중에서 마샤 카디시와 타냐 맥클러스키가 최초로 동성 결혼에 골인한다.

"게이와 레즈비언에 대한 차별을 끝내는 역사적인 날입니다."

당시 케임브리지의 시장이었던 마이클 설리번은 이렇게 말했다.

2000년대 버몬트주에서는 최초로 결혼에 준하는 동성 커플의 시민 결합을 법적으로 인정했다. 그리고 샌프란시스코에서는 2003년까지 수천 쌍의 동성 커플이 결혼식을 올렸으나, 캘리포니아주에서는 이를 합법적인 결혼으로 인정하지 않았다. 결국 특종은 매사추세츠주에서 터져 나온다.

2003년 11월, 매사추세츠주 법원은 동성 결혼을 금지하는 기존 헌법이 위헌이라는 판결을 내린다. 2004년 4월, 매사추세츠주 의회는 결혼 상대를 이성으로만 국한하는 기존 헌법을 수정하는 안을 통과시키지만, 수정된 법이 실제로 발효되기까지는 2년이 더 걸린다. 이 과정에서 미국 대법원이 이를 막을 수도 있었지만 그러지 않는다.

다른 주들도 점차 매사추세츠주를 따라 동성 결혼을 합법화하고 있지만, 여전히 상당수의 주에서는 동성 결혼을 금지한다. 2015년 6월 26일, 미국 대법원은 오버거펠 대 호지스 사건을 통해 주에서 동성 결혼을 금지할 수 없으며, 미국의 모든 주에서 동성 결혼이 합법이라는 판결을 내린다.

광주 시민을 학살한
전두환 정권

민간인에게 실탄을 발사한 한국군

1980년 5월 18일, 정권에 항거한 데모가 일어난 지 3일째 되던 날, 한국군은 민간인에게 실탄을 발포한다. 이 일이 벌어지기 1년 전, 한국의 대통령 박정희(1917~1979)는 서울 궁정동 안가에서 암살당한다. 그로 인해 대한민국 정부는 최규하 권한대행 체제로 바뀌고, 곧 최규하 정부가 들어선다. 하지만 얼마 지나지 않아 군인이었던 전두환(1931~2021)이 최규하로부터 실권을 빼앗는다. 1980년의 봄, 한국에서는 정권을 비판하는 데모가 여기저기서 벌어졌고 언론의 자유나 최저임금 등 개혁을 요구하는 목소리들이 커진다. 이에 전두환은 비상계엄을 선포한다. 정치적 모임이나 활동은 전면 중지되고 대학교는 문을 닫았으며 언론의 자유 또한 엄격히 제한된다.

5월 18일 광주에서의 긴장감은 극도로 고조된다. 시위에 참여한 이들은 데모를 진압하려는 군인들을 향해 돌을 던신다. 일부 군인들은 총구에 칼을 부착하는 형태인 총검을 사용한다. 한 명이 목숨을 잃자 데모에 참가하는 시민들이 점점 더 많아진다. 5월 20일, 군인들은 일반인을 상대로 총을 쏘기 시작한다. 그 후 며칠 동안 광주는 커다란 혼란의 도가니에 빠진다. 시위에 참여한 일부는 어떻게든 무기를 손에 넣어 군인을 향해 총을 쏜다. 군대는 광주 중심부에서 점차 반

경을 넓혀 가며 버스를 탄 일반인들까지 무차별적으로 총격을 가하고, 며칠 후에는 수영하는 어린이들까지도 겨냥한다. 5월 26일, 군대는 광주를 완전히 재점령한다. 정확한 희생자 수는 여전히 밝혀지지 않았다.

희생자들이 묻힌 광주 망월동의 공동묘지.

돌궐 장군 아사나결사솔의 당나라 태종 암살 시도

비바람 덕분에 살아남은 당나라 황제

639년 5월 19일, 동돌궐의 장군 아사나결사솔(阿史那結社率, ?~639)이 당나라 태종을 암살하려 한다. 당나라가 동돌궐을 함락시키고 난 후, 일부 돌궐의 귀족들이 당나라 군대에 합류한다. 그중 하나가 아사나결사솔이었다. 그는 당나라 장군의 자리에 오르지만 자신의 동생을 반역죄로 거짓 모함했다가 황제 당태종(598~649)의 신임을 잃고 만다. 결국 아사나결사솔은 동생의 아들과 힘을 합쳐 당태종을 암살할 음모를 꾸민다.

암살은 황제가 여름에 머무는 궁전인 구성궁에서 일으킬 계획이었다. 당태종의 아홉 번째 아들이자 장군이 자리를 비우면 홀로 남은 황제를 죽이려고 했던 것이다. 하지만 그날은 폭풍이 몰아치며 비가 매섭게 쏟아져 당태종의 아들은 그대로 궁전에 머무른다. 그런데도 아사나결사솔은 몇몇 사람들과 함께 궁으로 쳐들어가 계획을 그대로 이루려 한다. 하지만 바로 그때 궁중 경비대가 그를 쫓는다. 아사나결사솔은 말 20마리를 훔쳐 그대로 북쪽으로 달아난다.

아사나결사솔은 웨이허강 근처에서 붙잡혀 그대로 참수된다. 이 일을 겪은 황제는 더 이상 동돌궐인들을 신뢰하지 않았고, 곁에 두고 싶어 하지도 않았다.

명나라(1368~1644) 시대에 그린 당태종의 초상화.

May.
20 아틀라스 지도의 탄생

최초의 근대 지도책『세계의 무대』

1570년 5월 20일, 최초의 아틀라스 지도책이 발간되었다. 지도 제작자이자 여행가, 무역가였으며, 지리학자 헤르하르뒤스 메르카토르(1512~1594)의 친구이기도 했던 아브라함 오르텔리우스(1527~1598)는 다양한 장소의 지도를 모두 같은 포맷과 디자인으로 구성해 순서대로 한 책에 넣으면 어떨까 하는 생각을 한다. 그렇게 최초로 아틀라스 지도가 탄생한다.

1570년 오르텔리우스는 당시 지도 제작 기법을 다 동원하여 제작한 53장의 지도를『세계의 무대』에 묶어 낸다. 오르텔리우스의 지도책은 대성공을 거둔다. 쇄를 거듭해서 찍고 확장판도 나온다. 1573년 판에서는 70장의 지도가 포함되며 프랑스어, 독일어, 네덜란드어 등 번역본도 출간된다. 메르카토르는 친구 오르텔리우스에게 보낸 서신에서 이렇게 적는다.

"자네가 만든 지도를 연구해 봤네. 이렇게 다양한 지도에 자네가 들인 세심한 공과 그 우아함에 감탄하며 축하의 말을 전하고 싶다네."

오르텔리우스는 세계여행을 즐겼으며 여러 진귀한 풍경을 좋아했다. 그는 고대 지리학을 주로 연구하며 말년을 보냈다. 1596년에는 대륙의 해안선들을 면

밀히 비교, 최초로 대륙이동설을 제시한다. 20세기에 들어 그의 대륙이동설이 옳았다는 것이 증명된다.

오르텔리우스는 1570년에 발간한 『세계의 무대』에 메르카토르가 직접 그린 세계지도들도 넣었다.

사두정치 체제로 로마를 안정시킨 디오클레티아누스 황제

두 명의 정황제와 두 명의 부황제

293년 5월 21일, 로마 제국의 '삼두정치'가 시작된다. 약 200년간 경제적 번영과 영토 확장을 누린 팍스 로마나Pax Romana 시대는 서서히 저물어 갔다. 기원후 3세기 들어 정치적 불안정이 심화되었고, 제국의 국경에서는 '야만인'들의 압박이 계속되었다. 제국 내부에서도 반란군이 자칭 황제를 칭하며 곳곳에서 봉기했고, 각 지역에 새로운 수도가 생기면서 로마는 정치적 중심지로서의 기능을 상실했다. 황제가 암살되면 새로운 황제가 등장했고, '군인 황제'들은 내전을 벌이며 군대를 유지하기 위해 세금을 인상했다. 이로 인해 경제적 쇠퇴와 기근이 뒤따랐다.

디오클레티아누스 황제(244~311)는 로마 역사상 가장 위대한 개혁가 중 하나다. 그전까지는 황제권 계승에 대한 제대로 된 규칙이 없었다. 디오클레티아누스는 두 명의 정황제와 두 명의 부황제를 세워 제국의 각기 다른 지역을 다스리도록 했다. 세금도 철저하게 개혁했다. 그는 자신부터 더 이상 프린켑스(Princeps, 동등한 사람들 중 첫째)라는 칭호를 사용하지 않았다. 대신에 '주이자 신'이라는 뜻의 도미누스Dominus를 쓰기 시작한다. 그러나 정황제들과 부황제들이 절대권력을 모두 요구하면서 사두정치는 오래가지 못한다. 디오클레티아누스는 병으로 305년에 황제직을 내려놓고 고향인 달마티아(오늘날 크로아티아의 스플리트시)에 궁을 짓고 말년을 보내다 생을 마감한다.

사두정의 황제들 조각상(4세기, 소아시아), 베니스의 산마르코 대성당 밖에 있다.

미신으로 규정된
제병 숭배

미심쩍은 성체의 기적

1370년 5월 22일, 브뤼셀 시내에서 브뤼셀 출신 유대인 네 명과 루뱅 출신 유대인 두 명을 수레에 싣고 붉게 달궈진 집게로 고문하다가 결국 산 채로 공개 화형하는 사건이 벌어진다. 화형당한 유대인들은 성 금요일 날에 유대인 회당에서 제병(성찬빵)을 단검으로 찔러 성체를 훼손시킨 혐의를 받았다. 기적적으로 제병에서 피가 뿜어져 나왔다고 한다.

유대인이 성체를 훼손한 이야기에는 반유대주의가 가득 묻어난다. 당시 브라반트 공국에는 오랜 유대인 혐오의 역사가 있었다. 1350년부터 흑사병이 브뤼셀을 휩쓸면서 브뤼셀의 유대인 공동체는 점점 규모가 작아져 자취를 감추기 시작한다. 원인을 알 수 없는 질병을 유대인의 탓으로 돌렸기 때문이다. 역사학자 질리 뮈지(1272?~1352)는 브뤼셀에서 벌어진 대학살로 600명 이상의 유대인이 목숨을 잃었다고 기록한다. 1370년경 도시재정인구 기록을 보면 브뤼셀에는 유대인 가정이 단 8가구만 남아 있다.

1370년 성체 훼손 사건 이후 공식적인 추방령은 없었지만, 많은 유대인이 브라반트를 떠났고, 몇 세기 후에야 돌아오기 시작한다. 칼에 찔린 성체는 '성례의 기

적'으로 숭배되며 수 세기 동안 성 기둘라Sint-Goedele 성당에 보존된다. 이 숭배는 1968년 메헬렌-브뤼셀 대교구가 이를 미신으로 비판할 때까지 계속되었으며, 오랜 기간 국가와 가톨릭교의 상징이었다.

브뤼셀 성체 훼손 사건을 묘사한 19세기의 스테인드글라스 창문.

30년 전쟁을 촉발한 프라하의 창문 투척 사건

창문 밖으로 던져진 사람들

1618년 5월 23일, 프라하에서 사람을 창밖으로 투척하는 사건이 발생한다. 분쟁과 갈등의 불씨를 지핀 건 바로 종교였다. 당시 프라하는 보헤미아 왕국의 수도였고, 보헤미아 왕국은 개신교 국가이자 신성 로마 제국의 공국이었다. 가톨릭교도인 페르디난트 2세가 신성 로마 제국의 황제이자 보헤미아 왕국의 국왕으로 즉위하자, 개신교도들에게 강한 종교적 압박을 가한다. 1618년 5월 23일, 프라하의 개신교도들은 황제 측 섭정관들이 악의적인 도발을 하자 그들을 20미터 높이의 창문 밖으로 던져 버린다. 이 사건으로 모두가 전쟁을 외쳤다.

이렇게 30년 전쟁이 시작되어, 곧 유럽 전역으로 확산해 종교전쟁으로 발전한다. 각국은 저마다 이유로 참여했고, 외부 지원을 받았다. 가톨릭 신성 로마 제국의 합스부르크가는 스웨덴을 위협해 참전시켰고, 프랑스는 합스부르크를 약화시키려 네덜란드 공화국과 연합해 반합스부르크 연맹을 결성했다. 스페인은 합스부르크 편에 서며 네덜란드와의 80년 전쟁과 30년 전쟁이 겹치게 된다.

신성 로마 제국의 인사 세 명을 창밖으로 투척한 사건은 유럽 차원의 전쟁으로 확대되었고, 베스트팔렌 조약(1648)을 맺고 나서야 전쟁은 끝이 난다. 프랑스

는 전쟁의 승자로 떠올랐고 태양왕 루이 14세와 함께 번영기를 맞이한다.

1662년 판화로 묘사한
창문 투척 사건.

May. 24 네덜란드인이 헐값에 사들인 맨해튼섬

세기에 남을 부동산 거래

1626년 5월 24일 피터 미누이트(1590~1638)가 아메리카 원주민들로부터 맨해튼 섬을 구매한다. 미누이트는 그곳에 뉴암스테르담이라는 식민도시를 건설했고, 이 지역은 나중에 뉴욕이 된다.

미누이트는 오늘날 벨기에 투르네 출신으로 칼뱅교 신자였다. 스페인 정부의 반개신교 정책으로 인해 나중에 북부인 네덜란드로 이주한다. 그는 서인도 회사 WIC에서 일을 시작한다. 1621년에 설립된 서인도 회사는 아프리카와 아메리카 대륙 사이의 무역을 담당했다.

미누이트는 북아메리카의 네덜란드 식민지인 뉴네덜란드의 총독을 지냈다. 그는 암스테르담에서 네덜란드의 상선 바픈 판 암스테르담호를 타고 출항해 맨해튼까지 항해한다. 서인도 회사는 아메리카 원주민들과의 무역 및 영토 문제에 관한 권한을 미누이트에게 위임한다.

미누이트가 맨해튼을 '구매'한 사실은 오늘날 대부분 잘 알지만, 구매 대가로 원주민에게 얼마를 지불했는지는 알려져 있지 않다. 당시 연락 책임자 피터르 스카헨의 편지에 따르면, 미누이트는 영토 구매의 대가로 그 당시 네덜란드 화폐로 60홀덴에 해당하는 네덜란드 물품을 원주민에게 제공했다. 이를 오늘날 화폐 가치로 정확하게 환산하기는 어렵지만 대략 850유로의 값어치다. 세계에서 가장 큰 도시로 성장할 잠재력 있는 섬을 구매하는 것이 완전히 식은 죽 먹기와 같았다.

뉴암스테르담을 그린 첫 번째 지도인 카스텔로 지도(1660).
1919년에 다시 그린 버전.

May. 25

중국 금서 목록에서 해방된 셰익스피어의 작품

막을 내린 문화혁명

19세기 중국을 방문한 유럽의 선교사들은 셰익스피어의 작품을 중국에 소개한다. 20세기 초, 중국의 번역가 린수(1852~1924)는 셰익스피어의 작품을 포함해 수많은 유럽 작품을 번역한다. 1921년 희곡 「햄릿」의 일본어 번역본을 중국어로 중역한 것을 시작으로, 1930년까지 셰익스피어의 모든 작품을 중국어로 번역한다.

1966년, 중화인민공화국의 주석 마오쩌둥(1893~1976)은 '문화대혁명'을 발표한다. 마오쩌둥은 중국 사회를 완전히 공산화하고, 옛 문화를 전복해서 혁명적 순수성을 가진 새로운 사회주의 문화를 창조하려 했다. 그러나 이상과는 달리 현실에서 혁명은 반대파를 숙청하거나 가혹하게 다루는 것을 의미했다. 수천 명의 시민과 공직자는 '반동분자'로 간주되어 체포되었다. 고대 중국의 유산 또한 무수히 파괴되었다. 고서는 불타버리고, 박물관은 약탈당했으며, 절이나 사원은 문을 닫았다. 오래된 도자기 병도 불법으로 간주된다. 음악, 문학, 영화, 연극 등 공산주의와 맞지 않는 모든 예술작품을 포함해 서양 연극이 더 이상 공연되지 않으면서 셰익스피어의 작품도 자연스레 금지된다.

1976년에 와서야 문화대혁명은 막을 내린다. 셰익스피어의 작품도 이후 금서에서 해제된다. **1977년 5월 25일**, 셰익스피어 작품은 금서 목록에서 완전히 빠지고, 오늘날 중국에서 셰익스피어는 영국에서보다도 인기가 더 많다.

중국어로 번역된 영국 음유시인의 책.

May. 26 | 생산라인을 통과한 마지막 모델 T

미국의 국민 차

1927년 5월 26일, 헨리 포드는 미시간주의 포드 공장에서 1,500만 번째로 생산한 모델 T(정식 명칭: 포드 모델 T)를 시운전한다. 이날은 자동차 대량생산 시대의 상징인 모델 T가 생산을 멈추고 단종된 날이었다.

헨리 포드(1863~1947)의 이야기는 빈털터리에서 부자가 되는 아메리칸 드림의 전형이다. 농부의 아들로 태어난 포드는 기술에 매료되어 독학으로 엔진을 조립하고 분해하는 법을 배운다. 1892년, 포드는 토머스 에디슨의 회사에서 엔지니어로 일하며 처음으로 자동차를 조립하게 된다.

1903년 헨리 포드는 포드모터컴퍼니를 설립하고, 회사의 성공을 위해 노력한다. 그는 시속 146.9km의 속도 기록을 세우며 레이서로 명성을 쌓고, 자동차 제조에 필요한 지식과 자본을 축적한다. 1908년, 포드모터컴퍼니는 모델 T를 출시하는데, 이는 포드주의Fordism에 기반한 대량생산 방식으로 만들어져 의도적으로 가격을 낮췄다. 포드는 직원들에게 높은 봉급을 지급하여 자신이 만든 차를 구매할 수 있도록 했다. 포드는 생산라인을 도입하고 표준화한 인물로 유명하며, 이에 대해 다음과 같이 말했다.

"어떤 고객이라도 자기가 원하는 색의 자동차를 살 수 있어요. 그것이 검은색이라 해도 말이지요."

1972년에 폭스바겐의 비틀에 깨지기 전까지 포드 모델 T는 세계 최다 판매량을 자랑했다.

1921년 포드 모델 T 옆에서 포즈를 취하고 있는 헨리 포드.

표트르 대제가 건설한 도시

페트로그라드, 레닌그라드, 상트페테르부르크

1703년 5월 27일, 차르 표트르 대제(1672~1725)가 러시아 북서쪽 발트해 연안에 상트페테르부르크 도시를 건설한다. 그곳은 표트르 대제가 스웨덴으로부터 정복한 발트해 연안 국가들이나 핀란드와도 가까운 곳이었다. 상트페테르부르크는 1918년까지 러시아 제국의 수도였다. 그리고 러시아의 루브르라 할 수 있는 에르미타주 박물관 덕분에 이 도시는 현재 문화 관광지 역할을 한다.

역사 속에서 도시는 여러 차례 이름을 바꾼다. 제1차 세계대전 중에는 독일어처럼 들린다는 이유로 슬라브어인 페트로그라드로, 1924년에는 레닌을 기리기 위해 레닌그라드로 변경된다. 1991년 소련 붕괴 후 다시 상트페테르부르크로 돌아간다.

이 도시는 차르 암살, 혁명, 레닌의 권력 장악, 스탈린의 대숙청 등 러시아 역사에서 중요한 사건들이 발생한 곳이다. 제2차 세계대전 동안 레닌그라드에서 숨진 사람은 히로시마와 나가사키 원폭 피해자를 합친 것보다 더 많다. 러시아의 안네 프랑크라 불리는 11세 소녀 타냐 사비체바가 남긴 일기장에는 전쟁에 관한 가슴 아픈 증언이 담겨 있다. 타냐는 굶주림으로 죽어 가는 가족의 모습을

생생히 기록했다. 일기의 마지막 부분은 매우 짧다. "사비체바가의 사람들은 죽었어." "모두 다 죽었어." "타냐만 살아남았어."

1900년경에 찍은 상트페테르부르크에 있는 표트르 대제의 기마상.

May. 28 막을 내린 파리코뮌

진압당한 시민들의 평의회

1861년 5월 28일, '파리코뮌'의 시대가 막을 내린다. 프랑스에서는 1830년과 1848년, 1871년에 민중들의 저항이 일어난다. 1870년에 프랑스 제2제국이 프러시아와의 전쟁에서 패망하면서 파리는 사회적으로 매우 불안정해진다. 빈부 격차는 극도로 커지고, 전쟁을 겪은 시민들은 처참한 삶을 이어 나간다. 전쟁 중에 파리가 포위되자, 시민들은 자발적으로 도시를 지키기 위해 방위대를 조직한다. 전쟁에 패배한 후에도 방위대는 사회 정의와 민주주의를 무력으로 실현하기 위해 애썼고, 그 결과 '코뮌'이 탄생한다. 코뮌은 100여 명의 급진적인 민주주의 사상을 가진 시민들로 구성된 평의회였으며, 온갖 종류의 사회 정책을 발표한다. 1871년 5월, 프랑스 정부가 파리를 탈환하면서 코뮌 지지파들을 잡기 위해 피비린내 나는 추격을 벌인다. 수천 명이 죽임을 당했고, 수많은 사람이 붙잡혔으며, 일부는 재판 없이 즉결 처분당한다.

정부군에 밀려난 코뮌 지지자들은 파리의 페르 라셰즈 묘지로 도망친다. 5월 27일 정부군이 이들을 급습하고, 5월 28일 전투 끝에 살아남은 지지자들은 묘지 벽 앞에서 처형당한다. 시체에서 나온 피가 벽을 타고 흘러내려 벽과 묘지 사이의 해자 속으로 뚝뚝 떨어진다. (나중에 다른 곳에서 잡힌 코뮌 지지자들도 모두 이곳에 묻힌다.) 이후 라셰즈 묘지의 벽은 '코뮌 지지자들의 벽The Communards' Wall'이라는 이름을 얻는다.

파리 메닐몽탕가(페르 라셰즈 묘지가 있는 지역)에 처놓은 바리케이드, 1871년 사진.

동로마 제국을 함락한 오스만 제국

콘스탄티노폴리스를 이스탄불로 개명

1453년 5월 29일, 오스만 제국이 동로마 제국의 수도 콘스탄티노폴리스를 함락한다. 콘스탄티노폴리스는 수 세기 동안 유럽에서 가장 큰 도시였다. 1204년 콘스탄티노폴리스를 약탈한 십자군들은 플랑드르 백작을 새 황제로 세운다. 그런 위기를 한 차례 겪은 뒤, 동로마-오스만 전쟁(1265~1453)이 발발한다. 오스만 제국의 술탄 메흐메트 2세(1432~1481)는 콘스탄티노폴리스의 종말에 쐐기를 박는다. 보스포루스 해협에 요새를 지은 술탄은 오스만 제국의 배들을 내세워 해협을 통제했고 흑해로 접근할 수 없게 막는다. 이에 동로마 제국의 마지막 황제인 콘스탄티노스 11세 팔레올로고스도 테오도시우스 성벽의 병력을 강화하고 오스만 제국의 해상 공격을 막고자 항구 초입에 긴 사슬처럼 병력을 배치했다.

동로마 제국 황제의 초기 계획은 꽤 성공적이었다. 메흐메트 2세는 테오도시우스 성벽을 함락하지 못하고, 군사들에게 성벽 밑으로 터널을 파라고 명령했지만 적에게 저지당했다. 그럼에도 불구하고 오스만 제국군은 결국 콘스탄티노폴리스를 함락하고 여러 성문을 통해 성안으로 쏟아져 들어온다. 셀주크 제국의

계승자인 오스만 제국은 콘스탄티노폴리스의 이름을 이스탄불로 개명하고, 이로 인해 동방 정교회는 신앙적 기반을 잃는다. 유럽 내에서 가톨릭교의 위세가 더욱 커진다.

콘스탄티노폴리스 함락, 장 르 타바르니에 작품(1455년 이후).

화형에 처해진 19세 소녀 잔 다르크

오를레앙의 처녀

1431년 5월 30일, 19세 소녀 잔 다르크(1412~1431)가 이단 판결을 받고 프랑스의 루앙에서 화형을 당한다. 농부의 딸로 프랑스 시골에서 자라난 잔은 어린 나이에 성인聖人들의 환영과 음성을 듣는다. 목소리는 잔에게 프랑스 왕세자를 도와 영국을 물리치라고 지시한다. 그 당시 영국과 프랑스는 왕위 계승 문제를 놓고 100년 전쟁을 치르고 있었고, 영국은 프랑스 북부 지방을 점령했다. 목소리가 가르쳐 준 대로, 잔은 프랑스 왕세자가 프랑스의 왕위를 이을 적통이라고 확신한다. 이는 영국의 주장과는 상반된 것이었다. 잔은 왕세자를 설득하여 군대 지휘를 맡는다. 그녀는 남자처럼 갑옷을 입고 오를레앙을 해방시킨 뒤 나중에 영국군의 손아귀에 있던 랭스까지 진격하여 탈환한다. 그 결과 프랑스 왕세자는 왕위를 이어받아 샤를 7세(1403~1461)가 된다.

마녀로 내몰려 화형에 처해지는 잔 다르크
(1843년 헤르만 안톤 스틸케 작품).

잔은 프랑스군을 이끌고 파리로 신군하지만 도시를 해방시키는 데 실패한다. 부르고뉴 공작에게 생포된 잔은 영국군에 넘겨져 1년 이상 감옥에 갇히고 마녀재판을 받는다. 신성한 목소리를 듣고 남자 의복을 입었다는 이유로 기소된 잔은 마녀로 몰려 루앙 광장에서 19세의 나이에 화형으로 생을 마감한다. 그녀의 죽음 후 25년이 지나서야 재심을 통해 무죄로 복권된다.

HISTORY

오늘날의 잔 다르크는 프랑스의 자유와 해방의 상징이다.

May. 31 | 제임스 클라크 로스가 찾은 북극점

북극 탐사의 중요한 이정표

1831년 5월 31일, 영국의 제임스 클라크 로스(1800~1862)가 자북극(Magnetic north pole, 북극점)에 도달한다. 로스는 극지방 탐험가였던 자신의 삼촌 존 로스 경의 영향을 받아 일찍부터 북극에 매료된다. 로스는 12세를 막 넘기자마자 영국 해군에 입대하고, 18세가 된 1818년에는 삼촌을 따라 북서 항로 탐험을 위해 북극 탐사를 떠난다. 몇 차례 북극 탐험을 한 결과 1831년 로스는 아주 중요한 발견을 한다. 5월 31일, 로스는 캐나다 최북단에 위치한 부티아반도에서 자북극의 위치를 찾은 것이다. 수차례 북극 탐사를 마친 후 로스는 관심사를 북극에서 남극으로 돌려 남극 탐사를 시작하고 빅토리아랜드와 자신의 이름을 딴 로스해를 발견한다.

자북극은 지리학적으로 '진'북극과 일치하지 않는다. 자남극과 진남극 역시 마찬가지다. 지리상의 극점은 모든 자오선이 수렴하여 만나는 지점으로, 지구의 자전축과 연결되어 있다. 반면, 나침반 바늘이 가리키는 자북극은 지구 자기장의 자기력선이 수직으로 내려가는 지점이다. 자북극은 캐나다 북부에 위치하며 1904년 이후 매년 약 55km 속도로 북북서 방향으로 이동하고 있다.

로스의 남극 탐험
(1847년 존 카마이클 작품)

6월

JUNE

위대한 사람은 역사를 만들고,
역사는 위대한 사람을 만든다.
– 아우구스투스

예루살렘에서 교수형에 처해진 아돌프 아이히만

홀로코스트의 설계자

1961년 5월 31일에서 6월 1일로 넘어가는 밤, 아돌프 아이히만이 교수형에 처해진다. 그는 홀로코스트에서 저지른 전쟁범죄 혐의로 이스라엘 법원에 기소된 상태였다. 아이히만(1906~1962)은 유대인 학살의 설계자 또는 행정담당자라는 별명이 붙었는데, 이는 그가 유대인 이송, 수용 문제 등 세부적인 모든 일을 직접 담당해서 마치 택배회사라도 운영하는 것처럼 꼼꼼히 처리했기 때문이다.

전쟁이 끝난 직후 나치 거물급 인사들은 대부분 즉시 국제 군사 재판에 회부되어 바로 형을 선고받았으나, 아이히만은 가까스로 탈출하는 데 성공한다. 그는 위조 서류들을 챙겨 아르헨티나로 숨어 들어간다. 하지만 1960년 5월, 이스라엘 비밀 정보기관이 대규모 납치 작전을 펼쳐 결국 붙잡히고 만다.

전쟁이 끝난 지 15년이 지난 1961년 4월 11일, 예루살렘에서 아이히만 재판

이 열린다. 이 재판은 나치의 잔혹성을 전 세계에 생생하게 보여 주는 역사적 순간으로 남았다. '예루살렘의 아이히만' 사건은 홀로코스트에 대한 새로운 시각을 제시한다. 한마디로 유대인 학살을 저지른 것은 무시무시한 괴물이 아니라 아이히만처럼 지극히 평범한 인간이었다는 사실이 드러난 것이다.

1961년 4월 5일 예루살렘에서 재판을 받는 아이히만. 악의 평범성을 보여 주었다.

HISTORY

아르헨티나에서 이스라엘 비밀 정보기관 모사드가 펼친 아이히만 납치 작전은 〈아이히만을 체포한 남자The Man Who Captured Eichmann〉(1996), 〈오퍼레이션 피날레Operation Finale〉(2018) 등으로 수차례 영화화된다.

Jun. 02 | 금주령보다 앞서 실시된 절주령

무미건조해진 거리

1851년 6월 2일, 메인주에서 미국 사상 최초의 절주령인 메인법Maine Law을 공포한다. 19세기 미국은 경제적으로 급성장했고, 수많은 나라에서 이민자들이 '약속의 땅'을 찾아온다. 메인주 포틀랜드시의 시장 닐 도우(1804~1897)는 아일랜드 출신 이민자들이 메인주에 몰려오는 것을 탐탁지 않게 여긴다. 미국은 급격한 산업화의 반대급부로 빈곤과 알코올 문제가 심각했기 때문이다. 당시에는 단순히 맥주뿐 아니라 위스키처럼 독한 술도 인기를 끌었다. 도우가 강력한 추진력을 발휘한 덕분에 메인주는 도수가 높은 술의 생산, 사용 및 판매를 금지하는 미국 최초의 주가 된다. 절주령은 메인주를 비롯한 다른 주들로 퍼져 나갔으며, 알코올을 금지한 주들은 '건조한dry' 주로 불렸다. 반면, 알코올을 금지하지 않은 주들은 '젖은wet' 주로 불렸다.

메인주에 사는 수많은 시민과 아일랜드 출신 이주민들이 메인법에 반발하며 시청 앞에 모여 데모를 벌였다. 사람들은 도우 시장이 시청 지하실 창고에 알코올을 보관해 놓았으리라 생각했다. 성난 시민들은 건물을 에워싸고 문을 두드리며 돌을 던졌고 창고에 있던 병들이 깨졌다. 결국 시민들을 향해 발포 명령이 내려진다. 이 데모는 '메인법 폭동'으로 알려져 있다. 절주령은 몇 년이 지난 뒤 폐지된다.

닐 도우. 절주계의 나폴레옹이라는 별명이 있다.

HISTORY

'메인법 폭동'이 일어난 지 65년이 지난 1919년, 미국 헌법에 '악명 높은' 미국 수정 헌법 제18조가 추가된다. 이 수정안은 나라 안의 알코올을 전면 금지하는 조항이다.

180

Jun. 03 영국 소유의 아편을 폐기한 중국

아편상이 된 대영 제국

1839년 6월 3일, 중국 광둥 지방의 후먼에서 아편 선적물들이 폐기된다. 중국인들은 아편을 전부 연못에다 쏟아 버린 뒤 물과 라임, 소금을 섞어서 더 이상 사용이 불가능하게 만든다. 아편 폐기 작업은 무려 23일 동안 계속된다. 1만 9천 개가 넘는 상자와 2천 개의 자루 속에 들어 있던 1천 톤 넘는 분량의 아편이 전부 폐기된다.

영국은 아편을 통해 중국에 대한 영향력을 강화했다. 초기에는 외교적 협상 차원에서 아편을 선물로 제공했으나, 시간이 지나면서 아편의 대가로 비단이나 도자기와 같은 값진 물품을 요구해 왔다.

결국, 중국 황실의 관리인 임칙서(1785~1850)가 영국에 대한 중국의 지나친 의존성을 비난하고 나서고, 그 결과 1839년부터 1842년까지 제1차 아편전쟁이 발발한다. 하지만 이는 영국의 승리로 끝나고 중국은 영국이 요구한 것들을 모두 수용할 수밖에 없었다. 중국은 굳게 닫았던 시장 문을 외국에 개방하게 되

었고, 아편값 또한 모두 배상해야 했다. 홍콩과 홍콩의 항구는 영국령이 되었고, 중국은 네 개 항구를 외국 무역을 위해 개방해야 했다. 아편 무역은 계속해서 번성한다.

19세기 임칙서의 지휘로 아편을 폐기하는 장면을 묘사한 그림.

HISTORY

후먼에서 마지막으로 아편을 폐기한 다음 날인 6월 26일은 유엔에서 지정한 세계 마약퇴치의 날이다.

Jun. 04 | 최초의 원산지 통제 명칭 치즈

"이름은 하나의 징후다"

1411년 6월 4일, 프랑스의 왕 샤를 6세는 치즈 생산에 관한 법령을 반포한다. 오로지 프랑스 남부 지방의 로크포르 쉬르 술종에서 생산되는 잘 익고 특유의 냄새가 나는 블루치즈만 로크포르 치즈라고 부를 수 있도록 한 것이다. 말하자면 중세 버전의 아펠라시옹 도리진 콩트롤레(AOC, 원산지 통제 명칭)라고 할 수 있다. 샴페인은 샴페인 지방에서 생산되듯이, 로크포르 치즈는 로크포르 지방에서 생산되어야만 한다. 샤를 6세는 전통을 존중하는 차원에서 이 같은 결정을 내린다.

역사란 왕이나 황제를 중심으로만 돌아가는 게 아니다. 치즈 같은 음식에도 나름의 역사가 있다. 음식사는 인기 있는 역사의 한 분야다. 오늘날 가게에서 양이 그려진 포장지에 담긴 로크포르 치즈를 쉽게 찾을 수 있지만, 이 치즈의 역사는 로마 시대까지 거슬러 올라간다. 카롤루스 대제가 사랑했던 치즈로도 알려져 있으며, 역사서에서 처음으로 언급된 것은 1070년이다. 오랜 세대를 거쳐 숙성하고 제조해 온 로크포르 치즈는 1411년 샤를 6세의 법령에 따라 오직 로크포르 지방에서만 독점 생산할 수 있게 되었다.

프랑스에서는 로크포르 치즈를 'Le fromage des rois et des papes', 즉 '왕과 교황들의 치즈'라고 부른다. 1925년, 로크포르 치즈는 최초로 와인처럼 원산지 통제 명칭 제품으로 등록되는 한 단계를 더 거치게 된다. 이로 인해 가짜 제품이나 유사 제품을 방지하기 위해 엄격한 제조 방식을 따라야 한다는 법적 규제를 받는다.

프랑스에서 가장 역사가 깊고 제일 유명한 치즈를 생산하는 로크포르 마을의 모습.

Jun. 05 | 맨몸으로 탱크를 막아 선 한 남자

텐안먼 광장의 탱크맨

1989년 6월 5일, 미국의 한 사진작가가 '탱크맨'이라는 제목의 유명한 사진을 찍는다. 사진 속에는 이름 모를 한 시위 참가자가 서 있다. 하얀 셔츠를 입은 남자는 일렬로 서 있는 중국 탱크들의 앞길을 가로막는다. 사진작가 찰리 콜(1955~2019)은 베이징의 텐안먼 광장에서 18대의 탱크들이 줄지어 이동하는 모습을 사진으로 담는다. 그때 쇼핑 봉투를 들고 있던 한 남자가 다가와 탱크들의 앞을 가로막고 선다. 선두에 있던 탱크는 남자를 우회해서 지나가려 하지만, 남자는 재차 길을 막는다.

'탱크맨' 사진은 텐안먼 시위의 상징으로 떠오른다. 텐안먼 광장에 모인 학생들은 민주주의를 요구하며 중국공산당을 향해 시위를 벌이고, 시위는 몇 주 동안 지속된다. 중국 정부는 이에 공격적으로 대응하며 군대를 배치한다. 중국 지도자 덩샤오핑(1904~1997)의 지시에 따라 군대는 시위대를 향해 발포한다. 수백 명이 목숨을 잃은 가운데 탱크들이 광장을 깨끗하게 휩쓸어 버린다.

1990년, '탱크맨' 사진은 올해의 세계보도사진 상을 수상한다.

Jun.
06 | 디데이(D-day)

막바지에 이른 제2차 세계대전

1944년 6월 6일, 연합군은 유럽을 나치로부터 구하기 위해 최후의 일격을 날린다. 노르망디 상륙작전을 펼칠 디데이의 날이 밝는다. 그날 연합군은 베를린까지 진격을 목표로 오마하 해변, 유타 해변, 주노 해변, 골드 해변과 소드 해변 등 노르망디 해안가 일대에 병력을 배치한다.

위장 공격으로 연막작전을 펼치면서, 미국군과 영국군, 캐나다군을 포함한 약 16만 명의 연합군과 탱크 그리고 기타 운송수단 등이 영국 해협을 건너 노르망디로 온다. 6월 6일 아침, 연합군은 해안을 경비하던 독일 포격부대의 공격을 받는다. 독일군은 특히 오마하 해안에서 엄청난 방어력을 보여 준다. 종군기자가 촬영한 사진에는 군인들이 맹렬한 총격을 피해 큰 바위 뒤에 숨는 모습이 담겨 있다. 이미 많은 병사가 목숨을 잃거나 부상을 입은 상태였다.

비록 디데이 전투에서 완전한 승리를 거두지 못했지만, 연합군은 프랑스 해안에 교두보를 마련했다. 이후 몇 주 동안 200만 명 이상의 군인이 투입되었고, 6월에는 셰르부르와 캉, 8월 25일에는 파리를 해방시켰다. 노르망디 상륙작전은 성공했지만, 베를린까지 가는 길은 멀었다. 1944년 여름, 노르망디에서 약 22만 5천 명의 연합군이 목숨을 잃었고, 그들의 무덤과 하얀 십자가들이 오늘날에도 전쟁 기념비로 남아 있다.

디데이 당일 오전 8시 반에 오마하 해안의 상륙 장면을 담은 유명한 사진. 사진사 로버트 사젠트는 이 사진에 '죽음의 문턱으로(Into the Jaws of Death)'라는 제목을 붙인다.

신대륙을 나눈
토르데시야스 조약

합의를 본 스페인과 포르투갈

1494년 6월 7일, 스페인과 포르투갈이 '신대륙'의 분계선을 나눈다. 크리스토퍼 콜럼버스가 아메리카 대륙을 '발견'했다는 소식을 들은 아라곤의 페르난도 2세(1452~1516)와 카스티야의 이사벨 1세(1451~1504)는 교황 알렉산데르 6세를 찾는다. 스페인 왕실이 신대륙의 풍부한 자원을 손에 넣으려면 우선 신대륙에 대한 독점권을 확보해야 했다. 교황은 당시 유럽의 두 강대국이었던 카스티야 왕국과 포르투갈 왕국이 신대륙을 놓고 합의점을 찾을 수 있도록 중재한다. 교황은 토르데시야스 조약을 통해 신대륙의 분계선을 확실히 정해 준다. 대서양을 남북으로 나눈 분계선을 기준으로 동쪽(서경 약 46도)은 포르투갈이, 분계선 서쪽은 스페인이 가져가기로 한다.

오늘날에도 이 조약이 낳은 결과를 두 눈으로 볼 수 있다. 브라질을 제외한 라틴아메리카 국가들은 전부 스페인어를 사용한다. 브라질은 분계선 동쪽에 있어서 브라질의 대부분은 포르투갈 식민지가 되었고, 그 결과 오늘날 라틴아메리카에서 브라질만 포르투갈어를 사용한다. 이 조약은 미래에 강대국으로 성장할 다른 유럽 국가들의 입장을 반영하지 않았고, 미국에 사는 수백만 명에 달하는 원주민의 의견도 고려하지 않았다. 1529년에는 두 번째로 사라고사 조약을 체결하여 태평양 지역에 분계선을 정하고, 그곳에서도 스페인과 포르투갈이 서로 가져갈 땅을 나눈다.

1502년 칸티노 세계지도, 브라질 해안 일부와 아프리카 해안 지형을 세밀하게 묘사하고 있다.

영국의 섬을 점령한 바이킹

거칠고 사나운 사나이들의 신화

793년 6월 8일, 바이킹들이 잉글랜드의 린디스판 수도원을 약탈한다. 나중에 바이킹이라고도 불리는 노르만족이 영국의 섬을 점령한다. 이들은 주로 오늘날로 치면 노르웨이와 덴마크 지역 출신들이다. 노르만족은 자신들의 고향 땅에서 몇 해 동안 식량 부족과 인구과밀로 어려움을 겪는다. 그래서 살 만한 땅을 찾아 나선 노르만족은 타지에서 약탈과 정복을 일삼는다.

잉글랜드 북동쪽 해안에 있는 린디스판섬은 '거룩한 섬'으로도 유명하다. 7세기에 설립된 린디스판 수도원은 1세기 후 극악한 공격을 받았다. 일부 수도사들은 바다에 내던져졌고, 일부는 수도복을 벗고 도망갔다. 바이킹들은 금, 은, 상아로 만든 종교적 귀중품들을 빼앗았다. 요크의 앨퀴누스 대주교(724~804)는 이에 큰 충격을 받았다.

성 커스버트가 주교로 있던 린디스판 수도원은 중세 영국에서 중요한 성지였다. 린디스판 약탈 소식은 유럽 전역을 공포에 빠뜨렸고, 이를 계기로 바이킹들은 다른 지역도 약탈하기 시작했다. 오늘날의 바이킹 이미지는 이 사건에서 비롯되었지만, 실제로 약탈에 가담한 바이킹은 일부에 불과했다.

폐허가 된 린디스판 수도원.

HISTORY

고고학자들이 발견한 바이킹 투구 유물에는 우리가 흔히 아는 뿔이 달려 있지 않다.

Jun. 09

나폴레옹 이후의 유럽 정세를 결정한 빈 회의

의미가 깊은 유럽 정상회담

모스크바 원정이 실패로 돌아가고 전쟁에서 패배한 나폴레옹 보나파르트 (1769~1821)는 이탈리아 해변에서 떨어져 있는 엘바섬에 유배된다. 프랑스 혁명 이후 25년간 계속된 유럽의 전후 혼란스러운 상황을 수습하고 앞으로의 유럽을 어떻게 이끌어 나갈지 의논하고자, 오스트리아의 외교관 클레멘스 폰 메테르니히는 유럽 열강 대표들을 빈에 불러 모아 회담을 개최한다. 당시 유럽 강대국들인 오스트리아 제국, 대영 제국, 러시아 제국(을 포함하여 몇몇 소수 공국과 왕국들까지)이 빈 회담(1814~1815)에 참석한다. 회담의 목적은 유럽의 정치적 세력 균형을 바로잡는 것이었다. 프랑스도 이 회의에 참석한다.

빈 회담에 참석한 나라들은 나폴레옹이 점령했던 옛 공국들의 영토를 되돌리기로 결정한다. 프랑스가 다시 정복 전쟁에 나설 생각을 꿈에도 하지 못하도록 프랑스 주변에 완충 역할을 할 신흥 강대국들을 형성한다. 네덜란드 연합왕국

빈 회담 합의서의 겉표지.

(1815~1831년까지 지속, 연합왕국 이후에는 우리가 아는 네덜란드와 벨기에로 분리)이 바로 그 예다. 그렇게 해서 나폴레옹이 일으킨 전쟁으로 영토를 잃은 국가들은 그 대가로 새로운 영토를 보상받는다. 빈 회담으로 유럽의 시계는 부분적으로나마 프랑스 혁명 전인 1789년 이전으로 되돌아간다. **1815년 6월 9일**, 유럽 열강들은 빈 회담에서 합의된 내용을 발표한다.

HISTORY

빈 회담 이후의 유럽 정세는 이전보다 더욱 권력정치power politics 위주로 돌아간다. 유럽의 국제 질서는 1854년에 러시아와 오스만 제국 사이에 크림 전쟁이 벌어지기 전까지 빈 회담에서 합의한 대로 유지된다.

Jun. 10

영국의 전략적 이익을 추구한
아라비아의 로렌스

오스만 제국을 뒤흔든 아랍의 대반란

1916년 6월 10일, 아랍 반군들이 메카에 주둔해 있는 오스만 제국 부대 막사를 향해 공격을 개시한다. 이렇게 발발하게 된 아랍 반란은 중동 전역으로 퍼져 1918년 10월까지 이어진다.

제1차 세계대전 동안 오스만 제국은 독일과 오스트리아-헝가리 제국과 함께 동맹국 편에 서서 싸운다. 영국은 오스만 제국이 홍해 주변의 중동 지역을 장악할 경우 자국의 이집트 지배가 위협받을 것을 우려했다. 훗날 할리우드 영화 〈아라비아의 로렌스〉로 유명해진 영국의 장교 토마스 에드워드 로렌스(1888~1935)는 메카의 샤리프이자 헤자즈의 왕인 후세인 빈 알리를 설득해 1916년 아랍 반란을 일으키게 한다.

요르단 수도 암만의 전쟁박물관에 있는 아랍 반군의 깃발. 이 깃발이 국기가 되는 일은 일어나지 않았다.

이 반란은 오스만 제국에 대항해 독립을 추구하는 아랍 민족주의 운동의 일환으로 시작되었다. 아랍이 위험을 감수하는 대신 영국 정부가 전쟁이 끝나면 시리아의 알레포에서 예멘의 아덴에 이르는 거대한 아랍 단일 독립국을 세우게 해주겠다고 약속한 것이다. 아랍 문화와 이슬람교를 기반으로 아랍 국가를 세우되, 소수 민족과 소수 종교를 존중하기로 한다.

하지만 영국 정부는 겉과 속이 다른 행동을 보인다. 아랍과 약속한 것과 별개로 그해 5월 프랑스와 사이크스-피코 협정을 체결했다. 영국은 오스만 제국과의 전쟁에서 승리하고 나면 아랍 세계를 양분하여 각각 프랑스와 영국의 영향권에 두려고 했다.

Jun. 11 불에 타는 순간에도 가부좌를 풀지 않은 승려

스스로 몸을 태우는 소신공양

남베트남은 가톨릭계 대통령 응오딘지엠(1901~1963)의 통치 아래 있었다. 그동안 불교는 억압을 받았고, 이는 지엠 정권에 대한 반발을 불러일으켰다. 지엠 대통령은 '서구화' 정책을 통해 베트남을 더욱 부강하게 만든 인물로도 잘 알려져 있다.

1963년 5월 8일, 베트남 중부에 있는 후에에서 불교단체들이 석가탄신일을 기념하고 있었다. 도시 곳곳에 불교 깃발들이 내걸렸는데, 당시 지엠 정권에서 종교색을 띤 깃발을 내거는 일은 불법이었다. 축제를 벌이는 인파 한가운데로 군대와 경찰차, 장갑차 들이 들이닥쳐 무고한 시민을 향해 발포하여 대학살로 이어진다. 이에 저항하는 시위가 전국적으로 일어난다.

이 소식은 베트남 산속 깊은 곳에서 도를 닦던 승려 틱꽝득(1897~1963)의 귀에도 들어간다. 사태를 두고만 볼 수 없었던 틱꽝득은 행동에 나서기로 결심한다. 1963년 6월 11일, 캄보디아 대사관 앞에 350명의 불교 승려와 비구니가 모여 시위를 벌인다. 틱꽝득은 방석을 밑에 깔고 도로 한가운데 앉아 가부좌를 틀고 명상하는 자세를 취한다. 또 다른 승려가 틱꽝득의 몸에 등유를 쏟아붓는다. 틱꽝득은 부처에게 마지막 기도를 드린 후, 성냥에 불을 붙인다. 가부좌를 튼 틱꽝득의 몸은 10분 동안 불에 활활 타오른다. 소신공양하는 승려의 사진은 미국에까지 전해지고, 다음 날 전 세계 언론의 일면에 틱꽝득의 사진이 도배된다. 이 사진은 세계 사회 저항운동사의 새로운 이정표가 된다.

사진작가 말콤 브라운이 포착한 틱꽝득의 소신공양 장면.

Jun. 12

나치를 피해 숨은 유대인 소녀의 생일 선물

세계에서 제일 유명한 일기장

1933년 아돌프 히틀러(1889~1945)가 정권을 잡은 후, 독일에서는 유대인 박해와 혐오가 확산된다. 유대인 집안에서 태어난 안네 프랑크(1929~1945)의 부모는 아이들을 데리고 독일을 떠나 네덜란드의 암스테르담으로 이주하기로 결심한다. 하지만 제2차 세계대전이 발발한 직후인 1940년 5월 10일, 네덜란드는 나치의 손아귀에 들어간다. 나치는 네덜란드에서도 유대인에 대한 엄격한 법을 시행하기 시작한다. 1942년부터는 유대인들을 절멸수용소로 강제 수송하기에 이른다. 프랑크 가족은 이러한 상황에 맞서 암스테르담의 프린슨흐라흐트 근처에 위치한 아버지 오토 프랑크(1889~1980)의 사업장 내 은신처에 숨어든다. 은신처에 숨기 약 한 달 전인 **1940년 6월 12일**은 안네 프랑크의 생일이었다. 13세가 된 안네는 친구에게 받은 생일 선물인 일기장에 '키티'라는 이름을 붙인다.

1940년 제6몬테소리학교를 다니던 시절의 안네 프랑크.

안네는 은신처에서 유대인 소녀로서 전쟁을 겪는 삶을 생생하게 기록하며, 가족 간의 불화와 인간관계에서 오는 어려움 등 일상도 소상히 적는다. 안네의 꿈은 전쟁이 끝난 후 작가가 되는 것이었다.

프랑크 가족은 2년간 은신하다가 1944년 8월 체포되어 아우슈비츠로 보내졌다. 1945년 3월, 안네가 발진티푸스로 사망하고 두 달이 지나 네덜란드는 해방되었다. 전후 안네의 아버지 오토 프랑크가 그녀의 일기를 『은신처Het Achterhuis』라는 제목으로 출판했으며, 이 일기는 세계적인 베스트셀러가 되었다.

Jun. 13 | 농민에 의해 파괴된 사보이 궁전

와트 타일러의 난

1381년 6월 13일, 영국 농민들이 사보이 궁전을 파괴한다. 기나긴 기근과 역병, 그리고 프랑스와 영국 사이에서 벌어진 100년 전쟁으로 영국은 커다란 혼란에 휩싸인다. 특히 영주에게 묶여 강제노역을 해야만 하는 농노들의 삶은 이루 말할 수 없는 고통이었다. 이에 농노들은 영주에게 임금을 올려 달라고 요구한다.

1377년, 리처드 2세가 잉글랜드의 왕위에 오른다. 당시 그의 나이는 겨우 열 살에 불과했기에 삼촌인 랭커스터의 백작이자 캔터베리의 대주교인 곤트의 존이 실권을 쥐고 잉글랜드를 다스리게 된다. 백작은 모든 주민에게 동일한 금액의 세금을 부과하는 방식인 인두세를 부과하고, 그로 인해 잉글랜드의 빈곤은 더욱 극심해진다. 잉글랜드로서는 프랑스와의 전쟁에 드는 비용을 감당하기 위한 일환으로 어느 정도 세금을 인상할 필요가 있었다. 그러나 인두세 징수가 가혹하게 이루어진 데다가 설상가상으로 곤트의 존이 세금의 일부를 착복하고 있다는 소문이 퍼지면서 민심은 더욱 흉흉해진다.

잉글랜드 남동부에서부터 농민, 직인, 기술공 들이 들고 일어나 난을 일으킨

다. 6월 초, 와트 타일러(1341~1381)가 이끄는 시위대가 여러 마을에서 모여 런던으로 행진한다. 곤트의 존은 당시 사보이 궁전에 살았으나 농민의 난으로 궁전이 파괴된다. 사람들은 닥치는 대로 불태우고, 그러고도 남은 것들은 모두 강에 던져 버린다. 어린 왕은 난을 피해 런던탑으로 피신한다. 한편 와트 타일러는 1381년에 런던 시장 월워스에 의해 살해되고, 농민의 난은 결국 유혈 진압으로 마무리된다.

와트 타일러의 죽음을 묘사한 장 푸르아사르의 작품(약 1483년).

Jun. 14

금서 목록을 폐지한 교황 바오로 6세

금서를 금하라

1966년 6월 14일, 교황 바오로 6세(1897~1978)가 공식적으로 금서 목록Index Librorum Prohibitorum을 폐지한다. 1948년 이후 잘 지켜지지 않았지만 금서 목록은 오랜 역사를 지니고 있다. 16세기 가톨릭교회는 이단적이거나 너무 비판적인 책들을 금서로 지정하기 시작한다.

16세기에 금서 목록이 등장한 건 우연이 아니다. 루터나 칼뱅의 신학같이 새로 등장한 개혁주의 신앙이나 과학자나 인본주의자들의 주장을 담은 글들이 가톨릭의 권위를 위협하기 시작했기 때문이다. 금서 목록은 새로 등장한 사상에 대항하기 위한 도구로 활용되었다. 1571년에는 인쇄물을 검열하는 역할을 하는 가톨릭교회 내 특정 기관이 설립된다.

몇 세기에 걸쳐 금서로 지정된 책들은 인상적이다. 로크, 데카르트, 스피노자와 같은 철학서, 블레즈 파스칼의 『팡세』, 미셸 드 몽테뉴의 『수상록』, 그리고 볼테르의 작품이 포함되었다. 18세기 드니 드디로와 장 르 롱 달랑베르의 『백과전서』, 19세기 라루스 『백과사전』도 금서 목록에 올랐다. 소설 분야에서는 귀스타브 플로베르의 『보바리 부인』과 같은 성적인 내용의 책들이 금서로 지정되었다.

장 폴 사르트르와 시몬 드 보부아르의 작품도 1950년대에 금서로 지정되었다. 1966년의 금서 목록 폐지 조치는 가톨릭에 대한 비판이 가능하다는 뜻이 아니라, 책을 읽는 가톨릭 신자들에게 더 이상 벌을 주지 않겠다는 의미다.

1967년 미국 대통령 린든 B. 존슨을 만난 교황 바오로 6세.

마그나카르타에 서명한 무지왕 존

권력을 잃은 왕

1215년 6월 15일, 무지왕 존(1166~1216)이 마그나카르타에 서명한다. 세계에서 가장 유명한 헌법 문서 중 하나인 마그나카르타, 즉 대헌장으로 인하여 영국의 왕은 그 권한이 크게 축소된다.

영국의 왕 존이 '무지왕無地王'이라는 별명을 얻게 된 이유는 그가 막내아들이어서 아버지가 죽어도 프랑스에서 영토를 물려받을 수 없었기 때문이다. 존은 형이었던 사자왕 리처드(1157~1199)가 죽은 후에나 그나마 영토를 조금 물려받을 수 있었다. 하지만 부빈 전투(1214)에서 패배한 후 존은 프랑스에 있던 자신의 영토를 모조리 잃는다. 그 와중에 높은 전쟁세금에 불만을 품은 귀족들이 반기를 들어 존은 궁지에 내몰린다. 설상가상으로 교황이 존을 파문하는 일마저 벌어진다. 결국 1215년에 존은 역사적으로 중요한 의미를 지닌 마그나카르타에 서명하게 되었고, 이를 통해 왕의 권한이 크게 제한되었다. 교회는 고위 성직자 임명에 왕의 간섭을 받지 않게 되었으며, 더는 왕이 자기 마음대로 세금을 부과할 수도 없었다. 도시는 자유를 얻고, 모든 사람은 공정한 재판을 받을 권리를 누리게 되었으며, 지방 법령이 왕의 명령보다 우선하게 되었다. 결과적으로 왕은 봉건 영주로서의 많은 권한을 상실했다.

마그나카르타는 중세에 유일한 사례가 아니다. 1312년 브라반트 공작도 코르텐베르크 헌장을 통해 도시에 자유를 허락했다. 그러나 마그나카르타는 절대왕정에 맞선 투쟁의 상징으로, 근대에 들어 그 중요성이 재조명되었다. 17세기 영국에서 의회 정치가 자리 잡으면서 왕권에 대한 투쟁은 종결되었다.

마그나카르타의 라틴어본(1215). 대영박물관에 소장되어 있다.

Jun. 16 | 세계 최초의 여성 우주비행사

유리와 발렌티나

1963년 6월 16일, 소련의 우주선 보스토크 6호가 최초의 여성 우주비행사인 발렌티나 테레시코바(1937~)를 태우고 궤도로 진입한다. 발렌티나는 71시간 동안 지구를 거의 50바퀴 돌고 나서 6월 19일에 안전하게 대기권으로 재진입한다. 한편 미국은 1982년에야 첫 여성 우주비행사인 샐리 라이드를 배출한다.

오랜 역사를 통틀어 인류가 우주로 나가기 시작한 것은 그리 얼마 되지 않았고, 그나마 초기에는 소련에서만 우주비행이 가능했다. 1950년대 말 무렵 소련은 무인우주선 스푸트니크호에 개 라이카를 실어 보낸다. 1961년에는 소련의 우주비행사 유리 가가린이 인류 최초로 대기권을 넘어 광활한 우주로 비행한다. 같은 해 미국에서는 존 F. 케네디가 아폴로 계획을 발표하면서 두 초강대국 사이의 우주 경쟁은 한층 심화된다. 1969년, 미국의 아폴로 11호가 달에 착륙하는 데 성공한다.

테레시코바는 우주여행과 거리가 멀 수 있었으나 낙하산 경험과 뛰어난 지적 능력, 민첩한 운동신경 덕분에 우주비행사 훈련 프로그램에 선발되었다. 소련은 최초의 여성 우주비행사라는 역사적 사건을 놓치지 않으려 했으며, 테레시코바는 공산주의 체제에서 평범한 여성의 가능성을 상징하는 완벽한 인물로 선전되었다.

우주여행을 마치고 6년 후인 1969년 1월, 소련 공군 소령이 된 발렌티나 테레시코바.

HISTORY

테레시코바는 우주로 간 최초의 여성일 뿐 아니라, 오늘날까지도 '홀로' 우주여행을 한 유일한 여성이기도 하다. 우주비행사로서 경력을 쌓은 테레시코바는 정계로 진출해서 소련연방의회의 하원의원을 지내기도 했다.

Jun. 17 | 미국에 자유의 여신상을 선물한 프랑스

젖과 꿀이 흐르는 땅

1885년 6월 17일, 자유의 여신상이 뉴욕에 도착한다. 오늘날 뉴욕의 리버티 섬에 우뚝 서 있는 자유의 여신상은 미국의 독립 100주년을 기념하여 프랑스가 미국에 선물한 것으로, 양국의 오랜 우정을 기리는 의미를 담고 있다. 미국이 영국과의 독립전쟁(1775~1783)을 치르는 동안 프랑스는 미국에 지원을 아끼지 않았다. 물론 프랑스가 미국에 그런 관대한 처사를 베푼 배경에는 영국과 프랑스가 앙숙 관계였다는 점도 영향을 미쳤다. 영국은 과거에 7년 전쟁(1756~1763)을 치르면서 프랑스를 북미 대륙에서 몰아낸 바 있다.

신고전주의 양식의 자유의 여신상은 귀스타브 에펠(1832~1923)이 디자인했으며, 철로 된 뼈대 위에 거대한 구리판들을 올려 만들어졌다. 파리의 뤽상부르 공원에서는 프레데리크 바르톨디가 디자인한 자유의 여신상의 프로토타입을 볼 수 있다. 이 프로토타입은 수에즈 운하 북쪽 입구에 세울 거대한 등대를 설계하기 위해 제작된 것이다. 자유의 여신상의 정식 명칭은 '세계를 밝히는 자유La liberte eclairant le monde'이다. 여신상의 발 받침대에는 "너의 지침과 가난을 내게 다오Give me your tired, your poor"라는 구절로 유명한 유대인 시인 엠마 라자러스의 소네트 「새로운 거상The New Colossus」이 새겨져 있다. 이는 무한한 자유와 끝없는 기회의 땅이라는 미국의 이미지를 잘 보여 준다.

리버티섬에 서 있는
자유의 여신상.

미국 최초의 여성 우주비행사

우주를 정복한 여성

1983년 6월 18일, 나사NASA는 미국의 첫 번째 여성 우주비행사인 샐리 라이드 박사를 태운 우주왕복선 챌린저호를 발사한다. 나사는 원래 남성만 고집하는 정책을 펼쳤으나, 1978년 처음으로 3천 명의 지원자 중 선발한 우주인단에 여성 여섯 명을 포함한다.

1977년, 샐리 라이드(1951~2012)는 나사가 우주비행 임무를 수행할 재능이 있는 과학자를 모집한다는 신문광고를 보고 지원한다. 1981년과 1982년의 우주왕복선 임무 당시, 나사 기지에서 캡슐교신담당자CAPCOM 직책을 맡은 샐리는 스페이스셔틀의 로봇 팔 개발에 참여한다.

당시 우주왕복선 임무의 주요 골자는 통신위성들을 궤도에 진입시키고, 우주선 멀미에 대해 연구하며, 무중력 상태가 개미군집에 미치는 영향을 조사하는 것이었다. 샐리 라이드는 위성의 로봇 팔을 작동시킨 최초의 여성이 된다.

샐리 라이드는 32세에 미국 최초의 여성 우주비행사가 되었지만 전 세계 최

초는 아니었다. 이미 20여 년 전에 소련에서 발렌티나 테레시코바(1937~)가 여성 최초로 우주비행을 한 바 있었기 때문이다. 라이드는 1984년에 두 번째 우주비행을 떠나고, 세 번째 우주비행은 1986년 1월 28일에 챌린저호 폭발 사고가 일어나는 바람에 취소된다. 라이드는 2012년에 췌장암으로 사망한다.

샐리 K. 라이드 박사(1984).

Jun.
19

미국 상원을 통과한
'1964년 민권법'

정의의 실현, 하지만 아직은 요원한 평등

1964년 6월 19일, 미국 상원은 투표를 통해 인종 차별을 금지하는 '1964년 민권법'을 통과시킨다. 73 대 27로 통과된 이 법안은 지역 간 큰 대립을 드러내는데, 특히 남부 지역에서 반대의 95퍼센트가 나온다. 이는 사회의 깊은 분열을 시사했다. 이 법이 제정되기까지는 오랜 투쟁과 고난이 있었다. 노예제와 억압의 역사를 거쳐 흑인의 인권을 위한 시민운동이 1950~60년대에 활발해졌고, 로자 파크스가 버스 좌석 차별을 거부하며 차별 철폐를 요구한 시위가 전국으로 확산되었다. 이 운동을 이끈 마틴 루서 킹은 비폭력 시위를 통해 1964년 노벨 평화상을 수상했다.

미국 역사상 가장 중요한 입법인 1964년 민권법을 처음 발의한 이는 존 F. 케네디 대통령이었는데 1963년 암살당한다. 케네디의 대통령직을 승계한 린든 B. 존슨 대통령이 민권법을 통과시키기 위해 노력하지만, 그 과정은 녹록지 않았다. 민권법 반대파들은 투표 진행을 막기 위해 장장 54일간 '필리버스터'라는 긴 연설 투쟁을 벌인다. 하지만 1964년 6월 19일, 드디어 민권법에 대한 투표가 실시된다.

민권법이 통과되면서 공공장소에서 유색인종에 대한 차별이 공식적으로 철폐된다. 이제는 상점이나 호텔 등에서 더는 흑인 고객을 거부할 수 없게 된 것이다. 그럼에도 불구하고 오늘날까지 인종차별은 여전히 실생활에서 존재하며, 성차별과 성정체성 차별 같은 다른 형태의 불평등도 증가하고 있다.

1964년 7월 2일 린든 B. 존슨 대통령은 마틴 루서 킹 목사가 참석한 가운데 민권법에 서명하고 있다.

천하무적 같았던
훈족의 몰락

묵사발이 난 신의 채찍

451년 6월 20일, 훈족의 군주 아틸라(406?~453)가 오늘날 프랑스 살롱 지방에서 벌어진 전투에서 패배한다. 5세기 무렵 서로마 제국의 패망사를 들여다보면 훈족 아틸라만큼 존재감을 드러내는 인물은 없다. 당시 로마인들이 아틸라를 '신의 채찍'이라 부를 만큼 그는 동서 유럽의 모든 국가를 공포에 떨게 했다.

훈족은 5세기경 유럽에 침입한 아시아계 유목민족으로, 아틸라는 434년경 훈족의 군주가 된다. 훈족은 고트족과 알란족 같은 게르만족과 연합해 갈리아 지방을 약탈하며, 서고트족 등 원주민 게르만족을 로마 제국으로 밀어낸다. 게르만족은 로마 제국의 용병으로 활동하며 땅을 분배받는다. 451년, 서로마 제국과 게르만족 연합군은 로마 장군 플라비우스 아에티우스(390?~454)의 지휘 아래 카탈라우눔 전투에서 훈족을 격퇴한다. 아틸라는 이후 로마를 공격하려 했으나, 군대 내 전염병 발병으로 진군을 중단한다.

아틸라는 훈 제국의 중심지이자 오늘날의 헝가리인 파노니아에서 술을 먹고 난교를 하다 숨졌다고 전해진다. 또 다른 설로는 아틸라가 거느리던 하렘의 여성 중 한 명이 질투에 사로잡혀 아틸라를 살해했다고도 한다. 아틸라가 죽고 머지않아 훈 제국은 무너졌으며, 훈족도 역사 속으로 사라졌다.

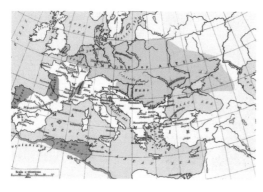

450년의 훈 제국(주황색)의 영토와
서로마 제국(노란색)의 영토를 보여 주는
1911년의 지도.

Jun. 21 | 로마의 영광을 되찾고 싶었던 유스타니우스 황제

국경을 확장하고픈 비잔틴 제국

533년 6월 21일, 플라비우스 벨리사리우스 장군이 이끄는 비잔틴 제국(동로마 제국)의 함대가 시칠리아를 향해 항해를 떠난다.

5세기에 서로마 제국이 완전히 몰락하자 과거 로마 제국의 영토가 야만인(게르만족)이 세운 나라들로 채워진다. 고대 갈리아 지역은 프랑크족이 로마를 대신하여 나라를 세우고, 스페인은 서고트족의 손에 넘어갔으며, 북아프리카는 반달족, 이탈리아반도는 동고트족이 차지한다. 하지만 콘스탄티노폴리스 혹은 비잔티움을 수도로 한 동로마 제국은 남쪽으로 이주해 내려온 게르만족의 손아귀에 넘어가지 않고 살아남는다.

동로마 제국의 황제 유스타니우스(482?~565)는 과거 서로마 제국의 영광을 되찾기 위해 게르만 왕국들을 공격한다. 제국의 근위대 대장 벨리사리우스 장군(505~565)이 7천 명의 비잔틴 제국군을 이끌고 북아프리카(과거 제국의 곡창지대)와 시칠리아, 이탈리아반도(로마 탈환)를 재정복한다. 그러나 전쟁을 겪은 이 지역들은 인구수가 감소하고, 도시는 텅 비었으며, 도시 기반시설들은 붕괴되었다.

유스타니우스 황제가 사망한 후, 비잔틴 제국은 대부분의 재정복지를 다시 잃는다. 이탈리아의 라벤나만이 오랫동안 비잔틴 제국의 손에 남아 동서를 잇는 교두보 역할을 한다.

라벤나의 성 비탈리 성당에 있는 벨리사리우스 장군을 묘사한 모자이크화.

Jun. 22

자신의 주장을 접어야 했던 갈릴레오 갈릴레이

위험한 이론

1633년 6월 22일, 갈릴레오 갈릴레이가 자신의 주장을 철회한다. 사람들은 오랫동안 지구가 우주의 중심이며 태양과 다른 행성들이 지구를 중심으로 돈다고 믿어 왔다. 그러나 니콜라스 코페르니쿠스(1473~1543)는 지구와 다른 행성들이 태양 주위를 돌고 있다는 지동설을 제안하며, 우주의 중심은 태양이라고 주장한다.

이탈리아의 과학자 갈릴레오 갈릴레이(1564~1642)는 코페르니쿠스의 주장에 동의하며 이를 증명하고자 애쓴다. 그는 망원경의 초기 모델을 개량하여 성능을 높인 후 별들을 관찰, 달 표면에 수많은 분화구와 산들이 있다는 사실을 발견한다. 그뿐 아니라 갈릴레오는 목성과 목성 주위의 달들을 관찰하며 마치 지구의 달이 지구의 둘레를 도는 것처럼 목성의 달들도 목성의 둘레를 돌고 있음을 관찰한다. 지구는 고정되어 있으며 우주의 중심이라는, 지난 수 세기 동안 가톨릭 교회에서 부르짖던 주장은 잘못된 것이었다.

자신이 발견한 사실들을 책으로 펴낸 갈릴레오는 그릇된 신앙을 가진 이단이라는 죄목으로 종교재판을 받는다. 갈릴레오는 더 이상 코페르니쿠스의 이론을 지지할 수 없었고, 자신의 주장도 영원히 접어야 했다. 갈릴레오는 종신 자택연금을 선고받는다. 1992년에야 교황 요한 바오로 2세(1920~2005)는 갈릴레오의 종교재판이 잘못되었음을 인정하고 교회의 이름으로 사과를 표한다.

종교재판을 받는 갈릴레오 갈릴레이(1857년 크리스티아노 반티 작품).

Jun. 23

스코틀랜드와 잉글랜드의 운명을 건 배넉번 전투

말을 타고 전투도끼를 휘두르며

13세기에 스코틀랜드는 잉글랜드군을 자국에서 거의 몰아내는 데 성공하여 1314년경에는 스코틀랜드에 잉글랜드군의 거점이 단 두 개만 남는다. 그중 하나가 바로 스털링 성이다. 이 성을 수비하던 수비대는 잉글랜드의 지원군이 제때 도착하지 않으면 스코틀랜드의 왕 로버트 1세(1274~1329)에게 항복하기로 결심한다. 이에 잉글랜드의 왕 에드워드 2세(1284~1327)는 몸소 군대를 이끌고 스털링 성으로 가고자 하나 당시 그는 인기가 별로 없었고 몇 해 동안 자기 신하들과 마찰을 빚고 있었다.

잉글랜드군의 사기는 가뜩이나 현저히 떨어진 상태였다. 로버트 1세는 스코틀랜드군을 배넉번강 여울목 근처 숲에 배치한

월터 바우어가 1440년에 쓴 책에 묘사해 놓은 배넉번 전투 그림. 배넉번 전투를 그린 현존하는 가장 오래된 그림이다.

다. 1314년 6월 23일, 에드워드 2세는 강을 건너기로 하는데, 이는 잉글랜드군의 운명을 패배로 이끈다. 스코틀랜드군은 숲속에서 잉글랜드군을 발견하고 기습을 감행한다. 로버트 1세는 직접 말을 타고 전투도끼를 휘두르며 전장을 누빈다. 잉글랜드군은 배넉번강 근처 늪지대에 갇히는 신세가 되고, 스코틀랜드군에 꽁꽁 묶인다. 에드워드 2세는 어떻게 되었을까? 경비병의 도움으로 가까스로 전장을 빠져나가 도망친다.

—— HISTORY ——

잉글랜드가 스코틀랜드의 독립을 완전히 인정하기까지는 이후로도 수년의 시간이 걸리긴 했으나, 배넉번 전투의 승리로 스코틀랜드의 왕 로버트 1세 브루스의 입지가 견고해진다.

Jun. 24 프리메이슨의 기원

에일 한잔과 함께 인류의 진보에 대한 토론을

1717년 6월 24일 런던에 프리메이슨 로지(지부)가 들어선다. 프리메이슨의 정확한 기원은 분명하지 않다. 일부는 중세 석공 길드가 프리메이슨의 기원이라 주장하지만 이 또한 확실한 이야기는 아니다. 기원이야 어찌 됐든 6월 24일, 몇몇 남성이 런던 성당 근처의 에일 하우스 '구스 앤 기디드론'에 모여 네 개의 프리메이슨 로지를 설립한다. 성직자 존 테오필 데사걸리어(1683~1744)와 제임스 앤더슨(1679?~1739)도 조직 창립에 함께한다. 영국 왕립학회의 서기직도 맡고 있었던 데사걸리어는 유명한 과학자이자 철학자 아이작 뉴턴 경(1643~1727)의 절친한 친구이기도 하다. 프리메이슨 설립 후 6년이 지나서 제임스 앤더슨은 프리메이슨 규약을 펴낸다. 회원의 직함, 의무, 입단식 등에 대한 규약의 세부 조항은 오늘날까지도 유효하다.

프리메이슨을 둘러싼 오해와 미스터리가 난무하지만 이 조직은 세상과 사람을 어떻게 더 진보시킬 것인지를 논하는 단체에 불과하다. 프리메이슨의 회원들은 내부 결속을 통해 변화를 이끌어 낼 수 있다고 믿는다. 로지라는 이름의 작은 지회들을 조직하고 프리메이슨 '사원' 또는 '작업장'에 모여 모임을 가진다. 프리메이슨은 상징과 의식을 통해 교류를 나누고 결속을 다진다.

프리메이슨을 상징하는 가장 유명한 로고. 컴퍼스와 사각형으로 이루어져 있다. 프리메이슨의 기원을 묘사한 것이기도 하다.

Jun. 25

종교 갈등 해결을 위한 아우구스부르크 화의

종교적 평화를 찾아서

1530년 6월 25일, 종교적 분쟁이 고조되던 신성 로마 제국에서 아우구스부르크 화의가 열린다. 1517년 마르틴 루터가 로마 가톨릭교회의 부패를 고발하는 95개조 반박문을 발표한 이후 종교개혁이 시작되었고, 결국 종교 간 갈등은 종교전쟁으로 이어진다. 이를 해결하기 위해 신성 로마 제국의 카를 5세가 아우구스부르크 화의를 소집한다. 카를 5세는 오스만 제국의 압력에 맞서기 위해 기독교 간의 갈등을 불식하고 단일화하기를 원했다. 6월 25일, 개신교 측에서 필리프 멜란히톤이 작성한 '아우구스부르크 신앙고백서'를 발표하며, 그 자리는 화합의 장이 된다. 이 신앙고백서는 개신교 교리의 기초가 된다.

아우구스부르크 신앙고백서는 28개의 신조로 이루어져 있으며 루터교의 신앙적 기본 개념과 성례에 대해 다루고 있다. 하지만 아우구스부르크 화의가 진정한 종교적인 평화로 이어진 것은 아니다. 신앙고백은 거부당하고, 그 이듬해에는 합스부르크 제국 안에서 루터교와 비루터교 공국들끼리 내전이 일어난다. 이런 상황은 카를 5세에게 매우 부담이 되었고, 결국 종교적 분열로 인해 1555년 퇴위하게 된다. 가톨릭교인 스페인과 개신교인 네덜란드 공화국 사이에서 일어

난 80년 전쟁을 봐도 종교적 분쟁을 확실히 해결하는 것은 매우 어려운 일임을 알 수 있다.

1600년경 제작한 아우구스부르크 화의를 묘사한 판화. 왼쪽 의자에 앉은 이가 카를 5세다.

Jun. 26 | 서베를린에서 연설한 존 F. 케네디

하나의 베를린

1963년 6월 26일, 존 F. 케네디(1917~1963)가 서베를린 청중이 모인 자리에서 "나는 베를린 사람입니다Ich bin ein Berliner"라는 유명한 연설을 한다. 베를린 장벽에서 이루어진 이 연설은 20세기 가장 유명한 연설 중 하나로, 50만 명이 넘는 서베를린 시민에게 큰 용기를 주었다.

베를린 장벽은 자본주의 사회와 공산주의 사회를 가르는 가장 상징적인 경계선이다. 1961년 8월 12일에서 13일로 넘어가는 밤, 독일 민주공화국 혹은 동독은 아무런 발표도 없이 베를린 장벽의 주춧돌을 쌓기 시작한다. 그전에는 사람들이 아무런 제한도 받지 않고 동베를린에서 서베를린으로 이동할 수 있었다.

공산주의 정권이 벽을 쌓은 이유는 뭘까? 동독은 서구 스파이와 급증하는 네오나치로부터 공산주의 유토피아를 지키기 위해서라고 주장한다. 하지만 진짜 속내는 지난 몇 년 동안 수천 명의 동독 주민들이 동베를린에서 서베를린으로 넘어가 결과적으로 서독에 정착하는 것을 봐왔기 때문이다. 케네디는 연설에서 자유로운 서방 세계의 시민권에 대해 언급하며 "나는 로마 시민이다Civis Romanus sum. 그로부터 모든 권리가 따라온다"는 말을 덧붙인다. 케네디는 당시 베를린 시장이자 나중에 서독의 연방총리 자리에 오르는 빌리 브란트(1913~1992)의 집무실을 빌려 낯선 외국어를 정확하게 발음하려고 오랫동안 연습했다고 한다.

연설에 앞서 베를린 장벽으로 향하는 존 F. 케네디 대통령과 콘라드 아데나워 수상, 빌리 브란트 시장.

Jun. 27 러시아 전함 포템킨함의 반란

혁명에 휩싸인 러시아

1905년 6월 27일, 전함 포템킨함에 타고 있던 수병들이 반란을 일으킨다. 1905년의 러시아 제국에서는 많은 이들이 차르에게 폭넓은 개혁을 요구하며 들고 일어선 가운데, 제1차 러시아혁명이 일어나려던 참이었다. 1905년 6월 14일, 수병들이 배급받은 썩은 고기를 거부하면서 포템킨함 반란의 조짐이 시작된다. 해군 장교들은 몇몇 수병에게 말썽을 일으킨 이들을 향해 쏘라고 명령을 내리지만, 그 수병들마저 반란의 분위기에 동참해 버린다. 포템킨함은 수병들의 손에 들어가고 장교들이 목숨을 잃은 가운데, 이들은 모항 오데사(오늘날 우크라이나)를 향해 항해한다. 포템킨함은 결국 루마니아에 도착하고, 이후 러시아 당국에 인도된다.

1925년 세르게이 예이젠시테인의 영화 〈전함 포템킨〉의 포스터.

반란의 의의를 하나만 꼽기는 어렵지만, 당시 해군의 충성도가 약해질 대로 약해졌다는 걸 보여 줬다는 것은 명확하다. 시간이 흘러 소련은 포템킨함 반란 사건이 선전 가치가 있다고 판단하고, 1925년에 세르게이 예이젠시테인(1898~1948)이 이를 각색하여 영화로 제작한다. 영화에서는 오데사 계단(오늘날 이름은 포템킨 계단)에서의 전투 장면이 나오는데, 이는 실제로는 벌어지지 않은 일이다. 소련은 포템킨함 반란을 1917년 10월혁명의 전조로 간주하며, 이를 원래보다 훨씬 더 과장하여 평가했다.

Jun.
28 | 세계대전으로 번진
황태자 암살 사건

작은 불이 전쟁의 도화선이 되다

1914년 6월 28일, 가브릴로 프린체프(1894~1918)는 오스트리아-헝가리 제국의 황태자 프란츠 페르디난트 대공(1863~1914)과 그의 부인 조피를 보스니아의 수도 사라예보에서 총살한다. 황태자의 방문은 보스니아 세르비아인들에게는 자다가 뺨을 맞는 일이었다. 보스니아가 세르비아와 합치는 데 대공은 방해가 되는 존재로 여겨졌기 때문이다. 몇 세기 전인 1389년 6월 28일, 세르비아-보스니아 연합군은 오스만 제국과의 코소보 전투에서 패배하여 슬라브 지역이 오스만 제국에 편입된다. 이후 보스니아는 1908년에 오스트리아-헝가리 제국에 합병되었고, 그 상처는 여전히 깊이 남아 있었다. 세르비아의 극단주의 조직 '검은 손'의 일원인 프린체프는 이 암살로 역사적 전환점을 만든다.

이 암살 사건 자체가 다른 유럽 국가에게 전쟁을 일으킬 직접적인 원인은 아니었다. 그러나 19세기 들어 유럽 국가들은 서로 크고 작은 연맹과 협약을 맺고 있었기에 이번 사건이 도미노처럼 작용해 결국 거대한 전쟁으로 이어진다. 오스트리아-헝가리 제국이 세르비아를 향해 전쟁을 선포하자, 동맹국들은 그 결정에 따라 전쟁에 동참한다. 그렇기에 프란츠 페르디난트 대공과 그의 부인 조피의 암살 사건이 제1차 세계대전의 '시발점'이었다고 본다. 화약통의 도화선에 작은 불이 붙자 커다란 폭발로 이어진 것이다.

암살 테러를 당하기 5분 전, 시청을 떠나는 프란츠 페르디난트 대공과 부인 조피.

206

Jun.
29 | 무대 소품이
글로브 극장을 삼키다

셰익스피어의 글로브 극장

엘리자베스 1세 여왕(1533~1603) 지하의 잉글랜드는 극장 문화가 크게 꽃을 피운다. 글로브 극장은 1576년 런던에 건립되었다. 잉글랜드 최초의 상설 극장이었고, 배우들은 이곳에서 무대 연기를 펼칠 수 있었다. 공연은 주로 오후 시간대에 열렸으며, 저녁 시간대에는 극장 대신 도박이나 술집 용도로 사용되었다. 3천여 명의 관객을 수용할 수 있는 글로브 극장에 방문한 관객들은 특히 정치적인 연극을 보고 배우들에게 크게 열광하며 반응을 보였다. 배우들은 종종 공연 직전에 대본을 받고 즉흥 연기를 하거나 프롬프터의 도움으로 멋진 공연을 펼치곤 했다.

오늘날에 복원된 셰익스피어 글로브 극장.

세월이 흐르면서 극장은 점차 낡기 시작한다. 1598년에 글로브 극장을 지을 때 건물은 온전히 목재로만 지어졌다. 영국의 대문호 윌리엄 셰익스피어(1564~1616)가 당시 글로브 극장의 공동 소유자였다. 셰익스피어는 「리어 왕」, 「오셀로」, 「맥베스」 등 유명한 작품을 이곳에서 공연했다. **1613년 6월 29일,** 「헨리 8세」를 공연하던 도중 극적 효과를 위해 대포를 발사했는데 그만 극장의 나무 지붕에 불이 붙어서 극장 전체가 잿더미로 변해 버린다.

HISTORY

글로브 극장은 그 후 재건되지만 17세기 중반에 잉글랜드의 청교도들이 이를 다시 철거한다. 1997년, 글로브 극장은 원형 그대로 복원되고, 셰익스피어 글로브 극장으로 이름을 바꾼다.

Jun.
30 | 끊임없는 콩고의 독립 투쟁

독립 만세!

1960년 6월 30일, 콩고가 벨기에로부터 독립한다. 독립을 축하하기 위해 열린 연회의 분위기는 기쁨과는 거리가 멀었다. 벨기에의 5대 국왕 보두앵 왕 (1930~1993)은 가부장적인 딱딱한 연설로 벨기에의 업적을 치하한다. 뒤이어 콩고의 독립운동가 파트리스 루뭄바(1925~1961)가 단상에 올라 과거의 핍박과 압제, 강제 노동으로 황폐화된 시민들의 삶에 대해 연설한다. 벨기에는 콩고의 이런 반응에 분노를 표하며, 독립 이후에도 계속해서 영향력을 행사한다. 정치적으로 루뭄바의 반대파를 지지하고, 경제적으로는 독립 직전에 수익성 높은 광산회사를 벨기에 소속으로 바꿔 놓는다. 독립 당시 콩고는 이미 국가부도의 위기에 처해 있었고, 자국의 자원에 대한 권한조차 없었다.

새로 들어선 루뭄바 정부와 기존 식민지 정권 지지자들 사이의 긴장은 계속해서 커져만 간다. 식민지 시대 때부터 권력을 쥐고 있었던 많은 이들은 여전히 콩고에 남아 있었고, 벨기에군 고위 관계자들(전체 1,100명의 벨기에 군인들을 포함하여) 또한 여전히 콩고에 주둔해 있는 상태였다. 흑인 군인들은 반란을 일으켰고, 수십 년간 누적된 압박에 대한 울분이 터져 나오면서 피비린내 나는 폭동이 벌어진다. 콩고에 남아 있던 벨기에인들은 약탈, 살인, 강간의 희생자가 되어 도망친다. 독립 첫 주에만 10명 중 4명의 벨기에인들이 식민지였던 콩고를 버리고 떠난다.

모부투 정권이 무너진 후, 2002년 킨샤사에 세운 파트리스 루뭄바의 동상.

7월

JULY

역사는 과거의 사건들을
단순히 나열한 것이 아니라,
인간의 삶에 관한 이야기다.

— 윌리엄 H. 맥닐

Jul.
01 | 다시 중국 품으로 돌아간 홍콩

훼손당한 홍콩의 자유

1997년 7월 1일 자정에 열린 기념식에서, 영국의 총리 토니 블레어(1953~)와 중국의 주석 장쩌민(1926~)이 참석한 가운데 156년 동안 영국의 식민지였던 홍콩은 중국의 품으로 돌아가게 된다. 제1차 아편전쟁(1839~1842)이 벌어진 직후, 중국은 영국에 홍콩을 넘겨야만 했다. 홍콩('향기 나는 섬'이라는 뜻)은 길쭉한 모양의 척박한 바위투성이 황무지 같은 무인도였으나 영국의 지배를 받으면서 대도시로 성장했고, 영국에게는 동아시아의 관문 역할을, 중국 남부 지역에는 물류센터 같은 역할을 해왔다.

몇 해에 걸친 기나긴 협상 끝에, 영국은 중국이 홍콩의 자본주의와 민주주의를 존중한다면, 홍콩 섬과 600만 명의 주민을 중국에 인도할 수 있다는 의사를 밝혔다. 홍콩은 '일국양제' 약속에 따라 2047년까지 독립적인 지위를 유지할 수 있게 되었다. 홍콩은 중국에 속하지만 공산주의는 아닌 것이다.

홍콩이 이양 과정을 거치는 동안 수천 명의 홍콩 시민은 중국이 영국과의 합의 내용을 그대로 준수하지 않을지도 모른다는 우려를 표하며 시위를 벌인다. 시민들의 이러한 공포는 현실이 된 것처럼 보인다. 오늘날 중국은 세계 최강대국 중 하나가 되었으나, 정치 면에서는 서방 세계가 바랐던 것과는 달리 중국만의 정치 체제를 지킬 뿐 여전히 자유민주주의 체제를 채택하지 않고 있다. 최근 몇 년간 수백만 명의 홍콩 시민이 중국 정부의 지속적인 압박에 맞서 거리로 나와 시위하는 모습을 계속해서 볼 수 있다. 2020년 5월, 중국은 홍콩의 정치범들을 쉽게 처리하기 위해 홍콩 보안법을 통과시킨다.

Jul. 02 | 프랑스 메두사호의 비극

영원히 기억에 남을 해양 사고

1816년 7월 2일, 메두사호가 모리타니 해안 근처 암초에 좌초된다. 이 배는 세네갈로 가는 길이었고, 새로 부임할 프랑스 총독이 타고 있었다. 선장의 판단 실수로 배는 해안에서 50km 떨어진 곳에서 침몰한다. 당시 승객은 400명이 넘었고, 이는 19세기 '타이태닉호 사건'이라 할 만한 재앙이었다.

구명보트는 부족했고, 배는 물이 차오르고 있었다. 승객들은 부서진 배의 잔해로 구명뗏목을 만들어 해안을 향해 나아가려 했다. 그러나 구명보트와 뗏목을 연결한 밧줄이 끊어지면서 계획이 무산되고, 뗏목에 탄 사람들은 생존을 위해 치열한 싸움을 벌여야 했다. 8일 동안 이들은 뗏목 위에서 약탈, 다툼, 수장, 심지어 식인까지 하게 되었고, 최종 148명 중 15명만이 살아남았다. 7월 17일, 마침 지나가던 아구스호가 이들을 발견하고 구출에 성공한다.

프랑스 화가 테오도르 제리코는 이 사건을 주제로 〈메두사호의 뗏목〉(1819)을 그려, 뗏목과 함께 가라앉는 사람들이 저 멀리 작은 점처럼 보이는 아구스호를 발견하고 잠시 희망을 품는 순간을 생생하게 묘사한다. 1819년 파리 살롱에서 처음 공개된 이 작품은 4x7m의 엄청난 크기로 제작되었으며, 사람들의 뒤엉킨 몸과 수평선을 향해 위로 뻗은 팔을 통해 극도의 고통과 절망을 표현한다. 제리코의 작품 덕분에 1816년의 끔찍한 난파 사건은 역사에 길이 남게 된다. 오늘날 〈메두사호의 뗏목〉은 루브르 박물관의 걸작 중 하나로 꼽힌다.

〈메두사호의 뗏목〉(1819년 테오도르 제리코 작품).

Jul. 03 | 프랑크 왕국의 왕이 된 위그 카페

새로운 왕조의 탄생

987년 7월 3일, 랭스 대주교가 주관하는 가운데 위그 카페(941?~996)가 프랑크 왕국의 왕위를 계승한다. 피카르디의 누아용에서 열린 그의 대관식은 일반적인 왕의 그것과는 달리 새로운 왕조의 시작을 알리는 중요한 사건이었다. 프랑크 왕국의 첫 번째 왕 클로비스 1세(466~511)는 로마 제국의 잔재를 제거하고 여러 지역을 통일하여 현대 프랑스의 기초를 마련했다. 클로비스 1세로부터 메로빙거 왕조가 시작되며, 이후 8세기에는 카롤루스 대제(747~814)가 왕위에 오르면서 카롤링거 왕조로 이어진다. 카롤링거 왕조의 마지막 왕 루이 5세는 987년 사냥 중 사고로 후손 없이 사망하고, 그 뒤를 이어 카페 왕조가 탄생한다.

프랑스 국립도서관에 소장된 14세기 문서에 담긴 위그 카페의 대관식 그림.

위그 카페는 혈통이 아닌 자신의 업적을 인정받아 왕위에 오른 인물이다. 프랑크 제국의 공작이었던 그는 성공한 귀족으로, 주교들의 신임을 받았다. 랭스 대주교는 그가 루이 5세의 뒤를 이어 왕위에 올라야 한다고 제안하고, 결과적으로 위그 카페가 왕위에 오른다. 카페 왕조는 1328년까지 프랑크 왕국의 왕위를 계승했으며, 1848년까지 프랑스의 모든 왕은 카페 가문과 먼 친척 관계에 있었다.

HISTORY

위그 카페의 성(姓)인 카페는 그가 입었던 망토(카파)에서 비롯된 것이다.

Jul. 04 | 영국으로부터 독립을 선언한 미합중국

독립기념일

1776년 7월 4일, 미국 대륙회의에서 독립선언문을 채택하면서 과거 식민지 통치자였던 대영 제국과 결별하고 새로운 미국의 역사가 시작된다. 독립선언문은 겉으로는 법과 제도를 논하는 것처럼 보이지만, 그 속에는 자유와 계몽주의 사상이 깊이 녹아 있다.

미국의 13개 주가 독립을 선언한다. 보스턴 차 사건 이후 영국의 식민지 통치에 대한 불만이 독립에 대한 열망으로 이어진다. 비록 영국과의 전쟁이 끝나지 않았지만, 1776년 7월 4일 독립선언을 통해 법적으로 미국의 독립이 인정된다.

토머스 제퍼슨이 쓴 독립선언문의 초안은 미국 의회도서관에 소장되어 있다. 제퍼슨은 건국의 아버지 중 하나로 1801년부터 1809년까지 미국 대통령을 지냈다. 그는 노예를 소유하고 있었음에도 선언문에 "모든 사람은 평등하게 창조되었다"는 유명한 문구를 삽입한다. 제퍼슨은 모든 사람에게 생명과 자유, 행복을 추구할 수 있는 양도 불가능한 권리가 있다고 주장했다.

1776년 7월 4일의 독립선언(존 트럼불 작품).

윤리적 문제를 불러온
복제 양 돌리

복제 기술의 이정표

1996년 7월 5일, 복제동물 돌리(1996~2003)가 태어난다. 복제 양 돌리는 성체에서 복제된 최초의 양으로 역사상 가장 유명한 동물 중 하나다. 에든버러 대학교의 과학자들은 양의 젖샘에서 핵을 채취하여 클론을 복제하고, 미국의 육체파 가수 돌리 파튼의 이름을 따서 돌리라는 이름을 짓는다. 이 실험으로 줄기세포에서 다양한 상태의 새로운 세포를 생산해 낼 수 있다는 것이 증명되었다. 돌리는 말 그대로 엄마가 셋인데, 바로 난자를 제공한 양, DNA를 제공한 양, 그리고 자궁을 제공한 양이다.

돌리는 폐렴으로 6세의 나이에 사망한다. 추가로 이루어진 연구에 따르면 복제동물 모두가 수명이 짧은 것은 아니다. 돌리가 낳은 자식들은 돌리보다 훨씬 더 오래 살았다.

돌리는 언론의 지대한 관심을 받았으며, 새로운 윤리적 논쟁을 불러일으켰다. 2013년 오리건 건강과학대학교에서 인간의 체세포를 복제하는 데 성공하지만, 인간 복제 단계까지 가지는 않고 150개의 체세포를 초기 배아 단계로 복제하는

데 그친다. 오늘날에도 대부분의 나라에서 인간 복제는 불법이다. 돌리 이후로도 사슴, 말, 토끼, 늑대, 원숭이 등 다양한 종류의 복제동물이 태어났다.

에든버러에 자리한 스코틀랜드 국립박물관에 전시된 돌리의 박제.

HISTORY

미국의 과학자들은 털북숭이 매머드를 되살리기 위해 매머드의 DNA와 코끼리의 DNA를 융합하려 애쓰고 있다.

처형된 인문주의자
토머스 모어

교회에 등을 돌리느니 죽음을 택한 『유토피아』의 저자

1535년 7월 6일, 헨리 8세의 명령으로 토머스 모어(1478~1535)가 사형당한다. 영국의 저명한 인문주의자인 모어는 고대 기독교 작가들을 연구했으며, 그의 대표작인 『유토피아』를 남겼다. 동시대의 유명한 인문주의자 데시데리위스 에라스무스는 모어의 절친한 친구였고, 자신의 명작 『우신예찬』을 모어에게 헌정하기도 했다.

모어는 자신의 걸작 『유토피아』에서 유토피아라는 이름의 가상의 섬을 그리는데, 그곳은 실업자도 없고, 하루에 6시간만 일하며, 교육은 전부 무료이고, 남성과 여성 모두 동등한 권리를 누리는 이상적인 사회다.

헨리 8세(1491~1547)가 첫 번째 부인 아라곤의 캐서린과의 결혼을 무효로 해 달라는 요구를 교황이 거절하자 그는 로마 가톨릭교와 결별하려 했고, 이를 두고 대법관 토머스 모어와 깊은 갈등을 빚는다. 헨리 8세는 왕위를 이을 아들을 원했으나, 첫 번째 부인 캐서린은 아들을 낳지 못했다. 캐서린은 헨리 8세의 인생을 통틀어 총 여섯 명의 부인 중 첫 번째였다. 갈등이 고조되자 헨리 8세는 모어를 반역죄로 런던탑에 가두었고, 1년 후 모어는 '로마 가톨릭교 신앙'을 이유로 사형 선고를 받는다. 타워힐의 사형대로 걸어간 모어는 스스로 눈가리개를 쓴 후, 사형집행인의 일격으로 생을 마감한다.

타워힐의 사형대 부지에 남아 있는 위패 사진. 토머스 모어의 이름이 눈에 띈다.

HISTORY

모어의 철학적 사상은 오늘날까지 영향을 미치며, 그의 작품은 계속해서 번역되고 재발매되고 있다. 모어는 가톨릭을 믿는 정치인들의 수호성인이다.

Jul. 07 미국의 50번째 주가 된 하와이

태평양의 열쇠

1898년 7월 7일, 미국과 하와이가 합병된다. 이보다 앞선 1893년에는 하와이에 거주하는 미국 시민과 농장주들이 독립국가인 하와이 왕국에 대항하여 쿠데타를 일으킨 적이 있다. 이들은 릴리우오칼라니 여왕을 폐위하고, 장차 미국과 합병될 것을 고려하여 하와이 공화국을 선언했다(하와이 공화국을 건국하자마자 미국과의 합병 준비 단계에 들어간다).

미국은 하와이와 긴밀한 협력 관계를 유지하며 이미 정치적 영향력을 행사하고 있었다. 19세기 후반, 하와이 농업은 인력 부족으로 어려움을 겪기 시작했고, 원주민들은 아시아에서 계약직 노동자를 데려왔다. 이에 아시아 이민자 수가 급증하면서 하와이의 통제권을 위협받게 되자, 미국은 하와이가 일본과 합병될까 봐 우려해 합병을 결심한다. 합병 찬성파는 하와이가 미국 안보를 지키는 '태평양의 열쇠'라며, 제국주의 열강으로부터 보호해야 한다고 주장한다.

1898년 벌어진 미-스페인 전쟁은 미국이 하와이 합병을 결심하는 결정적 계기가 된다. 스페인과 싸움을 벌이는 스페인 식민지들(예를 들어 쿠바)을 미국이 지원하면서 미국 해군에게 지지 기반이 될 군도의 중요성이 커졌기 때문이다. 합병후 2년이 지나서 하와이는 미국의 공식 영토가 되었고, 1959년에는 미국의 50번째이자 마지막 주가 되었다.

하와이와 합병한 지 한 달이 지난 1898년 8월 12일에 열린 기념식에 참석한 미 해병대.

Jul. 08 | 최초로 일본 항구에 들어온 미국 함선

네 척의 검은 군함

16세기와 17세기에 기독교 선교사들이 처음으로 일본을 방문하자, 일본은 외세의 간섭을 막기 위해 쇼군의 명령으로 국경을 봉쇄한다. 이후 오랫동안 유럽 국가들은 '떠오르는 태양의 나라' 일본에 발을 들일 수 없었고, 1639년부터는 네덜란드와 중국만이 나가사키 근처 데시마에서 제한적으로 교역을 계속할 수 있었다.

1853년 7월 8일, 미국 해군 장교 매튜 페리(1794~1858)가 네 척의 '검은 함선'을 이끌고 에도만(오늘날 도쿄)으로 진입하면서 상황은 완전히 뒤바뀐다. 일본인들은 이 검은 함선을 미국 증기선이라고 불렀다. 일본 관리들은 처음에는 한동안 페리와의 대화를 거부했지만, 페리가 공격하겠다고 위협하자 마지못해 미국 대통령 밀러드 필모어(1800~1874)가 보낸 서신을 받아들인다. 필모어는 서신을 통해 "미국과 일본 간의 친선관계와 무역"을 제안한다. 이로써 미국은 일본과 수교를 맺은 첫 번째 서양 국가가 된다.

1년 후 페리는 아홉 척의 배를 끌고 에도로 다시 돌아온다. 그는 일본 정부와 조약을 체결하여 미국과의 무역을 위해 일본 항구를 개방하겠다는 약속을 받아낸다. 또한 일본 내 미국 영사관 설립도 가능해진다. 1860년에는 첫 번째 일본 외교사절단이 미국의 수도 워싱턴을 방문한다. 이는 페리의 증기선을 받아들이는 시점에 일본이 근대화와 산업화의 필요성을 절감했음을 보여 준다. 국경 개방은 이를 위한 시발점이다.

'검은 함선'들을 묘사한 1854년 일본 판화.

Jul. 09

북극곰을 만난 빌럼 바렌츠의 북극해 탐험대

스발바르제도의 네덜란드인

1594년 7월 9일, 네덜란드 북부 출신의 탐험가들이 북극곰과 처음으로 조우한다. 이는 빌럼 바렌츠(1550~1597)가 이끄는 북극해 탐험 도중에 벌어진 일이다. 탐험대원 헤릿 드 피어르가 매일 탐험일지를 그림일기 형태로 기록하면서 역사로 남겨진다. 그림일기 속 북극곰의 모습은 흡사 만화 같은 스타일로 묘사되어 있다.

네덜란드는 아시아 식민지로 더 빨리 갈 수 있는 북극해 항로를 찾고 있었다. 바렌츠는 1590년대에 여러 차례 북극 탐험을 떠났으며, 노바야 제믈랴 제도에서 겨울을 보내기도 했다. 비록 아시아로 가는 북극해 항로는 찾을 수 없었지만, 북극곰을 발견하게 되었다.

드 피어르는 새로 발견한 동물에 관한 일화를 그림으로 남겼다. 범선을 띄워 북극곰을 잡는 이야기, 잡은 곰을 배에 싣는 과정, 두 마리 북극곰이 육지에 남아 있는 가운데 총으로 잡은 세 번째 곰을 먹는 장면을 기록했다. 1595년 9월 6일의

헤릿 드 피어르의 그림일기(1598) 속 한 장면. 두 명의 남자와 북극곰 한 마리가 보인다. 배경에는 바렌츠가 이끌던 배가 좌초된 모습이 보인다.

일기에는 북극곰이 탐험대원들을 공격하고, 또 다른 곰이 미늘창을 든 두 사람에게 다가가 위협하는 모습이 담겨 있다. 탐험대원들은 좌초된 배의 잔해로 만든 임시 오두막에서 꼼짝없이 시간을 보내야 했는데, 그의 그림 속 그들은 어설프고 위태로워 보였다.

HISTORY

빌럼 바렌츠의 극지방 모험 이야기는 19세기에 들어 화가 피터 크르루이프가 그린 〈노바야 제믈랴 제도에서 보낸 겨울에 대한 묘사Tafereel van de overwintering op Nova Zembla〉(1819)라는 작품을 통해 큰 인기를 얻기 시작한다.

최초의 통신위성 발사

글로벌 정보통신

1962년 7월 10일, 나사NASA는 플로리다의 케이프커내버럴에서 최초의 통신위성 텔스타 1호를 발사하여 지구 궤도에 진입시킨다. 그로부터 이틀 후, 텔스타 1호는 세계 최초로 메인주에서 수신한 TV 신호를 프랑스의 브르타뉴 지방으로 송신하는 데 성공한다. 이제 유럽에서도 밤늦게까지 깨어 있는 사람들은 자정이 넘은 시간에도 TV를 볼 수 있게 된 것이다. 많은 이들이 미국 케네디 대통령을 담은 장면이나 스포츠 경기, 흔들리는 미국 성조기 등을 처음 접하고 놀라움을 감추지 못한다.

1962년은 우주 시대의 문이 활짝 열린 중요한 시기였다. 1957년에 소련은 최초의 위성인 스푸트니크호를 발사하고, 1961년에는 우주비행사 유리 가가린(1934~1968)이 우주로 진출한 최초의 인류가 된다. AT&T가 개발한 텔스타 1호는 최초의 상업 통신위성이다. 지름 90cm 이하에 무게 77kg의 반정다면체에 불과한 텔스타 1호는 외관상으로는 특별히 인상적이지 않다.

텔스타 1호의 성공은 사람들에게 번개처럼 빠른 글로벌 통신의 시대를 열 수 있으리라는 확신을 주었다. 그러나 결과적으로 글로벌 통신의 기초는 우주 위성이 아닌 해저 케이블을 통해 다져졌다. 오늘날 텔스타 1호는 더 이상 작동하지 않지만 여전히 지구 궤도를 돌고 있다.

1962년 발사되는 텔스타 1호.

네덜란드 블루헬멧이 막지 못한 보스니아 대학살

세르비아의 도살자

1995년 7월 11일, 보스니아의 스레브레니차에서 집단학살이 벌어진다. 이곳은 50여 년 동안 유고슬라비아 사회주의 연방 공화국에 속해 있었다. 독재자 요시프 브로즈 티토(1892~1980)가 사망한 이후, 다양한 종교와 민족이 얽혀 있었던 유고슬라비아 공화국은 서서히 내전의 소용돌이 속으로 빠져든다.

보스니아와 세르비아의 평화를 유지하기 위해 유엔이 내전에 개입한다. 유엔은 내전에 시달리는 무슬림들을 보호하고자 보스니아 동부 지방에 무슬림 안전 구역을 지정한다. 스레브레니차는 이러한 안전 구역의 하나였고, 네덜란드 블루헬멧(유엔 평화유지군)들은 이곳을 지킬 임무를 부여받고 파견된다.

1995년 봄, 라트코 플라디치 장군(1943~)은 보스니아의 세르비아계 민병대를 이끌고 안전 구역을 향해 진군한다. 7월 11일, 세르비아의 나폴레옹, 혹은 스레브레니차의 도살자라는 별명을 가진 플라디치 장군은 안전 구역을 공격하고 유엔 평화유지군들을 제압하여 인질로 붙잡는다. 무슬림 수천 명이 도망치려 애쓰지만, 많은 이들이 붙잡혀 끌려간다. 네덜란드 블루헬멧은 유엔에 공중 지원을 요청하지만 아무런 지원도 오지 않는다. 결국 8천 명이 넘는 무슬림 남성이 살해당한다.

국제사법재판소는 스레브레니차 사건을 집단학살로 규정한다.

스레브레니차 학살 기념지 근처에 있는 무덤들.

독일 르네상스 중심지에서 탄생한 화려한 역사서

『뉘른베르크 연대기』를 집필한 하르트만 셰델

1493년 7월 12일, 뉘른베르크에서 출판업자 안톤 코베르거가 하르트만 셰델 (1440~1514)의 저서 『뉘른베르크 연대기』를 출판한다. 『뉘른베르크 연대기』의 정식 제목은 'Registrum Huius Operis Libri Cronicarum Cum Figuris et Ymagibus ab Inicio Mundi(세상의 시작부터의 그림과 이미지가 있는 연대기 책의 기록)'이다. 당시 인쇄 기술이 발전한 지 오래되지 않았지만, 코베르거는 1,800장 이상의 삽화가 들어간 고품질 편집본을 제작하는 데 성공한다. 이 때문에 『뉘른베르크 연대기』는 금속활자 초기 독일 르네상스의 베스트셀러로 자리 잡는다.

1455년에 구텐베르크(1400?~1468)가 활자 인쇄술을 발명한다. 그리고 얼마 지나지 않아 기존의 수기나 필사로 힘들게 책을 만들던 문화는 사라지고 활자 인쇄술이 이를 대체하기 시작한다. 1501년 이전에 활자 인쇄술로 제작된 책들은 초기에 탄생한 책들이라 하여 인큐내뷸라Incunabula라고 한다. 『뉘른베르크 연대기』 역시 인큐내뷸라 중 하나다.

물리학자이자 인문주의자였던 하르트만 셰델은 세상의 시작, 즉 창조 때부터 아직 도래하지 않은 세상 끝까지의 역사를 엮어 연대기로 집필한다. 역사적 사건

에 대한 삽화뿐 아니라 120개 도시 풍경과 지도가 담겨 있는 『뉘른베르크 연대기』는 1493년 당시의 세계관을 엿볼 수 있는 좋은 자료다.

하르트만 셰델의 『뉘른베르크 연대기』 속 한 장면.
이탈리아의 도시 파비아의 전경.

Jul. 13

역사상 첫 월드컵 경기에서 첫 득점에 성공한 프랑스

생업을 빼앗길까 봐 두려워한 축구선수들

1930년 7월 13일, 우루과이에서 열린 첫 번째 FIFA 월드컵의 첫 경기에서 프랑스가 멕시코를 4-1로 이긴다. 같은 날, 개최국 우루과이의 수도 몬테비데오에서 벨기에가 미국을 3-0으로 완승한다.

월드컵의 역사는 1930년으로 거슬러 올라간다. 1932년에 열리는 LA 올림픽에서 축구가 정식 종목으로 채택되지 못하자, FIFA의 회장 쥘 리메(1873~1956)는 국제 축구 대회를 따로 조직하기로 결심한다.

1924년 파리 올림픽과 1928년 암스테르담 올림픽에서 연이어 금메달을 딴 우루과이는 첫 월드컵 대회의 개최국으로 결정된다. 유럽 축구선수들은 FIFA의 이 결정에 실망하며, 경제 불황 속에서 월드컵 참석 중 일자리를 잃을까 두려워한다. 그 결과 스페인, 잉글랜드, 이탈리아, 독일, 네덜란드 등 축구 강국들은 월드컵에 불참하기로 한다. 우루과이는 여행 경비를 상환하겠다는 조건으로 벨기에, 루마니아, 유고슬라비아를 설득했으며, 루마니아 왕국의 카롤 2세는 축구 대표팀을 직접 선발하고 귀국 후 일자리를 보장하겠다고 약속한다.

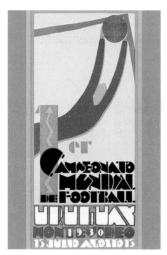

푸조 공장에서 일하는 프랑스 축구선수 뤼시앵 로랑은 프랑스-멕시코 경기 전반 19분에 월드컵 역사상 첫 득점을 기록한다. 오늘날 스타 선수들은 축구만으로 충분히 먹고살며, 축구 월드컵은 세계에서 가장 높은 시청률을 자랑하는 대회가 되었다.

1930년 월드컵 대회 공식 포스터.

Jul. 14

바스티유 습격으로 불붙은 프랑스 혁명

"일어나라, 조국의 아이들아"

1789년, 치솟는 빵 가격은 프랑스의 경제 위기를 상징했다. 국왕 루이 16세(1754~1793)는 쿠데타가 임박했다는 두려움에 경제 장관을 해임했으나 사회 전반에 긴장감이 감돌았다.

1789년 7월 14일, 천여 명의 파리 시민이 바스티유 감옥을 습격한다. 감옥에는 단 일곱 명의 죄수만 있었지만, 오랜 세월 구체제 전제 정치의 상징이었던 만큼 가장 먼저 민중의 표적이 되었다. 양측에 극심한 피해가 발생하자, 바스티유 주둔군 지휘관 드 뢰네는 휴전을 요청했으나 시민들은 이를 거부한다. 붙잡힌 지휘관은 파리 시청사까지 끌려가 칼에 찔려 죽임을 당하고, 시민들은 그의 머리를 창끝에 꽂아 거리 행진을 벌인다. 습격 중 시민 98명과 주둔군 1명이 사망하였고, 시민들은 감옥에 보관된 탄약을 수색하기 시작한다.

바스티유 감옥은 혁명 시기에 철거되고 현재는 광장의 이름으로만 남았다. 습격 사건이 벌어진 7월 14일은 프랑스 혁명이 시작되는 상징적인 날로 혁명 기념일이 되었다.

바스티유 감옥 습격. 동시대 화가였던 장 피에르 유엘의 작품.

대북 제재를 결의한 유엔

피고석에 앉은 북한

2006년 7월 15일, 유엔 안전보장이사회는 대북 제재 결의안을 만장일치로 통과시킨다. 그로부터 1년 후에는 EU도 유엔을 따라 북한에 대한 독자적인 제재를 내린다. 냉전 시대의 대리전이었던 한국전쟁(1950~1953)이 끝나고 (종전이 아닌) 휴전을 맺고 난 뒤 북한은 (공식적으로는 조선민주주의 인민공화국이지만) 독재자 김일성 일가가 나라를 이끄는 은둔국가가 되었다. 오늘날 북한은 김정은(1984~)이 나라를 다스리고 있으며, 아버지와 할아버지가 그래왔던 것처럼 미국이나 한국, 일본 등 외부 세력이 계속해서 북한을 위협하고 있다고 사람들을 세뇌하고 있다.

이후로도 북한의 핵무기 개발을 막기 위해 여러 차례 대북 제재가 이루어진다. 경제적 제재는 군수 물자 등의 무역을 금지하고, 북한의 핵실험에 연관된 사람들의 해외 자산을 동결하고, 북한과의 과학적 협력을 금지하는 등의 내용을 담고 있다. 그럼에도 당분간은 대북 제재가 기대만큼 효력을 거두기는 어려울 것으로 보인다. 북한은 여전히 핵무기를 포기할 생각이 없기 때문이다.

HISTORY

대북 제재에 반대하는 측은 대북 제재가 북한 고위층보다는 가난한 사람들에게 더 타격을 준다는 점, 대북 제재 자체가 생각만큼 실효를 거두지 못한다는 점, 또 제재로 인해 북한 지도층이 오히려 더욱더 핵무기 개발에 집착하고 있다는 점을 든다.

Jul. 16 | 그리스를 향한 바이런 경의 항해

친그리스주의자가 된 시인

1823년 7월 16일, 바이런의 6대 남작 조지 고든 바이런(1788~1824)은 배를 타고 제노아를 떠나 그리스를 향한다. 1년도 채 지나지 않아 그는 생을 마감한다. 자신의 시처럼 불꽃 같고 로맨틱한 삶을 짧게 살았던 바이런 경은 부유하고 자기중심적이며 뛰어난 글재주를 지닌 인물로, 오늘날의 팝스타 못지않게 정열적이지만 혼란이 가득한 삶을 누렸다.

그녀는 아름답게 걷네.

마치 구름 한 점 없이 별이 쏟아지는 밤하늘처럼.

1814년, 바이런 경은 앤 베아트릭스 윌못과의 저녁 시간 동안 그녀의 아름다움에 도취되어 「She walks In Beauty」라는 시를 쓴다. 위 문장은 이 시의 첫 행으로 그가 남긴 가장 유명한 시다. 1816년, 그는 1년간의 결혼생활을 마치고 이탈리아로 떠난다. 유럽 남부에서 보낸 기간은 그의 기질을 뚜렷이 보여 주는 시기로, 그는 많은 여성과 때로는 남성과도 어울리며 로마, 베니스, 라벤나, 피사, 제노아 등지에서 문학작품을 남긴다. 또한, 바이런 경은 아르메니아어와 문화에 대해 공부하며 그리스 독립전쟁을 위해 많은 돈을 지원했고, 언젠가는 왕위에 오르는 상상을 하며 직접 참전하기도 했으나, 1824년 4월 19일 36세의 나이에 열병으로 죽는다.

그리스의 메솔롱기에 도착한 바이런 경. 1861년에 그린 작품.

226

Jul. 17 | 살해당한 러시아의 마지막 차르

10월 혁명의 무참한 결과

1918년 7월 17일, 로마노프 왕조가 몰살당한다. 블라디미르 레닌이 이끄는 볼셰비키들이 러시아를 전복하고 소련을 세우던 당시, 차르 가문은 로마노프 왕조였다. 여성들이 주도한 파업과 지속적인 시위에 압박을 느낀 차르 니콜라이 2세(1868~1918)는 1917년 3월 퇴위하게 되고, 300년 동안 지속된 로마노프 왕조는 막을 내린다.

폐위된 차르와 그의 가족은 교외 지역에 감금되고, 이후 여러 차례 거처를 옮긴 끝에 예카테린부르크의 외딴 집에 도착한다. 이들은 몇몇 하인과 주치의만을 동행한 상태였다.

그날 오전 2시, 차르 가족은 경비대들이 내는 소리에 잠을 깬다. 경비대들은 차르 가족에게 더 안전하고 나은 곳으로 옮겨 주겠다고 약속한 터였다. 차르 가족과 그 일행들은 자신들이 탈 트럭을 기다리기 위해 지하실로 내려온다. 바로 그때 야코프 유롭스키와 경비대원들이 권총과 총검을 들고 지하실로 물밀듯이 들어온다.

차르 니콜라이 2세가 먼저 총에 맞아 사망한 후, 그의 가족 구성원들이 차례로 살해된다. 수백 발의 총알이 지하실에 난무한다. 차르의 딸들은 옷 속에 다이아몬드 같은 귀금속을 숨기고 있었고, 이로 인해 방탄조끼를 입은 듯한 효과로 잠시 시간이 지연되긴 했지만, 경비대는 총검을 휘둘러 아이들을 무참히 살해한다.

로마노프 왕가의 가족사진. 왼쪽부터 오른쪽으로 첫째 황녀 올가, 셋째 황녀 마리아, 차르 니콜라이 2세, 황후 알렉산드라 표도로브나, 넷째 황녀 아나스타샤, 황태자 알렉세이, 둘째 황녀 타티아나.

227

Jul. 18

교황의 무류성을 교리로 채택한 공의회

바티칸은 언제나 옳다?

1870년 7월 18일, 성 베드로 대성당에서 열린 제1차 바티칸 공의회에서 400명 넘는 주교가 모여 교황의 무류성Infallibilitas 교리에 대해 투표한다. 무류성은 가톨릭에서 사용하는 단어로 일정 조건에 맞는 교황의 발언은 오류로부터 보호된다는 의미다. 반대표는 오직 두 개뿐이었다. 투표 결과로 공의회는 교황 비오 9세(1792~1878)가 무류성을 가진 교황이라고 선언한다.

공의회는 신학 문제나 교회 문제 등을 논의하기 위해 교황이 소집한 주교들의 모임이다. 사회가 근대화하면서 자유주의, 사회주의, 실증주의 등 새로운 사상이 탄생할 때마다 공의회는 계속해서 새로운 문제에 부딪혔고 이에 대한 답을 찾아야 했다. 그러나 시간이 지남에 따라 이러한 사상과 이념이 가톨릭교회에 물밀듯이 들어와 교회를 집어삼킨다.

프로이센-프랑스 전쟁이 벌어지고 혁명적 이념을 가진 이탈리아 민족주의자들의 로마 점령으로 제1차 바티칸 공의회는 조기 중단되고 만다. 무오류 투표가 있고 몇 달 후인 1870년 10월 20일, 비오 9세는 결국 공의회를 조기 폐회해야 했다. 그 결과, 제1차 바티칸 공의회는 가톨릭교회와 현대 사회의 화합을 위한 열쇠를 제시하지 못하고 교황의 무오류를 교리로 채택하는 데 그친다.

1868년에 바티칸 공의회를 소집했던 교황 비오 9세의 초상화.

HISTORY

로마에서 열린 제1차 바티칸 공의회가 폐회되자, 대신 벨기에의 메헬렌에서 열자는 여론이 일어난다. 당시 드샹스 대주교가 남긴 글은 이랬다. "내가 알기로 교황님의 거처를 로마에서 벨기에로 옮기는 문제에 대한 논의가 이루어지고 있다고 한다."

Jul. 19

네로 황제가 뒤집어쓴 누명

불타오르는 로마

64년 7월 19일, 로마가 불타오른다. 불은 그 전날 밤부터 타오르기 시작했다. 역사학자 타키투스(56~117)에 따르면, 상점가 근처에 위치한 전차 경기장 키르쿠스 막시무스에 있던 나무 받침대에서 처음 불꽃이 일기 시작했다. 경기장은 금세 불길에 휩싸이고, 불은 소 사육장인 포럼 보아리움으로 퍼져 결국 팔라티노 언덕 위에 있던 황제의 궁전을 파괴한다. 근처의 목조 주택들 또한 빠른 속도로 활활 타오른다. 그렇게 해서 로마는 5일 동안 불길에 휩싸인다. 소방관들이 불을 잠재우려 애쓰지만 도시 전체가 잿더미가 되어 심각한 피해를 막기에는 역부족이었다.

네로 황제(37~68)가 불을 지르라고 명령했다는 소문이 마치 들불처럼 퍼져 나간다. 일부 고대 역사가는 네로 황제가 불타오르는 로마를 바라보며 리라를 연주하고 트로이 도시에 대한 노래를 불렀다고 전한다. 하지만 현대 역사가들은 단지 우발적으로 불이 붙었을 것이라는 쪽에 무게를 싣는다. 더욱이 당시 네로

네로 황제의 청동 두상(아니면 1세기의 클라우디우스 황제로 추정). 영국의 서퍽주 알데강에서 발견되었다.

는 로마에 있지도 않았다. 로마에서 몇 킬로미터 떨어진 해안 도시 안티움에 있는 자신의 시골집에 기거하고 있었다. 사실, 네로는 로마에 돌아오자마자 불탄 도시를 재건할 정책을 적극적으로 세우고 다시는 이런 일이 일어나지 않도록 화재 예방에 힘썼다.

네로는 기독교도들을 희생양 삼아 방화범으로 지목한다. 기독교도들은 방화를 저질렀다는 죄목으로 잔인한 처벌을 받는다.

인류 최초로 달에 발을 내디딘 닐 암스트롱

"이글이 착륙했다(The Eagle has landed)"

미국의 대통령 존 F. 케네디는 1961년 5월 25일 인간을 달에 보내겠다는 야심찬 목표를 세우고 아폴로 계획을 발표한다. 그리고 **1969년 7월 20일**, 드디어 인류가 달에 도달한다. 닐 암스트롱이 달에 첫 발자국을 남긴 것이다. 스푸트니크호, 라이카, 유리 가가린처럼 소련에서도 독자적인 우주비행 목표를 이루며 새 시대를 연다. 1969년 7월 16일, 닐 암스트롱과 마이클 콜린스, 버즈 올드린을 태운 아폴로 11호가 플로리다의 케네디 우주센터에서 발사된다. 6억 5천만여 명 시청자가 아폴로 11호의 발사 장면과 닐 암스트롱이 달에서 찍은 동영상을 TV를 통해 지켜보았다. 시청자들은 1969년 7월 20일에 달 착륙선이 달에 착륙하고 닐 암스트롱이 한 말인 "한 사람에게는 작은 한걸음에 불과하지만, 인류에게는 위대한 도약이다(One small step for a man, one giant leap for mankind)"도 육성으로 들을 수 있었다.

비행 사령관 닐 암스트롱에 이어서 두 번째로 달 착륙의 주인공은 조종사 버즈 올드린이다. 둘은 거의 온종일 달 표면을 탐색하며 영상을 찍고, 달 표면에 기념으로 세계 평화를 기원하는 메시지를 남기고, 월석 표본들을 수집한다. 한편, 콜린스는 '컬럼비아'라는 아폴로 사령 기계선으로 달 궤도를 돌고 있었다. 128시간 후, 27번째 궤도에서 암스트롱과 올드린을 태운 달 착륙선이 사령 기계선과 성공적으로 도킹했다. 이제 지구로 돌아갈 시간이었다.

아폴로 11호의 승무원, 왼쪽부터 닐 암스트롱, 마이클 콜린스, 버즈 올드린.

지진해일이 덮친 알렉산드리아

고대의 자연재해

365년 7월 21일, 크레타에서 발생한 극심한 지진으로 인해 해일이 이집트 해안을 덮친다. 이 지진해일은 2004년 23만 명의 사망자가 발생했던 인도양 지진해일 사건과 비슷하게 알렉산드리아에 큰 타격을 입혔다. 자연재해가 고대에도 벌어졌던 것이다. 자연재해를 겪은 지역은 나중에 복원되어 현대에는 당시 상황을 정확히 추정하기 어렵다. 4세기 역사가 암미아누스 마르켈리누스의 『현존하는 역사서』는 365년 지진해일에 대한 가장 중요한 사료로 여겨진다.

"해가 뜨고 얼마 지나지 않아 땅이 흔들리고 갈라지기 시작했고, 격렬한 천둥번개가 반복되듯 몰아쳤다. 바다에서는 커다란 파도가 일어나 육지로부터 멀어져 바다 쪽으로 쭉 빠지기 시작했다.

배들은 빈 바닥에 좌초되고, 사람들은 마른 바다 바닥에서 물고기를 잡으려고 겁도 없이 휘젓고 다녔다. 바로 그때 바다가 불길하게 포효하듯이 다시 일어나기 시작했다. 그리고는 육지를 덮쳐 무수한 건물들을 들어 올리며 엄청난 힘으로 본토를 광범위하게 휩쓸었다."

마르켈리누스는 수천 명이 익사하고, 파도가 알렉산드리아 내륙 2.5km 지점까지 휩쓸던 상황을 자세히 묘사한다. 일부 과학자들에 따르면, 이때 발생한 자연재해가 1세기 후 로마제국 몰락의 계기가 되었다.

알렉산드리아 파로스 등대를 묘사한 19세기 판화. 다행히도 365년의 지진해일에서 살아남은 것으로 보인다.

Jul. 22 개인 교도소에서 탈출한 파블로 에스코바르

특별 대우 받은 가장 악명 높은 마약 딜러

파블로 에스코바르(1949~1993)는 악명 높은 마약 카르텔의 수장이었으며, 1970년대 대량의 코카인을 미국으로 밀수했다. 전성기에는 전 세계 코카인 시장의 80퍼센트를 장악했다. 1989년에 세계에서 가장 부유한 인물 중 하나가 된 에스코바르는 마약을 통해 번 돈으로 호화로운 대저택을 지었는데, 전용 비행장과 개인 놀이공원, 동물원까지 갖추고 있었다.

에스코바르는 메데인의 슬럼가에 수백 채의 집을 지어 기부해 '현대판 로빈 후드'로 불리며 지역 주민들의 지지를 얻기도 했는데, 이는 무자비한 진면목과는 극명하게 대조되는 이미지다. 에스코바르는 국가를 상대로 전쟁을 벌이며 판사부터 장관, 심지어는 대통령 후보자 등 수많은 사람을 죽였다. 대통령 후보 루이스 카를로스 갈란이 암살당하자, 정부는 에스코바르와 마약 카르텔에 대한 대대적인 단속을 개시한다. 결국 1991년에 자수한 에스코바르는 호화스러운 개인 교도소 '라 카테드랄'에 수감된다. 그는 호화로운 리조트 같은 교도소에서 수감

1976년에 찍은 에스코바르의 머그샷.

생활을 하는 와중에도 계속해서 자신의 사업을 이어 나간다. 교도소는 완전히 에스코바르의 취향에 맞춰 지어졌으며 바, 자쿠지, 심지어 축구장과 폭포까지 있었다.

1992년 7월 22일, 미국으로 인도되는 것만은 피하고 싶었던 에스코바르는 교도소에서 탈출한다. 그로부터 16개월이 지난 1993년 12월 2일, 당대 최대의 마약상인 에스코바르는 메데인시 경찰이 쏜 총에 맞아 숨진다.

유럽석탄철강공동체의 탄생

EU의 기원

1952년 7월 23일, 유럽의 몇몇 국가가 모여 석탄과 철강이라는 두 개의 핵심 산업 분야를 중심으로 한 경제 공동체를 형성한다. 전쟁이 끝난 후 국가를 재건하던 유럽에서 석탄과 철강은 필수였고, 이에 국가 간의 협력이 자연스럽게 이루어졌다. 공동체 설립의 또 다른 목적은 독일을 유럽 전체의 통제 아래에 둠으로써 평화를 유지하고자 함이었다.

유럽석탄철강공동체ECSC 구성을 처음 제안한 것은 프랑스였다. 1951년 4월 18일, 베네룩스 3국과 이탈리아, 프랑스, 서독 이렇게 여섯 국가가 모여 파리 조약에 서명했고, 이듬해인 1952년에는 정식 국제기구로 창설되었다. 회원국들은 ECSC를 발판으로 석탄과 철강제품 가격을 고정하고 독자적인 공동 자유 시장 및 규제 체제를 형성한다. 이와 동시에 다른 초국가적 기구들도 함께 창설되었는데, 이들은 오늘날의 EU 기관들인 유럽연합 정상회의, 유럽연합 집행위원회, 유럽연합 사법재판소로 발전한다.

파리 조약의 뒤를 이어 1965년 브뤼셀 조약과 1992년 마스트리히트 조약이 체결된다. ECSC는 가입국이 늘어나면서 규모가 점점 커진다. 나중에는 ECSC에서 석탄과 철강이 빠지고, 단일 시장과 단일 통화, 단일 의장을 공유하는 27개 회원국으로 구성된 EC, 즉 유럽 공동체로 성장한다.

1959년 9월 16일, 룩셈부르크에서 열린 ECSC 의장직 취임식.

잃어버린 잉카의 도시를 지도에 새긴 하이럼 빙엄

1867년, 독일의 탐험가이자 목재상인 아우구스토 베른스가 15세기 중반에 건설되었으나 16세기 스페인의 침략을 받고 버려진 잉카의 도시 마추픽추를 발견한다. 하지만 베른스는 자신이 발견한 유적지를 널리 알리기보다는 고고학적 가치를 지닌 유물들을 유럽의 박물관에 판매하는 데만 몰두했다. 그는 페루 정부의 허가를 받아 유적지를 거의 약탈하다시피 한다.

1911년 7월 24일 미국의 교수인 하이럼 빙엄 3세(1875~1956)가 주변의 다른 잉카 유적지를 탐험하던 중에 우연히 마추픽추를 발견한다. 원주민들은 빙엄에게 호의적이었고, 빙엄은 이들의 안내로 인적이 드문 유적지를 돌아볼 수 있었다. 비록 최초로 발견한 사람은 아닐지라도 빙엄은 마추픽추의 과학적 가치를 단번에 알아본 최초의 인물이었다. 다른 유적지에서 흔히 벌어지는 것처럼 유물 도굴꾼이 이곳을 다이너마이트로 날리는 일을 막고 싶었던 빙엄은 마추픽추를 지도상에 새기고 이를 대중에게 공개한다.

빙엄의 업적으로 잉카문명이 많은 사람에게 알려지고, 그의 이야기를 다룬 《내셔널지오그래픽》은 판매 부수가 천 부에서 8천 부로 급증하며 엄청난 명성을 얻는다. 오랫동안 고리타분한 과학 잡지라는 이미지에서 벗어나려던 《내셔널지오그래픽》은 1913년에 마추픽추를 주제로 한 수많은 사진을 실은 특집호를 발간해 마침내 이미지 쇄신에 성공한다.

오늘날에 찍은 마추픽추의 전경(마르탱 생태망의 사진).

영국 해협을 가로질러 비행한 블레리오

동력 비행 신기록을 세우다

1909년 7월 25일, 프랑스인 루이 블레리오(1872~1936)가 자신의 '단엽기'를 타고 프랑스 칼레에서 영국 도버까지 비행해 역사상 최초로 영국 해협을 횡단하는 기록을 세운다. 1903년, 라이트 형제가 9초 동안 36m를 날아 세계 최초의 동력 비행에 성공한 지 6년 만에 블레리오는 38km를 36분 만에 비행하는 데 성공한다.

영국 해협을 건너는 일은 신문사 《데일리 메일》이 낸 도전 과제였다. 수많은 이가 칼레에서 비행을 시도했으나, 그중 유일하게 블레리오만이 성공한다. 블레리오는 악천후 속에서도 굴하지 않고 나침반도 없이 비행을 이어 갔으며, 비행 도중 프로펠러 하나가 부러지는 최악의 상황에서도 끝까지 침착하게 비행하여 무사히 착륙하는 데 성공한다.

칼레-도버 비행 이후 블레리오는 비행 기록 도전은 접고 항공학교와 비행기제조업에만 매진한다. 블레리오가 개발한 단엽기 블레리오 11호기는 수많은 제작 요청이 쇄도하고, 1914년에는 독일 공군을 제외한 다른 여러 나라 공군의 표준 공군기로 사용된다. 블레리오는 알바트로스, 포커, 정커 등 여러 종류의 비행기를 타고 비행하기도 했다.

1909년 7월 25일 비행 기록을 세우기 위해 해협을 가로지르는 블레리오.

HISTORY

블레리오 11호기는 다양한 기록을 세운다. 프랑스인 롤랑 게로스는 1912년 9월 6일 블레리오 11호기를 타고 상공 5천 m까지 날아오르는 데 성공했으며, 또 다른 프랑스인 아돌프 페구는 1913년 첫 공중회전 비행에 성공한다.

Jul.
26 | 수에즈 운하를 국유화한 나세르 대통령

이집트의 심장이 된 수에즈 운하

지중해와 홍해, 인도양을 연결하는 수에즈 운하는 유라시아 무역의 핵심 통로다. 항로를 단축하는 데 있어 중요한 의미가 있다. 그런데 19세기 말 이집트는 부채 문제가 심각해 영국에 운하에 대한 지분을 팔아넘긴다. 1954년 가말 압델 나세르(1918~1970)가 쿠데타를 일으켜 이집트 대통령에 취임하자 이집트 민족주의 세력은 운하에 대한 통제권을 자국으로 되돌리려 한다. 이에 영국은 수에즈 운하 지역에서 군대를 철수하겠다고 발표하고, 이스라엘의 비밀정보기관인 모사드는 이 틈을 타 이집트를 약화시키기 위한 공격을 개시한다.

나세르 대통령은 산업시설에 사용할 전력 공급을 위해 나일강에 아스완댐을 건설하고자 했으나, 자금이 충분하지 않았다. 미국이 지원하겠다고 나섰으나, 나세르가 1956년에 중화인민공화국을 지지하고 소련과 친하게 지내자 손을 떼버린다. 미국에 이어서 영국도 나세르 대통령을 '나일강의 히틀러'라 부르며 이집트와 단절한다.

1956년 7월 26일 나세르는 수에즈 운하의 국유화를 선언하며, 이를 이집트 정부의 자산으로 만든다. 이로 인해 프랑스와 영국은 무역 통로의 차단을 용납할 수 없다며 격분한다. 운하의 국유화로 이집트 국고는 늘어났고, 아스완댐 건설에 한 걸음 다가갔지만, 이로 인해 이스라엘, 프랑스, 영국과의 전쟁에도 더 가까워진다.

현재 수에즈 운하에는 세계에서
가장 긴 선개교(旋開橋)인
엘 페르단 다리가 있다.

기나긴 휴식기에 들어간 한국전쟁

휴전 협정을 맺던 날

1953년 7월 27일, 대한민국과 북한이 휴전 협정을 체결해 전쟁을 중단한다. 1950년 6월에 발발한 한국전쟁으로 250만 명 이상이 사망했다.

한국전쟁은 제2차 세계대전 이후 냉전의 산물로, 한반도를 무대로 강대국 간의 '뜨거운' 대리전으로 발생했다. 1945년 여름, 제2차 세계대전이 막바지에 이르렀고, 태평양 전쟁에서 미국은 일본과 치열한 전투를 벌이고 있었다. 1945년 8월 9일, 나가사키에 원자폭탄 '팻맨Fat Man'이 투하된 날, 소련도 일본에 선전포고하고 한반도 북부를 점령한다. 그와 동시에 미군은 한반도 남부에 진주한다. 이는 이후 한반도의 분단과 갈등을 초래한 배경이 되었다.

한반도는 38선을 기준으로 미국과 소련에 의해 분할된다. 처음에는 임시 경계였지만, 곧 남북한은 38선을 중심으로 양분화된다. 남한은 유엔의 감시 아래 정부가 수립되고, 북한은 김일성의 공산주의 정권이 들어선다. 1948년 8월 대한민국이 수립되면서 한반도는 완전히 두 개의 나라로 나뉜다.

1950년 6월 25일, 북한이 남한을 침공한다. 8월부터는 미국이 군대를 보내며 참전하고, 10월에는 중공군이 북한을 돕기 위해 참전한다. 소련은 북한에 무기와 물자를 지원한다. 결국 전쟁은 대규모로 번진다. 1953년 휴전 협정으로 새로운 휴전선이 생기고, 한반도에는 두 개의 완전히 다른 나라가 자리를 잡는다. 서울은 아시아의 호랑이로 성장하고, 평양은 천민 국가로 전락한다.

1951년 6월 9일 전쟁 중에 찍은 사진 누나가 동생을 업고 피신하고 있다.

Jul.
28

영국의 서턴 후 지방에서 발견된
놀라운 투구

중요한 가치를 지닌 고고학적 유물 발견

1939년 7월 28일, 영국 서픽의 서턴 후Sutton Hoo 지방에서 투구가 발견된다. 500개 넘는 조각으로 부서져 있어 정체를 알 수 없었지만, 곧 이 유물이 중요한 고고학적 가치를 지닌 것으로 밝혀진다.

서턴 후 지역은 초기 중세 시대에 공동묘지였다. 현대에는 이디스 메이 프리티라는 개인의 사유지였는데, 1938년에 프리티는 아마추어 고고학자 베이질 브라운을 고용하여 무덤 유적을 조사했다. 1939년 5월, 이들은 사유지 안의 언덕에서 놀랄 만한 발견을 한다. 언덕은 사실 온전하게 보존된 무덤이었고, 더욱 놀라운 건 내부에 27m 길이의 배 무덤ship burial이 있었다는 것이다. 이는 배를 관혹은 무덤 삼아 장사 지내는 풍습을 보여 주는 중요한 유적이었다.

월요일인 5월 15일 브라운은 이런 기록을 남긴다. "배에 부장품이 많이 들어 있든 없든, 배 그 자체만으로도 엄청난 가치를 지닌다. 영국에서 배 무덤으로 장사하는 풍습은 매우 드물기 때문이다." 6월에는 케임브리지 대학교 교수이자 고고학자 찰스 필립스가 이 소식을 듣고 찾아와 배 무덤을 직접 보고 놀라움을 감추지 못한다. 필립스가 발굴 작업을 맡아 진행한 결과, 헬멧, 무기, 보석, 금으로 만든 벨트, 은이나 동으로 된 식기류 등 왕 정도 되는 인물만 소지할 수 있는 귀중한 유물이 발견되었다.

1939년 발굴된 서턴 후의 투구, 7세기 래드왈드 왕이 쓰던 것이었다.

HISTORY

브라운이 발굴한 무덤은 599년에서 624년 사이에 영국 동부 지역을 다스리던 앵글족 래드왈드 왕의 것으로 추정된다. 서턴 후의 투구와 프리티, 브라운의 이야기는 2021년에 영화 〈더 디그The Dig〉로 제작되었다.

238

Jul. 29 파괴된 예루살렘의 사원

그곳에 바빌로니아인들이 있었다

기원전 587년 7월 29일경, 바빌로니아의 왕 네부카드네자르 2세가 언약궤言約櫃, Ark of the Covenant를 보관하고 있던 예루살렘 사원을 파괴한다. 이는 자신에게 충성을 다하지 않은 유다의 왕 치드키야에 대한 보복으로, 네부카드네자르는 2년간 예루살렘을 포위한 뒤 성벽을 부수고 도시를 함락했다.

예루살렘 성전聖殿이 파괴된 이야기는 전설이 아니다. 『성경』뿐 아니라 바빌로니아 왕국 사료에도 기록되어 있는 역사적 사건이다. 성전이 파괴되면서 기원전 601년에 발발했던 유다-바빌로니아 전쟁에 종지부를 찍는다. 수십 년 동안 포로 생활을 했던 유대인들은 전쟁이 끝나자 패망한 유다 왕국으로 귀환할 수 있게 되었다. 당시 유대인 포로 중 하나가 바로 선지자 다니엘이다. 그가 남긴 『구약

바빌로니아의 예루살렘 성 포위를 묘사한 14세기 그림. 원본은 네덜란드 헤이그의 왕립도서관에 보관되어 있다.

성서』의 「다니엘서」에는 네부카드네자르 왕에 대한 기록이 나온다.

기원전 6세기, 30년 만에 고향으로 돌아온 유대인들은 성전을 재건한다. 새로 지은 성전은 그 후 600여 년 동안 지속되다가 서기 70년 로마 제국에 의해 완전히 파괴된다. 〈인디아나 존스〉는 오늘날에도 여전히 십계명이 새겨진 돌판이 들어 있는 언약궤를 찾아 나서고 있다.

HISTORY

1842년, 이탈리아의 작곡가 주세페 베르디는 네부카드네자르 왕의 생애를 주제로 한 오페라 〈나부코〉를 작곡한다. 예루살렘의 멸망에 대한 장면은 1장에 나오지만, 합창곡 '히브리 노예들의 합창'이 나오는 3장이 제일 유명하다.

영화 〈아이리시 맨〉의 배경이 된 실화

1975년 7월 30일 오후 2시, 미국 미시간주의 블룸필드 타운십에 있는 마커스 레드 폭스 식당 앞에 지미 호파가 누군가를 기다리다 흔적도 없이 사라진다. 실종된 지 7년이 지난 1982년, 지미 호파는 법적으로 사망 처리되고 사건은 단서 하나 없이 영구 미제로 남는다. 호파가 마피아에게 살해당했다는 사실은 거의 확실시되지만 누가, 언제, 어떻게, 왜 그랬는지는 여전히 실마리조차 알 수 없다.

1957년, 호파는 미국의 화물운송 노조인 팀스터즈IBT의 노조위원장으로 선출되어 급진적인 노조 활동을 펼친다. 그러다가 1963년 뇌물수수와 사기 혐의로 유죄 판결을 받는다. 그로부터 몇 년 후, 닉슨 대통령이 호파를 가석방하면서 다시 자유의 몸이 된다. 1972년 대통령 선거 당시 IBT를 지지하고 나선 건 누구였을까? 바로 공화당의 닉슨 대통령이다.

세상에 나온 호파는 다시 한번 IBT 내에서 권력을 장악하고자 애를 쓴다. 1976년에 FBI가 발표한 보고서에 따르면, 이 과정에서 호파는 마피아들과 마찰을 빚었으며 특히 IBT의 뉴저지 지부장이자 마피아의 일원이었던 앤서니 프로벤자노와 갈등을 겪는다. 호파가 실종되고 나서 닉슨 대통령과 골프를 함께한 사람들은 누구였을까? 바로 IBT의 새 노조위원장인 프랭크 피츠사이먼스와 앤서니 프로벤자노다.

HISTORY

호파의 실종을 둘러싸고 고위층이 개입되었다는 음모론 등 여러 의혹과 추측이 난무한다. 확실한 건 호파 사건의 기저에는 오메르타(마피아 조직 행동강령, 절대 침묵과 복종의 규칙을 배반하거나 내부 고발 시 보복당한다)가 깔려 있다는 것이다. 이 사건을 바탕으로 마틴 스코세이지 감독이 제작한 영화 〈아이리시 맨The Irishman〉에서 알 파치노가 지미 호파 역을 맡았다.

Jul. 31

START 또는 전략 무기 감축 조약의 체결

상호확증파괴라는 어이없는 핵무기 전략

START 또는 전략 무기 감축 조약Strategic Arms Reduction Treaty은 미국과 소련이 체결한 상호 핵무기 감축 조약이다. 1982년 로널드 레이건 대통령이 제안한 START 조약에 **1991년 7월 31일**, 조지 H. W. 부시와 미하일 고르바초프가 서명했다. 1993년 부시와 보리스 옐친이 두 번째 START 조약을 체결하면서, 1991년의 조약은 START I, 1993년의 것은 START II로 불린다.

무기 감축 조약은 두 강대국이 수십 년 동안 벌여온 군비 경쟁에 중요한 전환점이 된다. 냉전 시기, 양측은 상호확증파괴MAD, Mutual Assured Destruction 원칙을 기반으로 미친 듯이 핵무기를 양산한다. MAD 전략은 한쪽 진영에서 핵무기를 사용하면 상대방도 핵으로 대응해서 서로가 멸망의 길로 빠진다는 핵무기 전략이다. 이러한 억지 논리는 유럽에도 영향을 미쳐, 전 세계적인 군비 경쟁을 촉발시켰다. 1980년대 초 서독, 영국, 네덜란드, 벨기에에 대규모 미사일이 배치되었고, 이에 반대하는 시위가 벨기에 브뤼셀에서 일어났다. 1983년에는 약 40만 명이 미사일 반대 시위에 참여했지만 정치적 영향은 크지 않았다.

START II 조약은 2009년에 만료되었고, 그 뒤를 이어 뉴 START 조약이 등장

한다. 미국 대통령 도널드 트럼프와 러시아 대통령 블라디미르 푸틴 사이의 협상은 실패로 돌아갔으나, 조 바이든 행정부가 들어서면서 뉴 START 조약을 갱신한다. 현재 뉴 START 조약의 유효 기간은 2026년 2월 5일까지다.

1991년 7월 31일 크렘린 궁에서 START 조약에 서명하고 있는 미국의 조지 H. W. 부시 대통령과 소련의 미하일 고르바초프 대통령.

8월

AUGUST

역사가 반복되는 게 아니라
인간이 반복하는 것이다.

- 볼테르

일본을 강대국 반열에 올린 제1차 청일전쟁

다윗의 일본 vs. 골리앗의 청나라

1894년 8월 1일, 일본과 청나라가 전쟁을 선언한다. 청나라는 오랫동안 조선에 영향력을 행사해 왔으나, 일본도 조선을 노리기 시작하면서 두 나라는 조선에 대한 지배권을 두고 갈등을 겪었다. 그해 7월, 결국 조선의 아산 근처에서 첫 전투가 벌어진다. 이 시기에 친일개혁파 김옥균의 암살과 조선에서 발생한 동학농민운동도 청일전쟁 발발의 직간접적인 원인이 된다.

제1차 청일전쟁은 주로 해상전으로 전개된다. 청나라의 구식 군대에 비해 일본의 해군은 훨씬 막강한 군력을 갖추고 있었다. 당시 서태후(1835~1908)가 청나라 해군의 현대화에 쓸 예산을 베이징에 있는 자신의 여름궁전인 이화원을 재건하는 데 유용했다고 전해진다. 일본 해군은 황해를 건너오던 청나라의 해상 보급로를 차단하면서 제해권을 가져가고, 육지에서는 일본 육군이 청나라 육군을 쉽게 격파시켜 버린다.

청나라군은 연이은 압도적인 패배를 겪으며 휘청거린다. 청나라는 지원군이 오길 기다리며 남은 병력을 조선의 평양으로 후퇴시킨다. 1894년 9월 14일에서 15일로 넘어가는 밤, 일본군은 평양을 포위하여 대규모 공격을 펼친다. 그로부터 24시간이 지나, 평양은 일본군에게 넘어간다. 청나라군은 2천 명이 목숨을 잃고, 4천 명이 부상을 입거나 실종되었으나, 그에 비해 일본군은 568명만 죽거나 부상을 입고, 실종되었다고 전해진다.

제1차 청일전쟁에서 승리를 거둔 일본은 지정학적으로 무시무시한 강국의 자리에 오른다.

아산에서 벌어진 격렬한 첫 전투, 강을 건너 습격하는 모습
(1894년 고바야시 키요치카 작품).

Aug. 02 일반인에게 처음 공개된 런던 타워 서브웨이

세계 최초 지하철의 운명

1870년 8월 2일, 런던의 유서 깊은 요새인 런던 타워 근처를 지나가는 타워 서브웨이가 개통된다. 템스강 아래를 지나는 이 터널은 지하철 개통 1년 전에 완공되었으며, 금속 튜브 형태로 타워 힐과 바인 래인을 연결했다. 터널 안에는 나무 케이블카가 설치되어 승객 12명을 태우고 약 1분 만에 이동했다. 1등석과 2등석 표를 나누어 팔았으며, 1등석 승객은 좌석을 선택할 수 있었다.

케이블카가 시범운행 중 두 번 고장이 나자 시민들의 반응은 냉담해졌고, 한 승객이 지하철역 승강기에서 사고로 사망하자 승객 수는 더욱 감소했다. 이렇게 '세계 최초의 지하철'은 실패로 돌아섰고, 반년 만에 지하철 소유자는 파산했다. 이후 타워 서브웨이의 지하터널은 보행 통로로 변모해, 보행자들이 반 페니를 지불하고 건널 수 있게 되었다. 1년 동안 100만여 명이 이용했지만, 평가는 좋지 않았다('냄새 나는 작은 터널', '성가신 튜브 터널' 등).

1894년 템스강의 타워 브리지에서 통행료가 폐지되면서 터널 이용객이 줄어들었고, 결국 1898년에 터널은 폐쇄되었다. 이후 터널은 런던 수력 발전 회사에 매각되어 수도관이 설치되었다. 현재 이 터널은 도심지와 서더크 지역을 연결하는 수도관과 통신 케이블의 통로로 사용되고 있다.

1895년에 나온 레이놀즈의 런던 실링 지도에서 타워 서브웨이의 위치.

246

베를린 올림픽에서 금메달을 딴 제시 오언스

나치 독일로 간 흑인 운동선수

1936년 8월 3일, 미국의 제시 오언스가 베를린 올림픽에서 첫 금메달을 목에 건다. 이후 세 개의 금메달을 추가로 따내며 멀리뛰기와 100m, 200m, 400m 계주 종목에서 우승했다. 100m 달리기에서는 10.3초, 멀리뛰기에서는 8.06m를 기록했는데, 오늘날 기준으로도 꽤 준수하다.

26세에 베를린 올림픽에 참가한 오언스는 이미 대단한 선수였다. 1년 전인 1935년 5월 미시간에서 열린 빅 텐 대학 육상대회에서 그는 한 시간 안에 세계기록 세 개를 경신하고, 네 번째 기록과 타이를 이루는 놀라운 성과를 거두었다. 특히 그의 멀리뛰기 기록은 25년 동안 깨지지 않았다.

베를린 올림픽에서 제시 오언스는 단순한 운동선수를 넘어, '아리안'족보다 뛰어난 성적을 기록한 흑인 선수로서 상징적인 인물이 되었다. 미국에서 인종차별을 받던 그가 독일에서 자유롭게 행동하며 백인 선수들과 팀을 이루고 같은 식탁에 앉는 등 특별한 대우를 받았다.

히틀러가 악수를 거부했다는 의혹에 대해 오언스는 루스벨트 대통령도 자신의 손을 받아 주지 않았다고 응수하며, 백악관이 축하 전보조차 보내지 않았다고 밝혔다. 반면, 히틀러는 경기장에서 자신을 보고 손을 흔들었다고 증언했다.

1936년 8월 5일, 200m 달리기를 시작하는 제시 오언스. 정확히 20.7초 후에 금메달을 딴다.

Aug. 04

마오쩌둥이 일으킨 중국의 망고 열풍

기괴한 중국의 망고 사랑

1968년 8월 4일, 중화인민공화국의 지도자 마오쩌둥(1893~1976)은 파키스탄으로부터 40개 이상의 신선한 망고가 담긴 바구니를 받는다. 마오는 선물받은 망고를 일부 노동자나 농민에게 하사했는데, 그때부터 갑자기 중국에 망고 열풍이 불기 시작한다. 그 시절의 중국인들에게 망고는 매우 낯선 과일이었지만, 중화인민공화국의 지도자가 친히 망고를 하사했다는 상징성 때문에 망고를 추종하는 분위기가 급격히 생겨난 것이다. 망고를 하사받은 노동자들은 직접 먹지는 않았지만, 지도자의 '신성한 사랑'의 상징으로 여겨 망고를 귀하게 모신다. 망고를 받은 날 밤, 이들은 뜬눈으로 밤을 지새우며 망고의 냄새를 맡고 소중히 다룬다.

심지어 망고가 숭배의 대상으로 발전한다. 선물받은 망고에 왁스칠을 하고, 유리 덮개 안에 소중히 보관한다. 노동자들은 망고를 집을 때 성스럽고 경건한 마음을 담아서 두 손에 올린다. 사람들은 포스터, 도자기, 옷 등 여기저기에 이국적인 열대과일 망고의 이미지를 넣기 시작한다. 망고에 대한 시를 짓고, 제단에 올린 망고에 절을 올리기도 한다. 또, 망고 옆에 서서 사진을 찍거나, 엄숙하게 든 망고를 앞세우고 드럼을 치며 퍼레이드를 하기도 한다. 망고를 맛본 적도 없는 농부들이 망고 동상을 만들려고 애를 쓴다.

마오쩌둥은 어땠을까? 마오는 사실 과일을 그다지 좋아하지 않았다… 단지 선물받은 과일을 공산당의 프로파간다용으로 영리하게 이용했을 뿐이다. 망고 열풍은 18개월이 지나서야 사라진다.

유리 덮개 안에 모신 망고.

부다페스트에서 태어난
세계 최고의 마법사

생애 마지막 탈출 쇼를 펼친 해리 후디니

해리 후디니(1874~1926)는 세계에서 제일 유명한 탈출 마술의 대가다. 1874년 헝가리의 부다페스트에서 태어났으며 본명은 에릭 와이즈이다. 후디니는 고층 건물의 꼭대기에서 탈출하거나, 각종 수갑과 족쇄로 만든 옷을 풀어 버리거나, 수갑을 찬 채 갇혀 있던 감옥에서 탈출하거나, 마술을 써서 코끼리를 소환하는 등 신기한 마술을 펼치며 여러 기록을 세운다.

1926년 7월, 이집트 출신의 마술사 라만 베이가 뉴욕의 달튼 호텔에서 금속 상자에 몸을 넣고 물속에서 한 시간을 버티며 기록을 세운다. 그는 동료 후디니에게도 도전해 보라고 권유한다. 후디니는 라만의 기록을 깨고 싶어 했다.

1926년 8월 5일, 후디니도 똑같은 도전을 한다. 뉴욕의 쉘턴 호텔 수영장에서 700파운드의 거대한 관 속에 사슬로 꽁꽁 묶은 몸으로 들어가 물속에서 버틴다. 후디니는 91분 동안 버티며 베이의 기록을 깨 버린다. 후디니는 자신이 도전한 마술쇼가 산소가 부족한 갱도에 갇힌 광부들에게 조금이나마 도움이 되길 바란다고 말한다. 혹시라도 산소가 부족한 상황에 빠져도 패닉에 빠지지 말고 불필요한 움직임을 최소화하는 것이 도움이 된다는 말도 덧붙인다.

물속에서 버티기 쇼는 후디니의 생애 마지막 탈출 쇼가 되었다. 두 달 후 후디니는 세상을 떠났다. 복근의 힘을 과신한 그는 한 학생에게 자신의 배를 쳐 보라고 했고, 이로 인해 맹장을 정통으로 맞고 말았다. 결국 후디니는 그 부상으로 사망하게 된다.

1908년 보스턴의 하버드 다리에서 뛰어내리기 직전 후디니의 모습.

Aug.
06 | 이라크에
경제 제재를 가한 유엔

책임은 사담의 몫으로

1990년 8월 6일, 유엔 안전보장이사회는 사담 후세인(1937~2006)과 바트당이 이끄는 이라크에 대해 제재를 가한다. 이는 4일 전, 독재자 후세인이 이웃 국가 쿠웨이트를 점령하고자 걸프전(1990~1991)을 일으킨 것에 대한 국제사회의 대응이었다. 미국은 다국적 연합군을 편성하고 사막의 폭풍 작전Operation Desert Storm을 펼쳐 쿠웨이트가 사담의 손아귀에 들어가는 걸 막는 데 성공한다. 하지만 이라크는 이에 아랑곳하지 않고 자국민들에게 압제를 가하며, 그 어느 때보다 강한 반미 기조를 보인다.

이라크 제재의 목적은 사담이 쿠웨이트를 포기하고, 피해 배상을 하며 대량살상 무기를 폐기하게 하는 것이었다. 1991년의 걸프전과 2003년의 이라크 전쟁, 또 그사이에 있었던 9·11테러 등을 겪으면서도 이라크 제재는 지속되었는데, 사담 후세인 정권은 이라크 제재가 서방 세계의 비인간성을 여실히 보여 주는 것이라고 주장한다. 이에 대한 근거로 후세인은 제재 기간 동안 높아진 이라크의 영유아 사망률을 든다. 최대한 중립을 지키며 비판적인 여론조차도 이라크 민간인들이 가장 큰 피해를 입었다는 사실을 인정한다.

후세인은 2003년에 마침내 정권에서 물러난다. 미국이 이라크 제재와 이라크 전쟁의 근거로 내세운 이라크의 대량살상 무기나 알카에다와 이라크의 관계에 대한 증거는 거의 나오지 않았다. 사실, 페르시아만에서 벌어지는 분쟁의 진짜 원인은 대부분 석유 때문이다.

Aug. 07 | 스페인 제국군을 물리친 독립운동가 시몬 볼리바르

다리 위에서 맞붙은 전투

1819년 8월 7일, 남아메리카의 독립운동가 시몬 볼리바르(1783~1830)가 콜롬비아의 보야카에서 스페인군을 물리치고 그란콜롬비아 공화국을 세운다. 6년간의 짧은 독립 시기가 끝난 1815년에서 1816년 사이, 스페인은 누에바 그라나다(오늘날의 콜롬비아, 베네수엘라, 에콰도르, 파나마)를 재점령한다. 하지만 시몬 볼리바르는 순순히 독립을 포기할 수 없었다. 콜롬비아-베네수엘라 독립전쟁에 참여한 그는 군대를 이끌고 누에바 그라나다의 수도인 보고타에 쳐들어간다.

우기에도 불구하고 볼리바르는 적의 허를 찌르려 비를 뚫고 나섰다. 바르가스 늪에서 승리한 후, 보고타로 진격해 보야카 다리에서 스페인 제국군과 맞붙었다. 두 시간의 전투 끝에 스페인군은 패배했고, 보야카 다리는 남미 독립의 상징이 되었다.

보야카 다리 전투는 누에바 그라나다 독립전쟁의 이정표 역할을 한다. 이 승리로 그란콜롬비아 공화국이 세워지고, 궁극적으로 베네수엘라, 페루, 에콰도르의 독립으로 이어졌으며, 결국 볼리바르의 이름을 딴 볼리비아가 탄생한다. 또한 전투에서 패한 스페인은 아메리카 대륙에서 힘을 잃는다. 누에바 그라나다를 쳐들어간 볼리바르의 결정은 세계 전쟁사를 보아도 가장 대담한 결정 중 하나로, 1800년 알프스를 건너간 나폴레옹에 견줄 만하다. 8월 7일은 오늘날 콜롬비아의 국경일이다.

오늘날 보야카 다리. 정확한 원래 위치는 알려지지 않았다.

Aug. 08 | 닉슨 대통령이 사임하다

워터게이트 스캔들

1974년 8월 8일, 미국의 제37대 대통령 리처드 닉슨이 대통령직 사임을 발표한다. 워터게이트 스캔들로 인해 닉슨은 대통령직에서 물러난 첫 번째 미국 대통령이 된다. 1968년 존 F. 케네디와의 대통령 선거에서 한 차례 낙선한 바 있는 닉슨은 1972년에 열린 선거에서 큰 표 차이로 당선되면서 '컴백키드'라는 별명이 붙는다. 캘리포니아 출신의 공화당 대통령 후보였던 닉슨은 대통령이 되어 베트남 전쟁을 종식시키고, 중국과 소련과의 관계를 개선하면서 직무를 성공적으로 수행한다. 하지만 대외적인 성공에도 불구하고 미국 내에서 터진 스캔들이 그의 발목을 잡는다.

워터게이트 사건은 무엇보다도 저널리즘의 승리라 할 수 있다. 《워싱턴 포스트》의 칼 번스틴과 밥 우드워드는 다양한 스캔들에 연루된 닉슨 행정부 인사들에 대해 폭로한다. 여당 인사들은 야당인 민주당사를 습격하고, 정치적 반대파들에게 위협을 가했으며, 배임 등 여러 경제적 부정행위를 저질렀다. 문제는 닉슨 본인이 스캔들에 얼마나 연루되어 있는가였다. 처음에는 언론에서 낌새를 챘으나, 2년이 흘러 법적인 영역으로 넘어갔고, 결국 정치적인 스캔들로 번진다.

1974년 8월 9일, 닉슨은 대국민 연설에서 사임을 발표한다. 그는 자신의 과오를 인정하면서도 그것이 '합당한 이유'에서 비롯되었다고 주장한다. 닉슨은 프랭클린 루스벨트의 말을 인용하며 자신을 "성공할 때는 크게 성공하고, 실패할 때는 대담하게 실패하는" 사람으로 묘사했다.

1972년 2월 24일 중국을 방문한 리처드 닉슨 대통령.

아드리아노폴리스에서 로마군을 격퇴한 서고트족

불명예스러운 패배

378년 8월 9일, 고대 역사에서 보기 드문 일이 발생한다. 로마 군대가 대패한 것이다. 당시 로마의 영토였던 아드리아노폴리스(오늘날 튀르키예의 에디르네)에서 벌어진 전투에서 서고트족의 왕 프리티게른이 이끄는 군대가 로마군을 크게 물리친다. 로마 제국의 황제 발렌스는 전장에서 목숨을 잃는다.

4세기경, 일부 '야만'족들이 로마 제국의 국경을 넘보기 시작한다. 서고트족들은 로마 제국 내에서 거주해도 좋다는 허락을 받지만, 2등 시민 취급을 받는다. 서고트족의 왕 프리티게른이 반란을 일으키자 로마 황제 발렌스는 이를 직접 진압하기로 결심하고 아드리아노폴리스로 가서 서고트족과 대치한다.

서고트족과의 협상을 오만하게 거절한 발렌스는 결국 정오가 지나 운명의 순간을 맞는다. 로마군은 적을 과소평가했고, 예상치 못한 고트족 기병대의 등장으로 전선이 무너졌다. 혼란 속에 로마군은 퇴각하다가 완전히 붕괴되었고, 이 전투에서 로마는 하루아침에 황제와 상비군 대부분을 잃게 되었다.

아드리아노폴리스 전투는 로마 제국 몰락의 서막이었다. 5세기에 들어 로마 제국은 결국 게르만족에 의해 완전히 멸망했다.

364~378년 발렌스 황제의 모습이 새겨진 청동 주화. 이집트에서 발견되었다.

HISTORY

전쟁사를 연구하는 일부 학자들은 기병대가 결정적인 역할을 했던 아드리아노폴리스 전투는 보병보다 기병이 더 우세하게 된 중세 시대의 예고편이었다고 생각한다.

네덜란드의 성상 파괴 운동

'피의 의회'의 무자비한 진압

1566년 8월 10일, 칼뱅주의자들이 스텐보르드의 성 로렌티우스 교회에서 성상을 모두 파괴한다. 이 사건을 시작으로 성상 파괴 운동이 네덜란드와 벨기에 전역으로 확산된다. 이 운동은 로마 가톨릭교회의 화려한 장식을 없애고 성상 숭배를 막기 위한 종교적 동기에서 비롯되었지만, 사회적 불안감도 확산의 요인이었다. 성상뿐 아니라 도서관도 약탈당하며, 리스강에서는 양피지 조각들이 떠다니는 모습이 목격되었다. 마르커스 판 바르너베이크는 성상 파괴자들을 "분노에 가득 찬 호랑이 떼들"이라고 불렀다.

"그들은 무수히 많은 책을 샅샅이 뒤지고 망쳐 놓았다. 그 결과 온 도로가 찢겨진 종잇조각들로 덮인다. (…) 그리고 리스강 뒤편에는 도서관에서 던져진 종잇조각들이 마치 하늘에서 떨어지는 눈송이처럼 물 위로 떨어지고 있었다."

8월 22일과 23일, 헨트에서 벌어진 성상 파괴 운동은 판 바르너베이크의 『네덜란드와 헨트의 장엄한 시대에 대해서』(1566~1568)라는 책에 상세히 묘사되어 있다.

신실한 가톨릭교도였던 스페인 펠리페 2세는 네덜란드 반란 소식을 듣고 알바 공을 파견한다. 알바 공이 이끈 '피의 의회'는 반란을 무자비하게 진압한다.

16세기에는 종교가 정치에 큰 영향을 미쳤고, 성상 파괴 운동은 1648년 베스트팔렌 조약에까지 영향을 미치는 중대한 결과를 초래했다.

1566년 8월 21일에 벨기에 안트베르펜에 있는 성모 마리아 대성당에서 벌어진 성상 파괴 운동을 18세기에 묘사한 그림.

마야 문명의 장기력

결국 옳았던 마야인들

오래전 (우리가 사용하는 그레고리력에 따르면) **기원전 3114년 8월 11일** 마야의 장기력Long Count이 시작된다. 장기력은 콜럼버스가 아메리카를 발견하기 전에 있었던 마야 문명이 사용하던 달력의 이름이다. 마야인들이 사용하던 달력은 그 외에도 두 가지가 더 있었다. 하나는 태양력Haab이고 다른 하나는 종교력Tzolk'in 이다. 이 세 가지 달력은 날짜를 순차적으로 계산했으며, 태양이나 달과 같은 천체의 움직임과는 완전히 무관했다.

장기력은 13개의 박툰으로 이루어졌으며, 1박툰은 394년에 해당한다. 13번째 박툰의 마지막 날은 13.0.0.0.0으로, 그레고리력으로 따지면 2012년 12월 21일 이다. 이 날짜가 마야인들이 세상이 끝난다고 예언한 날이라는 설이 오랫동안 전해 내려왔으나, 최근 출토된 증거들로 인해 이 가설은 반박되고 있다. 과테말라에 위치한 마야 유적지 줄툰에서 발굴 작업을 펼치던 한 고고학을 연구하는 학생이 마야 왕의 지하 암벽화와 더불어 세상이 7000년이 지난 후에도 여전히 동일하게 남아 있으리라고 연구한 813년에서 814년의 자료를 우연히 발견했던 것이다. 마야인들은 세상의 멸망이 아닌 세상의 연속성을 추구했으나 2012년 종말설은 할리우드에서 흥미로운 영화 소재로 활용되었다.

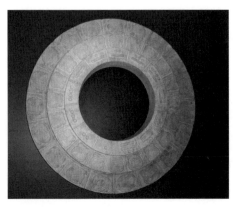

돌에 새긴 마야 달력 사본.

Aug. 12 | 스스로 목숨을 끊은 클레오파트라

로마의 드라마

기원전 30년 8월 12일, 39세의 이집트 여왕 클레오파트라가 스스로 목숨을 끊는다. 전해 오는 이야기에 따르면 코브라를 가슴에 올려 자살한 것으로 알려져 있다. 윌리엄 셰익스피어의 「안토니와 클레오파트라」는 클레오파트라의 삶과 죽음을 다룬 작품이며, 그 외에도 클레오파트라는 서양 문학, 그림, 연극 등 수많은 작품의 무궁무진한 소재가 되었다.

클레오파트라는 율리우스 카이사르와 마르쿠스 안토니우스와 얽힌 삼각관계로 유명하며, 이집트 프톨레마이오스 왕조의 마지막 파라오였다. 카이사르와의 사이에서 아들 카이사리온을 낳았고, 안토니우스와는 세 명의 자녀를 두었다.

1945년에 제작된 영화 〈클레오파트라와 카이사르〉의 한 장면. 비비안 리가 이집트의 여왕 클레오파트라 역을 맡았다.

안토니우스와 11년간 이집트를 통치했으나, 기원전 30년 카이사르의 양자인 옥타비아누스에게 패배하며 비극적인 결말을 맞았다.

옥타비아누스와의 전투에서 패배한 후, 마르쿠스 안토니우스는 클레오파트라가 죽었다고 믿고 자결했다. 그는 심한 부상을 입은 채 클레오파트라의 품에서 숨을 거뒀다고 전해진다. 이후 클레오파트라도 자살을 선택했다. 옥타비아누스는 이집트를 로마 제국에 합병시키며 카이사리온과 정적들을 제거한 후 로마의 첫 황제가 되었다.

HISTORY

기원전 1세기에 그려진 프레스코화부터 1963년 제작된 할리우드 영화 〈클레오파트라〉까지 안토니우스와 클레오파트라의 사랑 이야기는 수많은 작품에 영원히 남아 있다.

나라의 재상 자리에 오른
추기경 리슐리외

킹메이커 역할을 한 추기경

1624년 8월 13일, 리슐리외의 추기경 혹은 붉은 추기경으로도 불리는 아르망 장 뒤 플레쉬(1585~1642)가 프랑스의 재상에 임명된다. 리슐리외는 젊은 시절부터 승승장구하며 화려한 경력을 쌓았다. 1608년에 이제 갓 23세가 된 리슐리외는 주교가 되고, 1606년에는 국무경의 자리에 오른다. 1622년에는 추기경이 되고 2년 후에는 루이 13세(1601~1643)의 신임을 얻어 재상, 오늘날로 말하면 수상의 자리에 오른다.

리슐리외의 저서 『정치신조』(1688)를 보면, 그가 프랑스 내 다양한 사회적 파벌을 억누르기 위해 얼마나 많은 노력을 기울였는지 알 수 있다. 그는 왕권신수설에 기반한 절대왕정을 확립한 선구자였으며, 외교 정책에서는 국가 이성을 도덕이나 종교보다 우선시하는 실용주의적 노선을 취했다.

리슐리외는 아카데미 프랑세즈에 공식 지위를 부여해 문화적 영향력을 강화했으며, 정치적 선전을 위해 대중매체를 활용한 최초의 인물 중 하나였다. 그는 프랑스 최초의 주간지 《라 가제트》를 창간해 3천 부씩 발행했으며, 말년에는 루이 14세 치하에서 예술과 문화에도 중요한 기여를 했다. 알렉상드르 뒤마(1802~1870)의 『삼총사』를 보면, 리슐리외는 뒤에서 모든 걸 조종하고 타협이라고는 찾아볼 수 없는 사악한 권력자로 묘사된다.

리슐리외 추기경의 초상화
(1633~1640년 필리프 드 샹파뉴 작품).

청나라의 반양 정서를 부채질한 의화단 운동

서구 열강들로부터 스스로를 방어하던 청나라

19세기 말, 청나라는 죽어 가는 제국이자 서구 열강들이 호시탐탐 노리는 먹잇감이었다. 또 조선이나 대만 등 중국이 영향력을 미쳤던 많은 지역도 일본에 빼앗길 위기에 처해 있었다. 27세의 황제 광서제(1871~1908)는 청나라를 근대화시키기 위해 수많은 정책을 펼친다. 하지만 기득권 세력들은 광서제의 이모인 서태후(1835~1908)를 중심으로 똘똘 뭉친다. 서태후는 전통적인 유교의 보수 가치를 지지했으며 특히 외국인들이나 선교사 등 외세를 배척하는 결사조직들을 지원했다.

의화단은 원래 '의화권'이라는 권법을 수련하던 비밀 결사조직이었다. 서양인들은 이들의 권법을 보고 마치 '권투선수'와 같다고 느꼈고, 그래서 의화단 운동을 '권투선수의 난Boxer Rebellion'이라고 부른다.

서태후는 의화단이 서양 세력을 몰아내길 원했고, 1900년 봄 의화단은 베이징에서 외국인들을 공격하며 혼란을 일으켰다. 이 과정에서 벨기에와 네덜란드 선교사들을 포함해 500명 이상의 외국인이 사망했고, 천여 명의 자국민들도 목숨을 잃었다. **1901년 8월 14일**, 일본이 지원한 독일-영국 연합군 5만여 명이 의

화단 반란을 진압했다. 청나라 정부는 네덜란드를 포함한 서양 국가들의 피해에 보상해야 했다. 이때 받은 돈이 아직도 중국-네덜란드 프로젝트에 사용되고 있다.

베이징에서 벌어진 의화단 운동을 묘사한 작품
(1900년 토라지로 카사이 작품).

일본이 무릎을 꿇다

이놀라 게이의 출격

1945년 8월 15일, 일본이 항복한다. 1945년 5월 8일 독일이 무조건 항복을 선언한 이후로 막바지 단계에 이른 제2차 세계대전은 주 무대를 태평양으로 옮긴다. 결국 한 방도 아니고 원자폭탄을 두 방이나 맞고 일본은 무릎을 꿇는다.

1941년 12월 7일, 일본은 진주만의 미국 해군기지에 기습 폭격을 가하며 전쟁에 본격적으로 개입한다. 미국은 큰 피해를 입었지만 빠르게 회복하고, 유럽과 태평양에서 최후의 결정을 내릴 준비를 마친다. 이제 미국이 마지막 일격을 날릴 차례였다.

태평양의 여러 섬에서 전투가 벌어지는 가운데, 오키나와와 이오지마에서 결정적인 전투가 펼쳐졌다. 1945년 2월 23일, 미국은 일본 땅에 국기를 꽂는다. 일본의 저항은 더욱 거세졌고, 이에 따라 미국의 손실도 증가했다. 8월 6일, B-29 슈퍼 폭격기 이놀라 게이가 히로시마에 원자폭탄 리틀 보이를 투하하고, 3일 후 나가사키에서도 원자폭탄 팻맨이 떨어진다. 결국, 미국은 큰 인명 피해 없이 전쟁의 승패를 결정짓는다.

8월 15일, 일본은 항복을 선언한다. 일왕 히로히토는 라디오를 통해 성명을 발

표한다. 1945년 9월 2일, 일본은 도쿄만에 정박한 미 해군의 전함 USS 미주리호에서 항복문서에 서명하며 제2차 세계대전은 끝이 나고, 냉전의 시대가 열린다.

항복을 선언한 지 2주 후인 1945년 9월 2일, 도쿄만에 정박한 USS 미주리호에서 항복문서에 서명하는 일본.

Aug. 16 | 캘커타 대학살

힌두교도와 무슬림 사이의 폭동

1946년 8월 16일, 영국령 인도 뱅골주 캘커타에서 무슬림과 힌두교도 간의 폭동이 발생하여 4천 명이 넘는 희생자가 발생한다. 며칠간 도로를 점거하며 이어진 이 폭동은 '다이렉트 액션 데이' 또는 '캘커타 대학살'로 기록되었다.

전쟁 이후 국제 정세가 뒤바뀌자 영국은 인도의 독립을 약속하고, 이는 실제 현실로 다가온다. 하지만 그 과정에서 인종 간, 종교 간 갈등이 커지고 캘커타 대학살로 이어진다. 무슬림들 사이에서는 강력한 분리주의 운동이 일어나고, 무슬림 중심의 독립국가를 세우고 싶은 열망이 커져 간다. 다이렉트 액션 데이가 일어나기 전날 밤, 인도의 한 무슬림 지도자는 이렇게 말했다.

"인도가 나눠든지 아니면 멸망하든지."

인도 독립 과정에서 평화적인 정권 이양을 도운 영국의 마지막 인도 총독 루이 마운트배튼 경은 힌두교도와 무슬림교도 간의 갈등 속에서 '마운트배튼 계획'을 제안하여 인도를 두 개의 나라로 나누는 데 기여했다. 결과적으로 1946년 8월 14일, 무슬림 국가인 파키스탄이 탄생하고, 8월 15일에는 인도가 독립하며 두 나라가 생겨났다.

마운트배튼 계획은 엄청난 결과를 낳는다. 종교에 따라 사람들이 대이동을 하는 가운데 국경에서는 분쟁이 일어나고, 양 국가에서 실종자와 난민이 대거 발생한다. 특히 과거 영국령이었던 펀자브주는 인도와 파키스탄으로 완전히 갈라지면서 새로운 인종-종교적 폭력 사태가 촉발된다.

스페인에 점령된
안트베르펜

파르네세에 의해 둘로 나뉜 저지대 국가들

1585년 8월 17일, 파르마의 공작 알렉산드로 파르네세가 이끄는 스페인 군대
가 안트베르펜(현재 벨기에 도시)을 점령한다. 이후 네덜란드와 스페인 간의 네덜
란드 독립전쟁(80년 전쟁)이 시작되고, 이 전쟁은 1648년 베스트팔렌 조약이 체
결될 때까지 이어진다. 이 과정에서 펠리페 2세는 중요한 승리를 거둔다.

16세기 초, 저지대 국가들은 카를 5세의 통치 아래 통일되어 있었으나, 그의
후계자 펠리페 2세는 국가를 남북으로 나누는 데 일조한다. 1566년, 스페인 통
치자에 대한 반란으로 성상 파괴 운동이 일어나고, 이후 네덜란드 총독 파르네
세는 1585년에 안트베르펜을 점령하여 벨기에를 다시 스페인령으로 만든다. 네
덜란드 독립전쟁 중에도 안트베르펜은 스페인령으로 남아 있었으며, 스페인군
이 안트베르펜을 점령한 연도 '1585'는 네덜란드의 통일 꿈이 무너진 것을 상징
한다.

스페인의 안트베르펜 점령은 경제에 큰 영향을 미친다. 개신교도와 칼뱅주의
자들은 4년 내에 도시를 떠나야 했고, 이들 중 다수가 암스테르담으로 이주한다.
그들의 자본과 무역망 덕분에 네덜란드의 황금시대는 더욱 번성하게 된다. 스페
인이 남부 지역을 점령하자, 반항적인 북부 저지대는 스헬더강을 봉쇄했고, 이

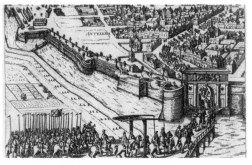

로 인해 안트베르펜의 함락
은 남부 지역의 경제적 침
체로 이어졌다. 남부의 안트
베르펜은 더 이상 스헬더강의
무역 통로를 이용할 수 없었
고, 북부의 암스테르담은 세
계 무역의 중심지로 발돋움
한다.

1585년 8월 17일 파르네세가 이끄는 스페인 군대가 안트베르펜에
입성하는 모습.

Aug. 18

사상 최초로
피임약이 출시되다

내 몸의 주인은 나

1960년 8월 18일, 사상 최초로 미국 여성들은 공식적으로 생리 주기를 조절할 수 있는 피임약을 구입할 수 있게 된다. 하지만 최초의 경구 피임약인 '에노비드'는 심각한 부작용을 동반했다. 이에 벨기에의 산부인과 의사인 페르디난트 페이터르스는 더 안전한 피임약인 '아나보라'를 개발했으며 이는 안심하고 사용할 수 있는 피임약의 새로운 기준을 제시했다. 아나보라는 에노비드의 뒤를 이어 출시된 피임약이다.

신실한 가톨릭교도였던 페이터르스는 벨기에 튀른하우트의 한 병원에서 의사로 근무했고, 독일의 쉐링AG 제약 회사에서 연구원으로 일했다. 1959년과 1960년에 걸친 실험 끝에 페이터르스는 안전하고 효과적인 경구 피임을 할 수 있는 적절한 호르몬 양을 찾아낸다. 1961년 1월, 아나보라가 시장에 출시된 후, 에노비드도 용량을 조절한다.

피임약이 가져온 사회적 여파는 대단했다. 역사상 최초로 여성들은 피임할 수 있게 되었고, 임신 걱정 없이 성생활을 할 수 있었다. 이는 가히 페이터르스가  불러온 성혁명이라 할 수 있었지만, 페이터르스 본인은 가톨릭 신자로서 양심의 가책을 느낀다. 1968년에 교황 바오로 6세가 회칙 '인간생명Humanae Vitae'을 반포하며 모든 종류의 인위적 산아 조절을 금지하자 페이터르스는 결국 연구를 중단한다.

1970년경 네덜란드 그룹 돌레 미나(Dolle Mina)의 한 페미니스트.

19 퓌러의 자리에 오른 히틀러

나치 독일의 독재자, 퓌러의 탄생

1934년 8월 19일, 독일에서 실시된 국민투표에서 95.7퍼센트의 득표율로 히틀러는 국가원수의 자리에 오른다. 1933년 1월 대통령 파울 폰 힌덴부르크가 임명하여 히틀러는 이미 수상의 자리에 올라 있었다. 하지만 이날의 투표 결과로 히틀러는 퓌러Fuhrer가 된다. 국가의 대통령이자 수상의 기능을 동시에 수행하는 자리에 오른 것이다. 히틀러는 독일의 민주주의를 나치 독재정권으로 바꿔버리며 스스로 독일의 상징이 되었다.

히틀러는 1933~1934년 전권위임법, 선동, 정치폭력, 숙청 등을 통해 권력을 장악하고, 제3제국으로의 길을 닦는다. 정적을 제거하는 사이 군사적으로 힘을 과시하고 경제적 성공을 거두며 나치 독일의 기반을 다진다. 1938년에는 군 최고사령부까지 완전히 장악한다.

역사학자들은 어떻게 한 나라 전체가 한 개인의 뜻에 12년 동안 순응하며, 인류 역사상 최악의 희생을 겪을 때까지 따랐는지 의문을 품고 있다. 여러 쇄를 거듭하며 인기를 얻은 히틀러 전기를 집필한 역사가 이언 커쇼는 '히틀러 신드롬'

을 이해하려면 그의 카리스마 넘치는 리더십과 대규모 선동에 주목해야 한다고 설명한다. 모든 것은 히틀러로부터 시작되었다. 1945년 4월 히틀러가 베를린의 벙커에서 자살하자 제3제국도 종말을 맞았다.

1934년 9월에 열린 뉘른베르크 전당대회. 깃발에 하켄크로이츠가 보인다. 아돌프 히틀러가 자신의 메르세데스-벤츠 차량에서 행진하는 군대를 바라보고 있다

Aug. 20

헤이그 집단폭행 사건

참옥한 죽음을 맞은 드 비트 형제

1672년 8월 20일, 네덜란드 헤이그에서 요한 드 비트와 코르넬리스 드 비트 형제가 집단폭행을 당한다. 1672년은 네덜란드 역사에서 보통 '재앙의 해'로 기록될 정도로 네덜란드 공화국은 여러모로 어려움을 겪었다. 그해 프랑스의 왕 루이 14세는 몇 주 만에 네덜란드의 대부분을 점령했다. 이 시기는 "나라는 무능하고, 섭정들은 제정신이 아니며, 국민들은 비합리적"이라는 표현이 그대로 들어맞는 상황이었다.

당시 네덜란드 공화국은 '스타트하우더(국가원수)'가 부재한 시대였다. 다른 말로 하면, 스타트하우더였던 오라녜 공은 국가 수장으로서 권력을 상실했고, 실질적인 권력은 섭정들에게 넘어갔다. 총리 요한 드 비트(1625~1672)가 중요한 목소리를 내고 있었지만, 친親오라녜파들은 전쟁 패배의 책임을 그에게 돌려 드 비트 형제를 즉시 감옥에 가두었다. 시간이 흘러 드 비트 형제가 풀려나자, 귀족과 개혁 교회 목사들의 거짓 선동으로 민중들은 드 비트 형제를 공격하기 시작한다. 이는 자경주의의 극단적 사례로 기록된다.

드 비트 형제가 단순히 '죽임을 당했다'라고만 서술하면, 그들이 겪은 집단폭력의 참혹함을 제대로 전달하지 못한다. 폭도로 변한 군중은 형제의 시체를 절단하고, 절단된 시체의 일부를 거래했으며, 심지어 시체를 먹기까지 했다. 헤이그 역사 박물관은 오늘날까지 드 비트 형제의 혀와 발가락을 소장하고 있다.

드 비트 형제의 시체, 캔버스화(1672~1675년 얀 더 반 작품).

Aug. 21 도난당한 모나리자

잠시 이탈리아로 돌아간 다빈치의 작품

1911년 8월 21일, 루브르 박물관에 전시 중이던 레오나르도 다빈치의 작품 〈모나리자〉가 도난당하는 사건이 발생하고 하루가 지나서야 그 사실을 깨닫는다. 〈모나리자〉보다 반세기 앞서 제작된 얀 판 에이크의 〈헨트 제단화〉가 1934년에 헨트에서 도난당한 사건과는 달리(1934년에 도난당한 〈헨트 제단화〉의 패널 2점 중 하나는 되찾았지만 나머지 하나는 여전히 찾지 못하고 있다), 〈모나리자〉는 오랜 시간이 지나서야 되찾을 수 있었다.

1911년 당시 〈모나리자〉가 전시된 방의 경비는 느슨했고, 작품을 보기 위해 긴 줄이 서는 모습도 없었다. 레오나르도 다빈치는 1516년에 이 작품을 프랑스

1911년 9월 27일 미국 잡지 《퍽(Puck)》에 실린 〈모나리자〉 도난을 패러디한 카툰의 한 장면.

로 가져가 완성했으며, 이후 프랑스 왕실의 소장품이 되었지만 큰 주목을 받지 못했다. 그러던 중 루브르에서 일하는 이탈리아인 인부가 〈모나리자〉를 이탈리아 작품으로 오해하고 대낮에 도난 사건을 저지른다.

범인 빈센초 페루자는 예술작품 전문 털이범도, 더 큰 범죄에 연루된 흔적도 없었다. 그는 1913년에 훔친 작품에 어설프게 손을 대다가 피렌체에서 붙잡혀 몇 개월 징역형을 받는다. 이후 〈모나리자〉는 루브르 박물관으로 돌아와 대표 전시 작품이 된다.

HISTORY

제2차 세계대전 동안 〈모나리자〉는 책을 써도 될 만큼 극적인 일을 겪었다. 또한 1956년에는 괴한들이 염산을 뿌리거나 돌을 던지는 등 훼손을 시도한 사건도 있었다.

Aug. 22 고대 도시 유적 페트라의 발견

〈인디아나 존스 – 최후의 성전〉의 화려한 배경

1812년 8월 22일, 스위스의 동양학 연구가 요한 루트비히 부르크하르트가 요르단에 있는 고대 도시 페트라 유적을 발견한다. 페트라는 당시 서양인들에게는 꼭꼭 숨겨진 보물이었다. 부르크하르트는 이슬람교도로 위장한 후에야 페트라를 두 눈으로 볼 기회를 얻을 수 있었다. 부르크하르트는 자신의 눈으로 본 유적이 페트라가 맞는지 확신할 수 없었지만, 부르크하르트가 쓴 책 『시리아와 성지 여행』(1822)에서 묘사한 것을 고대 문서와 비교해 보면 페트라가 확실하다.

페트라는 기원전 7000년경 그곳에 살던 나바테아인이 세운 나바테아 왕국의 수도였다. 골짜기에 자리한 지리 조건으로 페트라는 번성한 도시로 성장할 수 있었다. 하지만 서기 2세기, 페트라는 함락당하고 나바테아 왕국은 로마 제국에 편입된다. 설상가상으로 551년에 일어난 지진으로 페트라는 황폐화되고 버려진 도시가 된다.

부르크하르트가 발견한 유적지는 고대 문서를 통해 그 존재는 알려져 있었으나 정확한 위치는 알려지지 않은 도시였다. 바위로 깎은 무덤, 사원 건물, 5세기의 로마 극장 및 비잔틴 양식의 성당 등 비교적 후기의 건물들이 여전히 고대 시절 그대로 보존되어 고고학적 가치를 자랑하고 있다.

알 카즈네(Al Khazneh)는 페트라에서 가장 유명한 무덤으로, 요르단의 중요한 관광 명소가 되었다.

Aug. 23

잔혹하게 사형당한 전설의 여웅 윌리엄 월리스

스코틀랜드 독립 영웅의 최후

1305년 8월 23일, 런던에서 축제처럼 들뜬 분위기 속에서 사형이 집행된다. 거리엔 사형 장면을 놓치지 않으려는 인파로 가득했다. 사형 집행의 희생자는 바로 스코틀랜드의 '독립 영웅'인 윌리엄 월리스(1282~1305)였다.

스코틀랜드에서 윌리엄 월리스는 잉글랜드의 스코틀랜드 점령기 동안 잉글랜드의 왕 에드워드 1세(1239~1307)에 맞서 자국민을 이끈 애국자이자 영웅이다. 그러나 같은 시기에 작성된 잉글랜드 측의 기록은 월리스를 완전히 상반된 이미지로 묘사한다. 잉글랜드 역사서는 그를 자비라고는 찾아볼 수 없고, 헤롯 왕보다 더 잔인하며, 로마 제국의 네로 황제보다 더 미치광이로 그려 놓는다. 사실, 에드워드 1세의 시선에서 보면 월리스는 반역자였다.

잉글랜드 대중 앞에서 반역자를 재판하고 사형을 집행한 것은 거의 10년 만의 일이었다. 월리스의 재판은 형식적이었고, 그는 변호할 기회를 얻지 못했다. 재판 중 월리스는 자신이 반역자가 아니라고 외쳤고, 잉글랜드 왕에게 충성을 맹세한 적이 없으며, 항상 프랑스로 추방된 스코틀랜드의 왕 존 발리올에게 충성을 다했다고 항변했다.

중대 반란죄를 범한 자에 대한 형벌은 교수척장분지형이었다. 월리스는 사형장까지 말에 끌려갔으며, 사형집행인들은 월리스의 숨이 붙어 있는 동안 거세하고 내장을 토막 낸 뒤 마지막으로 머리를 자르고, 사지를 절단했다. 그의 머리는 런던 다리 기둥에 내걸렸다.

런던 윌리엄 월리스의 사형장과 가까운 곳에 있는 그의 추모 명판.

Aug. 24 | 베수비오 화산의 폭발

최후를 맞은 고대 도시 로마

79년 8월 24일, 베수비오 화산이 폭발한다. 로마의 작가 소小플리니우스가 18세에 화산 폭발을 겪고 남긴 기록 덕에 오늘날까지 베수비오의 화산 폭발이 일어난 날짜를 알 수 있게 되었다. 최근 고고학적 연구에 따르면 화산 폭발이 79년 10월 24일에 일어났을 수 있다.

베수비오 화산은 이틀 동안 용암을 분출하며, 먼지구름이 자욱하게 하늘을 뒤덮었다. 기록은 이 장엄한 광경을 다음과 같이 묘사했다.

"베수비오 화산 여기저기서 불꽃이 일어나며 주변이 눈부시게 밝아졌다. 칠흑처럼 어두운 밤이라 선명하고 밝은 빛이 더욱더 환하게 보였다. (…) 다른 지역은 점점 낮이 밝아 왔지만, 이곳에 깔린 어둠은 그 어떤 밤보다 더 짙고 어두웠다."

베수비오 화산에서 첫 번째 화산 분출로 일어난 화산 쇄설물이 인근 도시인 폼페이와 헤르쿨라네움을 덮쳐 두 도시는 18세기에야 발굴되었다. 폼페이와 헤르쿨라네움의 고고학적 연구는 오늘날에도 진행 중이다. 79년의 재앙으로 고대 문명이 '영원히' 보존된 셈이다. 수천 명의 희생자 화석을 보면 연민이 느껴진다. 20세기 초반에 발굴된 연인 화석부터 도시 외곽의 한 빌라에서 발굴된, 서로 손발을 맞대고 있던 주인과 노예 화석까지 폭발 당시의 분위기가 생생하게 느껴진다. 나폴리 인근의 베수비오 화산은 아직도 활화산이다. 가장 마지막 화산 분출이 일어난 해는 1944년이다.

18세기경 피에르 자크 볼레르가 그린 베수비오 화산 폭발 장면.

Aug. 25 젊은 성인 농부들로 구성된 '소년' 십자군

소년이 아닌 소년들

1212년 8월 25일은 소년 십자군이 이탈리아의 제노아 항구에 도착한 날이다. 소년 십자군의 진위에 대해서는 여전히 역사가들 사이에서 의견이 분분하므로 오늘의 역사는 소년 십자군이 진짜 존재했다는 가정 아래 작성한 것이다.

기록에 따르면 사라센인으로부터 성지를 해방시키기 위해서 독일과 프랑스 등지에서 수천 명의 떠돌이 농부나 일꾼 출신들이 '신의 계시'를 받고 십자군 원정에 나서기 시작했다. 정규 십자군과는 달리 이런 민중 십자군들은 어떤 카리스마 있는 개인이 대중 앞에 서서 가난한 삶이나 부유하고 권세 있는 자들에 대해 연설하며 사람들을 모아 이끌어 가는 형태였다. 1212년의 십자군은 왕이나 황제의 명령으로 조직된 십자군이 아닌, 처음으로 대중에 의해 조직된 십자군이었다.

기록에 쓰인 'Pueri'라는 라틴어에 대해 번역 오류가 있을 수도 있다. 이 단어는 '어린아이들'만을 가리키는 게 아니라 사회적 지위가 낮은 (대략 28세까지의) 젊은이들을 뜻하기도 한다. 그러니 소년 십자군에서 '소년'이 단지 어린이들만이 아니었을 수도 있다는 것이다. 십자군 원정은 빈곤한 현실에서 벗어날 수 있는 한 방편이었고, 그러니 단지 종교적인 이유뿐만 아니라 개인의 사회적 현실이 동기가 되어서 십자군 원정을 떠나기도 했다.

독일 쾰른에서 많은 무리가 참여하여 떠났지만 제노아에 도착할 무렵에는 심한 의견 차이로 그 수가 완전히 줄어들었다. 프랑스에서 떠난 원정대는 더욱 비참한 현실을 맞았다. 배 두 척은 가라앉았고, 생존자들은 사라센인들에게 노예로 팔려 나갔다.

Aug. 26 | 셀주크 제국과의 전투에서 패배한 동로마 제국

위기에 빠진 동로마 제국

1071년 8월 26일, 오늘날의 튀르키예 지방인 만지케르트 근교에서 동로마 제국군과 셀주크 제국군과의 전투가 벌어진다. 이 전투는 25년 뒤 첫 번째 십자군 전쟁이 시작되는 계기가 된다.

튀르크계 유목민족인 셀주크족은 힘이 약해진 아바스 칼리파국을 점령하고 바그다드를 정복한 후 세력을 키워 동로마 제국을 위협한다. 셀주크 제국의 술탄 알프 아르슬란(1029~1079)은 동로마 제국의 아나톨리아에 쳐들어가서 동로마 제국의 황제인 로마노스 4세(1030~1072)를 무찌른다. 로마노스 4세는 폐위되어 수도원에 유배된다. 동로마 제국은 아나톨리아에 대한 실권을 잃고, 지방 군주들은 망해 가는 중앙 정권과 거리를 두기 시작한다.

동로마 제국의 황제 알렉시오스 1세는 군사적 지원을 얻기 위해 교황과 플랑드르 백작에게 도움을 요청한다. 교황 우르바노 2세는 이를 신성 로마 제국을 견제할 기회로 보고, 1095년 클레르몽 공의회에서 성지 탈환을 명목으로 십자군 조직을 호소한다. 교황은 십자군 참가자들에게 면죄부, 빚 탕감, 세금 감면, 농노 해방 등의 혜택을 약속한다. 1096년, 고드프루아 드 부용의 지휘 아래 1차 십자군이 출발한다.

동로마 제국의 황제는 십자군에 대해 불만이 많았을 것이다. 십자군은 원정 비용을 마련하기 위해 물건을 팔거나, 동로마 영토를 지나며 약탈을 일삼았다. 군사적 지원을 위해 십자군을 요청했지만, 그들의 통과는 제국에 큰 혼란을 초래했다.

1차 십자군 앞에서 연설하는 교황 우르바노 2세(1683년 얀 라이컨 작품).

한순간의 전쟁으로
독립국 지위를 잃은 잔지바르

세상에서 가장 짧은 전쟁

1896년 8월 27일, 영국 함대가 아프리카의 잔지바르에 있는 술탄의 궁전을 향해 포격한다. 영국군은 술탄에게 퇴위를 요구하며 최후통첩을 보냈으나, 오전 9시 결국 결전의 시간이 다가온다. 1896년 8월 25일 술탄 하마드 빈 수와이니 (1857~1896)가 서거하고 사촌이었던 할리드 빈 바르가시(1874~1927)가 잔지바르의 새 술탄이 되었다. 그러나 새 술탄은 영국보다는 독일에 더 우호적이었고, 이는 영국의 이익에 위협이 되었다. 영국은 잔지바르를 자국의 영향권에 두고 싶었고, 특히 노예무역을 철폐하려 했다. 잔지바르가 정향과 노예무역의 중요한 거점이었기에 영국은 할리드가 퇴위를 거부하자, 술탄의 궁전을 포격하며 잔지바르 전쟁을 일으켰다.

8월 27일, 영국-잔지바르 전쟁은 28분 만에 끝났지만, 영국의 포격으로 잔지바르의 궁전은 불타고 큰 피해를 입었다. 영국군은 순양함 3척, 포함 2척, 150명의 해군으로 구성되었으며, 많은 잔지바르인이 영국군을 도왔다.

영국 해군은 한 명이 부상당하는 데 그쳤지만, 잔지바르에서는 500명의 사망자가 나온다. 이번 전쟁으로 아프리카에서 유럽 식민세력의 우월성을 강하게 보여 준다. 할리드는 독일 영사관으로 도망쳤으며 친영국파인 하무드 빈 무하마드(1853~1902)가 새 술탄의 자리에 올라, 더 이상 주권국이 아닌 잔지바르를 6년간 다스린다.

1896년 영국 신문에 실린 스톤타운 폭격 장면.

Aug. 28 | 최초로 아프리카 노예 수송을 허가한 카를 5세

제국 차원에서 이루어진 인신매매

조용히 지나가기는 했으나 2019년은 대륙 간 노예무역이 탄생 500주년을 맞은 오싹한 해였다. **1518년 8월 28일**, 18세의 카를 5세는 아프리카에서 아메리카 대륙으로 노예 수송을 처음으로 승인한 헌장을 반포한다. 수 세기 동안 아프리카 노예무역은 아랍인들의 손에서 이루어졌지만, 아메리카 대륙이 스페인의 식민지가 되면서 그 추세가 바뀐다. 이 비윤리적인 헌장이 시행되면서 1519년 첫 번째 노예무역이 이루어진다. 스페인의 왕이기도 한 카를 5세는 흑인 노예에 대한 매매 독점권을 행사할 수 있는 노예 권리증Asiento De Negros을 팔기도 했다.

카를 5세의 최측근이자 플랑드르의 귀족이었던 로랑 드 구브노는 최초로 발급된 흑인 노예 권리증을 받은 사람 중 하나다. 스페인의 노예무역은 초기에는 포르투갈인들이 많이 관여했으나 나중에는 네덜란드와 영국도 뛰어들어 짭짤한 수익을 거두어 갔다.

16세기부터 19세기까지 대륙을 건너 이루어진 노예무역으로 인해 2천만 명의 아프리카인이 자신의 의지와는 관계없이 아메리카 대륙으로 건너가게 되고, 그 과정에서 살아남은 사람은 1천만 명에 불과하다. 아메리카 대륙으로 넘어온 흑인들은 노예시장에 나와 팔리고, 최종적으로는 설탕이나 목화농장 혹은 광산으로 끌려간다.

아프리카인들은 수 세기 동안 고통을 겪었지만, 단순히 당하기만 한 것은 아니다. 이들은 운송선과 농장에서 저항하고 반란을 일으켰다. 또한 탈출에 성공한 이들은 '마룬'이라는 공동체를 조직해 농장을 공격하기도 했다.

포르투갈 노예무역 요새
세인트 조지 성을 점령한 네덜란드

네덜란드-포르투갈 : 1-0

1637년 8월 29일, 네덜란드군이 가나에 있는 세인트 조지 성을 점령한다. 성이 위치한 지역의 이름을 따서 엘미나 성으로도 불리는 세인트 조지 성은 노예무역의 주요 발판이었다. 네덜란드인들은 성을 손에 넣기 위해 6일간 포르투갈과 전투를 치르고, 승리하지만 큰 대가를 치른다.

네덜란드군은 전략적 우위를 위해 세인트 자고 산을 점령하려 했지만, 원주민 수천 명과 맞닥뜨린 뒤 소총 부대로 그들을 학살하고 두 번째 시도에서 산을 점령했다. 네덜란드군은 산에서 엘미나 성을 향해 포격을 가했고, 포르투갈군은 척탄병 배치 직전에 휴전을 요청했다. 결과적으로 포르투갈은 상투메섬을, 네덜란드는 금, 은, 노예 등을 차지했다.

네덜란드가 엘미나 성을 점령한 사건은 네덜란드-포르투갈 전쟁(1601~1661)에서 큰 획을 그은 사건이다. 당시 네덜란드 무역 회사와 포르투갈의 식민지 통치자들은 서로 갈등을 빚고 있었다. 네덜란드 서인도 회사는 포르투갈을 견제하기 위해 브라질에 정박해 있던 아홉 척의 배를 포위 공격 직전에 소환해 대서양을 건너오게 한다. 이후 엘미나에 있던 포르투갈인의 화물을 모두 배에 실었다. 당시 포르투갈인의 수는 30명이었던 반면, 서인도 회사의 함대에는 1,300명이 탑승하고 있었기에 쉽게 포르투칼을 압도할 수 있었다.

1706년에 그린 엘미나 요새 전경.

Aug. 30

호찌민에게 놀라운 편지를 받은 리처드 닉슨 대통령

위협적인 평화 요구

1954년, 프랑스는 인도차이나반도에서 영향력을 잃고, 베트남은 소련과 중국의 지원을 받은 북베트남의 공산주의 국가와, 미국의 지원을 받은 남베트남의 반공국가로 나뉜다. 그로부터 10년 후, 북베트남이 미국 배를 향해 발포한다. 미국은 군대와 배, 탱크 등을 베트남에 급파한다. 그렇게 시작된 베트남 전쟁은 1975년까지 이어진다. 전쟁이 발발한 지 4년이 되던 해, 미국의 리처드 닉슨 대통령(1913~1994)은 전쟁을 평화롭게 종식시키자는 내용의 서한을 보냈지만, 그 어투는 평화와 거리가 멀고 위협적이었다. 호찌민은 답신을 작성하였고, 5일 후인 **1969년 8월 30일**에 닉슨 대통령은 호찌민의 답신을 받았다.

호찌민은 답신에서 미국이 베트남 사람들을 상대로 "공격적인 전쟁"을 펼치고 있으며 "기본적인 국가의 권리를 침해"하고 있다며 맹비난한다. 그리고 전쟁을 지속한다면 미국인들에게 슬픔과 비참함을 안겨 줄 뿐이라며 경고하기도 한다. 또한 호찌민은 소위 베트콩으로 잘 알려진 남베트남 민족해방전선이 수립한 10대 계획을 절대적으로 지지한다고 표명한다. 미국이 전쟁을 끝내고 베트남에서 군대를 철수해 베트남 사람들의 자결권을 보장할 것을 촉구한다. 그것만이 평화로 가는 유일한 길이자 미국이 명예를 지킬 수 있는 길이라고 덧붙인다.

사실, 호찌민이 직접 답신을 작성하지도, 심지어 닉슨이 서한을 읽지 못했을 가능성도 있다. 호찌민은 그해 8월 말 병에 걸려 코마 상태에 빠졌고, 9월 2일에 세상을 떠났기 때문이다. 닉슨 대통령은 호찌민과 서한을 교환했다는 사실을 드러내지 않다가 11월 3일 연설에서 이를 발표한다. 어찌 되었든 서신이 오갔어도 그걸로 전쟁을 종식시킬 수는… 없었다.

Aug. 31

악명 높은 잭 더 리퍼가 첫 번째 범행을 저지르다

미제로 남은 미스터리한 연쇄살인

1888년 8월 31일 오전 1시, 런던의 이스트엔드가에서 숙박비를 감당할 수 없었던 매춘부 메리 앤 니콜스가 폭우가 쏟아지는 거리로 내쫓긴다. 오전 2시 반, 메리의 친구가 술에 취해 호객을 하는 메리의 마지막 모습을 목격한다. 얼마 지나지 않아, 메리는 잭 더 리퍼의 첫 번째 희생양이 되고 만다.

잭 더 리퍼는 1888년 8월 31일부터 11월 9일까지 최소 다섯 명의 여성을 살해했지만 잡히지 않았다. 그의 범행은 주말 자정부터 새벽 5시 사이에 매춘부를 대상으로 하였으며, 마지막 희생자를 제외한 나머지는 런던 이스트엔드의 골목에서 살해되었다. 리퍼는 단서를 남기지 않았다.

잭 더 리퍼 연쇄살인 사건으로 1888년 가을의 런던은 혼란과 공포에 휩싸인다. 희생자들의 시체를 정교하게 훼손한 것으로 보아 범인이 외과의라는 추측이 제기된다. 10월 6일 화이트채플의 자경위원회에 리퍼가 보낸 우편물이 도착하는데 그 안에는 온전히 보존된 신장 반쪽이 들어 있었고, 나머지 반쪽은 리퍼가 먹어 치웠다고 주장하는 내용이 담겨 있었다.

11월 9일 마지막 범행을 끝으로 잭 더 리퍼는 안개 낀 런던으로 사라진다. 오늘날까지 그의 정체에 대한 다양한 가설이 존재하며, 미국 작가 퍼트리샤 콘웰은 화가 월터 시커트가 범인이라는 주장을 입증하기 위해 자체 조사를 벌인 바 있다.

잭 더 리퍼는 영화감독 알프레드 히치콕부터 싱어송라이터 닉 케이브에 이르기까지 영화와 음악 등 수많은 작품의 소재가 된다. 사진은 게임 〈셜록 홈즈 vs. 잭 더 리퍼〉의 스틸 컷. 잭 더 리퍼가 범행을 저질렀던 런던 이스트엔드가의 우울한 분위기를 잘 보여 준다.

9월

SEPTEMBER

역사는 우리에게
선택의 중요성을 가르친다.

- 콘돌리자 라이스

폴란드를 침공한
히틀러

제2차 세계대전 발발

  1939년 9월 1일, 제2차 세계대전이 시작된다. 이날 폴란드는 독일의 침략에 의해 점령되었고, 프랑스와 영국은 이에 대한 선전포고를 단행한다. 독일의 폴란드 공격은 레벤스라움, 즉 식민 이주 정책의 일환으로 이루어진 것이다. 1938년, 독일은 주변국의 묵인 속에 오스트리아를 합병했다. 폴란드를 방어하기 위해 나선 프랑스와 영국은 선전포고 이후에도 오랫동안 전투를 시작하지 않고 침묵을 지킨다. 결국 1940년 봄, 전쟁은 본격적으로 발발한다.

  독일의 폴란드 공격은 소련과 독일이 영토 분할을 놓고 맺은 독일-소련 불가침 조약의 일환이었다. 9월 17일, 스탈린은 폴란드를 침공하고, 폴란드는 몇 주 만에 전쟁에서 완전히 패배하여 서부와 동부 폴란드로 나뉘어 강대국에 각각 흡수된다. 바르샤바는 그대로 독일의 차지가 된다.

히틀러의 공식 사진작가이자 절친한 친구였던 하인리히 호프만이 낸 사진집 『폴란드에서 히틀러와 함께』의 표지.

HISTORY

합병된 폴란드 땅에는 강제수용소나 절멸수용소 등이 세워진다. 트레블링카 강제수용소나 아우슈비츠 강제수용소가 폴란드에 자리한 대표적인 수용소들이다.

5일 내내 불타오른
런던 대화재

빵집에서 시작된 불길

1666년 9월 2일, 런던에서 대화재가 발생한다. 런던 역사상 가장 큰 화재로, 불은 일요일부터 금요일까지 5일 내내 타오른다. 화재로 인해 집 1,300채가 소실되었고 수십 개의 교구와 교회들, 심지어 세인트 폴 대성당도 파괴된다. 다행히 시티오브웨스트민스터와 화이트홀 궁은 참사를 피할 수 있었다. 대화재의 여파로 약 7만에서 8만 명의 주민이 삶의 터전을 잃는다. 템스강은 화재 속에서 간신히 소지품을 챙겨 나온 사람들이 탄 배로 가득했다.

한 빵집에서 밤중에 시작된 불은 강한 동풍으로 인해 빠르게 퍼져 나가기 시작한다. 목조 주택들, 지푸라기로 엮은 지붕, 좁은 골목길 등 17세기 런던은 대체로 화재에 취약했고 부유층이 사는 저택만 석조로 이루어져 있었다. 새뮤얼 피프스는 자신의 일기장에 당시의 화재에 대해 신랄하게 기록한다. 화재가 벌어지고 3일째 되던 날인 9월 5일 수요일은 새뮤얼 또한 도망쳐야 했다.

"오전 2시경에 아내가 나를 깨우더니 우리가 사는 동네 길머리에 있는 성 마거릿 대성당에서 새로이 화재가 났다고 알려 주었다. 일어나서 아내의 말이 옳다는 걸 확인하고 즉시 안전한 곳으로 대피하기 시작했다. (…) 프라운디의 보트를 지나 울리치로 가는 길에, 오 맙소사, 달밤에 이 무슨 슬픈 광경이란 말인가. 도시 전체가 불에 타고 있었다."

9월 6일 목요일에야 참사는 끝이 났고, 3일 후인 일요일에 비가 내리면서 런던 대화재는 완전히 진압되었다.

1666년 런던 대화재를 묘사한 그림(작가 미상).

세계에서 세 번째로 작은 산마리노의 개국

성인聖人이 세운 작은 나라

313년 밀라노 칙령이 반포되기 이전까지 로마 제국의 기독교인들은 많은 핍박을 받고 있었다. **301년 9월 3일**, 성 마리누스는 이러한 박해를 피해 아드리안 해에서 그리 멀지 않은 이탈리아 북동부의 산악지대에 기독교 신앙공동체인 카스텔룸 상타 마리니Castellum Sancta Marini를 세운다. 이 기독교 신앙공동체는 초소국가인 산마리노 공화국으로 성장한다.

산마리노는 모나코와 바티칸 시국에 이어 유럽에서 세 번째로 작은 국가이자 세계에서 제일 작은 공화국이다. 면적은 61km²이고 인구는 약 3만 명이며, 1600년에 제정된 헌법으로 나라는 번영과 평화를 누리고 있다.

중세 시대의 이탈리아는 수많은 왕국과 도시국가로 이루어져 있었고, 산마리노도 그중 하나였다. 이탈리아반도에서는 수많은 나라의 흥망성쇠가 일어났지만 산마리노 공화국은 외딴 지형 조건상 다른 나라들의 등쌀에 시달리지 않고 조용히 지낼 수 있었다. 나폴레옹은 산마리노가 독립국임을 인정했고, 1815년 빈 회의에서 이를 공식적으로 확인한다. 1870년 이탈리아 국가들 사이에서 통일 국가를 세우자는 사회적 움직임, 즉 리소르지멘토가 일어났지만, 산마리노는 홀로 독립국가로 남는다. 제2차 세계대전 때는 히틀러와 동맹을 맺고 싸운 이탈리아와 달리 산마리노는 중립국의 입장을 유지한다.

산마리노는 EU 회원국이 아니지만 유로화를 사용하고, 비록 예선에서 번번이 탈락하지만 UEFA 유럽축구선수권대회에도 참가한다.

산마리노 공화국의 티타노산의 전경.

Sept. 04
서로마 제국의 마지막 황제 로물루스 아우구스투스의 폐위

잘생겨서 살아남다

5세기, 서로마 제국이 무너진 후 크고 작은 게르만 왕국들이 세워진다. 황제는 이탈리아반도만 통치하고, 제국의 행정 중심지 기능을 상실한 로마 대신 밀라노와 라벤나가 새로운 중심지로 떠오른다. 라벤나에서는 마지막 황제인 율리우스 네포스(430?~480)가 남아 있는 서로마 제국의 영토를 힘겹게 다스리고 있었다. 네포스는 유능한 황제였으나, 친親동로마 제국 성향의 인물이었던 탓에 원로원은 그를 좋게 보지 않았다. 네포스는 게르만계 혈통의 로마 귀족인 오레스테스(?~476) 장군을 총사령관으로 지명하는 실책을 저지른다. 오레스테스는 그를 내쫓고 아직 10대 소년에 불과한 자신의 아들을 꼭두각시 황제로 세운다.

아우구스툴루스라고도 불리는 로물루스 아우구스투스(460?~?)가 바로 오레스테스의 아들이다. 476년 9월 4일, 서로마 제국의 장군 오도아케르(435~493)는 아우구스투스를 폐위하고 목숨을 살려주었는데, 기록에 따르면 이는 젊은 미모 때문이라는 설과, 그가 너무 어려서 죽일 가치가 없었기 때문이라는 설이 있다. 로마 시민권이 없던 오도아케르는 스스로 황제의 자리에 오르지 않고, 이탈리아의 첫 번째 게르만족 왕이 되어 서로마 제국의 통치를 동로마 제국의 황제에게 공식적으로 넘겼다. 이로써 서로마 제국은 사실상 역사에서 사라졌다.

율리우스 네포스는 수년간 달마티아에서 망명 생활을 했으며, 여전히 동로마 제국의 전임 황제로 인정받았다. 오도아케르는 그의 모습을 새긴 동전을 발행했다.

율리우스 네포스의 모습이 담긴 로마의 금화.

뮌헨 올림픽에서 일어난 참사

올림픽에 참가한 이스라엘인들을 인질로 잡은 테러리스트

1972년 8월 26일부터 올림픽 대회에 참가하고자 121개국에서 약 7천 명의 선수가 독일 바이에른주의 주도 뮌헨에 모이기 시작한다. **1972년 9월 5일** 아침, 수류탄과 총으로 무장한 몇몇 팔레스타인인들이 올림픽선수촌의 아파트에 난입하여 이스라엘 선수 등 아홉 명을 인질로 잡는다. '검은 9월단'이라는 테러단체에 속한 이들은 이스라엘 교도소에 구금된 팔레스타인인들의 석방을 요구한다. 하지만 이스라엘 총리는 이들의 요구를 들어주지 않는다.

테러리스트들은 인질을 데리고 헬리콥터를 타고 공항으로 이동한다. 이들은 공항에서 비행기로 갈아타고 카이로로 갈 계획이었다. 공항에 도착해서 비행기를 살펴보던 테러범들은 경찰이 놓은 덫에 걸렸다는 사실을 깨닫는다. 총격전이 벌어지고, 테러리스트들은 아직 인질들이 타고 있던 헬리콥터에 수류탄을 던진다. 인질 모두가 사망하고, 테러리스트 8명 중 5명도 목숨을 잃는다.

추도식이 거행되고, 국제 올림픽 위원회의 위원장은 테러에 대한 승리의 의미로 올림픽 대회를 재개하기로 결정한다. 위원장은 "대회는 계속되어야 한다!The Games must go on"고 말했으나 이스라엘 국민이나 선수단은 이를 달가워하지 않았다.

Sept. 06 | 상트페테르부르크로 이름을 바꾼 레닌그라드

피터르와 페테르, 그리고 레닌의 도시

1991년 9월 6일, 러시아의 도시 레닌그라드의 이름이 다시 상트페테르부르크로 돌아간다. 이는 소련이 국운을 다해 가고 있다는 나쁜 징후였다. 여론조사에서 국민 대다수는 레닌에 등을 돌렸고 혁명 이전에 사용하던 옛 이름인 상트페테르부르크로 되돌리고 싶다는 의견이 다수를 이뤘다.

상트페테르부르크가 이제 막 탄생하던 초기에는 네덜란드의 영향을 받아 상트 피터르-부르흐Sankt Pieter-Burch라는 이름이 붙는다. 1703년 늪지대에 불과했던 땅에 새로이 도시를 건설한 표트르 대제는 도시를 '러시아의 베니스'나 '서방을 향하는 창문'으로 성장시킬 생각이었다. 상트페테르부르크는 서방 유럽 도시들을 모델로 삼았으며, 암스테르담을 기반으로 도시 계획을 세운다. 도시 이름은 나중에 상트-페테르부르크로 독일어식 표준화 과정을 거친다. 1914년 제1차 세계대전이 발발하자, '상트'와 '부르크'에서 오는 (적대적인) 독일어의 느낌을 지우기 위해서 도시의 이름을 페트로그라드(페트로의 도시)로 바꾼다.

1991년에 이루어진 도시 개명은 과거사를 청산하려는 움직임의 일환이다. 이 도시는 1917년 공산주의 10월 혁명이 발생한 장소이기도 하다. 10월 혁명의 지도자이자 소련을 세운 블라디미르 레닌이 사망한 직후인 1924년에, 페트로그라드는 레닌그라드로 이름이 바뀌고, 이 이름은 반세기 이상 유지된다. 러시아에

서 두 번째로 큰 도시의 이름은 이런 식으로 역사 대대로 정치적인 기류에 따라 이름이 바뀌어 왔다. 이것도 저것도 마음에 썩 들지 않는 상트페테르부르크의 시민들은 도시의 짧은 별칭인 '페테르'로 부르기도 한다.

1744년의 상트페테르부르크 지도.

284

Sept. 07 | 남아공의 첫 흑인 주교 데즈먼드 투투

'무지개 국가' 개념을 제시한 전사

1986년 9월 7일, 데즈먼드 투투(1931~2021)가 남아프리카 공화국의 주교가 된다. 투투는 갈등과 차별로 나뉜 남아공의 첫 흑인 주교였다. 불평등한 인종법으로 인종차별이 극에 달해 백인과 흑인의 거주 지역이 나뉘었다. 그로 인해 반反아파르트헤이트 운동이 벌어졌고 국제적인 시위가 잇따른다. 투투는 당시 저항운동을 이끌던 인물 중 하나였다.

요하네스부르크 근교에서 태어난 데즈먼드 투투는 1961년 사제 서품을 받는다. 성직자 길을 걷기 시작한 투투는 억압받는 흑인의 설움을 대변하며, 특유의 유머와 틀에 얽매이지 않는 태도로 인종차별에 대한 가교 역할을 하려 애쓴다. 간디나 마틴 루서 킹처럼 투투 역시 비폭력 항쟁을 결심한다.

1984년, 투투는 노벨 평화상을 받고, 1986년에는 주교가 된다. 넬슨 만델라는 1990년에 감옥에서 풀려나 1994년에 남아공의 대통령이 된다. 그렇게 사회는 점차 변화하며 아파르트헤이트는 서서히 무너진다. 투투는 '무지개 국가'라는 개념을 제시하며, 1996년에는 아파르트헤이트 시대의 범죄와 참상을 밝히기 위해 진실과 화해 위원회를 조직해 위원장이 된다.

한편, 투투는 남아프리카를 넘어 세계적인 인권운동을 위해 일어섰고 평화의 메신저이자 활동가로 국제 포럼에서 목소리를 내기도 한다. 투투는 여러 상을 받았는데, 2009년에 받은 대통령 자유훈장은 당시 미국 대통령 버락 오바마가 수여했다. 또한 데즈먼드 투투 HIV 재단을 설립하여 동성애자의 인권을 위해서도 특별히 헌신한다.

2009년 2월 대주교를 은퇴하고, 다보스 세계경제포럼에 참석한 데즈먼드 투투의 모습.

Sept. 08 | 다비드상을 완성한 미켈란젤로

르네상스 조각상의 상징

1504년 9월 8일, 피렌체의 시뇨리아 광장에 미켈란젤로의 〈다비드〉 조각상이 모습을 드러낸다. 르네상스 시대의 상징적인 조각상인 〈다비드〉는 3세기 반 동안 베키오 궁 앞에 우뚝 서 있었다. 1873년에 높이 5m에 달하는 대리석상은 피렌체의 갤러리아 델 아카데미아로 옮겨져 오늘날까지 그곳에 있다.

미켈란젤로의 〈다비드〉 조각상은 서양 조각의 〈모나리자〉라 할 만큼 유명한 작품이다. 이 조각은 『성경』에서 다윗이 거인 골리앗을 물리치기 위해 돌팔매를 준비하는 순간을 담고 있으며, 다소 잔인할 수도 있는 장면을 매우 친밀하고 감정적으로 묘사하고 있다. 고대 조각의 비례를 따르면서도 미켈란젤로는 다윗의 몸을 살짝 틀어, 전투를 앞둔 다윗의 날렵한 근육질의 몸과 그의 군건한 힘과 결의를 섬세하게 표현했다.

피렌체에서 자란 미켈란젤로는 메디치 가문의 궁정에서 고대 예술작품을 접하며 성장했다. 또한 어릴 때부터 그림과 진흙으로 조각하는 법을 배웠다. 미켈란젤로는 단순한 조각가를 넘어서 그림을 그리고, 시와 글을 쓰고, 건축학에도 조예가 깊은 '만능 인간'이었다.

피렌체의 갤러리아 델 아카데미아에 전시된 미켈란젤로의 5m 높이 대리석 조각상.

— HISTORY —

미켈란젤로는 생전에도 이미 유명한 인물이었다. 조르조 바사리는 1550년에 출간한 『유명한 화가와 조각가들의 삶』이라는 책에서 미켈란젤로를 살아 있는 위대한 예술가의 표준으로 선정했다.

세상에서 가장 오래된 주식

동인도 회사가 발행한 주식

1606년 9월 9일, 네덜란드 동인도 회사의 엥크하위전 지부는 피터르 헤르만스존 부더라는 이름으로 주식을 발행한다. 이는 1602년에 설립한 무역 회사가 남긴 가장 오래된 주식 권리 증서이자 세계에서 제일 오래된 주식이다. 주식 배당금에 대한 기록은 1650년의 것까지 남아 있다.

네덜란드 독립전쟁(80년 전쟁)을 치른 네덜란드는 무역 항로를 개척하기 시작했고, 그 산물로 네덜란드 동인도 회사를 설립한다. 전쟁을 치른 여파로 스페인 항구를 사용할 수 없게 되자, 네덜란드는 자신만의 무역 회사를 세워 아시아와 직접 무역하기로 결심한다. 여섯 개의 각기 다른 도시에 세워진 지부에서 아시아로 갈 배를 건조할 자본금을 끌어모은다. 그 과정에서 당시로서는 첨단 금융 수단인 주식이 탄생하게 된다.

주식은 지부에서 거래되었고, 네덜란드 공화국에 살고 있는 누구나 구매할 수 있었다. 1602년에 발행한 첫 주식으로 640만 길더의 자본금을 모을 수 있었다. 동인도 회사는 주주들에게 매년 무역에서 발생하는 이익 배당금을 지불한다. 동인도 회사는 한편으로 해외 무역을 독점했고, 다른 한편으로 국내에서 주식을 통해 자본금을 끌어올려 17세기 네덜란드의 황금시대가 열리는 데 큰 역할을 한다.

1606년 9월부터 보관해 온 동인도 회사의 가장 오래된 주식 기록. 왼쪽은 주식 영수증, 오른쪽은 연간 배당금이다. 2010년에 어떤 역사학도가 발견했다.

암살당한
엘리자베트 황후

아름다운 황후의 비극적인 삶

1898년 9월 10일, 오스트리아 제국의 엘리자베트 황후가 암살당한다. 그녀의 비극적인 삶은 1950년대 로미 슈나이더 주연의 〈시시Sisi〉 3부작으로 제작된다.

"오, 프란츠 요제프!"

영화 속 슈나이더의 외모는 세대를 넘어 관객들에게 엘리자베트 황후에 대한 인상을 깊이 각인시켰다. 하지만 진짜 엘리자베트 황후는 어떤 인물일까? 1837년에 태어난 엘리자베트는 바이에른 공작 궁정에서 성장하고, 1854년에 황제 프란츠 요제프 1세와 어린 나이에 결혼한다. 황족 같지 않은 외모 덕분에 '시시'라는 별명을 가진 그녀는 제멋대로인 성격으로 궁정 생활에 어려움을 겪고, 1889년 아들 루돌프 황태자의 자살 후에는 우울증에 시달린다.

말년의 시시는 '길가의 제후'라는 별명을 얻을 정도로 여행을 많이 했다. 그러나 60세에 이탈리아 무정부주의자 루이지 루케니에게 칼에 찔려 사망한다. 시시는 당시 무정부주의자들의 공격을 받는 왕족 중 하나로, 이는 새로운 시대의 도래를 알리는 징후였다.

1865년도에 그려진 오스트리아 황후 엘리자베트의 초상화.

HISTORY

로미 슈나이더는 에른스트 마리슈카 감독의 〈시시〉 3부작뿐만 아니라 1865년에 그려진 오스트리아 황후 엘리자베트의 초상화를 다룬 1972년 전기 영화에서도 시시 역을 맡았다.

프리드리히 2세와 서신을 주고받은 볼테르

계몽주의의 두 영혼

1740년 9월 11일, 프로이센 왕국의 왕 프리드리히 2세(1712~1786)가 볼테르라는 필명으로 잘 알려진 프랑스 철학자 프랑수아-마리 아루에(1694~1778)와 만난다. 둘의 만남은 오늘날 독일의 클레베 지역 근처에 있던 한 성에서 이루어진다. 계몽사상가와 계몽주의 군주의 역사적 만남으로 기록된다.

프리드리히 2세가 처음 볼테르에게 편지를 보낸 건 1736년이었고 그 뒤로 둘은 계속 연락을 주고받는다. 1734년 자신의 수필 모음집 『철학서간Lettres Philosophiques』을 출간한 볼테르는 광신주의와 미신을 타파하고자 싸우는 열정적인 철학자로 세간에 알려진다. 아직 젊은 황태자 신분이었던 프리드리히 2세는 볼테르를 영적인 멘토로 따랐으며, 둘은 죽을 때까지 600통이 넘는 편지를 주고받았다고 전해진다.

볼테르가 가끔 프리드리히 2세의 궁전에서 시간을 보내기는 했으나, 둘의 대화는 대부분 편지로 이루어졌다. 볼테르가 프리드리히 2세의 계몽주의적 국정운영 방식에 늘 찬성한 건 아니었다. 하지만 계몽주의 시대에는 의견 차이가 있어도 수용될 수 있었다.

사색가와 정치가는 특히 인생에 관한 철학을 논하는 편지를 주고받았다. 1757년 9월에 보낸 편지 내용은 이렇다.

"솔직해집시다. 예술과 철학은 소수만이 누리는 자산이오. 대부분 사람과 일반 귀족은 사악한 짐승 같은 본성 그대로 살아가고 있소."

젊은 볼테르의 초상(1725년경).

44년간 군림한
에티오피아 마지막 황제

하일레의 은총?

1974년 9월 12일, 에티오피아의 마지막 황제 하일레 셀라시에가 폐위된다. 하일레 셀라시에 1세는 1930년부터 1974년까지 44년간 에티오피아 제국을 다스리며 헌법을 제정하고 노예제도를 철폐하는 등 근대화에 힘썼다. 1935년 이탈리아의 독재자 무솔리니가 에티오피아를 침공하면서 제2차 이탈리아-에티오피아 전쟁이 발발하고, 셀라시에는 대영 제국으로 망명하게 된다. 1941년 연합군이 이탈리아군을 몰아낸 후에야 그는 고국으로 돌아올 수 있었다. 셀라시에는 네덜란드와 벨기에 등 다양한 유럽 국가를 방문하며, 유엔의 주도로 에티오피아와 에리트레아가 통합되자 에리트레아의 왕도 겸하게 된다.

에티오피아는 경제 위기와 기근에 시달리다 1974년 군사 쿠데타가 일어나 하

일레 셀라시에는 폐위된다. 그는 1년 후 83세로 사망했다. 셀라시에는 자메이카 레게 가수 밥 말리의 가사에 등장하기도 했으며, 오늘날까지 유럽 식민 통치에 저항한 상징으로 많은 아프리카인들에게 존경받는다. 하지만 평가가 엇갈리기도 한다. 비영리 단체 휴먼 라이츠 워치는 셀라시에를 독재자로, 소수 민족을 박해하며 인권 문제를 경시했다고 비판했다. 또한 자신을 숭배하는 움직임을 딱히 거부하지도 않았다.

1923년경 하일레 셀라시에 1세의 모습.

HISTORY

1930년대 자메이카에서 시작된 라스타파리(Rastafarianism) 운동은 에티오피아의 황제 셀라시에 1세를 예수 그리스도가 환생한 인물로 여긴다.

이스라엘-팔레스타인 사이에 이정표를 세우다

오슬로 협정은 역사적 합의?

1993년 9월 13일, 팔레스타인 자치 정부의 수반 야세르 아라파트(1929~2004)와 이스라엘의 총리 이츠하크 라빈(1922~1995)이 미국 워싱턴 백악관 앞마당에서 공식적으로 악수를 나눈다. 미 대통령 빌 클린턴(1946~)의 중재 속에 이스라엘과 팔레스타인은 영구적인 화해를 목표로 오슬로 협정을 체결한다. 1948년 이스라엘 건국 이후로 이스라엘과 팔레스타인은 오랜 분쟁과 갈등을 겪었고, 1967년 6일 전쟁(제3차 중동전쟁) 이후 이스라엘은 유엔의 원안대로라면 팔레스타인의 영토여야 했던 가자 지구와 요르단강 서안 지구를 점령한다.

1993년 8월 20일, 팔레스타인 해방기구PLO의 야세르 아라파트와 이스라엘 총리는 오슬로에서 비밀 회담을 통해 팔레스타인 자치 정부 설립과 자치권에 대해 합의한다. 그러나 합의는 끝내 이행되지 않았고, 팔레스타인의 요구는 실현되지 못했다. 이를 두고 일부는 "팔레스타인판 베르사유 조약"이라고 비난한다. 이스라엘은 팔레스타인 영토 내 정착촌 건설과 통제를 지속했다. 2012년 유엔 총회에서 팔레스타인은 옵서버 국가로 격상되며 국가로 인정받았다. 하지만 미국 등 거부권을 행사하는 나라들도 있어서 유엔 안보리에서 정회원 자격을 획득하지는 못했다. 오늘날에도 갈등의 불씨를 지닌 두 국가가 평화로 가는 과정은 험난하기만 하다.

왼쪽은 야세르 아라파트, 가운데는 시몬 페레스 이스라엘 외무장관, 그리고 오른쪽은 1994년 노벨 평화상을 수상한 이츠하크 라빈이다.

최초로 이집트 상형문자를 해독한 샹폴리옹

프랑스 이집트학자의 문자를 향한 열정

1822년 9월 14일, 프랑스의 언어학자 장-프랑수아 샹폴리옹(1790~1832)이 이집트의 고대 상형문자를 해독하는 데 성공한다. 고대 이집트 문명에 다가갈 수 있는 암호를 푼 것이다. 위대한 사원과 파라오 등 기원전 3000년경 나일강 일대에서 꽃피웠던 고대 문명의 모습을 문자로 엿볼 수 있게 되었다.

샹폴리옹이 상형문자를 해독할 수 있었던 열쇠는 1799년 나폴레옹의 군대가 이집트의 알렉산드리아 근처에서 발견한 로제타석에 있었다. 그리스어, 라틴어, 동양어 등 여러 고대 언어를 전공한 그는 수년간 로제타석을 연구했다. 1822년 드디어 로제타석의 신성문자, 민중문자, 고대 그리스어 사이의 상관관계를 파악하며 상형문자를 해독하는 데 성공한다. 샹폴리옹은 콥트어와 비석의 고유명사들을 비교하며 실마리를 찾아냈고, 나머지는 시간과 노력이 해결해 주었다.

샹폴리옹 덕분에 이집트 상형문자를 파악하게 되자 고대 이집트를 연구하는 이집트학도 앞으로 나아갈 수 있었다. 1822년 9월 27일 정오, 파리의 마자린느 거리에 있는 자신의 집에 있던 샹폴리옹은 프랑스 금석문 및 문예 아카데미 Academie des Inscriptions et Belles-Lettres에 서한을 보내 자신이 발견한 것들을 발표한다. 1824년 샹폴리옹은 『고대 이집트 상형문자 체계에 관한 연구Precis du Systeme Hieroglyphique des Anciens Egyptiens』라는 논문집을 통해 로제타석의 상형문자 완역본을 선보인다.

샹폴리옹이 상형문자 연구를 위해 참고자료로 사용했던 로제타석은 현재 대영박물관에 전시되어 있다.

Sept. 15

2008년 리먼 브라더스의 파산

대마불사大馬不死, Too big to fail

2008년 9월 15일, 미국의 투자은행 리먼 브라더스 홀딩스 주식회사가 더는 채권자들의 요구를 버티지 못하고 파산 신청(소위 말하는 '챕터11 파산보호 신청')을 한다. 1847년에 설립된 리먼 브라더스는 전 세계적으로 2만 5천 명 이상의 직원을 두고 있었으며, 당시 미국의 4대 거대 투자은행 중 하나로 꼽혔다. 대마불사라 하지 않았던가?

리먼 브라더스의 몰락은 2007년에 터진 금융 위기가 최악의 상태로 치달으면서 최저점을 찍고 발생한 것이다. 지금 생각하면 이해하기 어렵지만 당시 은행들은 자신들의 은행상품이 '고수익'을 보장해 준다는 식으로 포장해 가며 상환 능력이 없는 사람들에게까지 대대적으로 대출해 준다. 하지만 부동산 시장이 붕괴하면서 은행이 판매했던 금융상품들의 가치가 급락하기 시작하고, 이곳저곳에서 강제퇴거 사태가 벌어지는 가운데, 은행에서는 예금 인출 소동이 벌어진다. 은행들끼리 서로를 신뢰하지 못하게 되면서 유동성 문제가 발생했다. 이는 마치 1930년대 대공황 사태를 재현하는 듯한 분위기였다.

2010년에는 그리스가 재정난에 빠지고, 이어서 스페인과 포르투갈도 어려움을 겪는다. 리먼 브라더스 사태는 장기적으로 오늘날까지 영향을 미치고 있다.

2008년 미국에서 벌어진 리먼 브라더스 사태는 경제 위기가 어느 정도까지 커질 수 있는지를 잘 보여 준다.

2008년 9월 15일 리먼 브라더스 사태를 취재하기 위해 미국 뉴욕 본사 앞에 모인 기자들.

인도의 독립을 위한
간디의 단식 투쟁

비폭력 저항의 대명사

1932년 9월 16일, 마하트마 간디(1869~1948)는 인도에서 카스트 제도에 따라 선거 차별을 도입하려는 영국 정부에 반대하며 단식 투쟁을 시작한다. 단식은 인도 독립을 위해 간디가 설파한 비폭력 투쟁의 한 방식이다. 1948년, 인도는 마침내 영국으로부터 독립하지만, 그해 간디는 암살당한다.

간디는 1869년 인도의 힌두교 집안에서 태어나 변호사가 된다. 젊은 시절 남아프리카에서 변호사 생활을 하면서 인권운동가의 길로 접어든다. 간디는 철저한 원칙과 태도로 수백만 명의 사람에게 영감을 주며 마치 구루와도 같은 인물의 위상에 오른다. 간디는 채식주의자가 되고, 사치스러운 것들과는 거리를 두며 식민 통치에 대항해 비폭력 투쟁을 해나간다. 감옥에 갇히거나, 집단 린치를 당하고, 때로는 대장정을 떠나기도 하고, 데모나 보이콧을 하며 간디는 최하위층을 위한 인권운동과 독립운동을 개진해 나간다.

영국 정부는 더는 간디를 모른 척할 수 없었다. 1930년에 영국 총리가 간디를 불러 영국의 지배가 없다면 인도는 혼란에 빠질 거라고 하자, 간디는 이렇게 답한다.

"총리 전하, 아무리 좋은 외국 정부가 있다 해도, 나쁜 자국 정부를 버릴 나라는 지구 상에 없다고 말씀드리고 싶습니다."

1931년 모한다스 '마하트마' 간디의 초상.

HISTORY

간디는 힌두교 민족주의자에 의해 1948년 1월 30일에 암살당한다. 간디의 뒤를 이은 또 다른 비폭력 투쟁의 대명사 마틴 루서 킹은 1968년 4월 4일에 총에 맞아 세상을 떠난다.

Sept.
17 | 피로 얼룩진 앤티텀 전투

미국인 대 미국인의 전쟁

1862년 9월 17일, 미국 남북전쟁 중 가장 치열했던 앤티텀 전투에서 2만 2천 명 이상의 부상자와 4,500여 명의 사망자, 2천여 명의 실종자가 발생한다. 이 전투는 남부와 북부의 젊은이들이 서로 싸운 날로, 미국 역사상 가장 많은 피로 얼룩진 날로 기록되었다. 남북전쟁은 4년간 이어지면서 약 60만에서 70만 명의 목숨을 앗아갔다.

미국 남북전쟁(1861~1865)은 미국인들에게는 유럽의 제1차 세계대전과 비견될 만하다. 미국 남부와 북부 사이의 정치적 갈등이 점점 심해져 통제할 수 없는 지경에 이른다. 처음에는 남부 주들이 연방을 탈퇴하기 시작했고, 그 후 파란 군복의 북부 연방군과 회색 군복의 남부군 사이에 무력 충돌이 이어진다.

남북전쟁의 주요 쟁점은 노예제였다. 남부 주들은 목화농장을 운영하려면 흑인 노예들이 필요했고, 북부 주들은 악습을 철폐하고 싶어 했다. 1860년, 대통령 당선인 신분의 에이브러햄 링컨은 노예제 철폐를 최우선 과제로 삼고, 그 결과 남북전쟁이 벌어진다.

1862년 9월 17일, 메릴랜드주의 앤티텀 크리크에서 남부군 총사령관이었던 로버트 E. 리 장군은 조지 B. 매클렐런 장군이 이끄는 북부군과 전투를 벌인다. 이미 1년 이상 이어져 온 남북전쟁이 미국 동부 지역까지 전장을 옮겨온 것이다. 앤티텀 전투는 하루 종일 벌어졌고, 9월 18일 아침에 끝이 났으나 양측 모두에게 심각한 피해를 남긴다.

1862년 9월 미국의 사진작가 알렉산더 가드너는 앤티텀 전투의 가슴 아픈 순간들을 사진으로 남겨 사진집을 발행한다.

리키니우스를 물리친
콘스탄티누스 대제

콘스탄티누스, 콘스탄티노폴리스

324년 9월 18일, 콘스탄티누스 1세가 크리소폴리스 전투에서 공동 황제였던 리키니우스를 물리치고 로마 제국의 유일한 황제로 등극한다. 이로써 그는 콘스탄티누스 대제로 불리며, 로마 제국의 통일된 권력을 장악한다.

콘스탄티누스 대제는 율리우스 카이사르, 아우구스투스, 키케로보다 3~4세기 뒤에 활동한 인물로, 로마 황제 시절 중요한 업적을 남긴다. 그의 통치 아래 기독교인들은 박해에서 벗어나고, 본인도 기독교로 개종한다. 그는 기독교 관용을 명시한 밀라노 칙령(313)을 발표해 기독교가 유럽에서 지배적인 종교로 성장하는 토대를 마련한다.

콘스탄티누스 1세의 두 번째 개혁은 동부 지역 개발이었다. 동쪽에서 성장한

그는 기독교 문화에 익숙하고, 로마보다 비잔티움을 제국의 중심지로 여긴다. 그는 비잔티움의 이름을 콘스탄티노폴리스로 바꾸고, 도시를 확장해 330년에 로마 제국의 새로운 수도로 삼는다. 이로 인해 제국 내 동서 분열은 더욱 심화된다.

콘스탄티누스 대제의 업적을 기려 328년에 지은 콘스탄티노폴리스의 기둥을 묘사한 그림. 기둥은 오늘날에도 이스탄불의 구시가지에 있으며 1985년에는 유네스코 세계문화유산으로 등재되었다.

HISTORY

325년, 콘스탄티누스 1세는 주교들을 모두 소집하여 제1차 니케아 공의회를 개최한다. 니케아 공의회에서 매년 돌아오는 부활절의 날짜를 세는 법을 정한다.

Sept. 19 | 처음으로 여성의 선거권을 인정한 뉴질랜드

여성주의의 첫 물결

1893년 9월 19일, 당시 뉴질랜드의 총독인 글래스고 경이 처음으로 여성의 투표권을 인정하는 법에 서명한다. 뉴질랜드에 사는 21세 이상의 여성은 선거에 참여할 권리를 얻게 되었다.

여성 참정권 법안이 최초로 통과된 것은 격렬한 청원운동 덕분이었다. 1892년과 1893년, 뉴질랜드에서 여성 참정권 운동이 활발히 전개되었고 성인 여성의 4분의 1이 청원에 참여했다. 반대하는 이들은 도덕주의자들이나, 여성들이 보수 후보를 지지할까 걱정한 자유주의 정치인들이었다. 그로 인해 뉴질랜드 의회는 20 대 18이라는 아슬아슬한 표 차이로 법안을 통과시킨다. 의회당 바깥에서는 참정권에 찬성하는 여성들과 반대파가 서로 다투며 시위를 벌이고 있었다. 우여곡절 끝에 1893년 9월 19일 여성들도 드디어 투표권을 획득하게 된다.

1893년, 벨기에에서는 개혁이 일어나 복수투표권이 도입된다. 모든 남성은

투표할 수 있으며, 특별히 부자이거나 교육을 받은 계층은 2장 혹은 3장의 투표권을 얻는다. 하지만 여성의 투표권은 아직 시기상조였다. 세계를 휩쓴 여성주의 첫 물결 덕택에 1892년 벨기에 여성연맹Ligue Belge du Droit des Femmes이 창설되긴 했지만, 아직 갈 길이 요원하기만 했다.

1893년에 뉴질랜드에서 제출된 여성 참정권 청원서의 첫 페이지.

Sept. 20 | 리소르지멘토의 완성

통일 이탈리아

1870년 9월 20일, 로마를 탈환하며 리소르지멘토Risorgimento가 완성된다. 리소르지멘토는 이탈리아의 중소 국가들이나 공화국들을 하나로 묶어 통일 이탈리아를 이루고자 하는 움직임을 일컫는다. 이탈리아를 통일하지 않고서는 진정한 이탈리아의 주인이 될 수 없었다.

로마 제국이 세계를 호령하던 고대 시대와 더불어 이탈리아의 최전성기는 인본주의가 꽃을 피웠던 14~15세기다. 당시 유명 인물로는 프란체스코 페트라르카나 프라 안젤리카, 베네치아의 총독, 그리고 이탈리아 제노바 출신의 크리스토퍼 콜럼버스가 있다. 하지만 그 이후 17~18세기에 접어들어 이탈리아는 프랑스, 영국, 신성 로마 제국같이 당시 떠오르는 강대국들에 맞서 이렇다 할 힘을 발휘하지 못한다. 일부 지역은 나폴레옹 군대에 점령당하기도 한다.

19세기에는 이탈리아를 통일하려는 움직임이 일어난다. 다양한 형태의 통일운동이 일어나고, 카밀로 벤소 디 카르보우 백작이나 주세페 가리발디 장군 같은 인물들이 나타나 통일운동을 이끈다. 리소르지멘토는 1820년에서 1870년까지 상당히 오래 이어졌다. 1861년, 이탈리아 왕국이 건국되었으며 1870년에 가리발디 장군이 로마를 점령하면서 교황의 영향력은 바티칸 공국에 국한되었다. 이로써 리소르지멘토가 완성되었다.

란칠로토 톰프슨이 쓴 『통일 이탈리아와 미회복 지역들 (Il Risorgimento italiano e gli irredenti)』의 표지.

중화인민공화국의 건국을 선언한 마오쩌둥

깨어나는 노란 거인

1949년 9월 21일, 중국 인민정치협상회의 전국위원회의 주석, 즉 국가 주석인 마오쩌둥(1893~1976)이 베이징에서 연설한다. 마오는 "중국 인민들이 일어섰다"라고 말하며, 중화인민공화국의 새 시대가 열렸음을 선언한다.

그로부터 9일 후, 톈안먼 광장에서 열병식과 연설 등으로 이루어진 중화인민공화국의 건국기념식이 열린다. 새 국가國歌인 의용군 행진곡이 처음으로 울려 퍼지고, 오성홍기가 최초로 게양된다. 마오쩌둥이 이끄는 중국공산당의 확고한 지도 아래 새로운 국가가 탄생한 것이다.

10월 1일은 지금도 중국의 국경일이다. 마오가 이끌던 중화인민공화국은 70년이 지난 오늘날 시진핑이 이끄는 세계 최강국 중 하나가 되었다. 러시아와 달리 중국은 공산주의 정부는 그대로 유지한 채 자유시장경제를 도입하는 데 성공한다. 국가가 어느 정도 통제를 하는 선에서 일정 범위의 자유를 누리고 있다.

1950년 무렵 연설을 하는 마오쩌둥의 모습.

HISTORY

마오쩌둥이 순해 빠진 사람은 아니었다. 그는 문화혁명(1966~1976) 동안 200만 명에서 800만 명의 사람을 죽이는 등 대숙청을 벌이기도 했다.

Sept. 22

두 이복형제가 암살한 줄루의 왕 샤카

슬픔에서 비롯된 광기

남아프리카 줄루 왕국의 시조 샤카(1787?~1828)는 1816년 왕위에 오른다. 샤카가 속했던 부족은 그 수가 약 1,500명에 못 미쳤고 남아프리카에 있는 수백여 개의 다른 부족들에 비하면 작은 편이었다. 샤카는 나이에 따라 각기 다른 활동을 담당하고 그에 대한 책임을 지는 시스템인 연대 제도를 도입한다. 또한 짧은 창에 긴 창머리가 붙은 이클와라는 이름의 특이한 창도 개발한다. 똑똑한 포위 전술, 강한 외교력, 굳은 규율 등으로 군사적인 측면에서 샤카는 탁월한 지도력을 보인다.

1816년경부터 샤카는 자신에게 반대하는 모든 남아프리카 부족을 말살하고, 생존자들은 자신의 부족으로 흡수한다. 1823년, 샤카는 나탈 지역 전체를(오늘날 남아프리카 공화국의 콰줄루나탈주) 자신의 손아귀에 넣고 줄루 왕국을 어마어마하게 확장한다. 그는 철권정치로 나라를 다스렸으며 어떠한 반항도 용납하지 않았다. 하지만 1827년에 어머니 난디가 세상을 떠나자 샤카는 무너지기 시작한다. 샤카는 줄루족 수백 명을 살해하고, 작물 재배와 우유 짜기를 금지했으며, 임신한 여성과 그 남편을 모두 죽인다. **1828년 9월 22일**, 샤카의 이복형제인 딩가네와 믈랑가나는 더 이상 샤카를 가만히 두지 않기로 결심하고, 경비병 음보파의 도움을 받아 샤카를 칼로 찌른다. 딩가네는 이후 줄루 왕국의 새로운 왕이 된다.

오늘날 줄루 지역에서 샤카의 명성은 긍정적으로 평가되며, 2010년에는 그의 이름을 딴 공항이 건설되었다. 샤카의 잔인성에 대한 이야기는 주로 백인 상인들이 퍼뜨린 설에 불과하다는 주장도 있어 역사적 사실과 전해 오는 이야기를 구분하기가 어렵다.

300

레게 왕의 마지막 콘서트

세상을 떠난 문화 아이콘 밥 말리

1980년 9월 23일, 자메이카 레게의 선구자 밥 말리(1945~1981)가 마지막 공연을 마친다. 1년 전, 말리는 'The Uprising Tour'라는 월드투어에 나섰는데, 그때만 해도 그것이 말리의 마지막 월드투어가 될 줄은 꿈에도 몰랐다. 1980년 6월 13일 도르트문트에서 있었던 콘서트를 보러 간 사람들은 잊을 수 없는 공연을 생생하게 맛본다. 숨 막히는 더위 속 콘서트 홀 천장에 맺힌 물방울이 뚝뚝 떨어지고, 대마초 연기가 자욱한 가운데 관객들은 〈No Woman, No Cry〉나 〈Could You Be Loved〉 같은 밥 말리의 환상적인 음악들을 따라 부른다.

그로부터 약 1년이 지난 9월 21일, 밥 말리는 뉴욕에서 조깅을 하다 쓰러지고 만다. 하지만 쓰러지고 이틀이 지난 23일, 말리는 펜실베이니아주 피츠버그의 스탠리 극장에서 전석이 매진된 콘서트를 공연한다. 말리는 자신의 삶이 얼마 남지 않았다는 걸 알고 있었다. 말리의 병은 흑색종(피부암)이었다.

이번 공연의 리허설은 평상시보다 무척 어려웠다. 말리는 자신의 밴드인 '더 웨일러스'에게 리허설 내내 자신의 곡 〈I'm Hurting Inside〉를 연주해 달라고

부탁한다. 1960년대 후반에 작곡된 이 곡은 신체적·정신적으로 고통을 겪던 말리의 상황에 잘 어울리는 곡이었다. 하지만 이날 공연에서 말리는 이 곡을 직접 부르지는 않았으며, 그의 마지막 콘서트는 〈Live Forever〉라는 앨범에 수록되어 2011년 LP판과 CD로 발매된다. 레게의 왕이자 라스타파리 운동의 선구자인 그는 1981년 36세의 나이로 세상을 떠난다.

밥 말리와 그의 초상화는 오늘날까지도 많은 이에게 영감을 주고 있다.

⟨Nevermind⟩를 출시한
너바나

1990년대와 X세대의 록 사운드

1991년 9월 24일, 시애틀 출신의 그런지 록 밴드 너바나가 두 번째 정규 앨범 인 ⟨Nevermind⟩를 출시한다. 1980년대에 유행했던 글램 록이나 일렉트로-팝 에 대한 반대급부로, 너바나는 헤비메탈이 주는 무거운 기타 사운드에 깨끗한 펑크록을 결합해 더 날것의 그런지 록을 추구한다.

너바나의 앨범 ⟨Nevermind⟩는 언더그라운드 밴드치고 엄청난 상업적 성공 을 거두며 1992년 초 주당 30만 부씩 판매되었다. 이는 작품의 높은 완성도 덕 분으로, 특히 히트곡 ⟨Smells Like Teen Spirit⟩는 대중음악 채널과 잘 맞아 신 드롬을 일으켰다. 그러나 리드 싱어 커트 코베인(1967~1994)은 이 곡이 너무 매 끄럽고 상업적으로 완성된 것에 대해 후회하기도 했다.

⟨Nevermind⟩의 음반 커버 역시 수록된 음악 못지않게 상징적이다. 4개월 된 아기가 물속에서 1달러 지폐를 잡으려 하는 모습은 순수성의 상실과 현대 사회 의 물질주의를 상징한다. 음반 커버의 아기 모델이었던 스펜서 엘던은 최근 이 사진이 아동 학대에 해당한다며 15만 달러의 보상금을 요구했다.

1994년 4월 5일, 커트 코베인은 헤로인 중독 과 우울증으로 인해 27세의 나이로 스스로 생을 마감한다.

1993년 12월 로스앤젤레스에서 공연을 펼치고 있는 리드 싱어 커트 코베인.

Sept. 25

교황과 황제의 서임권 분쟁에 종지부를 찍은 보름스 협약

영적인 권력 vs. 세속적인 권력

서로마 제국의 몰락 이후에도 교회는 로마 제국의 특징을 유지했다. 가톨릭교회의 교구는 과거 로마의 속주와 유사하며, 예배와 행정에서 라틴어를 계속 사용했다. 초기 중세에는 세속 군주들이 성직자를 자신의 영토 통치에 참여시켰고, 중세 독일 제국은 이러한 교회 국가 형태로 성장하여 신성 로마 제국이 되었다. 신성 로마 제국의 황제는 주교를 지명하고 이들을 제국의 봉신으로 임명함으로써 성직자들의 정치 참여를 유도하고 제국의 분열을 방지하며 중앙 집권적 권위를 강화했다. 그러나 시간이 지남에 따라 제국의 주교들이 교황과 황제 중 누구에게 충성을 바쳐야 하는지에 대한 갈등이 발생했다.

11세기에는 서임권을 둘러싸고 교황과 신성 로마 제국 황제 사이에 심각한 분쟁이 발생했다. 이는 영적 권력과 세속 권력이 충돌한 상황이었다. 1075년, 교황 그레고리오 7세는 세속 정부의 교회 문제 개입을 비난하며 황제를 겨냥한 교서를 작성했다. 그는 여전히 세속 정치에 영향력을 미치고 싶어 했다. 예컨대 하인리히 4세를 파면시켜 비어 있는 황제 자리를 노리는 독일 왕자들이 중앙정부에 반란을 일으키도록 유도한다. **1125년 9월 25일**, 신성 로마 제국의 도시 보름스에서 황제와 교황은 보름스 협약을 맺으며 타협점을 찾는다. 이 협약에서 황제는 서임권을 포기하였지만, 주교 및 교회 수장들은 여전히 세속 정치에서 권력을 행사할 수 있는 지위를 유지하게 되었다.

보름스 협약을 맺고 10년이 지난 보름스 대성당의 모습.

Sept. 26

핵전쟁을 막은 스타니슬라프 페트로프

세상을 구한 남자

1983년 9월 26일, 소련의 장교 스타니슬라프 페트로프(1939~2017)는 상부의 명령을 어긴다. 하지만 그로 인해 제3차 세계대전의 발발을 막을 수 있었다. 1945년 이후로 미국과 소련은 냉전 상태에 빠진다. 두 핵무기 보유국들은 상호확증파괴 MAD 원칙에 따라 균형을 맞추며 전 세계가 전쟁에 빠지지 않도록 했다. 이 원칙은 어느 한 나라가 핵전쟁을 시작하면 상대국이 보복할 수 있다는 전략으로, 냉전의 '과열'을 막는 역할을 했다.

실제로 이 전략은 효과가 있었다. 히로시마와 나가사키 이후로는 핵무기를 전쟁에서 사용한 적이 없었다. 하지만 1983년 9월, 핵전쟁이 거의 일어나기 직전까지 간 일이 벌어진다. 페트로프는 모스크바 근처의 군사기지에서 혹시 모를 미사일 공격을 감시하는 일을 맡아 당직을 서고 있었다. 그때 갑자기 세 번의 미국 미사일 발사 경고가 뜬다. 프로토콜에 따르면 페트로프는 즉시 모스크바 상부에 보고해서 MAD 원칙에 따라 맞대응을 해야만 했다. 하지만 페트로프는 보고하지 않는다.

페트로프는 민간 훈련만 받았기 때문에 전문 군인처럼 상부에 절대복종해야 한다는 마인드가 없었다. 페트로프는 미사일 발사 경고가 과연 진짜인지 의문을 품는다. 혹시 단순한 시스템 문제는 아니었을까? 페트로프는 컴퓨터에 기술적인 문제가 있었으리라 판단을 내린다. 20분 후, 그는 자신이 옳았음을 알게 된다. 위성의 실수로 햇빛을 미사일 공격으로 오인한 사실이 드러난다.

이 이야기는 냉전이 다 끝난 이후에야 밝혀진다. 페트로프는 2013년에 세계 시민상을 받는다. 페트로프의 이야기는 2015년에 케빈 코스트너가 출연한 다큐멘터리 〈세상을 구한 남자The Man Who Saved the World〉로 제작된다.

예수회의 설립

내 안에 더 많은 것이 있다

1540년 9월 27일, 성 이냐시오 데 로욜라(1491~1556)가 창립한 예수회가 교황의 정식 승인을 받는다. 가톨릭의 대항종교개혁 운동에서 큰 역할을 했던 예수회는 자신들이 맺은 특유의 순종서약 때문에 곧 '교황의 기습부대'라는 별칭을 얻는다. 예수회 특유의 지적인 측면과 선교에서 보이는 열정, 또 예수회 대학교를 설립하며 교육에 대한 헌신 등 세계교회사에서 큰 역할을 한다.

예수회의 모토는 'Plus est en vous', 즉 '내 안에 더 많은 것이 있다'는 것이다. 예수회는 회원이나 예수회 교육을 받은 신도가 도달할 수 있는 수준에 대한 기준이 높다. 몇몇 예수회 회원은 네덜란드에서도 유명한 인물들이다. 네덜란드 피템에서 태어난 페르디난트 페르비스트(1623~1688)는 예수회 선교사 활동 중 중국 황실에서 유명한 천문학자가 되었다. 얀 베르흐만스(1599~1621)는 젊은 나이에 세상을 떠난 후 시성되었으며 벨기에 브뤼셀에는 그의 이름을 딴 유명한 대학교가 있다. 아돌프 덴스(1839~1907)는 알스트 공장 일꾼들의 비참한 삶을 보고 예수회 회원으로서 들고 일어섰지만 1871년에 예수회를 떠난다.

현재 예수회는 약 1만 7천 명의 사제와 수도사로 구성되어 있으며, 오늘날까지도 가톨릭교회에서 가장 큰 수도회다.

예수회의 창립자 이냐시오 데 로욜라의 모습을 그린 판화 (17~18세기 작품).

28 | 살해당한 폼페이우스

카이사르의 가장 가까운 적

기원전 48년 9월 28일, 폼페이우스가 이집트 해안에서 도망치다 암살당한다. 로마의 위대한 장군이었던 그는 결국 인간으로서 비극적 결말을 맞았다.

폼페이우스를 논할 때 빼놓을 수 없는 인물이 율리우스 카이사르다. 두 사람은 기원전 1세기에 군대를 이끌어 정치적 권력을 얻으며 카이사르는 갈리아를 정복하고, 폼페이우스는 아프리카와 동쪽 지역에서 승리를 거둬 신망을 얻게 된다. 그 결과, 두 사람은 권력의 중심에 서게 된다.

기원전 60년, 카이사르와 폼페이우스는 (크라수스와 더불어) 첫 번째 삼두정치를 구성한다. 삼두정치는 적을 항상 가까이 두겠다는 생각을 바탕으로 형성한 정치연합이다. 기원전 53년, 카이사르가 갈리아에 있는 동안 크라수스가 죽임을

당한다. 원로원은 폼페이우스가 카이사르의 독재정치를 막고 공화국을 지키길 바란다. 하지만 기원전 49년, 카이사르는 폼페이우스를 물리친다. 폼페이우스는 도망가는 처지에 놓이고 결국 그는 이집트에서 최후를 맞이한다.

폼페이우스와 카이사르 모두 뛰어난 사령관이었지만, 카이사르가 좀 더 민첩한 정치가였다. 그러나 그 역시 기원전 44년 3월, 브루투스와 동료들의 칼에 암살당하고 만다.

로마의 보르게세 정원에 있는 그나이우스 폼페이우스의 흉상.

HISTORY

폼페이우스의 목을 베어 카이사르에게 바치자, 카이사르는 눈을 마주치지 않으려 했다는 설화가 있다. 이탈리아 트렌토의 부온콘실리오 성의 천장에는 이 장면을 묘사한 벽화가 그려져 있다.

바비 야르 협곡에서의 대학살

유대인의 비극

1941년 9월 29일, 당시 소련의 키예프 근처 바비 야르 협곡에서 대학살이 발생한다. 36시간 동안 유대인 3만 3,771명이 잔인하게 살해되었으며, 이듬해와 그다음 해에도 10만에서 15만 명이 추가로 희생된 것으로 추정된다. 주로 유대인이 희생되었지만 일부 집시나 러시아 전쟁포로도 있었다.

1940년, 독일은 유럽 전선을 정복하고 소련을 무찌르기 위해 바르바로사 작전을 시작한다. 1941년 9월, 키예프가 독일의 손에 들어간 후, 독일은 아인자츠그루펜이라는 특수부대를 동원해 바비 야르에서 집단학살을 저지른다. 이 부대는 유대인과 공산주의자를 절멸하여 나치 사상을 실현하기 위해 조직된 특공대였다.

친위대 대령 파울 블로벨이 이끄는 아인자츠그루펜 C의 특별 특공대인 존더코만도 4a는 키예프에서 테러를 자행한다. 이들은 유대인들을 바비 야르 협곡으로 유인한 후, 남녀노소를 가리지 않고 야만적인 방식으로 학살하고, 시체들을 거대한 무덤에 묻는다.

아인자츠그루펜이 살해한 유대인 수는 나치에 의해 목숨을 잃은 전체 유대인 600만 명 중 3분의 1에 달하는 것으로 추정된다. 나머지는 절멸수용소에서 홀로코스트로 목숨을 잃었다. 바비 야르 대학살은 아우슈비츠 수용소와 함께 헤아릴 수 없는 악을 영원히 기억하게 한다.

학살이 끝나고 하루가 지난 1941년 10월 1일, 바비 야르 협곡에 투입된 폴란드 전쟁포로들이 희생자들의 시체를 파묻고 있다.

계몽에 관한 에세이를 출간한 칸트

"미성숙한 죄의 상태로부터 해방"

1784년 9월 30일, 독일 철학자 임마누엘 칸트(1724~1804)가 유명한 에세이 『계몽이란 무엇인가에 대한 답변Beantwortung der Frage: Was ist Aufklarung?』을 출판하여 계몽의 의미에 대한 해답을 제시한다. 칸트는 이 에세이를 계몽 잡지인 《베를린 월보Berlinische Monatsschrift》에 기고한다. 계몽Enlightment이란 볼테르와 다른 철학자들이 제시한 새로운 인간 사회 모델에 관한 개념이다.

칸트는 위대한 철학자 중 한 명이며, 철학을 매우 체계적으로 발전시켜 서양 철학에 큰 발자취를 남긴다. 1784년에 출간한 칸트의 짧은 에세이는 계몽의 의미에 관한 논쟁을 서술한 것이다. 비관용성에 대한 거부일까? 삶에 대한 좀 더 자유로운 태도? 개인주의? 칸트는 에세이에서 서술하기를, 계몽은 독립적으로 스스로 말하고 생각할 수 있는 용기라고 자신만의 정의를 내린다. 아래 문단은 칸트의 에세이 서두를 번역한 것이다.

"계몽은 인간 스스로 죄를 짓는 미성숙한 상태로부터 깨어나는 것을 의미한다. 미성숙함이란 다른 사람의 지도 없이는 자신의 마음을 다스릴 수 없는 상태를 말한다. 이 미성숙함의 원인이 단순히 이성의 부족이 아니라 다른 사람의 지도 없이 감히 스스로 결심을 하고 마음을 사용하려는 용기가 부족한 것이라면 그건 당신의 잘못이다. 사페레 아우데!Sapere aude! 즉, '자기 스스로 마음을 다스릴 용기를 가져라!' 이것이 계몽의 모토다."

1800년 무렵의 「도덕과 감각적인 인간」이라는 만화의 한 장면. 교수가 졸고 있는 학생들 앞에서 칸트에 관해 강의하고 있다.

10월

OCTOBER

역사는 인류가 범한 실수와
그 실수를 극복하려는 노력의 기록이다.

- 헨리 키신저

페르시아와의 전쟁에서 승리한 알렉산더 대왕

동쪽을 갈망한 알렉산더 대왕

기원전 331년 10월 1일, 마케도니아의 알렉산더 대왕(BC 356~BC 324)이 가우가멜라 전투에서 페르시아를 물리치고 전설적인 승리를 거둔다.

그리스 도시국가들을 손에 넣은 알렉산더 대왕은 기원전 334년 페르시아를 함락한다. 이집트와 지중해 동부 해안을 차례로 정복한 알렉산더 대왕은 자신의 나이 25세에 페르시아의 왕이자 샤한샤(왕 중의 왕, 페르시아 군주의 호칭) 다리우스 3세(BC 380~BC 330)와 유프라테스강과 아프가니스탄 근처에서 맞붙는다. 전투가 벌어졌던 가우가멜라 평원은 오늘날의 이라크 북부 지역에 있다. 알렉산더가 이끄는 군대는 상대적으로 규모가 작았으며(대략 4만 7천 명, 그중 7천 명은 기병), 유럽인이 전쟁 중에 코끼리(총 15마리)와 맞붙은 것은 아마 그때가 처음이었을 것이다. 그럼에도 알렉산더 대왕은 전혀 겁먹지 않는다.

알렉산더 대왕과의 전쟁에서 페르시아의 군 통수권을 쥐고 있었던 다리우스 왕은 패배한다. 이는 고대 페르시아의 아케메네스 왕조의 운명을 결정짓는다. 페르시아는 알렉산더 대왕의 손에 넘어가고, 그는 그리스에서 인더스강(오늘날 파키스탄)에 이르기까지 고대 역사에서 가장 광대한 제국을 다스리게 된다.

폼페이에서 출토된 로마 시대의 알렉산더 대왕 모자이크
(기원전 100년경 작품), 나폴리 국립고고학 박물관 소장.

기독교로부터 예루살렘을 되찾은 무슬림의 왕

성전聖戰

1187년 10월 2일, 살라딘(1138~1193)이 예루살렘 도시를 탈환한다. 1170년 경 살라딘은 이집트의 술탄이 되었으며, 외교력과 군사력을 발휘하여 시리아, 메소포타미아 북부, 팔레스타인과 이집트 등 다양한 무슬림 지역을 하나로 통일한다. 살라딘의 사관들은 그를 고귀하고 관대한 왕으로 묘사한 기록을 남겨 그의 명성을 드높이는 데 한몫한다.

약 10년 동안 프랑크족(서유럽에서 온 모든 십자군을 통칭해서 무슬림 세계에서 부른 이름)과 크고 작은 전투를 벌인 후, 1187년 7월 4일 살라딘은 하틴 전투에서 예루살렘군을 물리치고 승리를 거둔다. 살라딘은 예루살렘과 또다시 빠르게 맞붙어 또 한 번의 승리를 챙긴다. 이후 예루살렘을 공격해 공성 병기, 그리스 화약, 석궁 등을 동원한 끝에 예루살렘을 탈환한다. 기독교도들은 88년간 지배해 온 예루살렘을 잃었고, 살라딘은 당초 무슬림 대학살에 대한 복수를 계획했으나 몸값을 지불한 자들에게는 자유를 허락했다. 이후 리처드 1세(1157~1199)가 이끄는 제3차 십자군 전쟁에서도 기독교도들은 예루살렘을 되찾지 못했고, 1192년 리처드와 살라딘은 휴전 협정을 맺었다. 살라딘은 얼마 지나지 않아 다마스쿠스에서 세상을 떠났다.

(실제 모습과는 거리가 먼) 살라딘의 초상화
(이탈리아의 화가 크리스토파노 델 알티시모가 1568년 이전에 그린 작품).

Oct. 03 카이사르에 항복한 갈리아 장군 베르킨게토릭스

갈리아 전기

기원전 52년 10월 3일, 갈리아의 베르킨게토릭스가 로마의 장군 율리우스 카이사르 앞에 무릎을 꿇는다. 아르베르니족의 족장인 베르킨게토릭스(BC 82~BC 46)는 카이사르를 상대로 항전을 벌였으나 지고 만다. 기원전 50년대에 카이사르는 갈리아 지방, 오늘날의 프랑스에 해당하는 지역에 군대를 이끌고 쳐들어가 장악하기 시작, 기원전 40년대에는 갈리아를 완전히 지배한다. 카이사르가 처음 갈리아 정복에 나선 것은 기원전 58년이다. 로마 문학의 고전이 되어 버린 『갈리아 전기』에서 카이사르는 갈리아 정복에 대해 상당히 객관적으로 서술한다. 카이사르는 벨가이족을 갈리아 부족 중에서 가장 용감하다고 묘사하고, 자신이 상대했던 적수 중 가장 힘들었던 베르킨게토릭스에 대해서도 언급한다.

1909년에 제작된 프랑스의 장편영화 〈베르킨게토릭스〉의 포스터. 벨기에의 암비오릭스처럼 베르킨게토릭스는 프랑스의 역사적 영웅이다.

기원전 82년에 태어난 베르킨게토릭스는 오베르뉴 지역에 살고 있었던 아르베르니족을 다스린다. 카이사르에 맞서 싸운 베르킨게토릭스는 게릴라 작전을 기민하게 사용하여 일부 승리를 거두었지만 결과적으로 잠자는 거인의 코털을 건드린 셈이었다. 결국, 알렉시아 전투에서 패배한 베르킨게토릭스는 항복하고 만다. 그는 승전품 신세가 되어 로마로 압송되고 기원전 46년에 사형당해 생을 마감한다.

HISTORY

갈리아 항전은 만화 『아스테릭스와 오벨릭스』의 역사적 배경이기도 하다.

313

스푸트니크 1호를 쏘아 올리다

우주 경쟁에서 소련에게 돌아간 첫 승리

1957년 10월 4일, 소련은 세계 최초로 스푸트니크 1호를 쏘아 올리며 우주 경쟁에서 앞서 나간다. 우주항공 기술의 신기원을 연 것은 미국이 아니라 소련이었다.

인공위성 스푸트니크 1호는 직경 약 60cm의 알루미늄 구체로, 바깥은 열 보호막이 감싸고 있었고, 구 안쪽에는 우주에서 신호를 보낼 수 있는 라디오 송신 장치가 들어 있었다. 스푸트니크 1호는 23일간 신호를 보내며 궤도를 돌다가, 1958년 1월 4일 대기권에 재진입해 불타 사라졌다.

스푸트니크 1호로 성공을 거둔 지 한 달 만에 소련은 좀 더 커다란 우주선에 처음으로 살아 있는 생명체를 실어서 보낼 계획을 세우고 개 라이카를 태운다. 1957년 12월 미국은 뱅가드 계획을 세웠지만 실패로 돌아간다. 뱅가드호는 발사대 위에서 폭발하고 말았다.

우주 경쟁은 점점 심화했다. 1958년에 벨기에에서 개최된 세계 박람회에서 소련은 스푸트니크 1호와 2호의 모조품을 선보인다. 하지만 1961년, 미국의 대통령 존 F. 케네디는 아폴로 계획을 발표하고 결과적으로는 미국이 최후의 승리를 거둔다. 1969년 7월, 미국의 닐 암스트롱이 달에 첫발을 디딘 최초의 인류가 되었기 때문이다.

1957년 10월 4일에 발사된 스푸트니크 1호 기념우표.

HISTORY

러시아에서는 여전히 스푸트니크가 성공의 상징으로 여겨진다. 러시아가 개발한 코로나19 백신에 스푸트니크 백신이라는 이름을 붙인 것도 그 상징성을 강조하기 위한 이유다.

Oct. 05 | 1965년 〈007 살인번호〉 첫 개봉

최초의 제임스 본드 영화

1965년 10월 5일, 런던에서 007시리즈의 첫 번째 영화인 〈007 살인번호^{Dr.} No〉가 첫선을 보인다. 첫 번째 제임스 본드 영화에서는 숀 코너리와 우르술라 안드레스가 주연을 맡았고 이후 후속작들이 시리즈로 나오며 오늘날까지 사랑받고 있다.

영국 여왕의 첩보기관에 소속된 비밀 요원 제임스 본드는 특유의 차갑고 이성적인 성격의 소유자로 60년간 은막에서 엄청난 활약을 펼친다. 냉전 시기인 1958년, 터렌스 영 감독은 이언 플레밍이 쓴 동명 소설을 원작으로 제임스 본드를 영화화한다. "세상 모든 픽션물 중에 가장 비범한 신사를 소개합니다! (…) 바로 007 요원 제임스 본드!"라는 영화 속 태그라인은 널리 알려져 있다. 영화의 줄거리는 이렇다. 본드는 자메이카로 떠나고, 그곳에서 CIA와 사악한 천재 닥터 노의 음모로 포로 신세가 된다. 과연 본드는 세상을 구할 수 있을까?

〈007 살인면허〉는 제임스 본드 시리즈의 전형적인 요소인 제임스 본드, 살인면허, M, 머니페니, 스포츠카, 추격 장면, 팜므 파탈로 가득하다. 서스펜스 넘치는 오프닝 곡과 함께, 닥터 노와 우르술라 안드레스의 유명한 해변 장면도 등장한다. 이 영화는 박스오피스에서 큰 성공을 거두었다.

숀 코너리는 제임스 본드 역을 맡아 일약 스타의 자리에 오른다. 그 후로도 숀 코너리가 제임스 본드 역을 일곱 차례나 맡고, 1990년대와 2000년대에는 피어스 브로스넌과 다니엘 크레이그가 그 뒤를 이어 제임스 본드 역을 맡는다. 지금까지 나온 제임스 본드 영화 시리즈는 25개이고, 가장 최근 상영작은 2021년의 〈007 노 타임 투 다이〉이다.

나치 정권의 이인자,
하인리히 힘러

유대인 절멸 계획을 공식화한 연설

1943년 10월 4일과 6일, 나치 친위대 SS 국가지도자 하인리히 힘러(1900~1945)가 폴란드의 포즈난에서 두 차례 비밀 연설을 한다. 나치의 친위대원과 고위 간부 등 소수의 관중 앞에서 힘러는 유대인 절멸 계획을 명확히 언급한다. 당시 연설을 녹음한 공식 기록이 남아 있는데 홀로코스트가 실제로 벌어졌음을 증명하는 자료로 쓰인다. 1945년과 1946년에 뉘른베르크에서 열린 전범재판에서도 포즈난 연설의 녹음기록은 증거로 사용되었다.

포즈난 연설은 '유대인 문제의 해결책'을 처음으로 공식적으로 밝힌 자리다. 아래는 힘러의 포즈난 연설 내용이다.

"나는 이제 유대인들을 철수시키고, 더 나아가 유대인을 절멸하는 일에 대해 이야기하겠다. 이는 말보다 실행이 훨씬 어려운 일일 것이다. '유대인들은 절멸되어야 해.' 당 간부들은 흔히 말한다. '물론 이건 우리 당의 정책이니까, 유대인을 청소하고 절멸하는 것은 뭐 식은 죽 먹기야.' (…) 하지만 100여 구의 시체가 나란히 누워 있을 때, 혹은 500구나 1천 구 정도가 누워 있는 모습을 보면 그 의미를 우리는 대부분 안다. 이를 견뎌 내고 명예로운 인간으로 남는다는 것이 – 인간 자체의 나약함은 예외로 치고 – 우리를 힘들게 한다."

홀로코스트의 설계자인 힘러는 다른 12명과 함께 뉘른베르크 전범재판에서 사형 선고를 받는 수순만 남은 상황에서 1945년 5월, 구금 도중 자살을 택한다.

나치 회의에서 연설하는 하인리히 힘러의 모습. 하지만 이 사진은 포즈난 연설 중에 찍은 것이 아니라 1944년 10월 이후에 찍은 것이다.

아프가니스탄을 침공한
미국 주도 연합군

'영원한 전쟁'의 시작과 끝

2001년 9월 11일에 이슬람 테러단체인 알카에다가 비행기 두 대를 납치해 뉴욕의 세계 무역 센터 건물을 무너뜨리는 사건이 발생했을 때 미국 대통령은 조지 W. 부시(1946~)였다. 전 세계는 테러 소식을 듣고 큰 충격을 받는다. 부시는 '테러와의 전쟁'을 선포하고 아프가니스탄을 테러리스트 양성소라고 규정한다. 아프가니스탄의 극단주의 탈레반 정권을 향해 알카에다의 수장 오사마 빈 라덴(1957~2011)과 핵심 간부들을 미국으로 인도하라고 요청한다. 하지만 탈레반은 이에 대해 아무런 반응을 하지 않는다. 테러가 일어난 지 일주일도 되지 않아, 부시는 테러단체에 대한 무력 사용을 허용하는 법안을 통과시킨다.

2001년 10월 7일, 미국이 이끄는 국제연합군은 '항구적 자유 작전Operation Enduring Freedom'을 펼치며 아프가니스탄을 침공한다. 당시에는 몰랐지만, 미국은 여태껏 참전한 전쟁 중 가장 긴 전쟁에 돌입한 것이었다. 연합군이 빠르게 탈레반을 진압하자 빈 라덴은 파키스탄으로 도망친다. 전쟁 개시 후 한 달도 되지 않아 아프가니스탄의 탈레반 정권은 무너진다. 하지만 탈레반은 아프가니스탄의 시골 지역에서 연합군과 새로 수립된 아프가니스탄 정부를 상대로 게릴라 작전을 펼친다. 미국은 2001년부터 2009년까지 아프가니스탄의 재건에 380억 달러 이상을 지출한다. 2014년 12월 28일, 미국 대통령 버락 오바마(1961~)는 항구적 자유 작전이 종료되었음을 선언한다. 그러나 그 후로도 미국은 명목만 바꾼 채 아프가니스탄에 계속 주둔한다. 2021년에서야 미국 대통령 조 바이든(1942~)은 아프가니스탄에서의 '영원한 전쟁'을 종식한다고 선언하며 미군을 완전히 철수시켰다. 이후 탈레반이 아프가니스탄에서 다시 권력을 잡기 시작했다.

Oct. 08 일본이 조선 명성황후를 시해하다

마지막 황후

1895년 10월 8일, 일본의 낭인들이 조선의 명성황후(1851~1895)를 시해한다. 명성황후는 약 500년간 이어 온 조선 왕조의 임금 고종(1852~1919)의 왕비로, 러시아 제국과 조선을 속국으로 지배하던 청나라의 지원을 받아, 일본의 팽창 야욕에 오랫동안 맞서 싸워 왔다.

일본은 수 세기 동안 다른 나라들과의 교류를 중단하고 스스로를 고립시켜 왔으나, 19세기 말에 완전한 개방정책으로 기조를 바꾼다. 그 후 빠른 속도로 근대화에 나선다. 하지만 이는 단순한 발전에 그치지 않고, 아시아의 다른 나라들을 점령하고 식민지로 삼는 등 세력을 확장하여 서방 세계에 뒤처지지 않으려는 야욕으로 이어진다.

조선은 제1차 청일전쟁(1894~1895)의 주 무대가 되어 버리고, 청나라는 청일전쟁에서 패배한다. 전쟁에서 승리한 일본이 청나라에 요구한 조건 가운데 청나라를 가장 당황스럽게 한 것은 조선에서 완전히 손을 떼라는 것이었다. 을미사변이 벌어진 그날, 명성황후는 궁녀로 변장했으나 곧 들켜 버리고, 궁에 침입한 일본 낭인들에 의해 시해된다. 낭인들은 황후의 시체를 욕보인 뒤 기름을 붓고 불태워 버린다. 1897년, 고종은 대한제국을 선포하고, 명성황후는 사후에 황후가 된다. 1905년에 러일전쟁에서 승리를 거둔 일본은 미국과 거래를 한 후 1910년 조선을 일본의 식민지로 만들어 버린다. 일본은 1945년에 제2차 세계대전에서 항복을 선언할 때까지 한반도를 다스린다.

명성황후가 시해된 지 2년이 지나서야 장례식이 거행된다.
사진 속의 나무 말은 내세에서 황후를 안내하는 역할을 한다.

최초의 잉글랜드 항해법

위협받는 네덜란드 공화국

1651년 10월 9일, 잉글랜드 의회는 최초의 항해법을 가결한다. 그리고 이듬해부터 수차례에 걸쳐 법안을 보강하거나 개정한다. 항해법은 잉글랜드 식민지 무역을 보호하고자 제정된 것이다. 또한 17세기 잉글랜드의 강력한 무역 경쟁자이자 숙적이었던 네덜란드 공화국(오늘날 네덜란드)을 겨냥한 법이기도 했다.

스페인의 지배를 받던 네덜란드 남부와는 달리 북부의 네덜란드 공화국은 17세기 황금시대를 맞아 엄청난 번영을 누리고 있었다. 거장 렘브란트부터 네덜란드의 성직자 헤르트 흐로터까지 위대한 인물들이 배출된 시기이기도 했고, 무엇보다도 바다를 정복하고 세계를 상대로 적극적인 무역을 펼친 시기이기도 했다. 네덜란드의 장군 미힐 더 라위터르와 네덜란드의 제독 마르턴 트롬프 등이 바다의 영웅으로 활약하고, 동인도 회사 같은 강력한 무역 회사가 탄생하여 네덜란드 공화국은 큰 번영과 부를 누린다.

1651년 잉글랜드가 제정한 항해법은 잉글랜드와 식민지 사이의 무역이 오로지 잉글랜드 선박에서만 이루어질 수 있도록 규제한다. 민족주의적 성격을 띠는 항해법을 제정한 의도는 네덜란드를 의도적으로 국제무역에서 배제하려는 목적이었다. 그 결과 17세기 후반부에는 잉글랜드와 네덜란드 공화국 사이에 수차례 전쟁이 벌어진다. 해적이나 밀수 등의 부작용 또한 따라왔다.

1654년 항해법을 기려 주조된 기념은화.

HISTORY

항해법의 근간을 이루는 경제 이론은 중상주의다. 그러나 19세기에 자유무역주의가 등장하면서 이러한 보호무역 정책은 타격을 입는다.

카르발라 전투에서 맞붙은 수니파와 시아파

칼리프에 맞선 칼리프

680년 10월 10일, 칼리프 야지드 1세가 카르발라 전투에서 라이벌인 후세인을 물리친다.

632년 선지자 무함마드(570~632)가 세상을 떠나자, 그의 후계자를 두고 논란이 발생한다. 일부에서는 무함마드의 후손이 정당한 후계자가 되어야 한다고 주장한다. 그래서 그의 사촌이자 사위인 알리 이븐 아비 탈리브(599~661)가 칼리프로 선출된다. 그러나 알리가 대부분의 무슬림에게 인정받지 못하자 계승이 아닌 선출로 뽑아야 한다고 주장하는 무리가 나온다. 그리하여 무함마드의 친구인 아부 바크르(573~634)가 선출된 칼리프가 된다. 아부 바크르를 따르는 조직은 수니파라 불린다.

한편 알리 탈리브가 암살된 후, 그의 지지자들은 시아트 알리 또는 시아파라고 불리는 새로운 정치 조직을 결성한다. 알리의 아들 후세인 이븐 알리(627~680)가 그의 뒤를 이어 칼리프로 추대되었고, 계승권을 주장하며 이라크의 쿠파로 행진한다. 그러나 680년, 후세인과 그의 72명의 추종자들은 우마이야 왕조의 칼리프 야지드 1세의 군대와 카르발라에서 맞서게 된다. 이 전투에서 후세인은 참수당하고, 그의 목은 다마스쿠스의 우마이야 대사원에 걸린다. 그의 추종자들 역시 모두 처형된다.

카르발라 전투(아바스 알 무사비 작품).

아폴로 계획 최초의
유인 우주선 발사

카운트다운⋯ 점화 그리고⋯ 이륙, 이륙했다!

1968년 10월 11일, 첫 유인 우주선 아폴로 7호가 플로리다의 케네디 우주센터에서 발사되어 11일 후 무사히 지구로 귀환한다. 아폴로 7호에 타고 있었던 월터 시라, 돈 아이즐리, 월터 커닝햄이 인류 최초의 우주인들은 아니다. 소련의 우주비행사 유리 가가린이 이들보다 앞섰기 때문이다. 하지만 아폴로 7호는 아폴로 계획 최초의 유인 우주비행을 성공적으로 해낸다. 1961년 존 F. 케네디 대통령이 발표한 아폴로 계획은 1969년 아폴로 11호의 달 착륙으로 성과를 이루며, 1972년 아폴로 17호로 마무리된다.

아폴로 7호는 아폴로 우주비행선의 명령 및 제어 모듈에 대한 광범위한 테스트 임무를 부여받았으며, 우주선에서 미국 가정집 거실 TV를 통해 직접 생방송으로 영상이 송출된 최초의 우주비행선이기도 했다. 우주로부터 송출된 최초의 TV 방송은 아폴로 7호의 비행 4일 차인 10월 14일에 이루어졌다.

아폴로 7호는 기술적으로도 거의 완벽한 우주비행을 완수한다. 그에 비해 아폴로 계획의 다른 우주비행 미션들은 운이 별로 없었다. 아폴로 13호는 산소탱크가 폭발하는 사고가 발생했으나, 승무원들은 달 착륙선을 타고 지구로 귀환할

수 있었다. 아폴로 13호 사건은 1995년 톰 행크스 주연의 〈아폴로 13호〉라는 영화로 제작된다. "휴스턴, 문제가 생겼다(Houston, we have a problem)."

1968년 5월, 임무를 준비하는 아폴로 7호 승무원들의 모습. 왼쪽부터 돈 아이즐리, 월터 시라, 월터 커닝햄.

Oct. 12

놀라우면서도 잔인한 세계사의 한 장면

아메리카 대륙을 첫 방문한 유럽인

1492년 10월 12일, 크리스토퍼 콜럼버스(1451~1506)가 두 달간의 항해 끝에 바하마의 한 섬에 도착해 그곳을 산살바도르라고 명명한다. 사실 이 섬에는 이미 원주민들이 붙인 '과나하니'라는 이름이 있었다.

지식인들은 이미 고대 그리스 시절부터 지구가 둥글다는 사실을 알고 있었다. 콜럼버스는 서쪽으로 계속 항해하다 보면 아시아에 도달할 거라고 믿었다. 이에 세 척의 범선으로 원정대를 꾸린다. 산살바도르에 도착한 후 다섯 달 동안 카리브해를 탐험하며 특히 후아나섬(오늘날 쿠바)과 이스파니올라섬('스페인 섬'이라는 뜻, 오늘날의 도미니카 공화국과 아이티)에 주목한다. 1493년, 콜럼버스는 아라곤의 페르난도 2세와 카스티야의 이사벨 1세에게 '아무런 저항 없이' 그 섬들을 손에 넣었다고 보고한다.

1493년, 콜럼버스는 금과 '인디언'들을 배에 싣고 스페인으로 귀환한다. 그는 죽을 때까지 자신이 아시아로 가는 새로운 바닷길을 발견했다고 믿었으며 신대륙을 우연히 발견했다는 사실은 전혀 몰랐다. 말년의 콜럼버스는 불명예 속에서 본국 스페인으로 송환되었고 1506년에 세상을 떠났다. 하지만 그의 항해 덕분에 스페인은 아메리카 대륙에 거대한 제국을 세울 수 있었다. 산살바도르섬의 원주민들은 식민지화 과정에서 대부분 목숨을 잃었다.

신대륙에 도착한 콜럼버스
(1856년 H. B. 홀 작품).

Oct. 13

독살당한 클라우디우스 1세

황제는 침대에서 죽지 않는다

54년 10월 13일, 로마 제국의 네 번째 황제인 클라우디우스 1세가 이른 아침에 사망한다. 전날 밤 호화로운 연회를 마친 클라우디우스 1세는 자신의 네 번째 아내인 소小아그리피나의 모략으로 자신의 주치의에게 독살당한 것이다. 로마 상류층 사이에서 음모와 배신은 흔한 일이었다.

기원전 44년 율리우스 카이사르가 암살당한 후, 권력을 새로이 쥔 카이사르의 양자 아우구스투스는 기원전 27년 로마 공화정을 로마 제국으로 바꾸고 율리우스-클라우디우스 왕조를 개창한다. 황제들은 다사다난하게 목숨을 잃는다. 스스로 목숨을 끊은 네로, 자신의 경비병에게 살해된 티베리우스, 근위병에게 목숨을 빼앗긴 칼리굴라 등등.

클라우디우스 1세는 나이가 상당히 들 때까지 황제 자리에 오르지 못했으나 칼리굴라가 급작스럽게 사망한 이후 남아 있는 유일한 후계자로 선택되었다. 클라우디우스 1세의 통치 기간 동안(41~54) 로마 제국은 지금의 영국 남부 지역까지 영토를 확장한다. 클라우디우스 1세는 지식을 사랑했으며 무엇보다도 알렉산드리아 도서관을 좋아했다. 54년 소小아그리피나가 클라우디우스 1세를 암살한 후, 그녀의 아들 네로가 로마 황제의 자리에 오른다.

클라우디우스 1세의 흉상.

HISTORY

클라우디우스 1세는 신체 장애가 있었다고 전해진다. 다리를 절고 말을 더듬었으며 자신의 몸을 온전히 제어하지 못했다.

Oct. 14 | 헤이스팅스 전투에서 승리를 거둔 정복왕 윌리엄

정복자인가, 강탈자인가?

노르망디 공작 윌리엄 1세(1028~1087)는 역사에 정복왕 윌리엄이자 잉글랜드 최초의 노르망디 출신 왕으로 기록되어 있다. 공작 시절 윌리엄 1세는 플란데런 백국과 강력한 동맹을 맺었고(자신의 증손녀인 플랑드르의 마틸다와 혼인했다), 자신의 재종인 잉글랜드의 참회왕 에드워드(1042~1066)와도 동맹을 견고히 맺어 프랑스 내에서 입지를 견고히 다진다. 때는 봉건적인 중세 시대였고, 아직 이렇다 할 국가가 제대로 성립되기 이전이었다. 참회왕 에드워드는 자식이 없었기에 정복왕 윌리엄을 자신의 왕위를 이을 후계자로 정한다. 이는 상당히 흥미로운 일이었는데, 당시 잉글랜드는 중앙정부에 의해 세금이 잘 걷히는 상당히 번영한 왕국이었기 때문이다.

막강한 영향력을 가진 귀족 고드윈의 아들 해럴드(1022~1066)는 배가 난파되어 노르망디에 도착한 후 윌리엄에게 왕위에 오를 수 있게 지지하겠다고 맹세했지만, 오래지 않아 스스로 왕위에 올라 해럴드 2세가 된다. 1066년 10월 14일, 정복왕 윌리엄은 헤이스팅스 전투에서 해럴드 2세의 앵글로-색슨 군을 물리치고 승리한다. 이후 몇 년간 반란을 진압하고, 몰수한 땅을 노르망디 기사들에게 재분배했으며, 둠즈데이 북이라는 토지 조사서를 편찬했다. 이를 통해 노르만 문화가 잉글랜드에 스며든다. 헤이스팅스 전투는 70m 길이의 바이외 태피스트리(중세에 제작된 자수 작품)로 기록되었다.

헤이스팅스 전투를 기록한 바이외
태피스트리의 일부.

Oct. 15 | 흑인의 인권을 위해 흑표당을 창당하다

경찰의 폭력에 맞서는 블랙 팬서

1966년 10월 15일, 미국 캘리포니아의 오클랜드에서 휴이 P. 뉴턴과 바비 실은 부당한 폭력으로부터 흑인들을 보호하기 위해 흑표당Black Panther Party을 조직한다. 흑표당은 흑인민족주의와 사회주의 이념을 바탕으로, 특히 경찰의 폭력에 맞서기 위해 결성된 혁명 조직이었다. 그 결성 배경에 말콤 엑스(1925~1965)의 암살 사건도 있었다. 미국 내 흑인들의 동등한 권리를 위해 싸우던 그는 집 앞에서 괴한의 총에 맞아 숨졌다.

흑표당의 이름은 앨라배마의 흑인 독립정당이었던 론디스 카운티 자유 조직이 자신들의 상징으로 흑표범을 사용한 데서 영감을 받은 것이다. 흑표당은 잔혹한 경찰의 탄압에 저항하기 위해 무장을 선언했을 뿐만 아니라 마약 중독자들을 보호하고 무직 상태의 젊은이들을 지원하며 위험한 교차로의 안전을 강화하는 등 지역 사회를 위해 수많은 법안을 발의한다. 흑표당은 검은 옷을 입고 무장한 채 (캘리포니아에서는 이렇게 해도 합법이었다) 경찰서로 찾아가 무고한 흑인들을 석방할 것을 요구하기도 했다. 흑표당은 흑인들이 자신들의 인권을 보호하기 위해 무장할 수 있는 권리를 주장했다.

흑표당은 1970년대 초반에 사라졌지만, 당시 미국의 흑인 인권을 향상시키는 데 중요한 역할을 했다.

1970년 6월 19일에 링컨기념관 앞에서 시위를 벌이는 흑표당원.

Oct. 16

해부학자 베살리우스의 죽음

근대 해부학의 창시자

1564년 10월 16일, 벨기에 출신의 의학자 베살리우스는 배가 난파되는 바람에 그리스의 자킨토스섬에서 세상을 떠난다. 그의 무덤은 여전히 발견되지 않았다. 이는 르네상스 최고의 학자로 알려진 그의 죽음을 둘러싸고 사람들의 궁금증을 끊임없이 불러일으키고 있다.

1514년 벨기에 브뤼셀에서 태어난 안드레아스 베살리우스는 의사와 약제사 가문 출신이었다. 벨기에 루뱅, 프랑스 파리, 이탈리아 파도바에서 공부한 베살리우스는 카를 5세의 주치의로 임명되어 인간의 몸을 연구할 기회를 얻는다. 해부학 연구가 필수라고 확신한 베살리우스는 기존의 전통적이고 이론적인 의학을 완전히 뒤집어 놓는 데 성공한다. 교수직을 겸했던 베살리우스는 강의할 때 해부학 강의실에서 직접 인체 해부를 시연하기도 했다. 베살리우스는 특유의 비판적 태도를 지닌 완전한 인본주의자로, 인체에 대한 연구만이 의학을 발전시킬 수 있다고 믿었다.

1543년, 베살리우스는 『인체의 구조에 관한 7권의 책De Humani Corporis Fabrica Libri Septem』에 자신의 해부학적 지식을 집대성했는데, 이 책은 과학뿐만

아니라 예술 분야의 신기원이 된다. 이전에는 인간의 몸을 이렇게까지 철저하게 관찰하여 세밀하게 그려낸 책이 없었다. 아이러니하게도, 위대한 해부학자 본인의 시체는 지금까지도 행방을 알 수 없다.

1542년 해부학자 베살리우스의 모습을 새긴 판화. 그의 책 앞부분에도 실려 있다.

뉴욕에 도착한 알베르트 아인슈타인

나치를 피해 망명하다

1933년 10월 17일, 알베르트 아인슈타인(1879~1955)이 벨기에 안트베르펜의 해운 회사 레드 스타라인의 SS웨스턴랜드호를 타고 뉴욕에 도착한다. 아인슈타인과 부인 엘자는 더 이상 유대인이 환영받지 못하는 고향 독일과 작별해야만 했다.

1914년부터 아인슈타인은 베를린의 카이저 빌헬름 연구소에서 연구하게 되었고, 1905년에 발표한 특수 상대성 이론과 1915년에 발표한 일반 상대성 이론을 통해 물리학의 지평을 넓히는 데 성공했다. 아인슈타인은 자신이 이룬 업적으로 세계적인 명성을 얻는다. 하지만 1930년대 반유대주의와 군국주의 열풍이 불면서 그의 입지가 점점 불안해진다. 1933년 1월 30일 히틀러가 권력을 장악하고 나서부터는 집이 털리고, 은행 계좌는 거래 중지가 되었으며, 명성에도 먹칠을 당한다.

아인슈타인은 히틀러가 집권하던 시기에 벨기에에 머무른다. 벨기에와의 우호적인 관계 덕분에 아인슈타인은 몇 달간 그곳에서 머무를 수 있었다. 5월 26일, 아인슈타인은 벨기에의 항구 도시 오스텐더에서 영국 도버까지 기나긴 대서양 횡단 여행을 시작한다. 아인슈타인은 1955년 사망할 때까지 다른 수많은 나치 정권 난민들과 마찬가지로 미국에서 지낸다.

1933년 뉴욕행 SS웨스턴랜드호에 승선하는 아인슈타인과 부인 엘자의 모습.

HISTORY

아인슈타인은 당시 벨기에의 국왕 알베르 1세의 왕비인 바이에른의 엘리자베트와도 친분이 두터웠다. 둘 다 음악에 조예가 깊은 아마추어 바이올리니스트였다.

Oct.
18 | 720만 달러에 알래스카의 주인이 바뀌다

알래스카에 큰돈을 지불할 가치가 있을까?

1867년 10월 18일, 알래스카의 도시 싯카에서 러시아와 미국이 알래스카 매매 동의서를 작성해 720만 달러에 알래스카의 주인이 바뀐다. 1959년 알래스카는 미국 50개 주 중 하나가 된다.

알래스카는 외딴곳이다. 미국의 어떤 주와도 접경을 이루지 않으며, 베링해가 가르고 있어 러시아 본토와도 동떨어져 있으며, 단지 인접한 곳은 캐나다뿐인 거대한 반도다. 알래스카는 18세기에 러시아의 식민지가 된다. 1860년대 영국이 캐나다를 통해 알래스카를 점령할지도 모른다는 두려움에 차라리 팔기로 결심한다. 19세기 러시아는 크림전쟁에서 승리를 거둔 영국보다는 미국에 좀 더 우호적이었다.

미국은 1803년에 프랑스령 루이지애나를 1,500만 달러에 매입한 경험이 있었지만, 알래스카 매입 당시에는 의구심이 많았다. 대부분 사람들은 황량한 땅에 그 큰돈을 지불할 가치가 있는지 의문을 품었다. 그럼에도 불구하고 미국은 전략적 이점을 고려해 알래스카를 매입하기로 결정했다. 이후 20세기에 들어 알

래스카는 막대한 경제적 가치, 즉 석유, 가스, 연어 등 풍부한 천연자원으로 주목받게 되었다.

1868년 8월 1일에 발행된 이 수표를 가지고 미국은 알래스카를 매입하는 대가로 러시아에 720만 달러를 지불한다.

HISTORY

1867년 10월 18일에 맺은 알래스카 매매 조약을 기리기 위해 알래스카에서는 이날을 '알래스카의 날'이라는 국경일로 지정하여 모든 사람이 쉬며 기념한다.

Oct.
19 자마 전투가 벌어지다

로마의 스키피오 vs. 카르타고의 한니발

기원전 202년 10월 19일, 오늘날 튀니지에 해당하는 카르타고의 도시 자마에서 결정적인 자마 전투가 벌어진다. 로마 장군 스키피오는 카르타고의 장군 한니발이 이끄는 카르타고군을 격파한다.

기원전 3세기 카르타고는 로마의 유일한 두려움으로, 지중해의 패권을 다투었다. 세 차례의 포에니 전투에서 로마가 대승을 거두며 힘을 입증한다. 제2차 포에니 전쟁은 자마 전투로 마무리된다. 초반에 카르타고가 이탈리아에 진출했지만, 전쟁은 스키피오와 한니발 간의 대결로 전개된다. 양측은 수만 명의 병력과 80마리의 코끼리를 이끌고 맞붙는다.

전쟁의 귀재였던 스키피오는 세 번의 기지를 발휘해 승리로 이끈다. 그는 보병을 느슨하게 배치해 카르타고의 코끼리들이 사이사이로 빠져나가게 한 뒤 동물들을 물리친다. 한편 로마군의 기병은 한니발의 기병 부대를 유인해 전장 멀리 끌어낸 후 보병부대가 협공작전을 펼치며 카르타고군의 본진을 점령한다. 그러고는 전장 멀리까지 나갔다가 돌아온 기병 부대가 한니발의 군대를 후방에서 치고 들어와 카르타고군을 완전히 격퇴한다.

자마 전투에서 한니발은 2만에서 2만 5천 명의 군인을 잃는다. 카르타고는 로마가 제시한 평화 조건을 받아들일 수밖에 없었고 결국 기원전 146년 제3차 포에니 전쟁 이후 완전히 멸망하게 된다.

자마 전투를 묘사한 16세기 무렵의 작품.

Oct. 20 프랑스령 루이지애나를 매입한 미국

갑자기 두 배 크기가 된 나라

1803년 10월 20일, 미국 상원이 프랑스령 루이지애나의 매입을 승인한다. 루이지애나는 태양왕 루이 14세의 이름을 따서 지어진 지역으로, 남쪽은 멕시코만, 북쪽은 캐나다, 동쪽은 미시시피강, 서쪽은 로키산맥까지 광범위하게 펼쳐져 있었다. 당시 탄생한 지 얼마 되지 않은 미국은 겨우 13개 주로 이루어져 있었는데, 루이지애나를 매입하여 크기가 한 번에 두 배로 늘어난다. 루이지애나를 매입하지 않았다면 오늘날의 미국은 존재하지 못했을 것이다.

루이지애나 매매의 결과로 200만 km² 이상의 땅 주인이 바뀐다. 오늘날의 루이지애나주뿐만 아니라 미주리, 일리노이, 인디애나와 미시시피 등이 미국의 영토가 된다. 그 대가로 미국은 영국으로부터 빌린 1,500만 달러를 프랑스에 지불한다.

나폴레옹은 17세기 프랑스의 식민지인 아메리카 대륙의 땅을 포기하고자 했다. 영국과의 전쟁으로 막대한 자금이 필요했으며, 루이지애나는 전략적으로 그다지 중요하지 않았기 때문이다. 반면, 당시 미국 대통령인 토머스 제퍼슨은 서부로의 영토 확장이 필수적이라고 생각했다. 1803년 봄, 제퍼슨은 프랑스와의 협상을 통해 동의를 이끌어 내고, 10월 20일 미국 상원에서 매입 동의안이 통과된다. 1776년 독립을 이룬 새로운 미국은 이제 미래를 위한 발판을 마련한 것이다.

1803년 뉴올리언스에서 루이지애나 매입 협상을 체결한 프랑스와 미국 협상단이 악수하고 있다. 1902년 석판화 작품.

Oct. 21 전장으로 떠난 플로렌스 나이팅게일

메스와 가위를 세척하세요

플로렌스 나이팅게일(1820~1910)은 어린 시절부터 간호사로서 소명을 느낀다. 하지만 나이팅게일의 집안은 부유한 영국 가문이었고 딸의 꿈을 달가워하지 않는다. 간호사를 가난한 사람이나 하는 비전문직으로 여겼기 때문이다. 그런데도 나이팅게일은 간호사의 꿈을 놓지 않는다. 한편, 1853년에 크림전쟁이 발발한다. 프랑스 제2제국, 대영 제국, 오스만 제국, 사르데냐 제국의 동맹군과 러시아가 크림반도와 흑해를 둘러싸고 1856년까지 전쟁을 계속한다.

전선에서 부상자를 간호하는 일은 끔찍했다. **1854년 10월 21일**, 영국 정부는 나이팅게일을 오스만 제국으로 파견해 간호사들을 총지휘하는 일을 맡긴다. 나이팅게일은 위생 환경과 청결한 시설 유지를 위해 노력하고 더 나은 간호교육의 중요성을 강조한다. 그녀는 전장에서 사망자의 직접적인 원인이 단순히 전투 중에 입은 부상 때문은 아니라는 점을 발견하고 이를 예방할 수 있다는 사실을 깨달았다. 또한 장미 도표를 이용해 사망률을 최초로 도식화한 인물이기도 하다. 2년 후 다시 영국으로 돌아간 나이팅게일은 영웅 대접을 받는다. 1860년, 나이팅게일은 간호 전문학교를 설립한다. 나이팅게일 덕분에 오늘날 간호사의 사회적 지위는 크게 향상되었다.

대략 1860년도에 그려진 플로렌스 나이팅게일의 초상화.

HISTORY

나이팅게일은 '등불을 든 여인'이라는 별명을 가지고 있다. 왜냐하면 나이팅게일이 야간병동을 돌면서 부상자들을 살필 때 항상 등불을 들고 다녔기 때문이다. 오늘날 나이팅게일의 생일인 5월 12일은 국제 간호사의 날이다.

Oct. 22

뜨거워질 뻔했던 냉전

베를린에서 벌어진 교착상태

1961년 10월 22일, 베를린의 미국과 소련 구역 사이에 있는 검문소 체크포인트 찰리에서 약 10대의 소련 측 탱크가 100m 거리를 두고 동일한 수의 미국 측 탱크와 대치를 벌인다. 양측 모두 언제라도 총격을 가할 준비가 되어 있었고, 까딱 잘못하면 세계대전으로 이어질 수도 있었다. 이러한 대치는 서베를린에 주둔한 한 미국인 외교관이 동베를린에서 열리는 오페라 공연을 보러 가기 위해 제출한 서류를 소련 측이 심사하는 과정에서 벌어졌다.

안 그래도 국제적인 긴장감이 고조되어 가던 차였다. 1961년 6월, 미국은 피그스만Bay of Pigs을 통해 쿠바를 침공하려 했으나 실패한다. 소련은 서독에 배치된 핵무기에 분노한다. 서베를린은 언제든지 분위기가 심각해질 수 있는 화약고와도 같은 곳이었다. 설상가상으로 1961년 10월부터 동독과 소련은 베를린 장벽을 짓기 시작한다.

다행히도 정상급 외교를 통해 체크포인트 찰리에서의 대치 상황은 완화되었지만, 동서 간의 관계는 더욱 악화되었다. 미군 1,500명이 서베를린으로 급파되었고, 소련은 역사상 가장 강력한 핵무기인 차르 봄바를 포함하여 핵실험을 수차례 시행한다. 1962년 미국은 카리브해에서 가상의 정부를 전복시키는 대규모 군사 훈련을 실시한다. 이 훈련은 명확한 메시지를 전하고 있었다.

미국의 M48 패튼 탱크가 소련의 T-54 탱크와 대치하고 있다.

세상을 창조한
하나님

제임스 어셔의 『세계 연대기』

기원전 4004년 10월 23일, 아일랜드 성공회 신부 제임스 어셔(1581~1656)가 계산한 바에 따르면 이날 하나님이 세상을 창조했다. 어셔는 아일랜드 아마의 대주교였으며, 전도유망한 역사가이자 신학자이기도 했다. 그가 남긴 작품 중 가장 중요한 업적은 1650년에 집필한 『세계 연대기Annals of the World』로, 구약 시대부터 로마 제국까지 세계의 역사를 라틴어로 기록한 책이다. 어셔가 집필한 연대기에 따르면 하나님이 세상을 창조하신 날은 기원전 4004년 10월 22일에서 23일로 넘어가는 밤이다.

오늘날 이런 식의 날짜 계산 이야기를 들으면 다들 의문을 품을 것이다. 하지만 17세기에는 이러한 연대기가 진지한 학문으로 받아들여지는 시대였다. 연대기를 기록하려면 역사에 대한 지식은 물론이고 그리스어, 라틴어와 히브리어로 된 『성경』 원문에 통달해야 했고, 페르시아나 고대 그리스로마의 고고학, 상징주의, 천문학 등을 총망라한 깊은 연구가 필요했다. 17세기 과학은 아직 독립적인 연구 방법이 확립되지 않아 별도의 학문으로 분리되지 않았다. 따라서 인본주의자들은 창조의 순간에 대한 답을 찾기 위해 모든 고대 문서를 철저히 연구해야 했다. 어셔는 『성경』 이외의 자료를 연구하는 과정에서 일부 비성경적 인물의 사망 연도(예를 들어 기원전 323년 사망한 알렉산더 대왕이나 기원전 44년에 사망한 율리우스 카이사르 등)를 정확하게 밝혀낼 수 있었다. 현대 물리학의 아버지 아이작 뉴턴 역시 유사한 방식으로 창조에 관한 문제에 도전한 적이 있다.

제임스 어셔의 초상화
(1654년 무렵 피터 렐리 경의 작품).

Oct. 24 | 주변국들의 야욕에 산산이 나뉜 폴란드

세 나라가 나눠 먹은 식사

1795년 10월 24일, 폴란드의 세 번째 분할이 일어난다. 폴란드 분할(1772, 1793, 1795)은 다소 완곡한 표현이고, 정확하게 말하면 러시아 제국과 오스트리아, 프로이센 왕국 셋이서 폴란드-리투아니아 연방을 갈라서 먹어 치운 것이다.

의회에 자유거부권이 도입된 이후, 폴란드-리투아니아 연방은 정치적으로 마비되고 결국 외세의 장난감으로 전락하고 만다. 폴란드-리투아니아 연방의 왕 아우구스트 3세(1696~1763)의 사망 이후, 러시아 제국의 황후 예카테리나 2세(1729~1796)는 폴란드에서 러시아의 영향력을 넓히고 싶어 하고, 이웃 국가인 오스트리아와 프로이센 왕국도 러시아와 함께 행동에 나선다. 1768년에 벌어진 제7차 러시아-튀르크 전쟁에서 승리한 러시아인들은 오스트리아-합스부르크 제국의 다뉴브강 영토까지 넘보기 시작하고 그로 인해 긴장감이 조성된다. 프로이센의 국왕 프리드리히 2세(1712~1786)가 중재자로 나서고, 러시아는 다뉴브강 지역을 포기하는 대가로 폴란드 영토의 일부를 얻는다. 또 오스트리아를 진정시키는 차원에서 오스트리아에도 폴란드 영토의 일부를 준다. 오스트리아가 이 지역에서 우위를 점하는 것을 두려워했던 프로이센 또한 남은 폴란드 영토를 가져간다.

폴란드-리투아니아 연방은 독립국으로서 지위를 잃고 지도에서 사라졌다가 제1차 세계대전 이후에 다시 지도에 등장한다.

1772년 첫 번째 폴란드 분할을 풍자한 삽화. 예카테리나 황후(러시아 제국), 요제프 2세(오스트리아), 프리드리히 2세(프로이센)가 폴란드 지도에 둘러 모여 있고, 루이 15세(프랑스)와 카를로스 3세(스페인)가 그 모습을 지켜보고 있다. 조지 3세(잉글랜드)는 뒤에서 잠을 자는 중이다. 폴란드의 마지막 국왕인 스타니스와프 아우구스트 포니아토프스키는 부서진 왕관을 쓰고 양손이 사슬에 묶인 채 고개를 푹 숙이고 앉아 있다.

해가 지지 않는 제국을 꿈꾸던 카를 5세의 퇴위

유럽 역사의 중요한 전환점

1555년 10월 25일, 카를 5세는 네덜란드 총독부에서 열린 공식 의식을 통해 권좌에서 물러난다. 이날 그는 황제로서의 권력을 내려놓았다고 할 수 있다. 카를 5세는 신성 로마 제국의 황제, 오스트리아 대공, 스페인 왕, 네덜란드의 영주 및 부르고뉴 공작 등 자신의 모든 법적 권리와 칭호를 1554년부터 1556년까지 점진적으로 이양하며 퇴위 절차를 밟는다.

1500년에 벨기에 헨트에서 태어난 카를은 당시 가히 세계 대제국의 통치자라 말할 수 있었다. 유럽 대륙에서 카를 5세의 유일한 적수는 프랑스뿐이었다. 카를

5세는 합스부르크 제국과 스페인을 다스리며 엄청난 권력을 누렸다. 16세기에는 스페인을 통해 '신대륙'에 새로운 식민지 제국을 건설하기에 이른다.

1550년 초반, 카를 5세는 건강이 나빠져 완전히 지친 상태가 된다. 더는 종교 분쟁을 감당할 수 없었고, 개인적으로도 심한 통풍에 시달린다. 카를 5세는 말년을 수도원에서 보내기로 결심한다. 그가 다스리던 제국은 오스트리아(동생 페르디난트에게 이양)와 스페인(아들 펠리페 3세에게 이양)으로 크게 둘로 갈라진다.

1548년 카를 5세의 초상화.

HISTORY

카를 5세의 퇴위는 19세기 낭만주의 시대 때 인기 있는 작품의 주제가 된다. 대표적으로 1841년 루이 갈레트의 작품이 있다.

Oct. 26 자연 상태에서 천연두에 감염된 마지막 환자

천연두에서 우두까지

천연두는 '천연두 바이러스'로 감염되는 심각한 감염병으로, 기침과 콧물 등의 증상을 동반하며 전염성이 매우 빠르다. 백신이 개발되기 전까지 전 세계 곳곳에서 수많은 이들이 천연두에 희생되었다. 과거에는 유럽 내에서만 번졌으나, 18세기 이후로는 전 세계로 확산되었다.

오스만 제국을 통해 유럽에 도입된 인두법은 천연두 환자의 고름을 이용해 후천 면역을 얻는 방법으로, 중국과 인도 등지에서 사용되던 방식이다. 인두법은 확실히 효과가 있었으나, 천연두 환자의 고름에 노출된 사람들은 쉽게 천연두에 감염되었기에 결과적으로는 천연두가 더 많이 퍼지고 사망률도 더 높아진다. 18세기 말 무렵, 천연두 환자가 두 배로 늘어나 연간 20만 명이 죽었는데, 그중 절반이 어린아이들이었다.

사람들은 인두법을 대체할 다른 방법을 찾기 시작한다. 고아였던 어린 시절 인두법으로 고생했던 에드워드 제너(1749~1823)는 1796년 최초로 우두법을 개발한다. 8세 남자아이에게 우두에 걸린 사람의 고름을 주입하고, 그 후에 천연두 고름을 접종했는데 천연두에 걸리지 않았다. 그렇게 백신(라틴어로 vacca는 소를 뜻한다)이 탄생한다. 제너는 죽을 때까지 수천 통의 감사 편지를 받는다.

1966년에서 1967년까지, 세계보건기구는 천연두를 박멸하기 위한 대규모 백신 프로그램을 실시한다. 당시 천연두는 특히 인도네시아, 브라질, 인도 등지에서 큰 문제를 일으켰고, 이에 전 세계적으로 2억 명에게 천연두 예방접종을 실시한다. **1977년 10월 26일**, 23세의 소말리아 병원의 한 요리사가 자연 상태에서 천연두에 감염된 마지막 환자가 된다. 1년 후, 영국 버밍엄의 연구소가 두 명의 직원이 에어로졸을 통해서 천연두에 감염된다. 그중 한 명이 사망하면서 공식적인 마지막 희생자가 된다. 1979년, 세계보건기구는 천연두의 완전 종식을 선언하고, 백신 프로그램도 중단한다.

Oct.
27
로마로 진격한 무솔리니의 검은셔츠단

비바 일 두체

1922년 10월 27일, 파시스트당의 당수 베니토 무솔리니(1883~1945)의 명령으로 검은셔츠단, 즉 국가안보의용민병대들이 로마로 진격한다. 이 사건은 이탈리아에 큰 충격을 주었다. 무솔리니는 이를 발판으로 권력을 장악하려는 속셈이었다. 그리고 이 계획은 성공한다. 당시 내전이 발발할지도 모른다는 생각에 두려웠던 이탈리아의 국왕 비토리오 에마누엘레 3세(1869~1947)는 10월 30일에 무솔리니를 새 내각의 총리로 임명한다.

로마로 행진했던 검은셔츠단 또한 권력을 얻는다. 얼마 지나지 않아, 무솔리니는 이탈리아의 민주주의 구조를 무너뜨리고 독재정권을 세운다. 자신을 일 두체(Il Duce, 총통)라 부르게 하고, 로마로 진격한 날을 새로운 달력의 시작일로 삼아 파시스트 달력Era Fascista을 만든다.

1936년, 무솔리니는 에티오피아를 침공하며 전쟁을 시작한다. 그는 로마 제국의 영광을 되찾으려는 과대망상에 빠져 제2차 세계대전 동안 독일과 운명을 함께한다. 그러나 이탈리아는 주축국의 나약한 형제국가로 전락했고, 무솔리니는 히틀러의 그림자가 되었다. 1945년 4월 28일, 무솔리니와 그의 정부情婦는 레지스탕스 세력에게 처형당한다.

로마 진격 이후 18년이 지난 1940년 6월 19일에 히틀러와 함께 찍은 무솔리니의 사진.

HISTORY

무솔리니는 로마 진격 당시 함께하지 않았다. 그는 밀라노에 있었고 혹시라도 쿠데타가 실패할 경우를 대비해 스위스로 탈출할 길도 마련해 놓았다.

세기의 대치를 벌인
미국과 소련

두 나라 사이에 핫라인이 탄생한 계기

1962년 10월 28일, 쿠바 미사일 위기가 일단락된다. 쿠바 미사일 위기는 전 세계를 핵전쟁의 공포로 몰아넣은 절체절명의 순간이었다. 많은 이가 냉전 시대에 가장 과열되었던 순간으로 쿠바 미사일 위기 사건을 꼽는다. 냉전은 1945년부터 1990년까지 미국과 소련 사이에 팽팽했던 긴장의 시대를 말한다. 위기감이 고조된다는 것은 양 국가 간에 핵무기 경쟁이 심화된다는 것을 의미했다. 미국이 터키에 배치한 핵무기를 제거하라는 소련의 요구를 무시하자, 소련은 쿠바에 핵무기를 배치하겠다고 경고한다. 이에 미국은 소련이 쿠바에 무기를 배치하지 못하도록 섬을 봉쇄한다. 이 긴장된 대치 상황은 2주간 이어졌고, 양국은 외교적 협상 끝에 합의에 도달한다. 소련은 쿠바에서 핵무기를 철수하고, 미국은 튀르키예와 이탈리아에 있던 핵무기를 철수하기로 결정한다. 이 사건을 계기로 양국 간에 신속한 소통이 필요하다는 인식이 높아져, 백악관과 크렘린 궁 사이에 직통 핫라인이 설치된다. 이제는 위기가 발생해도 서로 간에 좀 더 민첩하게 대화를 나눌 수 있게 되었다.

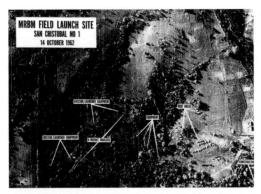

쿠바에 건설 중인 미사일 기지를 정찰하며 찍은 사진들. 이 공중샷 사진들은 1962년 10월 16일 아침에 미국 케네디 대통령에게 보고된다.

Oct. 29

붕괴한 뉴욕 월스트리트의 주식시장

1930년대 대공황의 서막이 열리다

1920년대 미국은 모든 일이 잘 풀리고 있었다. 경제는 번성하고, 소비는 급증했으며, 주가는 급상승 중이었다. 주가가 계속해서 상승 곡선을 그릴 것만 같았다. 그러나 1920년대 후반, 경제 전문가들은 미국 경제가 침체기에 접어들 것이라고 경고한다. 1929년 9월, 일부 투자자는 주식을 대량으로 매도하기 시작하고, 주가는 엄청나게 급락한다. 많은 이가 불안감에 휩싸이고, 더 많은 투자자가 패닉에 빠져 주식을 팔기 시작한다. 10월 24일은 검은 화요일로 잘 알려진 날이다. 이날 하루에만 1,280만 주가 팔린다. 이에 그치지 않고 더 나아가 **1929년 10월 29일**에는 1,600만 주가 말도 안 되는 헐값에 팔려 나간다. 뉴욕의 주식시

1929년 주식시장 붕괴 이후 많은 사람이 뉴욕 거리에 모여 있다.

장은 붕괴하고, 수많은 사람의 재산이 마치 햇빛에 눈 녹듯 사라지는 광경이 펼쳐진다.

미국 주식시장이 급락하면서 전 세계에 예상치 못한 충격을 안겨 주었다. 투자자들은 막대한 손실을 입었으며 은행들이 잇따라 파산했다. 서민들은 저축과 희망을 잃고 소비가 급감했다. 대량해고로 인해 실업률이 치솟았고, 1929년에는 250만 명의 미국인이 일자리를 잃는다.

역사가들은 이 시기를 1930년대 대공황의 서막이라 부른다.

HISTORY

독일은 막대한 전쟁배상금 때문에 미국에서 빌린 돈을 갚지 못했고, 제1차 세계대전 이후 경제 상황이 크게 악화된다. 이런 가운데 아돌프 히틀러의 인기는 급상승한다.

Oct. 30

〈우주전쟁〉을 방송한 오손 웰스

화성인들이 실제로 착륙했을까?

1938년 10월 30일, 미국 CBS 라디오에서 오손 웰스(1915~1985)가 제작한 라디오 프로그램 〈생방송 머큐리 극장The Mercury Theatre on the Air〉을 방송한다. 그날의 라디오극장 주제는 허버트 조지 웰스의 소설 『우주전쟁The War of the Worlds』이었다. 평범한 라디오 방송이었지만, 이로 인해 사회에 엄청난 패닉이 발생하리라고는 전혀 예상하지 못했다.

이 프로그램은 기존 문학작품을 희곡으로 재구성해 라디오극장으로 방송했지만, 이날 방송은 허구의 긴급 뉴스 형식으로 구성되었다. 화성에서 온 외계인들이 사람들을 공격하고 미군마저 이를 막지 못한다는 그럴듯한 뉴스가 전파를 타자 많은 사람이 공포에 빠졌다. 그러나 이후 밝혀진 바에 따르면, 집단광기 현상은 과장된 것이었고, 이는 미국 언론이 사실을 부풀려 보도한 결과였다. 당시 CBS 라디오의 영향력은 그리 크지 않았다.

그러나 이 사건으로 라디오 프로그램의 제작자 오손 웰스는 큰 명성과 기회를 얻었다. 재능 있는 작가이자 배우였던 웰스는 영화계에 진출해 〈시민 케인〉(1941), 〈제3의 사나이〉(1949), 〈악의 손길〉(1958) 등 여러 작품으로 큰 성공을 거두었다.

웰스의 라디오극장 〈우주전쟁〉은 그 후로도 여러 번 재방되었고, 1988년에는 50주년을 맞이하여 150개의 라디오 방송국에서 리메이크작이 동시에 방영되었다.

〈우주전쟁〉이 방송된 다음 날인 1938년 10월 31일, 오손 웰스가 기자들 앞에서 상황을 설명하고 있다.

Oct. 31

95개조 반박문을 내건 마르틴 루터

예기치 않게 종교개혁의 시발점이 되다

1517년 10월 31일, 마르틴 루터가 95개조 반박문을 비텐부르크성 교회 정문에 못질하여 내건다. 전해지는 이야기에 따르면 루터가 교회의 문에 반박문을 못질했다고 하지만, 실제로 그렇게 했는지는 확실하지 않다. 그러나 루터가 발표한 반박문은 로마 가톨릭교회에 정면으로 도전하는 것이었고, 이는 후에 종교개혁이라 불리는 운동의 시발점이 되어 개신교의 탄생으로 이어졌다.

95개조 반박문은 가톨릭교회의 면죄부 관행을 정면으로 반박한다. 루터(1483~1546)는 아우구스티누스 수도회의 수도사이자 신부였다. 루터는 로마 가톨릭교회를 분열시키려 한 게 아니라 가톨릭교회 안의 권력 남용을 바로잡으려는 것이 목적이었다. 루터에 따르면 영혼을 구원받으려면 믿음만으로 충분하고, 온갖 세상의 관행을 덧붙여 행할 필요는 없다고 한다. 루터 반박문의 가장 중요한 본질은 면죄부를 사서 죄를 면제받고 연옥에 있는 기간을 단축시키는 관행, 심지어는 죽은 이를 위해서 면죄부를 사는 관행 그 자체를 비판하는 것이었다. 루터의 반박문은 그동안 수많은 이들의 머릿속에 있던 생각을 정확하게 끄집어낸 것이어서 많은 사람의 공감을 불러일으킨다.

교황 레오 10세는 루터에게 반박문을 철회하라고 여러 차례 요청했으나, 루터는 이를 거부한다. 1521년, 카를 5세는 루터를 '법 밖의 자'로 선언하고, 교황은 그를 파문한다. 1545년에서 1563년까지 열린 트리엔트 공의회에서 가톨릭은 종교개혁에 대해 반박하며 면죄부 문제도 공식적으로 다룬다. 공의회가 마무리될 무렵 이미 루터는 이 세상 사람이 아니었으나, 종교개혁은 이제 돌이킬 수 없는 역사의 흐름이 되었다. 오늘날에는 거의 10억 명이 넘는 사람들이 루터교 등 개혁주의 신앙을 믿는다.

11월

NOVEMBER

역사는 과거를 이해하려는
끝없는 노력이다.

– 아널드 토인비

Nov. 01 아프리카에서 가장 큰 식민지 국가였던 알제리의 독립운동

계속되는 탈식민지 운동

1950년대와 1960년대는 유럽 제국주의의 쇠퇴기였다. 제2차 세계대전 후 유럽 국가들은 민족주의와 자유주의의 물결 속에서 탈식민지 운동과 유혈 충돌을 겪었다. **1954년 11월 1일**, 알제리에서도 독립을 요구하는 전쟁이 시작된다. 프랑스는 이미 그해에 인도차이나반도에서 큰 패배를 겪은 후였다. 알제리 민족주의 정당인 민족해방전선FLN은 이집트 대통령 가말 압델 나세르(1918~1970)의 적극적인 지지를 얻는다. 나세르는 1952년에 쿠데타를 일으켜 아프리카의 독립 운동을 주도한 인물이었다.

알제리 전쟁은 민족해방전선의 저항과 프랑스군의 강경 진압으로 진행되었다. 1958년 프랑스 식민 지지파인 피에누아르Pieds-noirs가 샤를 드골의 집권을 지지했지만, 결국 드골은 독립 협상에 나서야 했다. 프랑스는 병력을 50만 명까지 늘렸으나 저항은 계속되었고, 1961년 10월 알제리인이 파리에서 비폭력 평화 시위를 벌이자 프랑스 경찰이 유혈 진압해 200여 명이 사망하는 참사로 끝났다.

프랑스군이나 식민 지지자들은 이해할 수 없는 결과겠지만, 프랑스 국민투표에서 78퍼센트가 알제리 독립에 찬성투표를 한다. 1962년 7월 3일, 알제리는 프랑스로부터 독립해 주권국가로 인정받는다.

알제리 민족해방전선의 군사들.

Nov. 02 | 바투린시를 점령한 러시아 차르국

두 시간 만에 유령 도시가 되어 버리다

1708년 11월 2일, 러시아 군대가 도시 바투린을 약탈하고 파괴한다. 이 사건은 (주로 우크라이나 역사에서는) '바투린 대학살'로 기록된다. 18세기 바투린은 카자크 헤트만국(오늘날 우크라이나)의 수도로서 헤트만(카자크어로 지도자) 이반 마제파(1639~1709)가 다스리고 있었다. 헤트만 마제파는 러시아 차르국이 카자크 헤트만국을 넘보는 것을 탐탁지 않아 했다. 마제파는 스웨덴 제국의 왕 칼 12세(1682~1718)와 공공연히 손을 잡고 바투린시를 스웨덴 군대를 위한 음식과 기타 보급품 창고로 사용할 수 있게 한다. 스웨덴 제국과 러시아 차르국은 발트해에서 맞붙어 전쟁을 벌이는데, 만약 그 전쟁에서 스웨덴이 이겼다면 역사가 바뀌었을지도 모른다.

차르 표트르 1세(1672~1725)는 육군원수인 알렉산더 멘시코프(1673~1729)에게 바투린시의 요새를 점령하고 반란군을 진압하라는 명령을 내린다. 그러나 카자크 사람들은 초토화 전술로 맞서며, 도시 외곽에 불을 질러 러시아 군대가 보급품을 확보하지 못하도록 했다.

러시아 차르군은 바투린시 성문에 도착하자마자 항복을 받아내려 애쓰지만 바투린시의 주민은 이를 거부하고 러시아군을 향해 발포한다. 그러나 불과 두 시간 만에 진압당하고 주민들은 남녀노소 할 것 없이 학살당한다. 상당수 시신은 세임강에 던져지고, 십자가에 못 박히거나 칼에 찔려 죽은 카자크 장교들은

뗏목처럼 강 하류로 떠내려갔다. 이는 반항적인 우크라이나인에게 보내는 강력한 경고이자 스웨덴에 대한 위협의 신호였다.

재건된 바투린 요새.

Nov. 03

우주로 발사된 라이카

인간보다 앞서 우주비행사가 된 개

1957년 11월 3일, 소련의 바이코누르 우주 기지(오늘날 카자흐스탄)에서 스푸트니크 2호가 우주를 향해 발사된다. 이 역사적인 임무에 지구 최초의 우주비행사, 개 라이카가 탑승한다.

1950년대와 1960년대, 소련과 미국은 우주 경쟁에 돌입한다. 초기에는 스푸트니크 계획과 1961년 최초로 지구 궤도를 돈 우주비행사 유리 가가린 등 소련이 먼저 성과를 거둔다. 하지만 1969년에는 닐 암스트롱이 달에 착륙하면서 미국이 그 모든 것을 압도한다.

라이카를 우주선에 태운 목적은 우주상에서 생명체가 살 수 있는지 실험해 보기 위해서였다. 모스크바의 길거리 개였던 라이카는 작은 캡슐에 탑승하기 전 무중력과 중력 상태의 차이에 익숙해질 수 있도록 미리 훈련받았다. 라이카는 우주의 실험 개나 다름없었다.

1957년 11월 오늘, 우주로 발사되는 우주선을 탄 작은 개의 마음은 어땠을까? 라이카는 압력을 견디지 못하고 과열된 우주선에서 불과 몇 시간 만에 죽는다. 라이카의 이야기는 소련 사람들 사이에서 오랫동안 전해지며, 더욱 동물친화적으로 각색되었다.

1958년 4월, 우주 밖을 떠돌던 스푸트니크 2호는 지구 대기권에 재진입하여 불타 버리고, 이로 인해 라이카는 완전히 화장된다. 비록 슬픈 운명을 맞이했지만, 라이카는 최초로 우주에 나간 생명체로서 세계에서 가장 유명한 개 중 하나가 되었다.

소련이 잔혹하게 진압한
헝가리 혁명

일주일간 느낀 자유의 맛

1956년 11월 4일, 소련군이 헝가리 혁명을 잔혹하게 진압한다. 소련군이 이 날 탱크를 몰고 쳐들어오기 전까지 일주일 동안, 헝가리 사람들은 드디어 자유가 찾아왔다고 생각했다.

헝가리 혁명의 계기는 1956년 2월 스탈린주의를 강력하게 비판한 소련의 서기장 니키타 흐루쇼프의 연설로 거슬러 올라간다. 개방과 상대적으로 자유로운 언론의 시대가 열리고, 헝가리는 새로이 불어온 평화의 분위기를 따뜻하게 맞이한다. 이러한 분위기에 힘입어 헝가리의 민주주의 세력은 (반소련 운동 성격의) 강력한 무장 혁명을 일으킨다. 1956년 10월에 일어난 헝가리 혁명은 그렇게 성공을 거두는 것처럼 보였다.

10월 25일, 개혁주의자 너지 임레(1896~1958)가 헝가리의 새 총리가 된다. 소련으로부터 헝가리 독립을 바란 너지는 이에 대한 유엔의 승인을 받고 싶어 한다. 이에 소련은 탱크부대를 헝가리의 부다페스트로 진격시킨다. 도시의 질서는 며칠이 지나지 않아 회복되었지만, 3천 명 이상이 목숨을 잃고 수만 명이 부상을 입은 가운데 젊은 사람들과 지식인들은 대규모로 망명을 떠난다. 소련에 붙잡힌 너지는 1958년 교수형에 처해진다.

1956년 헝가리 혁명은 1968년 여름에 일어난 프라하의 봄과 더불어 냉전 시대에 공산주의에 대항하여 일어난 의미 있는 혁명 중 하나로 기억된다. 베를린 장벽이 무너지고(1989), 소련이 붕괴(1991)된 이후에야 공산주의 시대는 완전히 막을 내린다.

1956년의 부다페스트, 소련의 탱크부대가 혁명을 진압하고 있다.

잉글랜드에서 벌어진
화약 음모 사건

기억하라, 기억하라…

1605년 11월 4일에서 5일로 넘어가는 밤, 잉글랜드의 치안판사는 의회의 지하 저장고를 수색하라는 명령을 내린다. 11월 5일에 있을 의회 개회식에 참석할 의원 중 하나가 익명의 경고 편지를 받았던 것이다. 의회 지하 저장고에서 화약 36통이 발견되고, 화약과 도화선 소지 혐의로 가이 포크스(1570~1606)가 체포된다.

프로테스탄트 신자이자 잉글랜드의 왕인 제임스 1세(1566~1625)가 의회 개회식에 참석할 때를 틈타 왕을 암살하려는 화약 음모 사건을 주도한 포크스는 막바지 준비를 하던 차였다. 공모자이자 가톨릭 신자인 잉글랜드인 로버트 캐츠비(1572?~1605)는 아버지가 엘리자베스 1세(1533~1603) 시절에 박해를 받은 적 있었다. 캐츠비는 다른 공모자들과 함께 영국 상원 아래에 위치한 지하실을 빌린다. 베테랑 군인이었던 포크스가 폭발물을 책임진다.

체포된 후 고문을 받은 포크스는 다른 공모자들의 이름을 자백한다. 음모에 가담한 사람들 모두가 체포되어 교수척장분지형에 처해진다. 포크스 또한 1606년 1월 31일 교수형에 처해진다. 하지만 포크스는 교수형이 집행되기 직전에 목에 밧줄이 묶인 채 사다리 위에서 발판을 박차고 뛰어내린다. 그 바람에 목이 부러진 포크스는 즉사했기에 죽기 전까지 교수대에 매여 오랫동안 고통을 겪는 일은

피할 수 있었다. 화약 음모 사건 이후, 가톨릭 신자들은 더욱 의심받으며 투표권 박탈을 비롯한 여러 제약을 겪게 되었다.

화약 음모 사건 공모자들을 상상하여 그린 그림(크리스페인 판 더 파세 작품).

최초의 근현대식 전쟁이었던 남북전쟁

북쪽 vs. 남쪽

1861년 11월 6일, 제퍼슨 데이비스(1808~1889)가 아메리카 연합국 혹은 남부연합의 대통령에 당선된다. 데이비스는 미국의 남북전쟁(1861~1865) 동안 미합중국 혹은 '연방' 탈퇴를 원하는 남부 주들을 이끈다.

연방에서 탈퇴한 11개의 남부 주들을 '딕시'라고 하고, 당시 미합중국 대통령 당선인 에이브러햄 링컨(1809~1865)이 이끄는 연방에 계속 남아 있었던 21개의 북부 주들을 '양키'라고 한다. 남북전쟁이 발발한 주요 원인는 노예제도였다. 남부 주들은 새로 편입된 서부 영토에도 노예제도를 적용하고 싶어 했다. 동시에 권력이 주정부에 있는지 중앙정부에 있는지를 두고도 갈등이 있었다. 하지만 전쟁의 가장 큰 원인은 남북 간의 지역적인 경제 편차 때문이었다. 북부 주들은 엄청난 산업화를 이루고 대도시들이 발달한 반면, 남부 주들은 농업 중심적이었고 노예나 값싼 노동력을 이용한 농장 산업에 크게 의존하고 있었다.

60만 명 이상의 목숨을 앗아간 남북전쟁은 결국 북부의 승리로 막을 내린다. 이는 기존과는 크게 양상이 다른 전쟁이기도 했다. 광활한 벌판이 아닌 대도시를 중심으로 전투가 벌어졌으며, 기관총이 최초로 전쟁에 도입되었다. 남북전쟁의 결과 노예제도가 폐지되었으며, 장기적으로는 북부와 남부 간의 경제 격차가

더 크게 벌어진다. 북부는 더욱더 산업화되었으며 남부를 떠난 흑인 이주민들을 받아들인다. 남부 주들은 경제가 더 악화되고, 많은 농장주는 노예들이 떠나면서 파산에 이른다.

남부연합의 제퍼슨 데이비스와 연방의 에이브러햄 링컨.

Nov. 07

중세 시대의 두 왕이 맺은 '우정 조약'

단순왕과 매사냥꾼왕

카롤루스 대제(747~814)의 뒤를 이어 자식들 중 유일하게 살아남은 아들인 경건왕 루트비히 1세(778~840)가 제국을 이어받는다. 이들은 카롤링거 왕조의 상속법에 따라 제국을 분할 상속받아야 했다. 루트비히 1세의 세 아들은 왕국을 고르게 분배하기 위해 834년에 베르됭 조약을 맺는다. 이에 따라 대머리왕 카를은 서프랑크 왕국(프랑스), 로타르는 중프랑크 왕국(로렌 지방), 그리고 루트비히 2세는 동프랑크 독일 왕국(독일)을 상속받는다.

그로부터 1세기가 지난 **921년 11월 7일**, 또 다른 제국 분할과 관련하여 '우정 조약'(나중에 본 조약이라고 불림)이 체결된다. 조약을 맺은 두 '친구'는 서프랑크 왕국과 로렌 지방을 다스리던 단순왕 샤를(879~929)과 동프랑크 왕국의 분명하게 매사냥꾼왕 하인리히 1세(876~936)다. 두 왕국의 국경을 분명하게 구분해서 각자의 권력을 확실히 다지기 위해서였다.

하지만 그로부터 2년 후, 매사냥꾼왕 하인리히 1세는 새로운 '우정 조약'을 체

19세기 낭만주의 사조로 표현된 독일 본에서 만난 두 왕.

결한다. 상대는 단순왕 샤를을 왕좌에서 끌어내리고자 하는 부르고뉴의 로베르 1세였다. 샤를은 하인리히에게 성 디오니시우스 아레오파기타의 손 유물을 보내며 조약을 강화하려 했다. 그러나 귀족들의 지지를 잃은 샤를은 결국 로베르 1세에게 왕위를 빼앗기고, 하인리히 1세는 기회를 놓치지 않고 로렌 지방을 합병하여 925년 귀족들에 의해 그 지역의 군주로 인정받는다. 이들의 '우정'은 이렇게 끝이 난다.

아즈텍의 통치자 목테수마와 스페인 정복자의 만남

뜻밖에도 천연두가 스페인을 돕다

1519년 11월 8일, 아즈텍의 통치자 목테수마가 스페인의 콘키스타도르(스페인 정복자)들을 이끌고 온 에르난 코르테스(1485~1547)와 만난다. 목테수마 2세(1466~1520)는 오늘날 멕시코에 위치한 광활한 아즈텍 제국의 아홉 번째 황제였다. 목테수마가 다스리는 동안 아즈텍 제국의 힘과 영향력은 그 정점에 달한다. 목테수마는 복종하지 않는 이웃 나라들과 무자비한 전쟁을 벌이기도 한다.

1519년 에르난 코르테스가 이끄는 스페인 콘키스타도르들이 아즈텍에 도착하자 목테수마는 이들과 우호를 맺으려 한다. 스페인군은 아즈텍의 수도 테노치티틀란으로 초대받아 이동 중 아즈텍의 적인 트락스칼텍인과 동맹을 맺는다. 스페인 측 자료에 따르면, 코르테스는 목테수마의 궁전에서 환대받지만, 목테수마는 결국 스페인군에 의해 포로로 잡힌다. 이후 아즈텍 귀족들이 반란을 일으키고, 스페인군은 도시에서 도망친다. 그러나 1520년 테노치티틀란에 천연두가 퍼지면서 아즈텍 제국은 큰 타격을 입었고, 1521년 코르테스는 이 기회를 이용해 도시를 점령한다. 목테수마는 포로 상태에서 사망했으며, 제국이 완전히 멸망하기 전 세상을 떠났다.

리렌조 드 트락셀라의 작품 사본(대략 1890년 작품), 코르테스가 테노치티틀란에서 목테수마 2세를 만나고 있다.

무너진 베를린 장벽

한 시대가 끝나다

1989년 11월 9일 저녁 6시, 동베를린에서 생방송 기자회견이 열린다. 동독 통일사회당의 당 대표이자 정부 대변인이었던 귄터 샤보프스키가 연설한다. 1985년에 소련에서 미하일 고르바초프가 집권한 이후 양 진영에는 해빙 기류가 흐르긴 했지만, 아직 냉전이 완전히 종식된 상태는 아니었다. 독일은 여전히 두 나라로 나뉘어 있었고 베를린은 자유로운 서베를린과 공산주의 동베를린을 '철의 장막'이 가르고 있었다.

기자회견 말미에 동독 주민의 여행 자유화를 다룬 새로운 정책에 대한 발언이 나온다. 혼란스러운 분위기 속에서 샤보프스키는 동독 주민은 심지어 서베를린에 갈 수도 있다는 인상적인 말을 덧붙인다. 드디어 국경 검문소가 열리는 것인가? 독일의 공영방송국 ARD는 이와 같이 말한다.

"11월 9일은 역사적인 날입니다. 장벽의 문이 활짝 열렸습니다."

동베를린 주민 수천 명이 베를린 장벽의 검문소로 몰려오자, 당황한 경비대는 우왕좌왕한다. 그날 밤, 첫 번째 검문소가 열리고 인파가 쏟아져 나간다. 이후 베를린 장벽은 무너진다.

1989년 11월 16일, 베를린 장벽이 무너진 후 누군가 그 위에 올라가 저글링을 하고 있다.

— HISTORY —

베를린 장벽은 1961년 동독 주민이 서쪽으로 넘어가는 것을 막기 위해 지어졌다. 장벽의 삼엄한 경계를 뚫고 도망치려다 200여 명이 목숨을 잃은 것으로 추산된다.

Nov. 10

콩고에서 실종된
데이비드 리빙스턴을 만난 기자

"리빙스턴 박사님 아니십니까?"

1871년 11월 10일, 탕가니카호수 근처 우지지 마을에서 헨리 모턴 스탠리는 영국의 선교사이자 탐험가 데이비드 리빙스턴과 악수를 나눈다. 리빙스턴은 지난 몇 해 동안 실종 상태였다. 둘은 이어서 역사적인 대화를 나누기 시작한다.

"리빙스턴 박사님 아니십니까?"

"맞소." 리빙스턴이 짤막하게 답한다.

"하나님께 감사드립니다, 박사님." 스탠리가 대답했다. "박사님을 뵙고 와도 좋다는 허가를 받았습니다."

"나도 감사드리는 바요." 리빙스턴이 영국식 가래를 내뱉으며 말한다. "당신을 환영하오."

리빙스턴과 스탠리는 아직 유럽인들에게는 미지의 세계와도 같았던 중앙아프리카에서 서로 조우한 것이다. 리빙스턴은 1840년 이후 왕립지리학회를 대신해 나일강의 근원을 찾기 위해 아프리카를 탐험하다가 1860년대 후반 실종된 상태였다. 그를 찾기 위해 《뉴욕 헤럴드》의 기자 스탠리가 파견된다. 그는 몇 달간 열대우림을 뚫고 고난을 겪은 끝에 리빙스턴을 찾아낸다. 이 만남은 국제적으로 큰 화제가 되었고, 스탠리는 스타 기자로 떠오르게 된다.

탕가니카호수 근처 우지지 마을에서
스탠리와 만난 리빙스턴(대략 1880년 작품).

제1차 세계대전의 종결

오전 11시가 되자 총성이 멈추다

1918년 11월 11일 이른 아침, 프랑스 북부의 콩피에뉴에서 연합군과 독일군은 제1차 세계대전의 휴전 협정을 체결한다. 때는 오전 5시 15분이었으나, 연합군 총사령관 페르디낭 포슈는 공식기록을 오전 5시로 해놓자고 제안한다. 그로부터 여섯 시간이 지나자 모든 총성이 사라진다. 그렇게 11월 11일 오전 11시에 전쟁은 완전히 끝난다.

휴전 협정과 전쟁 종료 사이 6시간의 차이는 각 부대에 전쟁이 끝났음을 알리는 데 시간이 걸렸기 때문이다. 그로 인해 11월 11일 오전에도 일부 전투가 이어졌고, 사망자도 발생했다. 하지만 대부분의 전장은 평화로운 분위기 속에서 전투가 중단되었으며, 독일 식민지 부대만 휴전을 받아들이는 데 며칠이 더 걸렸다.

제1차 세계대전 휴전 협정은 34개 조항으로 구성되었으며, 독일은 모든 적대 행위를 중단하고 점령지에서 철수하며, 전쟁포로를 석방하고, 군수물자의 소유권을 포기해야 했다. 또한 폭탄 위치를 48시간 내에 보고해야 했다. 이 휴전 협정은 유효기간이 36일에 불과해, 이론상으로는 1919년 영구적인 휴전을 선언한 베르사유 조약이 체결되기 전에 전쟁이 재개될 가능성도 있었다.

1918년, 드디어 더는 전쟁이 없다는 소식이 들려온다. 하지만 그로부터 불과 20년도 지나지 않아서 전쟁은 또다시 반복된다.

1915년, 크리스마스를 맞이한 세르비아 군대의 모습.

문을 닫은 뉴욕 엘리스섬의 입국심사국

거대한 아메리칸 드림

1954년 11월 12일, 뉴욕 엘리스섬의 이민자 입국심사국이 문을 닫는다. 1892년 이후, 아메리칸 드림을 품고 온 수백만 이주자가 이곳에서 입국심사를 받았다. 엘리스섬은 세관, 건강검진, 출입국 관리 등 다양한 기능을 수행하며 해외에서 온 이민자들에게 최종 출구 역할을 했다.

엘리스섬은 미국 본토에서 엎어지면 코 닿을 거리에 있는 섬이다. 레드 스타라인 등 주요 상선 회사들은 엘리스섬이 위치한 뉴욕만New York bay을 드나들었다. 미국 본토가 손에 닿을 듯 매우 가까워서 엘리스섬은 희망의 섬 또는 눈물의 섬이라 불리기도 했다. 새로 도착한 이민자들의 2퍼센트는 질병이 있거나 불법을 저지른 것으로 의심받아 입국을 거부당했다.

1920년대 이민법 강화로 유입되는 인구수가 줄어든다. 엘리스섬의 중요성도 그만큼 줄어들면서 섬의 쓰임새도 바뀌기 시작한다. 이민자 관리는 각 나라의 대사관이나 영사관이 맡게 되었고 엘리스섬은 구금시설로 사용된다. 제2차 세계대전 때에는 전쟁포로 신분의 해병들을 이곳에 가두기도 했다. 1954년, 결국 이민자 입국심사국은 완전히 문을 닫는다.

엘리스섬은 1990년에 국립이민자박물관이 들어서며 새로운 변화를 맞이한

다. 당시 배를 타고 온 승객들의 명단 보관소로도 사용되며, 한때 엘리스섬에 몰려온 이민자 가족들의 꿈과 이야기를 들려주고 있다.

엘리스섬. 1954년까지는 이민자 심사를 하는 곳이었으나 지금은 박물관이 되었다.

Nov. 13

디즈니 애니메이션 〈판타지아〉 개봉

판타지랜드

1940년 11월 13일, 애니메이션 〈판타지아〉가 개봉한다. 시사회는 뉴욕 브로 드웨이 극장에서 열린다. 월트디즈니가 제작한 〈판타지아〉는 상영 당시에는 그리 큰 성공을 거두지 못했다. 하지만 1960년대가 되자 재평가를 받기 시작하고, 애니메이션 영화 발전의 중요한 토대 역할을 했다는 평을 듣는다. 〈판타지아〉는 레오폴트 스토코프스키가 지휘하는 필라델피아 오케스트라가 연주한 클래식 곡들을 배경음악으로 일곱 개의 서로 다른 애니메이션 단편을 이어 만든 것이다. 차이콥스키의 〈호두까기 인형〉 모음곡은 요정이나 나뭇잎, 꽃잎 등 환상의 인물들이 음의 높낮이에 맞추어 최면에 걸린 듯 위아래로 빙글빙글 돌며 꽃의 왈츠를 추는 시각적인 애니메이션으로 재구성되었다.

〈판타지아〉는 총 125분 분량의 영화로, 디즈니가 제작한 의도는 '손으로 그린 클래식 콘서트'다.《뉴욕데일리뉴스》는 이 작품을 이렇게 평가한다.

"지구상의 그 어떤 것과도, 하늘의 그 어떤 것과도 완전히 다른 그 무엇이다."

관객들은 슈베르트나 베토벤, 스트라빈스키와 바흐의 음악을 만화의 문법으로 녹여낸 영상을 통해 눈으로 감상한다. 〈판타지아〉에 나오는 단편 애니메이션 중에 가장 유명한 것은 〈마법사의 제자〉 편이다. 단편 애니메이션 속에서 미키는 폴 뒤카의 〈마법사의 제자L'Apprenti Sorcier〉(1897년에 폴 뒤카가 괴테의 시「마법사의 제자Der Zauberlehrling」에 영감을 받아 작곡한 교향시)의 음악에 맞추어 모든 것을 엉망진창으로 만드는 마법사의 제자 역할을 맡았다. 이 영화가 가진 모든 요소로 인해 〈판타지아〉는 대중적인 인기를 끄는 작품이라기보다는 마니아적인 작품이 되었다.

소설가 허먼 멜빌의 『모비 딕』출간

20세기 획기적인 고래 문학

1851년 11월 14일, 허먼 멜빌이 소설『모비 딕Moby-Dick; or, The Whale』을 출간한다. "나를 이스마엘이라 불러 주세요Call me Ishmael"라는 첫 문장으로 시작하는 소설『모비 딕』은 20세기에 들어 획기적인 작품이라는 재평가를 받고 역대 최고의 고전소설 중 하나로 자리매김했다.

멜빌은 1819년 뉴욕에서 태어났다. 19세가 되던 해 바다 여행을 시작했으며, 몇 차례 항해를 한다. 멜빌은 포경선 아큐시넷호에서 근무하기도 한다. 또한 미 해군으로 복무도 하지만 1844년에 반란을 겪고 난 후 바다 사나이의 거친 삶을 접는다.

멜빌은 선장에서 소설가로 전향하여 제2의 인생을 시작한다. 바다에서의 경험과 느낌을 바탕으로 모험을 주제로 한 소설들을 집필하기 시작하며, 1840년대와 1850년대에 왕성한 작품 활동을 펼친다. 그 결과,『모비 딕』은 그의 걸작으로 평가받는다.

『모비 딕』의 줄거리를 간략하게 말하면 자신의 다리를 앗아간 흰 고래를 찾아 나서는 선장 에이허브의 비극적인 이야기다. 소설『모비 딕』의 강점은 소설 속

잊을 수 없는 강렬한 캐릭터와 영웅주의적인 탐구성에 있다. 이는 그리스 비극과 닮은 면이 있다. 세계적인 고래 소설인『모비 딕』에는 유머러스한 요소와 뛰어난 문학적 창의성도 상당하다.

1860년, 『모비 딕』의 작가 허먼 멜빌 초상화.

Nov. 15 베를린에서 열린 아프리카의 운명을 가른 회담

콩고를 개인 식민지화한 레오폴드 2세

1884년 11월 15일, 베를린에서 아프리카의 운명을 결정짓는 국제회담이 열린다. 한자리에 모인 유럽 열강들은 지도에 임의로 선을 긋고 영토를 분할해 아직 탐사를 채 마치지도 않은 미지의 아프리카 땅을 서로 나눠 가진다.

베를린 회담은 1908년에서 1960년 사이에 벨기에 식민지였던 콩고에게도 매우 중요했다. 벨기에의 왕 레오폴드 2세는 몇 해에 걸쳐 헨리 모턴 스탠리 같은 탐험가들을 후원하거나 국제콩고협회AIC 같은 조직을 세우며 중앙아프리카의 광활한 땅을 독차지하려 애쓴다. 하지만 프랑스, 대영 제국, 포르투갈 역시 야욕을 품고 호시탐탐 기회를 엿보고 있었다.

레오폴드 2세는 목적 달성을 위해 외교에 힘썼다. 그는 콩고의 자유무역을 보장하겠다고 약속하며 유럽 열강의 지지를 얻고, 회담하는 동안 다른 국가들로부터 국제콩고협회에 대한 지지를 이끌어 냈다. 이후 그는 국제콩고협회를 콩고독립국으로 전환하고, 1885년 2월 26일 베를린 조약에 이 내용을 포함시킨다. 이제 콩고는 공식적으로 레오폴드 2세의 개인 소유 식민지가 되었다.

베를린 조약에는 자유무역, 정치적 중립성, 원주민 권익 보호 같은 조항이 포함되어 있었으나, 이러한 내용은 곧 철저히 무시되었다. 대규모 폭력과 강제 노동, 강제 개종이 이루어졌고, 결국 국제사회의 비난이 쇄도하자 레오폴드 2세는 1908년에 콩고 지배권을 벨기에 정부에 양도해야 했다. 이렇게 벨기에는 의도치 않게 식민지 지배 국가가 되었다.

레오폴드 2세가 콩고를 순수하게 돕는 자선사업이 아닌 개인의 식민지로 삼아 착취하고 있다는 것을 알리는 1906년 만화. 레오폴드 2세는 국제적인 비난을 받는다.

Nov. 16 | 잉카의 황제 아타우알파를 포로로 잡은 정복자 피사로

함정에 빠뜨리다

잉카 제국은 1532년까지도 내전에 시달린다. 아타우알파(1502?~1533)는 자신의 형제인 잉카의 황제 우아스카르(1503~1532)를 내쫓고 황제의 자리에 오른다. 한편, 스페인의 콘키스타도르(정복자)인 프란시스코 피사로(1476~1541)가 잉카 제국의 수도 쿠스코를 찾아온다. 피사로는 잉카 제국이 내분에 휩싸여 있다는 점에 주목하고 잉카를 손에 넣을 기회를 노린다.

1532년 11월 16일, 스페인의 콘키스타도르 피사로와 아타우알파는 안데스 협곡에 위치한 작은 마을 카하마르카의 외곽에서 만난다. 피사로는 잉카인들을 파티에 초대하는 한편, 자신의 군인들을 마을 주변에 배치한다. 아타우알파가 도착하자 한 스페인 사제가 그를 개종하려 든다. 아타우알파는 이를 거절하고 『성경』을 내동댕이친다. 피사로는 이때 군인들에게 사격 명령을 내린다. 혼란에 빠진 잉카 군인들은 대규모로 학살당한다.

스페인군에 포로로 잡힌 아타우알파가 자신을 풀어 준다면 그 대가로 금과 은을 제공하겠다고 약속하자 피사로는 이에 동의한다. 하지만 피사로는 보석을 받자마자 약속을 어기고 아타우알파에게 화형을 선고한다. 마지막 순간에 한 사제

가 그에게 만약 개종한다면 자비를 베풀겠노라(좀 더 '가벼운' 형으로 낮춰 주겠노라) 말하자 아타우알파는 그 자리에서 개종한다. 그는 몸이 온전해야 죽어서 영혼이 내세에 들어갈 수 있다고 믿어 화형 대신 교살을 원했다. 카하마르카에서 피사로의 승리로 잉카 제국은 막을 내린다.

잉카 황제 아타우알파의 초상화(작가 미상).

수에즈 운하를
둘러싼 분쟁

초대형 선박선 에버기븐호 좌초 사고

1869년 11월 17일, 이집트에서 수에즈 운하가 개통된다. 프랑스와 영국 투자자들의 자금을 지원받은 엔지니어 페르디낭 드 레셉스가 수에즈 운하를 건설했다. 1956년, 이집트 대통령 나세르는 수에즈 운하를 국유화한다.

193km에 달하는 수에즈 운하는 전략적으로 중요성을 지닌다. 지중해와 홍해를 연결하는 이 운하는 아시아에서 북아프리카를 거쳐 유럽까지의 핵심 통로로, 수에즈 운하를 이용하면 영국 런던에서 인도 뭄바이까지의 항해 시간이 거의 절반으로 줄어들며, 위험한 아프리카 희망봉을 우회할 필요가 없다. 오늘날 수에즈 운하는 세계에서 가장 많이 사용되는 항해 통로 중 하나다.

20세기 들어 수에즈 운하를 두고 국제 분쟁이 여러 차례 발생한다. 이집트 대통령 나세르는 냉전 중 수에즈 운하를 국유화하며, 이 운하가 페르시아만의 석유를 운송하는 중요한 통로로 사용되던 시기에 프랑코-브리티시 수에즈 운하 회사를 인수한다. 이후 프랑스, 영국, 이스라엘과 운하 소유권을 두고 전쟁을 치른다. 1967년에는 이스라엘과 또 다른 전쟁으로 인해 수에즈 운하가 1975년까지 폐쇄된다.

가장 최근에 겪은 위기는 2021년 3월, 컨테이너 화물선 에버기븐Ever Given호가 수에즈 운하를 돌다 기울어져 6일 동안 수에즈 운하를 막아 버린 사건이다.

2021년 3월 27일 국제우주정거장에서
내려다본 에버기븐호,
수에즈 운하에 좌초되어 있다.

알프스산맥을 넘어온
서고트족

한 발짝 다가온 로마 제국의 종말

401년 11월 18일, 서고트 왕 알라리크가 알프스산맥을 넘어 이탈리아반도로 쳐들어온다. 밀라노를 점령한 알라리크는 402년 4월 6일에 벌어진 폴렌티아 전투에서 패해 쫓겨난다. 하지만 서고트족의 이탈리아반도 진입은 안 그래도 쇠약해진 로마 제국의 국운이 다하고 있음을 알리는 신호이기도 했다.

로마 제국은 기원전 27년에 세워진다. 아우구스투스가 스스로 황제의 자리에 오르며 율리우스-클라우디우스 왕조가 시작된다. 하지만 위대했던 로마 제국도 5세기에는 더 이상 존재하지 않게 되었으며, 서로마와 동로마로 나뉘어 버린다. 제국의 국경은 계속해서 쳐들어오는 게르만족들로 인해 지속적인 압박을 받는다.

알라리크가 이끄는 서고트군이 로마를 약탈하는 장면(1890년에 그려진 작품).

410년, 알라리크가 돌아온다. 이번에는 그 어떤 로마 장군도 그를 막을 수 없었다. 410년 8월, 알라리크가 이끄는 서고트 군대는 영원의 도시 로마를 3일 동안 약탈한다. 약탈을 마친 서고트족은 갈리아 남부와 스페인 지방을 향해 떠난다. 476년, 게르만족 오도아케르가 라벤나를 정복하고, 로마 제국은 완전히 명맥이 끊어진다. 오도아케르는 스스로 왕의 자리에 오르고, 로마 제국의 마지막 황제인 로물루스 아우구스투스를 폐위한다.

HISTORY

서로마 제국은 알라리크와 오도아케르의 등장으로 망하고 중세 시대가 시작된다. 하지만 동로마 제국 혹은 비잔틴 제국은 콘스탄티노폴리스가 함락되던 1453년까지 유지된다.

트리엔트 공의회를 소집한 교황 바오로 3세

대항종교개혁을 향하여

1544년 11월 19일, 교황 바오로 3세(1468~1549)는 칙서 'Laetare Jerusalem'를 발표한다. 라틴어인 이 말을 해석하면 '기뻐하라, 예루살렘이여'라는 뜻이다. 교황은 이 칙서를 통해 새로운 공의회인 트리엔트 공의회를 소집할 것임을 발표한다. 트리엔트 공의회는 16세기 교회들에 지대한 영향을 끼친다.

이 일이 일어나기까지 많은 어려움이 있었다. 마르틴 루터의 개신교는 가톨릭교회의 부패를 폭로하고, 가톨릭 전통을 뒤집어 개인적인 믿음의 실천을 강조했다. 16세기 종교전쟁도 이러한 배경에서 일어났다. 교황은 상황을 해결하기 위해 이탈리아 북부의 트리엔트 지방에 주교들을 소집한다.

트리엔트 공의회는 1545년과 1563년 사이에 3회 연속으로 열린다. 공의회에서는 교회의 분열을 야기한 신앙적인 문제들을 날카롭게 끄집어 내어 다룬다. 공의회는 교령을 반포할 뿐만 아니라 구약과 신약의 정경을 성립하고, 성례의 수를 일곱 개로 고정시켰으며, 예배 모범에 대한 구체적인 가이드라인을 정하고, 돈과 관련된 스캔들을 잠재운다. 또한 신앙고백서, 미사전례서, 성무일도 개정판, 새로운 『성경』 번역서 등을 내놓으며 가톨릭교회는 개신교와 맞서 싸울 새로운 무기들을 쥐게 된다.

1565년 트리엔트 공의회가 폐회한 후 제작된 트리엔트 공의회를 묘사한 그림.

종교개혁의 반동으로 소집된 트리엔트 공의회는 가톨릭교회가 사목적 사명, 즉 신자들을 돌보는 일에 더욱 집중할 수 있도록 교회를 정화하고 개혁한다. 이렇게 해서 대항종교개혁의 기류가 완성된다.

Nov. 20 | 전쟁범죄를 다룬 뉘른베르크 재판

법정에 선 나치

1945년 11월 20일, 뉘른베르크의 국제군사재판에서 나치 지도자 24명의 첫 재판이 열린다. 이들은 평화를 침해하고, 반인도적인 범죄를 저질렀으며, 계획적으로 전쟁범죄를 저지른 혐의로 기소되었다.

216번의 심리를 거쳐 1946년 10월 1일에 첫 번째 판결이 내려진다. 24명의 나치 지도자들은 대부분 유죄 판결을 받는다. 로버트 레이는 감방에서 자살하고, 구스타프 크루프는 정신건강을 이유로 기소되지 않는다. 요하힘 폰 리벤트로프와 아르투어 자이스잉크바르트, 헤르만 괴링을 포함한 12명은 교수형을, 루돌프 헤스는 무기징역을 선고받는다. 히틀러의 비전을 실현하는 건축가였던 알베르트 슈페어는 24명 중 유일하게 반성한 인물로 평가받았다. 그는 비교적 관대한 형을 선고받고 1966년에 풀려난다.

1946년 10월 16일, 사형이 집행된다. 히틀러가 베를린 벙커에서 자살한 이후 이로써 제2차 세계대전의 최종적인 막이 완전히 내렸다.

1945년 12월 4일 뉘른베르크 전범재판에 참석한 나치 지도자들.

HISTORY

독일 공군 사령관이자 나치 정부에서 히틀러 다음 이인자였던 헤르만 괴링은 형 집행을 피했다. 교수형이 집행되기 전날 밤 감방에서 청산가리를 삼켜 자살했기 때문이다.

스탈린에게 도전장을 내민 쇼스타코비치

소련 지도자들과 예술계 사이에서 벌어진 교향곡 전투

1937년 11월 21일, 드미트리 쇼스타코비치(1906~1975)의 교향곡 제5번이 레닌그라드 필하모닉 오케스트라의 연주로 초연된다. 이 작품은 쇼스타코비치에게 중요한 의미가 있었다. 이전 작품인 오페라 〈므첸스크의 맥베스 부인〉으로 큰 성공을 거두었으나 스탈린(1878~1953)의 마음을 사로잡지 못하고, 공산당 기관지인 《프라우다》로부터 혹평을 받았다. 당시 독재자 스탈린은 러시아 고전주의 작곡가들을 연상시키는 음악을 추구했다.

《프라우다》의 맹비난은 의도성이 다분했다. 모든 예술가는 당 지도자에게 머리를 숙여야 한다는 것이다. 쇼스타코비치는 반역자로 간주되어 파면당했고, 이제 막 완성한 교향곡 4번의 초연도 포기할 수밖에 없었다. 하지만 그는 교향곡 5번 역시 자기 방식대로 쓰고 싶었다. 그래서 붙인 교향곡 5번의 부제는 '정당한 비판에 대한 소련 예술가의 답변'이었다. 당 지도부가 교향곡 5번에 만족하고 나서야 쇼스타코비치는 복직될 수 있었다. 그는 교향곡 5번을 스탈린이 아닌 러시아 국민을 위해 작곡했다. 명료한 멜로디로 시작해 점점 혼란스럽고 불협화음이 두

드러진다. 쇼스타코비치는 스탈린의 '음악 경찰'들과는 달리, 러시아 국민이 이러한 음악적 부조화를 이해할 것이라고 믿었다. 그의 판단은 옳았다. 교향곡 5번의 초연이 끝난 후, 관객들은 쇼스타코비치에게 한 시간 반 이상 기립박수를 보냈다. 이 광경에 당 간부들은 당혹스러움을 감추지 못했다.

1950년도의 쇼스타코비치.

Nov. 22 | 미국 대통령 존 F. 케네디의 암살

리 하비 오스월드의 암살 시도

1963년 11월 22일 금요일, 케네디 부부는 미국 텍사스주 댈러스에서 재선 운동의 일환으로 열린 카퍼레이드 중 오픈 리무진을 타고 있었다. 오후 12시 30분, 연달아 울리는 총소리와 함께 케네디는 두 발의 총알에 맞아 병원으로 즉시 이송되지만 결국 숨을 거둔다. 부인 재클린은 다치지 않았다.

24세의 리 하비 오스월드가 케네디 암살의 혐의로 체포되지만, 11월 26일 댈러스 경찰서에서 다른 사람의 총에 맞아 사망한다. 오스월드는 과거 해병으로 복무했으며 러시아 여인과 결혼한 이력이 있었다. 오늘날까지도 그의 암살 사건은 미스터리로 남아 있으며, 오스월드 배후에 대통령 암살 음모가 있었는지에 대한 의견이 분분하다.

미국의 제35대 대통령을 지낸 존 F. 케네디는 1960년에 민주당의 대통령 선거 후보로 선출된다. 그의 맞수는 공화당의 리처드 닉슨이었다. 케네디의 재임 기간에 세계는 쿠바 미사일 위기를 겪고, 베를린 장벽이 세워진다. 또한 1963년 6월 26일에는 서베를린에서 "나는 베를린 사람입니다"라는 유명한 연설을 한다.

케네디는 젊고 활기찬 대통령이자 전쟁 영웅이었고 화려한 분위기를 좋아했다. 부인 재클린 리 부비에, 다른 이름으로 '재키'는 1953년에 케네디와 결혼했다. 재키는 특유의 기품과 카리스마로 존 F. 케네디가 창조한 '케네디 스타일'을 더욱 빛나게 했다. 리 하비 오스월드의 암살은 케네디에 대한 사람들의 이미지를 더욱 강화시켰다.

존 F. 케네디의 대통령 임기가 시작되기 직전인 1960년에 찍은 가족사진. 존, 재키와 딸 캐롤라인.

Nov. 23

최초로 연기한 연극의 아버지

그리스 극장의 첫 배우

기원전 534년 11월 23일, 그리스 극장 무대에 최초의 '배우'가 올라온다. 고대 자료들, 특히 아리스토텔레스가 남긴 자료에 따르면 가면을 쓰고 다양한 역할을 맡아 연기를 펼친 최초의 배우는 그리스 에게해의 이카리아섬 출신 시인 테스피스였다. 테스피스는 아테네에서 열린 디오니소스 축제에서 처음으로 연기를 펼친 것으로 추정된다.

기원전 5세기에 그리스 연극은 테스피스의 연기와 더불어 그 꽃을 피운다. 3대 비극 작가 아이스킬로스, 에우리피데스, 소포클레스와 희극 작가인 아리스토파네스는 작품을 통해 무대 위에 새로운 세상을 창조한다. 이들은 장소, 시간, 행동의 일치와 합창단의 역할 등 고대 그리스 연극의 기본 원칙을 정립한다. 이 시기에 만들어진 「안티고네」(소포클레스 작)나 「오레스테이아」(아이스킬로스 작) 등은 오늘날까지도 꾸준히 무대에 오르는 작품들이다.

고대 로마의 시인 호라티우스에 따르면, 테스피스는 최초의 배우였을 뿐만 아니라 최초로 순회공연을 펼친 배우이기도 했다. 테스피스는 말이 끄는 마차를 타고 여러 도시를 돌아다니며 연극 공연을 선보인다. 그가 탄 마차 또한 테스피스만큼이나 유명세를 얻는다. 피렌체 대성당에 마차를 탄 테스피스를 묘사한 14세기 부조 작품이 있다.

장 쿠페의 책 「전 세계 극장의 역사, 테스피스 시대부터 오늘날 우리 시대까지(Histoire universelle des theatres de toutes les nations, depuis Thespis jusqu'a nos jours)」(1779)에서 발췌한 이미지.

테스피스가 쓴 것으로 추정되는 네 개의 희곡과 다섯 개의 단편이 있지만, 그 진위를 판별하기는 애매하다. 그럼에도 불구하고, 테스피스는 세계 최초의 배우로서 지금까지도 명성을 떨치고 있다.

367

Nov. 24

에이즈로 사망한 퀸의 리더 프레디 머큐리

하나의 장르가 된 퀸

1991년 11월 24일, 퀸의 리더 프레디 머큐리(1946~1991)가 에이즈로 사망한다. 프레디는 1946년 영국령이었던 잔지바르에서 인도 출신 공무원의 첫째 아들로 태어났으며 본명은 파로크 불사라였다. 세계적인 록 음악의 아이콘이었던 프레디는 영국 런던의 켄싱턴에 있는 자택에서 숨을 거둔다.

1960년대 후반에 프레디는 (1970년에는 공식적으로 개명을 한다) 런던의 일링 예술대학교에서 공부한다. 그는 대학 시절 천문학을 전공하던 브라이언 메이와 치의학을 전공하던 로저 테일러를 만난다. 1970년에 머큐리와 메이, 테일러는 그룹 퀸을 결성하고 1971년에는 베이시스트 존 디콘도 그룹에 합류한다. 이 4인조

1997년 11월 16일 미국 코네티컷주의 뉴헤이븐에서 퀸 공연을 펼치고 있는 프레디 머큐리.

그룹은 그 후 20년 만에 세계 팝 역사를 완전히 뒤바꾼다.

퀸은 그 자체로 장르가 된다. 복잡한 글램 록, 폭발적인 록 오페레타, 단조로운 톤의 뉴 웨이브부터 〈Crazy Little Thing Called Love〉 같은 3분짜리 팝송까지, 머큐리의 독특한 음색과 브라이언 메이의 거장급 기타 연주 실력이 어우러져 이 모든 요소를 퀸이라는 하나의 장르를 형성한 것이다. 키치Kitsch와 캠프Camp는 결코 떨어져 있지 않았다. 머큐리는 중성적인 무대 분위기를 자신의 트레이드마크로 삼았다.

HISTORY

〈Who Wants To Live Forever〉는 1986년에 발매된 퀸의 싱글로, 머큐리가 사망한 후 재발매되었다. 1995년에는 사후 앨범인 〈Made in Heaven〉이 발매된다.

스페인의 마지막 이슬람 왕국

그라나다의 함락으로 힘을 잃은 무슬림 세력

1491년 11월 25일, 그라나다가 항복하면서 8세기 동안 스페인을 지배하던 무슬림이 힘을 잃는다. 711년 지브롤터 해협을 건너온 베르베르족과 아랍 군대는 이베리아반도를 정복하고 알 안달루스를 건설한다. 알 안달루스는 처음에는 아랍 칼리파국의 토후국이었으나, 나중에 독립적인 칼리파국이 된다. 이후 나스르 왕조가 이끄는 이슬람 왕국인 그라나다 왕국이 세워진다.

13세기 동안 그라나다 왕국은 기독교 국가인 카스티야 왕국의 속국이 되지만 기독교도들은 수 세기 동안 무슬림 지배 지역을 수복하고자 노력한다. 그라나다는 무역의 중심지로 번영하며 속국으로서 기독교 국가들에게 중요한 경제적 기반이 된다. 하지만 1469년, 아라곤의 페르난도 2세와 카스티야의 이사벨 1세의 결혼으로 이베리아반도에 있던 두 기독교 초강국들이 통합되면서 상황이 바뀐다.

두 왕실 부부는 이베리아반도에서 무슬림들을 쫓아내 버릴 계획을 세운다. 그라나다에서 새로 왕위에 오른 무어인 출신의 무함마드 12세(1459?~1533, 스페인식 별명은 보압딜)는 새로 잡은 권력을 뽐내고자 카스티야를 공격하기 시작하고, 페르난도 2세와 이사벨 1세는 이를 완벽한 기회로 잡아 그라나다와의 전쟁을 시작한다.

그로부터 몇 달이 지나지 않아 그라나다는 함락되고 보압딜은 항복한다. 이베리아반도를 재정복하는 데 성공한 페르난도와 이사벨은 '가톨릭 군주'라는 칭호를 얻는다.

항복하는 무함마드 12세(1882년 프란시스코 프라디야의 작품).

공포 정치를 시작한 '체페슈' 블라드 3세

원조 드라큘라

1476년 11월 26일, '체페슈' 블라드 3세가 왈라키아 공국의 공작이 된다. 역사 기록에 따르면 블라드 3세(1431?~1476?)는 오늘날 루마니아의 트란실바니아 지방에서 태어났다. 블라드 3세의 아버지인 블라드 2세는 헝가리의 군주인 지기스문트(1368~1437)가 세운 기사단인 드래곤 기사단의 멤버였다. 블라드 2세는 그로 인해 '용'이라는 뜻의 '드라큘'이라는 별명을 얻고, 아들인 블라드 3세는 '용의 아들'을 뜻하는 '드라큘라'라는 별명으로 불린다.

블라드 3세의 어린 시절은 파란만장했다. 그는 남동생 라두와 함께 어린 나이에 오스만 제국의 포로로 잡힌다. 10대 후반에는 '보야르(귀족)'들이 아버지인 블라드 2세와 형제인 미르체아를 암살한다. 오스만 제국의 도움으로 17세의 나이에 왈라키아 공국의 왕좌에 오른 블라드 3세는 헝가리 사람들에게 쫓겨나고 몇 년이 지나서야 다시 권력을 잡고 보야르들을 숙청한다. 보야르들은 블라드 3세

의 아버지와 형제를 살해한 혐의로 유죄 판결을 받는다.

블라드 3세는 귀족들을 연회에 초대한 뒤 그 자리에서 이들을 꼬챙이에 뀐다. 블라드 3세는 꼬챙이로 꿰뚫는 형벌을 자주 집행하여 '체페슈'라는 별명을 얻었다. 그는 오스만 제국 군인들에게도 같은 형을 집행했으며, 결국 오스만 제국과의 전투에서 머리가 베여 사망했다.

블라드 드라큘라의 초상화(작가 미상).

HISTORY

아일랜드의 소설가 브램 스토커가 1897년에 집필한 소설 『드라큘라』의 영향으로, 블라드 드라큘라는 뱀파이어를 주제로 한 수많은 호러 영화, TV 쇼, 기타 오싹한 이야기들의 주제가 된다.

Nov. 27 첫 번째 십자군 원정을 일으킨 교황 우르바노 2세

아홉 차례에 걸친 십자군 원정의 시작

1095년 11월 27일, 교황 우르바노 2세(1035?~1099)는 첫 번째 십자군을 모집한다. 프랑스의 샤티옹 출신의 우르바노는 1088년에 교황이 된다. 11세기 말, 예루살렘과 그 주변 성지聖地는 유럽 기독교도들에게 갈등의 중심지가 된다. 수많은 기독교도가 자신들이 믿는 종교의 탄생지로 순례를 떠났지만, 1071년 이후로 그 지역은 셀주크 튀르크의 지배 아래 놓였고, 그들의 세력이 비잔틴 제국까지 확장되자, 비잔틴 제국의 황제 알렉시오스 1세(1081~1118)는 교황에게 도움을 청한다. 우르바노 2세는 이를 기회로 삼아 교황권을 강화하고 유럽 기독교 국가들을 통합하기 위해 성전聖戰을 선포했다.

1095년 11월 27일, 프랑스 클레르몽에서 열린 공의회에서 교황 우르바노 2세는 무슬림에 맞서 예루살렘을 탈환하자는 열정적인 연설을 한다. 그의 부름에 응답해 6만에서 10만 명이 십자군에 참여했으나, 그들 모두가 종교적 이유로 모인 것은 아니었다. 일부는 땅과 부를 얻기 위해 전쟁에 나섰다. 이후 아홉 차례에 걸친 십자군 원정은 대부분 실패로 끝났고, 많은 희생자를 낳았다.

클레르몽 공의회에 참석한 우르바노 2세. 14세기 책
『고드프루아 드 부용과 살라딘(de Godefroi de Bouillon et de Saladin)』의 삽화.

Nov. 28

태평양 원정을 떠난 스페인의 마젤란 원정대

'향신료의 섬'을 향한 세계일주

1520년 11월 28일, 스페인의 탐험가 페르디난드 마젤란이 태평양으로 항해를 떠난다. 지구상에서 가장 큰 대양에 태평양이라는 이름을 붙인 사람이 마젤란이다. 대서양에서 출발한 다섯 척의 배는 파타고니아와 티에라델푸에고 사이의 해협을 통과한다. 이를 마젤란의 이름을 따서 마젤란 해협이라 부른다. 마젤란은 카를 5세의 명령으로 포르투갈과 분쟁 중이던 '향신료의 섬' 몰루카제도를 목표로 한다.

마젤란 원정은 최초로 지구를 한 바퀴 돈 항해로 기록되지만, 마젤란은 필리핀(필리핀이라는 이름은 나중에 붙는다)에서 원주민과의 충돌로 사망한다.

이탈리아 항해가 안토니오 피가페타의 기록 덕분에, 당시 원정대가 선상에서 겪은 괴혈병, 물 부족, 오염된 식량 등 항해의 참상을 알 수 있다. 원정 동안 반란자들을 즉결 처형하거나 섬에 버리는 등 마젤란은 선원들에게 엄격한 철칙을 적용한다. 처음에 떠날 때는 다섯 척의 배에 237명의 선원이 타고 있었으나 돌아올 때는 겨우 18명이 배 한 척을 타고 돌아온다. 돌아온 배의 이름은 아이러니하게도 빅토리아호였다.

빅토리아호를 그린 그림. 아브라함 오르텔리우스가 1590년에 제작한 태평양 지도책에서 발췌.

Nov. 29

최초의 상업적 비디오 게임 출시

최초로 큰 인기를 끈 '퐁'

1972년 11월 29일, 미국의 비디오 게임 회사 아타리가 아케이드 비디오 게임인 퐁을 출시한다. 몇 개의 하얀 선과 움직이는 공으로 이루어진 매우 단순한 비디오 게임 퐁의 출시로 게임 산업의 기반이 마련된다. 퐁의 개발자 앨런 알콘은 퐁의 창시자일 뿐 아니라 1974년에 스티브 잡스를 아타리에 고용한 인물로도 유명하다.

비디오 게임의 역사를 보면 팩맨이나 테트리스 같은 다른 고전 게임들도 있었으나 최초로 큰 인기를 끈 건 퐁이었다. 처음에는 아케이드에서만 게임을 할 수 있었으나 1975년에 콘솔 버전이 출시되면서 거실에서도 게임을 즐기게 되었다.

비디오 게임 퐁은 탁구게임을 그래픽적으로 매우 단순화한 버전이다. www.ponggame.org에 들어가면 1인 모드 혹은 2인 모드로 여전히 퐁을 즐길 수 있다. 게임 규칙은 제일 먼저 10점을 낸 사람이 이기는 방식이다. 퐁 게임의 역사를 모아놓은 온라인 게임 박물관인 pongmuseum.com에서도 퐁을 즐길 수 있다.

게임 콘솔과 비디오 게임의 새 시장이 열리면서, 아타리는 곧 닌텐도, 소니, 세가 같은 일본 경쟁 업체들과 맞붙게 된다. 일본 게임업체들은 덩키 콩이나 마리오 형제, 플레이스테이션, 게임보이나 닌텐도 스위치 등을 출시하며 게임시장을 점령하기 시작한다. 하지만 아타리는 경쟁 속에서도 살아남았고 오늘날에는 고전 게임들을 새로운 플랫폼에 호환시키며 예전 게임들에 대한 대중의 향수에 부응하기 위해 노력한다. 아타리의 게임 콘솔인 아타리 VCS 콘솔을 구입하면 아타리의 아케이드 시절 고전 레퍼토리 게임 모음집인 아타리 볼트^{Atari Vault}를 이용할 수 있다. 거의 50세 가까이 된 게임 '퐁'도 당연히 모음집에 들어 있다.

중세 시대 최대 규모의 가톨릭 공의회 개회

일곱 개의 성사^{聖事}

1215년 11월 30일, 중세 시대 최대 규모의 가톨릭 공의회인 제4차 라테란 공의회의 마지막 회의가 열린다. 이 회의에서 성례 중 포도주와 빵이 그리스도의 몸과 피로 변한다는 '화체설transubstantiation'이 확정된다. 공의회는 아마도 역사상 가장 영향력이 컸던 교황 인노첸시오 3세(1161~1216)가 소집했으며, 20일 동안 교황이 기거하는 로마 라테란 궁에서 진행되었다.

라테란 공의회에는 무려 1,500명의 주교와 수도원장들이 참석한다. 당시 로마는 국제적인 강국이었기에 여러 국가의 군주들도 일종의 최초 국제회의에 참석하기 위해 집결한다. 프리드리히 2세가 신성 로마 제국의 황제로 인정을 받는 등 회의에서는 정치적 사항도 다룬다. 또한 콘스탄티노폴리스를 공략한 제4차 십자군에 대한 평가와 함께 인노첸시오 3세가 제5차 십자군을 계획한다. 또 교회를 개혁하고 사제들의 도덕심과 교육 수준을 향상시키기 위한 71개 조항도 마련한다. 유대인과 무슬림은 종교를 구별하는 징표를 착용하게 되고, 카타리파와 왈도파는 이단으로 낙인찍힌다. 그리고 가장 마지막이지만 제일 중요한 것, 신자들이 일상에서의 믿음을 더욱 굳건히 할 수 있도록 세례성사, 견진성사, 성체성사, 고해성사, 혼인성사, 병자성사, 성품성사 등 일곱 가지 성사가 제정된다.

12월

DECEMBER

과거의 교훈을 배우지 못하는 사람은
그 과거를 반복하게 된다.

– 에드먼드 버크

Dec. 01

버스에서 체포된 흑인 여성 로자 파크스

"일어서"라는 말을 거부한 여자

1955년 12월 1일, 42세의 로자 파크스(1913~2005)가 버스 좌석에서 일어서 기를 거부했다는 이유로 체포된다. 로자는 흑인 여성으로서 백인을 위해 일어나 라는 요구를 받고 모욕감을 느끼는 데 지칠 대로 지쳐 있었다.

고향인 몽고메리에서 재봉사로 일하던 로자는 만원인 시내버스를 타고 있었 다. 로자의 남편 레이몬드 파크스는 활발한 인권운동가이자 헤어드레서였다. 로 자도 전미흑인지위향상협회NAACP의 몽고메리 지부 회원이자 서기였다. 12월 의 그날은 로자가 한계에 다다른 날이었다. 백인 승객이 버스에 타자 버스 운전 사는 로자에게 자리에서 일어설 것을 요구했지만, 그녀는 이를 거절한다.

대중교통에서의 인종차별에 반발한 흑인 승객들이 있었지만, 이를 크게 공론 화한 인물은 로자 파크스였다. 로자는 전미흑인지위향상협회의 도움을 받아 유 죄 판결에 항소했고, 1956년 11월 13일 대법원은 그녀의 편을 들어 대중교통에 서 흑인과 백인을 분리하는 것이 헌법에 위배된다고 판결했다.

앨라배마주 남부에서 자란 로자 파크스는 어린 시절부터 KKK 같은 극심한 인종차별을 겪었다. 그녀의 보이콧 운동은 백인과 흑인이 동등한 권리를 얻기 위

한 중요한 첫걸음이 되었다. 그러나 2020년 5월 25일의 조지 플로이드 살해 사건이나 최근의 'Black Lives Matter' 운동은 여전히 완전한 평등 을 이루기 위한 노력이 필요 함을 보여 준다.

1999년 빌 클린턴 대통령으로부터 미국 시민들이 받을 수 있는 최고의 영예인 대통령 자유메달을 받는 로자 파크스.

Dec. 02

스스로 황제의 자리에 오른 나폴레옹

유럽의 전쟁 영웅

1804년 12월 2일, 나폴레옹 보나파르트(1769~1821)가 파리의 노트르담 대성당에서 황제로 즉위한다. 화려하고 성대한 즉위식에서 나폴레옹은 교황 비오 7세로부터 왕관을 수여받는다. 나폴레옹은 세습 황제직을 확립시켜서 여전히 존재하던 왕실 반대파들을 누르고 싶어 했다. 황제가 된 나폴레옹은 사실상 독재자였다.

1793년에 프랑스의 마지막 왕이 프랑스 혁명 도중에 참수된다. 그 후 한동안 격동의 시기가 찾아온다. 프랑스는 공포 정치와 총재 정부를 거쳐 마침내 1799년에 나폴레옹의 쿠데타가 일어난다. 코르시카섬 출신의 나폴레옹은 1815년 워털루 전쟁에서 참패할 때까지 프랑스에 안정기를 안겨 주지만 유럽 전체적으로는 전쟁을 불러온다.

1807년의 나폴레옹 1세가 전장을 살피고 있다.

무엇보다도 나폴레옹은 머리가 비상한 전략가였고 과거 로마 제국 황제들처럼 뛰어난 장군이었다. 나폴레옹은 유럽 전역을 전쟁터로 뒤바꿔 놓는다. 1810년까지 나폴레옹은 스페인, 이탈리아, 네덜란드, 오늘날 독일에 해당하는 상당한 지역까지 프랑스의 영토를 확장한다. 나폴레옹은 1812년 겨울에 자신의 군대가 러시아 원정에서 실패를 거둔 이후 쇠락의 길을 걷기 시작한다.

세계 최초의 심장이식 수술

《타임》 표지를 장식한 놀라운 뉴스

1967년 12월 3일, 크리스천 버나드(1922~2001)가 이끄는 의료진이 최초로 심장이식 수술을 한다. 남아프리카 공화국의 케이프타운에 있는 흐로터 스퀴르 병원에서 이루어진 이 수술은 세계 역사상 최초였으며, 언론의 엄청난 관심을 받는다. 버나드는 《타임》지의 표지를 장식하기도 한다.

당시 아파르트헤이트 문제로 국제적인 비난을 받던 남아프리카 공화국에서 인류 의료사의 새 시대를 연 획기적인 사건이 발생한 것이다. 남아프리카 공화국은 인종차별 법안을 통해 백인과 흑인이 사는 지역을 아예 따로 만들고, 흑인들을 극심하게 차별한다. 1960년대부터는 국제적으로 보이콧 운동과 반反아파르트헤이트 운동이 거세어지는 가운데, 세계사에 유례가 없는 의료 특종으로 남

아프리카 공화국의 또 다른 면모가 세상에 알려진다. 인종차별로 인한 국제적인 압력에도 불구하고 남아프리카 공화국을 향한 긍정적인 기사들이 쏟아져 나온다. 1990년에 넬슨 만델라가 석방되면서 남아프리카 공화국에서는 아파르트헤이트의 시대가 막을 내린다.

1969년 이탈리아에서 열린 의학 콘퍼런스에서 인터뷰하는 심장 전문의 크리스천 버나드.

HISTORY

최초의 심장이식을 받은 환자는 55세의 루이스 바스칸스카이다. 의료진은 죽은 데니스 다르발의 심장을 떼어 내어 바스칸스카이에게 이식하는 데 성공한다. 바스칸스카이는 심장이식으로 인한 거부 반응이 간접적인 원인이 되어 수술을 받은 지 18일이 지나 사망한다.

Dec. 04

프랑크 왕국 전체를 다스린 카롤루스 대제

로마 제국의 부활?

서로마 제국이 쇠락해 가던 시기, 프랑크족의 왕들이 갈리아 북부를 다스리기 시작한다. 살리 프랑크족이자 메로빙거 왕조의 개창자인 클로비스 1세(466~511)는 갈리아 지방에서 프랑크족의 영향력을 크게 확대한다. 그렇게 해서 프랑키아 Francia, 즉 오늘날로 말하면 프랑스가 탄생한다. 게르만족 왕들은 제국을 사유재산처럼 여겨, 왕이 죽으면 후손들이 재산처럼 나라를 분할해 물려받았다. 이 과정에서 프랑키아는 자주 휘청거렸고, 메로빙거 왕가는 결국 힘을 잃는다. 8세기에 프랑크 왕국의 궁재宮宰 카롤루스 마르텔루스(689?~741)가 권력 싸움에 뛰어들어 카롤루스 왕조(카롤링거 왕조)를 세운다. 그의 손자인 카롤루스 대제(747~814)는 처음에는 형인 카를로마누스 1세와 왕국을 나누어 다스린다. **771년 12월 4일** 카를로마누스 1세가 사망한 후 왕국의 유일한 왕이 된 카롤루스 대제는 왕국 영토를 유럽 서부와 중부까지 확장한다.

800년 성탄절 날, 카롤루스 대제는 카롤루스 아우구스투스라는 이름으로 황제에 오르고 교황에게 왕관을 수여받아 로마 황제를 계승한 기독교 군주로서 확실히 자리매김한다. 그는 아헨의 왕궁에 주로 머물렀지만, 고정된 수도 없이 제국을 순회하며 다스렸다. 가신들은 그의 명령을 받들며 각 지역을 관리하는데, 시간이 지나자 그 지역을 마치 자신들의 영구 사유지처럼 여긴다. 카롤링거 제국은 여러 민족이 섞여 있었지만, 옛 갈리아 로마인과 새로운 게르만족이 융합해 하나의 기독교 문화를 형성해 나간다.

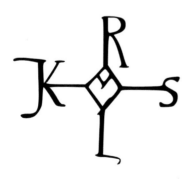

카롤루스 대제의 서명.

Dec. 05

네 번째 카틸리나 탄핵을 연설한 키케로

"언제까지 할 것인가, 카틸리나여?"

기원전 63년 12월 5일, 로마의 정치가 키케로(BC 106~BC 43)가 네 번째이자 마지막 카틸리나 탄핵 연설을 한다. 로마에서는 수사법이나 연설이 중요한 비중을 차지했고, 키케로는 연설의 대가였다. 로마 원로원 앞에서 키케로가 한 카틸리나 탄핵 연설은 역사상 가장 유명한 연설 중 하나로 꼽힌다.

'말로 사람을 죽일 수 있다'는 속담이 있는데, 키케로는 말 그대로 진짜 그렇다. 키케로는 네 번의 연설을 통해 원로원 의원들에게 카틸리나가 꾸민 음모를 훌륭한 수사법으로 설명한다. 모반 음모에 휩싸인 원로원은 키케로의 화려한 웅변에 설득당한다. 당시 키케로는 집정관이었고, 카틸리나는 집정관이 되고 싶은 야심을 품은 장군이었다.

원로원은 카틸리나에게 사형 선고를 내린다. 카틸리나는 달아났으나 기원전 62년에 로마에서 250km 떨어진 피스토리아에서 벌어진 전투에서 패배해 죽음을 맞는다.

"카틸리나여, 그대는 언제까지 우리의 인내력을 시험할 것인가?"

카틸리나 탄핵 연설은 오랜 세월 동안 교실에서 학생들의 학습 자료가 되었다.

기원전 1세기에 제작된 정치가이자 연설가 키케로의 흉상. 로마의 카피톨리니 박물관에 소장되어 있다.

HISTORY

카틸리나 탄핵 연설은 키케로가 집정관 시절에 남긴 거의 마지막 위대한 업적이다. 기원전 58년 3월, 키케로는 로마를 떠나야만 했고, 훗날 소아시아의 길리기아 지방으로 유배된다.

네페르티티 흉상을
발견하다

고대 이집트 3대 미인

1912년 12월 6일, 독일의 고고학자 루트비히 보르카르트(1863~1938)는 이집트 아마르나에서 중요한 발견을 한다. 조각가 투트모세의 작업실에서 이집트의 여왕 네페르티티의 흉상을 발견한 것이다. 이는 영국의 하워드 카터가 투탕카멘의 무덤을 발견하기 10년 전이었다. 네페르티티의 흉상은 이집트 고대 예술품 중 가장 뛰어난 작품으로 평가받는다.

네페르티티의 흉상은 귀와 왼쪽 눈 일부가 손상되었지만, 기원전 1345년 이집트를 다스린 여왕의 숭고한 얼굴을 그대로 간직하고 있다. 이 흉상은 레오나르도 다빈치의 〈모나리자〉처럼 신비로운 아름다움을 담고 있다. 고대 이집트인들의 얼굴을 사실적으로 보여 주는 이 조각은 세계문화유산으로 지정될 만한 가

치가 있다. 아마르나에서 발견된 비문에는 네페르티티를 "위대한 왕관을 쓴 여왕 (…) 상하 이집트를 다스리는 자가 그녀를 보고 기뻐했다"라고 묘사하고 있다. 네페르티티는 왕족 출신은 아니었지만, 아멘호테프(아크나톤) 4세와 결혼했다.

1912년에 발견된 네페르티티의 흉상. 베를린에 가면 볼 수 있다.

HISTORY

네페르티티의 흉상은 현재 베를린 신新박물관에 소장되어 있다. 하지만 발굴 이후로 독일과 이집트는 흉상의 소유권을 두고 오늘날까지 분쟁을 벌이고 있다.

Dec.
07 | 일본의 진주만 습격

제2차 세계대전의 전환점

1941년 12월 7일 일요일, 미국 하와이 진주만의 미 해군기지가 공격을 당한다. 아무런 예고 없이 일본 항공모함 함대가 기습 공격했다. 미군은 큰 인명 피해와 물질적 손실을 입는다. 이 공격은 태평양전쟁의 서막을 알리는 선제타격이었다. 일본과 미국은 동남아에서 경쟁 관계였다. 일본은 유럽에서 독일이 일으킨 제2차 세계대전의 혼란을 틈타 미국을 기습 공격한 것이다.

여러 척의 항공모함과 수백 대의 비행기가 일요일 아침 하와이 오하우섬의 진주만을 향해 소리 없이 접근하고 있었다. 여차하면 바로 공격할 준비가 되어 있었다. 공격을 개시하고 얼마 지나지 않아, 21척의 미 해군 함대와 180대의 비행기가 파괴되었고, 대략 2,300명의 미군이 목숨을 잃는다. '진주만 공습'으로 미국이 받은 심리적 충격은 엄청났다. 미국 본토가 직접적으로 외부에 의한 공격을 받았기 때문이다. 그 후로 약 60년이 지나 9·11사태가 발생하기 전까지 이와 비슷한 일조차 없었다. 미 대통령 루스벨트(1882~1945)는 즉시 일본에 선전포고하고, 1941년 12월 7일을 "치욕의 날"이라 평한다.

진주만 공격은 일본이 제2차 세계대전에 참전하며 시작한 사건으로, 전쟁의 흐름을 바꾼 결정적 순간 중 하나로 평가된다. 수백만 명의 운명을 바꿨을 뿐만 아니라, 전쟁의 전개에도 큰 영향을 미쳤다. 미국은 즉시 전쟁에 참전했고, 결과적으로 히로시마와 나가사키에 원자폭탄을 투하하며 전쟁을 끝냈다.

한 아마추어 사진가는 일본의 진주만 습격에서 미 항공모함 사우호가 폭발하는 순간을 포착했다. 사진은 언뜻 불꽃놀이처럼 보이지만, 실제로는 전쟁 중의 장면이다.

"모든 이들에 대해 상상해 봐요Imagine all the people"

1980년 12월 8일 오후 10시 50분, 존 레넌이 미국 뉴욕의 다코다 빌딩 입구에서 총에 맞는다. 세계적인 팝 스타 존 레넌은 40세를 맞이한 지 얼마 지나지 않아 루스벨트 병원에서 숨을 거두고 12월 10일에 화장된다.

존 레넌을 향해 다섯 발의 총탄을 쏜 마크 채프먼은 정신병을 앓고 있었으며, 그에게 강한 집착을 보였다. 존 레넌은 채프먼의 공격으로 생을 마감하며 팬들의 마음을 울렸다. 1940년 영국 리버풀에서 태어난 레넌은 1950년대 후반 비틀스의 멤버로 세계적인 명성을 얻었다. 그 시기 엘비스 프레슬리를 제외하면 레넌만큼 음악적인 명성을 얻은 사람은 없었다.

비틀마니아(비틀스를 둘러싼 광신주의)는 1960년대 중반에 정점에 달하고, 존 레넌의 야생마 같은 삶도 큰 주목을 받는다. 오노 요코와 사귀던 레넌은 1971년에 비틀스가 해체된 후 미국 뉴욕으로 이주한다. 존 레넌은 음악가에서 구루와 같은 인물로 변모한다. 레넌은 자신을 '기독교 공산주의자'라고 정의하고, 명상이나 아방가르드 예술, LSD 마약, 평화운동과 심령론에 심취한다. 존 레넌은 〈The Ballad of John and Yoko〉, 〈Give Peace a Chance〉, 〈Instant Karma!〉, 〈Imagine〉 등 잊을 수 없는 명곡들을 남겼다.

"모든 이들이 평화 속에서 살아가는 삶을 상상해 봐요."

마크 채프먼은 종신형을 선고받고 현재까지 수감 중이다.

1969년 3월 25일, 네덜란드 암스테르담으로 신혼여행을 떠난 존 레넌과 오노 요코가 암스테르담의 힐튼 호텔에서 '베드 인 포 피스(Bed-in for Peace)' 반전운동을 펼치고 있다.

Dec. 09

스코틀랜드 제임스 2세의 프랑스 망명

절대군주제의 종말

제임스 2세(1633~1701)는 스튜어트 왕조의 마지막 왕으로, 정치적·종교적으로 긴장된 시기의 스코틀랜드를 통치했다. 그는 잉글랜드와 스코틀랜드의 왕으로서 절대군주제를 강력히 지지하며, 왕은 '하나님의 은혜로' 백성 위에 군림한다는 사상을 갖고 있었다. 가톨릭교도인 스튜어트 왕조는 개신교도와 의회 정치를 지지하는 세력과 갈등을 빚었고, 이로 인해 의회파와 왕당파 간의 내전이 발생한다. 이 과정에서 찰스 1세가 처형되고 수십만 명이 목숨을 잃는다.

영국의 정치철학자 토머스 홉스(1588~1679)는 이러한 맥락을 잘 짚어 자신의 명작 『리바이어던』을 집필한다. 이 작품의 주제는 영구적인 혼란과 위협이 도사리는 사회에서는 공동의 이익을 추구하며 나라를 다스리는 절대군주가 정당화된다는 것이다. 스튜어트 왕조는 제임스 2세를 통해 궁극적으로 왕위를 유지하긴 하지만 결국은 명예혁명을 만나고 만다. 제임스 2세의 딸 메리 스튜어트와 결혼했던, 즉 제임스 2세의 사위였던 오라녜 공 윌리엄 3세가 군대를 이끌고 잉글랜

토머스 홉스의 『리바이어던』(1651) 표지.

드를 쳐들어와 제임스 2세를 무찌른다. 제임스 2세는 **1688년 12월 9일** 요크셔 레딩에서 벌어진 (상대적으로 규모가 작은) 레딩 전투에서 패해 프랑스로 도망친다. 제임스 2세는 프랑스의 태양왕 루이 14세 아래에서 망명 생활을 하며 왕위를 되찾기 위해 (제임스 2세는 잉글랜드, 스코틀랜드, 아일랜드의 왕이었다) 부단히 노력한다. 하지만 아일랜드의 보인에서 벌어진 전투에서 다시금 패배하고 만다. 이제 잉글랜드는 의회 정치를 향한 중요한 발걸음을 내딛는다.

영국 풍자 잡지 《펀치》에 실린 '로즈 거상' 만평

세계적으로 유명한 만화

1892년 12월 10일, 영국 풍자 잡지 《펀치》의 신간에 '케이프타운에서 카이로까지 성큼성큼 걷고 있는 로즈 거상'을 그린 기가 막힌 만평이 실린다. 1841년에 창간된 풍자 잡지 《펀치》는 만화로 유명했고, 덩달아 정치 풍자 관련 만화 장르가 유명해진다.

'로즈 거상'을 그린 만평이 무엇이 그렇게 기가 막혔냐고? 당시 비즈니스계의 거물인 세실 로즈(1853~1902)를 고대 유물인 로도스 거상에 비유한 패러디였기 때문이다. (세실 로즈의 로즈Rhodes와 로도스Rhodes의 철자가 같아서 나온 패러디.) 만평이 말하고자 하는 메시지는 명확했다. 로즈를 한때 로도스섬에 서 있던 세계 7대 불가사의 중 하나인 전설적인 33m 거상이라도 된 것 같은 과대망상증 환자처럼 묘사한 것이다.

만평은 로도스 거상처럼 변한 로즈가 북에서 남으로 전신선을 연결하며 아프리카 지도 위에 서 있는 모습을 묘사하고 있다. 이는 영국 제국주의가 마치 그물망처럼 아프리카 대륙을 가로질러 세력을 확장하는 모습을 상징적으로 표현한 것이다. 당시 영국은 이집트부터 수단, 케냐, 우간다를 거쳐 잠비아, 짐바브웨, 남아공까지 광범위하게 지배하고 있었다. 이와 같은 영국의 세력 확장을 나타내는 말, "영국이 파도를 지배한다"는 영국군의 군가 〈룰 브리타니아Rule, Britannia!〉의 가사에서 유래한 표현이다.

1892년 12월 10일 잡지 《펀치》에 실린 만평 '로즈 거상'.

Dec. 11

왕관 대신 사랑을 선택한 에드워드 8세의 하야

"내 왕국은 한 여자만을 위한 것이다"

1936년 12월 11일, 영국의 왕 에드워드 8세(1894~1972)가 스스로 왕위에서 물러난다. 에드워드 8세가 왕위에 있었던 기간은 327일이었다. 왕위에서 물러난 이유는 한 여성 때문이었다.

오늘날 영국 왕실은 여전히 보수적이지만, 1930년대에는 더욱 엄격했다. 에드워드 8세는 왕이 되기 이전인 웨일스 공 시절부터 왕실의 전통을 넘어서려 했고, 밤 문화를 즐겼으며, 왕이 되기 위한 준비 대신 운동에 매진했다. 그럼에도 특유의 성격 덕분에 대중의 사랑을 받았다.

에드워드 8세는 1931년, 왕위에 오르기 5년 전 미국인 월리스 심프슨(1896~1986)을 만났다. 당시 심프슨은 런던에서 활동하는 사업가와 결혼한 상태였다. 에드워드 8세는 사랑에 빠져 그녀를 인생의 동반자이자 왕비로 여기기 시작했다. 하지만 에드워드 8세가 왕위에 오르면서 상황이 복잡해졌다. 1936년 심프슨은 이혼 절차를 밟았지만, 이혼 중인 미국인이었던 그녀는 왕비가 될 수 없었기 때문이다.

12월 10일, 에드워드는 왕위에서 내려오고, 12월 11일에 공식적으로 그의 통치가 막을 내린다. 그날 저녁, 윈저 공의 신분으로 내려온 에드워드 8세는 라디오 방송을 통해 대국민 연설을 하며 "자신이 사랑하는 여성의 지지와 도움 없이는" 왕위를 이어 갈 수 없음을 토로한다. 그 후, 윈저 공과 심프슨 여사는 죽을 때까지 일생을 함께한다.

1936년 유고슬라비아에서 휴가를 즐기는 에드워드 8세와 심프슨 여사.

최초로 대서양 횡단 무선 통신에 성공한 마르코니

무선 통신의 선구자

1901년 12월 12일, 이탈리아의 전기공학자 굴리에모 마르코니(1874~1937)가 영국 콘월의 폴두 지방에서 대략 3,200km 떨어진 캐나다 뉴펀들랜드주의 세인트존스까지 모스 신호를 보내는 데 성공한다. 많은 사람의 회의적인 시선에도 불구하고 대서양 횡단 무선 통신이 실현된 것이다. 지구가 둥근 모양을 가지고 있음에도 원거리에 신호를 보내는 데는 전혀 지장이 없다는 것이 실험적으로 증명된다.

마르코니는 1886년에 전파의 존재를 처음으로 발견한 하인리히 헤르츠의 연구를 기반으로 무선 통신 장치를 개발한다. 마르코니가 발견하고 특허를 내어 상용화한 부분은 전파가 신호를 전송할 수 있다는 것이다. 마르코니는 1896년에 런던에서 처음으로 이를 증명해 보인다.

전파를 통한 무선 통신이 개발되자 이를 해운 통신, 항법, 무선 전신과 무선 통신 등 여러 분야에서 응용할 수 있는 가능성이 열린다. 마르코니는 1897년에 무선 전신&신호 회사Wireless Telegraph & Signal Company를 설립하고 여러 분야에 응용하기 시작한다. 예를 들어, 1912년 타이태닉호 침몰 사건 당시, 배에 설치된 마르코니의 통신장비로 조난 신호를 보내 수많은 희생자를 구출할 수 있었다.

1907년 마르코니는 노벨 물리학상을 수상하고, 후작 칭호 등 여러 영예를 얻는다. 1937년 마르코니가 세상을 떠나자 전 세계의 라디오 방송국들은 2분간 묵념하며 그를 추모했다.

1897년, 무선 통신 장비를 들고 포즈를 취한 굴리에모 마르코니의 홍보 사진.

Dec. 13

유럽인 최초로 뉴질랜드를 발견한 아벨 타스만

위대하고 숭고한 나라

1642년 12월 13일, 유럽인 중에 최초로 뉴질랜드를 발견한 사람이 탄생한다. 이 영광의 주인공은 네덜란드 동인도 회사에서 일했던 네덜란드인 항해사 아벨 타스만(1603~1659)이다.

그해 8월, 타스만은 네덜란드 동인도 회사의 본거지이던 바타비아(오늘날 인도네시아의 자카르타)에서 두 가지 목표를 가지고 항해를 떠난다. 첫 번째 목표는 스페인 배들을 쉽게 공격할 수 있도록 칠레로 가는 남쪽 해로를 찾는 것이었고, 두 번째 목표는 남아메리카 대륙의 혼 곶Cape Horn과 오스트레일리아 사이에 있을 것으로 추정되는 천연자원이 가득한 거대한 남쪽 대륙을 찾아 나서기 위해서였다. 당시 네덜란드 공화국은 이미 오스트레일리아의 북쪽과 서쪽, 그리고 남쪽 해안 일부를 지도화한 상태였고 오스트레일리아 남쪽에 있던 섬의 이름을 처음에는 뉴 홀란트라고 짓는다. 1642년 11월 24일, 타스만은 오스트레일리아 남부에 위치한 섬을 발견하고, 자신의 이름을 따서 태즈메이니아라고 명명한다.

타스만이 이끄는 원정대는 헤임스케르크호와 제이핸호, 110명의 선원으로 구성되었다. 타스만이 뉴질랜드에 도착한 후 12월 14일, 제이핸호 선원 네 명이 해

안으로 나갔다가 마오리족에게 살해당한다. 네덜란드인들의 트럼펫 소리가 마오리족에게 전쟁 도발 신호로 오인되었을 가능성이 있다.

타스만의 선원들이 살해된 장소인 무르더나르스바이(네덜란드어로 살인자의 만이라는 뜻. 영어로 하면 Murderers Bay. 오늘날의 이름은 골든베이)를 그린 그림.

389

남극점에 도달한 아문센 탐험대

어떤 수를 쓰든 최초가 되기

1911년, 두 명의 탐험가, 영국인 로버트 스콧(1868~1912)과 노르웨이인 로알 아문센(1872~1928)은 최초로 남극점에 도달하기 위해 치열한 경쟁을 벌인다. 원래 북극점 탐험을 계획했던 아문센은 누군가가 이미 북극점에 도달했다는 소식을 듣고 급히 계획을 수정하여 남극점을 새로운 목표로 삼는다. 그러나 아문센은 이 계획을 철저히 비밀에 부쳐 탐험대 동료들조차 이를 알지 못한다.

10월 18일, 아문센이 이끄는 탐험대가 남극점으로 떠난다. 스콧은 그보다 약 3주 늦게 원정을 떠난다. **1911년 12월 14일** 오후 약 3시경, 드디어 아문센이 원하던 그 순간이 찾아온다. 아문센은 남극점에 노르웨이 국기를 꽂는다. 아문센이 첫 번째로 남극점에 도달한 사람이 된 것이다! 스콧이 남극점에 도착한 것은 그보다 33일이나 더 지난 후였다. 힘들고 어려운 귀환길에서 극도의 추위와 배고픔으로 지칠 대로 지친 스콧은 1912년 3월 29일에 마지막으로 일기장에 기록을 남긴다. 스콧은 자신의 탐험대원 두 명과 함께 텐트 안에서 세상을 떠난다.

남극에서 귀환한 아문센은 영웅이 되어 많은 축하를 받는다. 심지어 미국 대통령 시어도어 루스벨트나 영국의 왕 조지 5세도 축하 전보를 보낸다. 하지만 스콧의 도전정신이 넘치는 탐험 또한 나중에 그 공로를 인정받았다. 스콧은 사후에 바스 훈장 기사 사령관 등급을 수여받았다.

남극 탐험 중인 아문센 탐험대.

Dec. 15

레이던 대학교의 교수가 된 렘버트 도도엔스

의학도 알고 보면 약초학

1582년 12월 15일, 식물학자 렘버트 도도엔스(1517~1585)가 네덜란드 레이던 대학교의 교수직을 수락한다. 레이던 대학교가 도도엔스에게 제안한 것은 의학 교수직이었다. 그는 식물학자로 더 잘 알려져 있지만 원래 직업은 의사다.

16세기까지 의학과 식물학은 긴밀하게 연결되어 있었다. 사혈이나 두개골 천공을 제외하면, 당시 의학은 거의 '약초학'과 다름없었다. 도도엔스 같은 르네상스 시대 학자들은 다양한 분야에서 뛰어난 능력을 보인 '만능 인간'의 전형이었다. 도도엔스 역시 라틴어, 히브리어, 그리스어에 능통했으며, 의학과 식물학뿐만 아니라 천문학과 우주학에 관한 저서도 남겼다.

벨기에 플랑드르 출신이었던 도도엔스가 1582년 레이던으로 이주한 이유는 80년 전쟁(1568~1648) 때문이다. 당시 네덜란드 남부(벨기에) 지역은 매우 힘든 시기를 보내고 있었다. 도도엔스 가문 역시 스페인의 알바 공이 이끄는 군대에 크게 약탈당하는 수난을 겪는다. 1575년에 설립된 레이던 대학교가 '자유의 보루'라는 이름을 갖게 된 배경이기도 하다. 벨기에 루뱅 출신의 철학자 유스투스 립시우스도 레이던으로 도피해 온다.

1552년 식물지를 출판하기 직전의
젊은 도도엔스의 모습.

HISTORY

1554년 도도엔스가 플랑드르어로 작성한 식물학 연구서인 『도도엔스의 식물지』가 출간된다. 그의 책은 식물학의 정본이 되었고, 거듭 재판을 찍었으며, 번역서도 나왔다.

독립운동으로 바뀐 보스턴 차 사건

미국의 독립으로 향하는 길

1773년 12월 16일, 애국심에 불타는 미국인들이 보스턴 항구에서 영국 동인도 회사가 싣고 온 342개의 홍차 상자를 물에 던져 버린다. 처음에는 과하게 책정된 세금에 반발하여 이런 행동을 벌였으나, 일이 점점 커져 식민지 통치자인 영국에 대항하는 운동으로 번진다.

홍차는 정치의 주요 쟁점이 된다. 18세기 말까지도 미국은 여전히 대영 제국의 식민지였다. 영국은 (동인도 회사를 통해서) 홍차 무역에 대한 독점권을 쥐고 있었고, 식민지 주민들의 의견을 묵살한 채 독자적으로 세금을 부과한다. 이에 미국인들은 "대표 없이 세금 없다No Taxation Without Representation"라는 반응을 보인다. 미국인들은 네덜란드 상인들을 통해 홍차를 밀수하고, 여러 도시에서 영국에 항의하는 시위가 벌어진다. 보스턴에서는 애국자들이 인디언으로 변장해 배에 숨어 들어가 약 1만 8천 파운드 가치의 차를 물에 던지는 보스턴 차 사건이 발생한다.

홍차 무역 갈등은 독립운동으로 바뀌고, 미국은 홍차 대신 '독립선언'을 하게 된다. 보스턴 차 사건은 1776년 미합중국의 건국으로 이어지며, 미국은 영국과 무장 갈등을 벌인다.

이 사건에서 영감을 받은 많은 사람은 오늘날 '티파티 운동Tea Party movement' 이라는 이름으로 미국에서 정치 활동을 벌인다. 티파티 운동의 지지자들은 주로 보수주의자들로 공화당을 지지한다. 그들의 슬로건은 "이미 세금은 충분히 부과되었다"이다.

보스턴 차 사건을 묘사한 판화(1789년 작품).

Dec. 17 | 인류 역사상 첫 동력 비행

라이트 형제의 비행

1903년 12월 17일 오전 10시 35분, 오빌 라이트(1871~1948)가 미국 노스캐롤라이나주의 작은 마을 키티호크에서 12초 동안 상공을 난다. 형 윌버 라이트(1867~1912)의 인도를 받아서 오빌은 36.5m를 날아간다. 인류가 동력 비행기를 타고 공중을 가로질러 날아간 최초의 사건이었다.

라이트 형제가 개발한 비행기의 이름은 '라이트 플라이어'였다. 형제는 그날 세 번의 비행에 성공했다. 그중 가장 멀리 날아간 거리는 무려 260m에 달했다. 하지만 마지막 비행 후 거센 돌풍에 휩싸인 비행기는 전복되어 심각한 손상을 입는다. 라이트 플라이어는 박물관으로 옮겨졌으며, 현재 미국 워싱턴의 국립항공우주박물관에 소장되어 있다.

18세기에 이미 열기구 비행은 성공적으로 이루어졌으나, 인류가 진짜 '비행기'를 타고 하늘을 날게 된 것은 20세기 들어서다. 라이트 플라이어에는 프로펠러를 구동하기 위해 4기통 엔진이 장착되어 있었지만, 오빌은 비행 중에 균형을 잡고 날개를 제어하기 위해 엉덩이를 들썩여야 했다. 키티호크 마을은 현대 항공의 탄생지가 된다.

오빌과 윌버 라이트가 첫 36m 비행에 성공한 이후, 인류는 항공 분야에서 큰 발전을 이룬다.

라이트 플라이어의 첫 비행 순간을 포착한 사진. (오른쪽에서) 달려가던 윌버가 이제 막 오른쪽 날개에서 손을 떼었고, 오빌이 비행을 경험하고 있다(1903년 12월 17일).

추수감사절을 보낸
조지 워싱턴 장군

전통의 탄생

1777년 12월 18일, 조지 워싱턴(1732~1799)은 미국 펜실베이니아주의 걸프 밀스에서 자신의 군사들과 첫 추수감사절을 기념한다. 미국 의회는 영국에 대한 승리를 기념하기 위해 공식적으로 '감사드리고 기도하는 날'을 지정했다. 추수감사절의 목적은 다음과 같다.

"육지와 바다에서 우리의 사령관들을 고취시키고 (…) 전능하신 하나님의 섭리 아래 미합중국이 모든 인류의 가장 큰 축복인 독립과 평화를 확보하는 것."

워싱턴은 미합중국의 독립을 위해 군대를 이끌며 군인들의 용기를 북돋고 따뜻한 온기를 나누고자 추수감사절을 지낸 것이다. 이날은 1621년 플리머스에서 첫 추수감사절을 지낸 선조들과 식민지 미국 개척자들을 기리는 날이기도 하다.

조지 워싱턴의 초상화(1780년 존 트럼블의 작품).

1789년, 워싱턴은 미합중국의 첫 대통령이 된다. 워싱턴은 11월 26일 목요일을 공식적인 추수감사절 기념일로 지정한다. 새로 탄생한 국가는 국민을 결속시킬 수 있는 전통이 필요했다. 워싱턴이 지정한 기념일은 시간이 흘러 모두가 아는 추수감사절의 형태로 발전한다.

미국 가족들은 11월의 네 번째 목요일에 칠면조 요리를 나눠 먹으며 추수감사절을 보낸다.

HISTORY

추수감사절에는 블랙 프라이데이와 같은 다양한 행사와 전통이 이어진다. 그중 가장 독특한 전통은 대통령이 살아남은 칠면조 한 마리를 특별사면하는 행사다.

Dec. 19

탄핵에 직면한 미국 대통령 빌 클린턴

"그 여성과 성관계를 맺지 않았습니다"

1998년 12월 19일, 14시간에 걸친 논쟁 끝에 미국 하원에서 당시 대통령인 빌 클린턴(1946~)의 탄핵 소추가 가결된다. 하지만 1999년 2월 12일 미국 상원은 탄핵 소추안을 기각 처리했고 클린턴은 대통령직을 이어 갈 수 있게 된다. 하지만 모니카 르윈스키(1973~)와의 염문에 대해 거짓말을 한 사실이 밝혀져 빌 클린턴은 큰 비난을 면치 못했고, 이는 오늘날까지도 빌 클린턴과 힐러리 클린턴 부부에게 꼬리표처럼 따라다닌다.

1973년생 모니카 르윈스키는 1995년 백악관에서 인턴 생활을 시작했다. 당시 빌 클린턴은 첫 임기의 막바지에 이르렀고, 1996년 재선을 앞두고 있었다. 클린턴은 임기 종료 후, 정치적·개인적 어려움에서 오는 좌절과 불안감으로 인해 르윈스키와의 부적절한 관계라는 '도덕적 실수'를 저질렀다고 시인했다.

하지만 당시 클린턴은 공격과 맹비난 속에서도 진실을 부인하고 심지어 거짓말을 한다. 1998년 1월 28일에 있었던 클린턴의 TV 연설은 가히 역대급이었다. "그 여성과 성관계를 맺지 않았습니다." 결국 진실을 밝히고자 대통령의 정액이 묻은 파란 드레스 등 가슴 아픈 증거들이 세상에 나온다. 르윈스키 본인에게는 이 사건이 완전히 악몽과도 같았다. 르윈스키는 언론의 집중적인 괴롭힘을 받았으며, 매우 개인적인 사생활까지 세상에 드러내야 했다. 그러나 2014년, 미국 잡지 《베니티 페어》와의 인터뷰에서 르윈스키는 당시 상호 합의 아래 이루어진 일이었다고 주장했다.

HISTORY

빌 클린턴은 1868년 앤드루 존슨 대통령에 이어 미국 역사상 두 번째로 탄핵 소추안이 가결된 대통령이다. 그의 부인 힐러리 클린턴은 2016년 대선에서 도널드 트럼프에게 패한다.

구호기사단을 로도스섬에서 몰아낸 오스만 제국군

마지막 십자군 국가

1522년 12월 20일, 6개월간의 포위 작전 끝에 오스만 제국의 술탄 술레이만 대제(1494~1566)는 마지막 십자군 국가인 구호기사단이 통치하던 로도스섬의 항복을 받아들인다. 이는 지중해 동부를 장악하려는 오스만 제국이 구호기사단을 섬에서 내쫓기 위한 포위 공격이었다.

그리스(정교회)와 로마(가톨릭) 신자들에게 술탄이 내건 조건은 관대했다. 교회는 모스크로 바뀌지 않으며, 무기와 종교적 귀중품을 챙길 수 있도록 구호기사단에게 12일이 주어진다. 섬을 떠나는 거주민에게는 3년의 유예 기간이 주어지고, 남기로 한 거주민은 5년간 세금을 면제받는다.

1523년 1월 1일, 웅장한 예복을 갖춘 구호기사단은 깃발을 흔들고 북을 두드리며 도시를 떠난다. 술탄은 기사단과 수천 명의 시민을 크레타섬으로 실어 나르기 위해 50척의 배를 준비한다.

로도스섬 포위 작전 당시 오스만 예니체리(오스만 제국의 보병군단)와 방어 중인 구호기사단의 모습. 오스만 제국 자료에서 발췌.

결과적으로 오스만 제국은 자신들이 내건 조건을 철저하게 지키지는 않는다. 이들은 성 요한 교회를 모스크로 바꿨고, 오스만 군인들은 구호기사단이 떠난 후 로도스섬에서 대량학살을 저지른다. 섬을 떠난 구호기사단은 7년 동안 이탈리아 남부를 떠돌다가 카를 5세의 도움으로 몰타섬으로 이주해 그곳에서 몰타기사단을 설립한다.

퀴리 부부의 라듐 원소 발견

전설적인 과학자 부부

1898년 12월 21일, 피에르 퀴리와 마리 퀴리는 새로운 원소를 발견한 사실을 프랑스 과학 한림원에 알린다. 이들은 새로 발견한 원소에 방사선을 뜻하는 라틴어를 따서 '라듐'이라는 이름을 붙이자고 제안한다.

19세기 말 무렵은 과학적 발전이 비약적으로 이루어지던 시기였고 퀴리 부부의 발견도 이와 궤를 같이한다. 그 당시는 양질의 대학 연구소들과 과학 연구 기관들이 대거 설립되던 시기였다. 그보다 약간 앞선 1895년에는 독일의 물리학자 빌헬름 뢴트겐이 X레이를 발견한다. 퀴리 부부의 방사선 연구는 이를 토대로 했다.

폴란드 출신의 마리(1967~1934)는 소르본 대학교에서 물리학을 연구하기 위해 파리로 왔다가 자신보다 여덟 살 선배인 물리학자 피에르 퀴리(1859~1906)를 만난다. 피에르와 마리는 둘 다 열정 가득한 이상적인 과학자들이었다. 이들은 1895년에 결혼하고 전설적인 과학자 부부가 된다.

1903년, 마리는 1898년에 발견한 원소에 대한 결정적인 증거를 제시한다. 라듐 원소를 분리하고 원자가原子價를 계산하는 데 성공한 것이다. 같은 해, 피에르와 마리 퀴리는 노벨 물리학상을 수상한다.

1903년 12월 10일 피에르 퀴리와 마리 퀴리가 받은 노벨 물리학상.

Dec. 22

지식인들과 학생들을 시골로 내보낸 마오쩌둥

상산하향 운동

1968년 12월 22일, 중국의 문화혁명이 새로운 단계에 접어든다. 당시 중국의 주석 마오쩌둥은 학생들에게 도시를 떠나 시골로 내려가라고 강요한다. 이에 육체노동을 하며 공산주의를 배우기 위해 수백만 명이 도시를 떠나 시골로 이주한다.

1960년대와 1970년대는 전 세계적으로 굵직한 사건들이 연달아 벌어지던 시기였다. 시민운동, 베트남 전쟁, 제2차 바티칸 공의회와 학생 시위 등이 일어나는 와중에 수많은 학생이 마오쩌둥의 『마오 주석 어록』에 열광한다. 1968년 마틴 루서 킹이 총에 맞아 숨지고, 1969년 닐 암스트롱이 달에 첫발을 내딛던 때 중국에서는 마오쩌둥이 중화인민공화국을 철권정치로 다스리고 있었다.

문화대혁명은 1966년부터 시작된 중국 사회의 급진적 대숙청 운동으로, 자본주의와 부르주아적 요소로부터 사회를 해방하기 위해 추진된 혁명이다. 마오쩌둥의 홍위병들은 대학살을 저지르고, 고대 중국의 문화유산을 파괴한다. '상산하향 운동'은 언뜻 듣기에는 긍정적인 슬로건처럼 들리지만, 도시의 젊은이들을 시골로 보내 노동과 교육을 받게 하려는 정책이었다. 마오쩌둥은 이 운동을 통해 젊은 세대가 농촌에서 일하며 혁명 정신을 배우길 원했지만, 수많은 사람이 원치 않는 이주로 삶이 크게 흔들리고 힘든 환경에서 어두운 시기를 겪는다. 교사와 지식인들은 박해를 당했고, 시골로 쫓겨난 학생들로 인해 중국은 잃어버린 세대를 경험한다. 1976년 마오쩌둥이 죽고 얼마 지나지 않아, 문화대혁명은 실패로 끝났다는 사실이 드러났다.

HISTORY

마오쩌둥의 『마오 주석 어록』은 1967년 네덜란드에서 『마오쩌둥 주석의 인용문』이라는 제목으로 번역본이 출간된다. 당시 마르크스주의자들이나 급진 좌파들은 이 책에 크게 열광한다.

Dec. 23 | 자신의 왼쪽 귀를 베어 버린 화가

예술사의 하이라이트

1888년 12월 23일, 빈센트 반 고흐가 칼을 들어 자신의 왼쪽 귀를 베어 버린다. 당시 무명의 화가였던 고흐는 어쩌다가 그렇게 미쳐 버렸던 걸까?

빈센트 반 고흐(1853~1890)는 네덜란드뿐만 아니라 전 세계적으로 유명한 화가다. 1880년대에 헤이그학파의 전통적인 네덜란드 사실주의 영향을 받아 화가로서 첫발을 내디뎠지만, 그의 예민한 성격과 프랑스 남부에서 경험한 밝은 색채로 인해 그의 화풍은 크게 변모한다. 고흐는 프로방스 지방의 밀밭을 불타는 듯한 빛나는 노란 톤으로 캔버스에 담는다. 〈해바라기〉(1889), 〈별이 빛나는 밤에〉(1889) 같은 작품은 고흐가 살아 있던 시절에는 그다지 주목받지 못했지만 오늘날 세계문화유산으로 지정되었다.

하지만 반 고흐의 살아 있는 듯한 생생한 화풍의 이면에는 그의 불안정한 정신세계가 드러난다. 고흐가 동생 테오와 주고받은 편지에서 이러한 고뇌를 엿볼 수 있다. 자신의 귀를 베어 버린 고흐는 생레미에 있는 정신병원에서 1년 동안 생활하게 된다. 1890년 5월에 퇴원한 후 수십 점의 작품을 남겼지만 또다시 우울증에 시달리며 결국 1890년 7월 29일 37세를 일기로 파리 근교 오베르 쉬르 우아즈에서 스스로 생을 마감한다.

왼쪽 귀가 잘린 고흐의 자화상(1889년 작품).

HISTORY

고흐는 미친 듯이 귀를 자른 후 떨어져 나온 귀의 살점을 신문지에 싸서 어떤 매춘부에게 건네 준다. 고갱과의 다툼 끝에 정신착란을 일으켰던 것이다.

비잔틴 제국
레온 5세의 암살

성당에서 벌어진 살인 사건

820년 12월 24일, 비잔틴 제국의 황제 레온 5세(775~820)가 콘스탄티노폴리스의 아야 소피아 대성당에서 암살당한다. 레온 5세는 아르메니아인 레오로 더 잘 알려져 있으며 813년에서 820년까지 비잔틴 제국을 다스린다. 10년 동안 벌어졌던 불가리아 제1제국과의 전쟁을 종식시키는 데 성공한 레온 5세는 국내로 돌아와 성상(그리스도, 성모 마리아, 성인들 등) 숭배 금지에 나서며 비잔틴 제국 내 제2차 성상 파괴 운동을 일으킨다. 레온 5세는 815년에는 콘스탄티노폴리스에서 시노드Synod를 개최하고 성상에 대한 새로운 금지령을 내린다.

레온 5세가 아야 소피아 대성당에서 기도를 드리는 동안, 암살자들이 합창단원으로 변장한 뒤 그를 찌르려 한다. 레온 5세는 커다란 금속 십자가를 들어 올려 방어하려 했으나 이내 굴복하고 만다. 레온 5세의 목은 곧 칼에 베이고, 암살자들은 발가벗긴 황제의 시신을 경기장으로 옮긴다. 그러고는 사람들이 보는 앞에서 시신을 질질 끌어 배에 태워 레온 5세의 부인 테오도시아에게 가져간다. 레온 5세의 아들 네 명은 거세를 당한다.

레온 5세의 암살은 그를 충성스럽게 섬기던 사령관 미하일 2세(770~829)의 추종자들에 의해 이루어졌다. 미하일 2세는 황제와의 관계가 악화되어 역모 혐의로 감옥에 갇히자 그의 지지자들이 결국 레온 5세를 암살했다. 이로 인해 미하일 2세

는 다음 날 석방되어 비잔틴 제국의 황제로 즉위한다. 즉위식이 있던 날에도 미하일 2세는 여전히 족쇄를 찬 상태였는데 그 이유는 누구도 맞는 열쇠를 찾을 수 없었기 때문이다.

경기장으로 옮겨지는 레온 5세의 시신(11세기 존 스킬레츠의 그림).

Dec. 25

76년 주기로 지구를 찾아오는 핼리혜성의 출현

지구를 지나쳐 가는 혜성처럼

1758년 12월 25일, 독일의 천문학자 요한 게오르크 팔리치가 핼리혜성을 관측한다. 핼리혜성을 관측한 것이 역사적으로 그때가 처음은 아니었지만, 핼리혜성이 언제 돌아올지 미리 예측해서 관찰한 것은 그때가 처음이었다.

핼리혜성은 이미 고대 때부터 지구를 스쳐 지나갔다. 가장 오래된 자료는 기원전 240년까지 거슬러 올라가며, 중국 역사서에서도 그 기록을 찾아볼 수 있다. 중세의 여러 역사가도 핼리혜성의 출현에 대해 언급했으나, 핼리혜성의 정확한 주기에 대한 수수께끼를 밝힌 것은 18세기 과학자 에드먼드 핼리(1656~1742)다.

핼리가 '핼리혜성'을 처음 관측한 것은 1682년이다. 핼리는 친구 아이작 뉴턴의 운동법칙을 활용하여 여러 혜성의 궤도를 계산했고, 그 과정에서 1531년, 1607년과 1682년에 나타났던 혜성들의 유사성을 발견한다. 계산 결과 이 세 혜성은 모두 다 76년을 주기로 돌아오는 동일한 혜성, 즉 핼리혜성이었다. 1705년 핼리는 자신이 계산한 자료를 『혜성 천문학 총론』이라는 책으로 펴냈고, 1758년

에 핼리혜성이 다시 지구로 돌아올 것을 예측한다. 비록 핼리는 1742년에 죽었으나, 팔리치가 1758년에 혜성을 관측하여 핼리가 옳았음을 증명한다. 핼리혜성이 마지막으로 지구에 접근한 때는 1986년이며, 다음 번 접근 시기는 2061년으로 예상된다.

1910년에 출현한 핼리혜성의 모습.

HISTORY

핼리혜성은 맨눈으로도 관측할 수 있으며 대중문화에도 자주 등장한다. 2021년 미국의 팝 아이콘인 빌리 아일리시는 정규 음반 〈Happier Than Ever〉에 〈Halley's Comet〉이라는 곡을 수록했다.

Dec. 26 │ 1991년 소련의 붕괴

모스크바에서 끝난 냉전

1991년 12월 26일, 레닌과 스탈린 시절부터 시작된 공산주의 정권이 70년 만에 붕괴하며 소련이 해체된다. 1991년 8월 19일, 모스크바 의사당 앞에서 러시아 대통령 보리스 옐친(1931~2007)이 전차 위에 올라 소련의 종식을 선언하는 장면이 전 세계에 전해진다. 같은 해 12월, 철의 장막은 완전히 걷힌다.

제2차 세계대전 후, 세계는 자본주의와 공산주의 진영으로 나뉘었다. 1957년 스푸트니크호 발사와 1961년 유리 가가린의 우주 성공으로 소련은 서방의 강력한 경쟁자로 부각되었다. 그러나 소련은 경제적으로 서방을 따라잡기 어려웠고, 중국과의 경쟁과 위성국가들과의 갈등으로 어려움을 겪었다.

1985년 미하일 고르바초프(1931~2022)가 소련 공산당 서기장에 오르면서 소련은 개혁의 시기를 맞이한다. 고르바초프는 미국 대통령 로널드 레이건(1911~2004)과 정상회담을 열고, 언론에 자유를 주었으며, 반체제 인사들을 감옥에서 석방하고, 경제개혁을 추구하는 등 공산주의에서 탈피하고자 노력한다. 그의 주요 개혁 정책은 '글라스노스트'(정보 공개)와 '페레스트로이카'(경제 개혁)였다.

고르바초프의 노력으로 모스크바의 장악력이 약해지고 자유에 대한 갈망이 커지면서 소련의 위성국가들은 독립을 요구하기 시작한다. 이러한 요구는 소련의 붕괴를 가속화시킨다. 공산주의 강경파들이 시도한 8월 쿠데타는 공산주의에 대한 마지막 몸부림이었으나 옐친이 이를 성공적으로 진압한다.

1991년 8월 22일, 새로운 러시아 국기를 흔들고 있는 보리스 옐친.

Dec. 27

비글호를 타고 여행에 나선 찰스 다윈

진화론의 과학적 발견

1831년 12월 27일, 영국 왕실 군함 비글호가 생물학자 찰스 다윈(1809~1882)을 태우고 플리머스항에서 출항한다. 다윈은 나중에 『종의 기원』(1859)의 저자로 알려지는데, 개 품종 중 하나인 비글의 이름을 단 배를 타고 과학적 발견을 하게 된 것은 흥미로운 우연이 아닐 수 없다.

다윈은 22세의 젊은 학자였으며 과학 연구에 자기 자신을 바쳐가며 몰두한다. 다윈은 비글호를 타고 5년 동안 세계 이곳저곳을 항해하며 동물과 식물 종 species을 수집해 과학적 통찰을 얻는다. 특히 핀치새로 유명한 남아메리카 해안과 갈라파고스섬을 집중적으로 관찰한다. 다윈은 통찰력을 발휘해서 핀치새들 간에 차이가 생기는 원인이 자연선택 과정에서 발생했다는 것을 깨닫고 이를 바탕으로 나중에 진화론을 정립한다.

1839년 『비글호 항해기』를 출간한 다윈은 큰 명성을 얻게 된다. 하지만 그가 탔던 비글호는 점차 노후화되어 1845년에는 개조 후 세관선으로 전환되었고, 1870년에는 고철로 팔려 나갔다.

1881년 찰스 다윈의 초상화.

"인생을 한 번 더 살 수 있다면, 매주 적어도 한 번은 시를 읽고 음악을 듣는 규칙을 정하리라."

-찰스 다윈

Dec.
28 강제 추방된 칼미크족

기억 속에서 흐릿해진 소련 대학살의 역사

1843년 12월 28일, 소련의 내부인민위원부^{NKVD}, 즉 비밀 경찰조직이 울루시 작전을 개시하여 3일에 걸쳐 칼미크족을 강제 추방한다. 오이라트 몽골족의 후손인 칼미크족 약 9만 3천 명이 시베리아와 중앙아시아의 강제노동수용소로 이송되었다. 칼미크족이 모여 사는 칼미크 공화국은 유럽의 유일한 불교국가로 러시아연방의 일부였다. 소련은 칼미크족들이 친親독일 성향을 보이며 소련에 반대한다는 이유로 비난하고 나선다. 하지만 사실은 2만 4천여 명에 가까운 칼미크족들이 독일에 맞서 싸우기 위해 붉은 군대에 복무했으며, 약 5천여 명에 불과한 소수의 칼미크족들만이 독일에 협력했다.

소련 당국은 작은 일에도 봉기가 일어나는 것을 많이 보았기 때문에 칼미크 공화국의 민족주의 협력자들에게 과잉반응을 보였다. 급기야는 칼미크 공화국 전체를 소련에서 추방하기에 이른 것이다. 추방 길에 오른 칼미크인 중 최소한 1만 6천 명의 노인과 어린이가 목숨을 잃는다. 생존자들은 시베리아에 도착해 하루 12시간, 일주일에 7일 내내 농업, 산업, 광산 분야에서 강제 노역에 시달린다. 칼미크인들을 다 쫓아낸 소련은 칼미크 공화국에 남아 있던 모든 칼미크어 도시명과 도로명을 러시아어로 바꾼다.

칼미크족 추방은 넓은 맥락에서 당시 제2차 세계대전 동안 소련이 주로 이용했던 인구 이동 정책의 하나라고 볼 수 있다. 그 당시 소련에 살던 330만 명의 사람이 강제 이주를 당했다. 이오시프 스탈린(1878~1953)은 잠재적인 불안 요소를 차단하기 위해 강제 이주 정책을 자주 써먹곤 했다. 고려인(1937), 카라차이인, 체첸인, 타타르인(1944) 등이 칼미크족처럼 당시 강제 이주를 당한 희생자들이다. 1957년, 소련의 서기장 니키타 흐루쇼프(1894~1971)가 칼미크족들에게 고향으로 돌아와도 된다는 허가를 내리긴 했으나, 오늘날 그 땅에 사는 주민 대부분은 러시아인이나 우크라이나인이다.

캔터베리 대성당에서 살해당한 토머스 베켓

권력 싸움에서 진 대주교

1170년 12월 29일, 잉글랜드의 캔터베리에서 드라마 같은 일이 벌어진다. 헨리 2세(1133~1189)가 보낸 네 명의 기사들이 캔터베리 대성당으로 들이닥친 것이다. 당시 대주교 토머스 베켓(1118~1170)은 도망칠 수 있었음에도 그들을 기다린다. 그러나 기사들은 자비 없이 베켓을 세 번 칼질하여 무참히 살해한다. 그의 죽음 이후, 베켓에 대한 숭배 문화가 형성된다.

베켓은 학자도 신학자도 아니었지만, 권력 다툼에 휘말린다. 당시 캔터베리 대성당은 잉글랜드 왕과 로마 교황 사이의 권력 대립 중심에 있었다. 런던 출신인 베켓은 외모가 준수하고 추진력이 강했으며, 권력자들을 잘 섬겼다. 1154년 그는 잉글랜드의 수상으로 임명되고, 헨리 2세와 절친한 사이가 된다. 1162년, 헨리 2세는 베켓의 세속적인 경력에도 불구하고 그를 캔터베리 대주교로 임명한다.

헨리 2세는 강력한 자리에 오른 베켓이 자신의 친구라고 믿는다. 하지만 베켓의 태도는 점차 바뀐다. 신앙심이 커져 간 베켓은 교회의 이익을 우선시한다. 그로 인해 때로는 헨리 2세와 반목한다. 긴장감이 고조되는 가운데 베켓은 프랑스로 추방당한다. 잉글랜드로 돌아온 1170년, 베켓은 살해당한다.

토머스 베켓이 살해되는 장면을 그린 그림(약 1200년 작품).

HISTORY

살해당한 베켓은 사후에 성인으로 시성된다. 캔터베리 대성당은 순교지가 되었으며, 중세 시대 이야기인 제프리 초서의 『캔터베리 이야기』의 무대로도 등장한다.

Dec. 30 | 비선 실세 라스푸틴의 죽음

차갑게 식어 버린 시베리아의 요승

1916년 12월 30일 아침, 그리고리 라스푸틴(1869~1916)이 귀족들에게 살해당한다. 귀족들은 일개 시베리아의 요승이 차르 니콜라이 2세와 황후 알렉산드라를 좌지우지하는 것을 가만히 놔둘 수 없었다. 술꾼이자 사기꾼이라는 나쁜 평판에도 불구하고, 라스푸틴은 차르 니콜라이 2세의 아들 황태자 알렉세이 로마노프의 출혈을 멈추게 하고 병을 호전시킨 덕분에 왕가의 신임을 얻는다. 당시 황태자 알렉세이는 혈우병을 앓고 있었다.

라스푸틴은 사기 행각을 벌이며 여기저기 적을 만들었다. 라스푸틴이 황후와 불륜을 저지른다는 소문이 무성했고, 차르 니콜라이 2세가 제1차 세계대전에 참전해 군대를 이끄는 동안 사실상 라스푸틴이 러시아를 다스린다. 결국 차르의 조카사위인 펠릭스 유수포프가 나서서 라스푸틴 제거 계획을 꾸민다. 라스푸틴의 죽음은 그의 인생만큼이나 모호하다. (청산가리를 써도 안 죽고, 총에 맞아도 안 죽어서 강에서 익사시켰다는 설이 있다.) 확실한 것은 오전 2시에서 6시 사이에 두 방의 총알을 맞았다는 것, 상체를 칼에 찔리고 난 후 세 번째 총알이 라스푸틴의 이마를 관통해 즉사했다는 것이다. 라스푸틴은 꽁꽁 묶인 채로 네바강 지류에 던져진다. 며칠 후 사람들이 라스푸틴의 시체를 강에서 건져 올렸다.

라스푸틴 암살 계획에 가담한 귀족들은 별다른 처벌을 받지 않았고 단지 러시아에서 추방당한다.

그리고리 라스푸틴의 사진.

Dec. 31 파나마 운하의 반환

짧은 길이의 운하, 오랜 공사 기간

1999년 12월 31일, 미국은 1979년부터 파나마와 함께 파나마 운하의 공동 소유권을 가졌으나 이날을 기해 운하를 파나마에 반환한다. 파나마 운하는 대서양과 태평양을 직접 연결하여 남아메리카의 혼 곶이나 북극섬을 우회할 필요 없이 항해를 가능하게 했다.

81km 길이의 운하 건설은 엄청난 노력이 필요했다. 미국이 건설에 뛰어들기 오래전에 이미 프랑스가 파나마 운하 건설을 시도한 적이 있었다. 프랑스의 페르디낭 드 레셉스는 1881년부터 파나마 운하 건설에 착수했지만, 열악한 야생 환경과 모기 등으로 인해 작업이 극도로 어려웠다. 결국 2만 2천 명의 인부가 말라리아로 사망하고, 1889년에는 레셉스의 회사가 파산하여 건설이 중단되었다.

스페인으로부터 독립한 지 얼마 되지 않아 파나마는 콜롬비아와 합병되었으나, 미국의 지원을 받아 1903년에 콜롬비아로부터 분리 독립한다. 새로운 파나마 정부는 즉시 미국과 조약을 체결해, 운하 건설을 위해 1,400km²의 땅을 미국에 양도한다. 프랑스와 달리 미국은 파나마 운하를 해수면 높이와 일치하게 짓는 대신 갑문식으로 설계해 배들이 위아래로 이동하게 했다. 무엇보다도 미국은 공사 과정에서 늪의 물을 모조리 빼버렸다. 7년간의 공사와 대략 5천 명의 인부들이 목숨을 잃은 뒤 1914년에 운하가 완공되었으나 제1차 세계대전 중에는 큰 사용이 없었다. 현재는 매년 1만 4천 대, 대략 하루에 40대가 운하를 이용한다.

갑문 안에 들어선 파나맥스선의 모습. 파나맥스는 '파나마'와 '맥시멈'을 합쳐 지은 말로 파나마 운하의 갑문을 통과할 수 있는 적당한 크기와 규모의 배를 가리킨다.

역사책 좀 다시 보고 싶은 이들을 위한

쓸모 있는 세계사 365

초판 1쇄 인쇄 2024년 11월 28일
초판 1쇄 발행 2024년 12월 05일

지은이 | 요나스 구세나에르츠·벤저민 고이배르츠·로랑 포쉐
옮긴이 | 정신재
펴낸이 | 최윤하
펴낸곳 | 정민미디어
주 소 | (151-834) 서울시 관악구 행운동 1666-45, 3층
전 화 | 02-888-0991
팩 스 | 02-871-0995
이메일 | pceo@daum.net
홈페이지 | www.hyuneum.com
편 집 | 남은영
표지디자인 | 강희연
본문디자인 | 디자인 [연;우]

ISBN 979-11-91669-84-8 (03900)